切磋八集

四川大學哲學系儒家哲學合集

曾海軍 主編

華夏出版社
HUAXIA PUBLISHING HOUSE

国家社会科学基金项目"汉初七十年的子学研究"
（项目号：17BZX047）阶段性成果

目　录

前　言

　　自 2015 年夏創辦欽明書院以來，爲解決經費問題多方籌措，艱難維持，終於在三年後獲得了敦和種子基金的資助，宣告書院走過最艱難的創辦時期。然而，"切磋"系列論文集自 2011 年出版首集以來，至今已經有九個年頭，卻未能走出經費的困局，依舊好不容易出版了上一集，卻不知道下一集的經費還有沒有著落。莫非維持一套論文集的出版，比創辦一個書院還難嗎？

　　主編這種以書代刊的論文集，難度主要有二，一是原創論文的徵集，一是出版經費的籌措。通常來說，第一個難度肯定更大，而這恰恰是我們的優勢，在儒家哲學方向幾十名師生當中徵集原創論文，倒沒有太大的壓力。當然，這種編排上的優勢或許會造成内容上的劣勢，都是同一個方向出來的人，寫出來的文章會不會大同小異，不利於相互切磋呢？這就得取決於從什麼角度看了，若要達到那種學術爭鳴的效果恐怕沒有，但以"切磋"爲名的論文集，爲能不講究切磋的效果。或許在外間看來，我們就像一個模子裏刻出來的，實則不然。我們固然志同道合、學問相近，但其爲人也，氣稟有殊，各各不同。所謂文如其人，所寫文章亦千差萬別，毋須擔心沒有切磋的餘地。之前較多地刻畫了我們的相近之處，以示與其他學問團體之間的差異，這次主要想坦言我們内部的各種分殊乃至歧出、各種紛争乃至衝突。

儒家哲學方向自丁老師開設以來，先後有高老師和我的加入，才逐漸積累成今天的規模。據說高老師服膺儒家之前，與丁老師之間也是拍過桌子、紅過臉的人。我加入儒家哲學方向後，有一次在切磋班上做主題發言，丁老師在現場批評之嚴厲，可能都有不少學生在替我難過，乃至還有學生替我打抱不平。這次經歷令我記憶猶新，倒不是讓我耿耿於懷——我是真覺得丁老師的批評言之有理，而是丁老師事後所言令我感懷。他說，老師之間不因人情而憚於學問上的尖鋭交鋒，希望這種態度讓學生們看到，人與人之間的坦誠可以到什麽地步。我想，儒家哲學方向師生之間不管經歷什麽樣的矛盾，都可以回到這個意思上來。

在儒家哲學方向，丁老師在學生們心中的地位無疑非比尋常，可實際情形卻複雜得多。記得當年在財務管理還不太規範的時候，常常需要學生找一些發票沖帳。當有學生知道丁老師竟然也默許這種事情發生的時候，困擾得寝食不安，很長時間都接受不下來。類似的事情可能在學生當中流傳不少。自我與丁老師共事伊始，即以有德之君子視之，也是在日後的相處過程中，才慢慢接受丁老師好酒貪杯，丁老師好養寵物，丁老師用蘋果手機，丁老師甚至通宵達旦地看足球賽……想必學生們需要慢慢接受的事就更多了。丁老師也說，他的各種生活習慣幾乎都是反養生的：不喝水，不喝湯，無酒不歡，不按鐘點吃飯，還飽一餐餓一餐，喜歡熬夜，等等。學生們在逐漸的瞭解過程中，不知道丁老師的君子形象會不會打折扣。

實際上，一面受丁老師人格魅力的吸引，一面又不免對丁老師的學問立場抱有疑慮，這樣的學生並不在少數。有的學生可能未必覺得丁老師的學問有多好，至少看不出來他們體會到了這種好。有質疑丁老師學問的，甚至還有在課堂上與丁老師發生争執的。最嚴重的時候，有學生竟然聲稱，一直以來只是假裝喜歡丁老師的學問……注意，以上所言種種情形，確實就發生在我們儒家哲學方向內部的學生當中，並沒有涉及其他方向和專業的學生。對丁老師的學問尚有此種種不同的態度，對高老師和我的學問能抱何種態度，更是可想而知了。我們方向的師生之間，在多種問題上都有分歧，比如在男女平等問題上，在父子關係問題上，在自由與權利問題上，在動物問題上，尤其在女性問題上，爭論最多、也最激烈。

　　儒家哲學方向至今已畢業的同學加上在讀生一起，已經超過七十人，存在各種不同的情形，並不令人意外。雖說大多數同學在我們方向就學三年，滋養了身心、陶冶了性情，或磨礪了心志、增漲了見識，或至少受了教益、有了變化，但也還是有學生怎麼進來，就怎麼出去；或愉快地進來，鬱悶地出去；甚至誤打誤撞走進來，跌跌撞撞逃出去，等等。就學期間，同學們之間固多親密、友善相處者，但相互疏遠者有之，磕磕碰碰者有之，心存鄙薄者有之，乃至畢業之後多年還相互不待見者亦有之。不過，學生產生各種分歧乃至衝突，固然不令人滿意，卻不影響我們對其學問的判斷，更不影響其學業的正常完成。

　　以上所言，沒有任何誇大之處，僅在我知道的範圍內據實描述，我不瞭解的情形恐怕更多、更複雜。言及於此，我也不免有些吃驚，覺得細數相互之異還真是不勝枚舉。與此前強調彼此之同相比，真有種"自其異者視之，肝膽楚越也；自其同者視之，萬物皆一也"的感覺。但同異之間並不容混淆，儒家哲學方向師生之間當然心意相通、志趣相近者多。此次言及彼此之間的分歧，實是有感于近來書院成員內部的一次衝突，讓我意識到必須正視這種差別和紛爭，不能僅見其同而不見其異。因爲書院的工作中心變了，事情主次變了，人事也隨之進行調整，人情也跟著發生變化。在這個過程中，慢慢就有一些矛盾出現，相互批評和指責的聲音多起來，一時間傳言四起，甚至有人以爲要分崩離析了，最後終至有人相互決裂。發生這些事情原因很複雜，有長久以來相互間的不信任，有相處過程中應對不得當，也有過去幾年來埋下的伏筆。

這些事情如今漸趨平復，重提往事還是想借此講明一個道理。我們有一位素以實幹爲志業的同學，本來指望未來能爲書院擔大任。可聽說該同學得知我們的書院亦不免外間常有的紛紛擾擾，於是大失所望，失去了擔事的熱情。我聽了心裏大不以爲然，別處發生的各種紛爭、衝突，我們這裏都可能發生，甚至可能一樣都沒少。這難免讓人沮喪，但不是不能理解和面對吧。不錯，我們皆因儒家而走在一起，莫非要因此把我們當作選民嗎？難道我們是被遴選出來的特殊人群，一開始就比別人不同嗎？這顯然有違儒家教義，我們走在一起，並非爲了尋求一方淨土。關鍵不在於我們這裏發生了什麼，而在於我們這裏怎麼發生，尤其發生之後彼此之間如何應對和處置。要發生什麼，並不由我們把握，如何發生，才是我們可以把握的。哪怕我們這裏發生的一樣都沒少，也定然可以讓這每一樣都不同地發生著，我們必須確保彼此之間不起惡意，不相互攻訐、相互中傷，並確保不落入利益之爭。

我們這麼多人在一起，假如正好都是一些脾氣相合、趣味相近、性情相投的人碰在一起，那敢情相處得愉快、愜意，一點波瀾都不起。我們若作這種指望，那就是在拼運氣，只能祈禱少發生事，甚至不發生事。可惜儒家並不教人如何祈禱，事情一旦發生，我們只能拼心胸、拼坦誠。世間人事之紛擾，十之八九都可以化於克服私心、坦誠相待，不盤算計較，也不藏著掖著，這不正是儒家教人道理需要應對的事情嗎？書院經此一事，我十分希望所有成員都能意識到，相處的人多了，難免遇上合不來、處不好的人，這無關乎人品，也無關乎利益。彼此之間說明白、看清楚，能保持在一個什麼距離，亦不必勉強。氣質所稟本不可求同，事情所生亦不可料想，我們要做的不是避開各種紛擾，也未必能有效化解各種紛爭。我們能做的並無別的高招，只在於彼此之間可以坦誠到什麼地步，還事情一個原貌，讓事情是其所是，剩下的該怎麼相處就不至於難倒人了。反觀書院此次事件，我們的應對未必如人意，尤其我作爲書院的主事者，常常感到處置不當。但要說利益之爭是真沒有，相互攻訐、中傷者更不容存在。

我們有諸多的差異和分歧，卻往往被外間當成鐵板一塊，很可能與做出封閉性的誤判有關。比如，很多人覺得丁老師就是一個特別封閉和頑固的人。然而，正是丁老師讓我認識到什麼才是真正的開放。我記得高老師最早對我們儒家哲學方向師生這個群體自稱"川大儒門"，大家也約定俗成接受這個自稱，我也將微信時代建立的一個群命名爲"川大儒門"。但丁老師從一開始就不認同這種自稱，而且不願意加入這個師生群。由於丁老師很長時間都不怎麼用微信，"川大儒門"群在丁老師缺席的狀態下持續了好幾個月，最終改名爲"川大儒家哲學"後，才得以把丁老師邀請入群。丁老師忌憚這一自稱，正希望我們不要以"川大儒門"自限，不要把儒家學問限定在一個小圈子裏，不要做成好像只是我們這撥人的事。

欽明書院接受敦和種子基金的資助之後，高老師帶著八位院生一起啟動核心教學項目。以書院的形式講授儒家經典，不同於高校體制內的教學，確實一不小心就做成了相當封閉的讀經小團體。外部的社會環境紛擾太甚，不以相當獨特的方式開展，很難形成強大的凝聚力。但封閉性也就隨之而來，很容易變成幾個人之間的事，並以此標榜與人不同。其實也並非有人故意想這麼做，而是對事情把不准而陷入這種局面。正是由於丁老師在一旁不斷地提醒和告誡，這種封閉的傾向性才得以有效克服。從道理上講，我們都知道儒家是開放的，但只有親歷了這種事情，才明白封閉與開放分別意味著什麼。儒家未必不是最開放的文明，但只有清楚邊界的人，才懂得什麼才是真正的開放。沒有邊界，也就無所謂開放。丁老師十分清楚儒家的邊界，才能對開放的態度把握得如此恰當。

書院未來的路還很長，我料想類似的問題恐怕不會止於此，有必要提前預警。我能不忌諱"家醜外揚"，亦表明並不憚於此類人事的紛擾。讀儒家書、做儒家學問，此類應對亦當分內之事。"切磋"系列論文集收錄儒學論文，首在切己體會，通過文章相互切磋，能切實助人於事上磨煉，而非空做紙面文章。一直以來收錄的諸多作品，有不少作爲學術文章，尚有很大提高的餘地，觀其大要則識理正當、論說著實，常令人於爲人處世上做期望。若每每臨事則陷入各種困局，並不能真正助人應事，豈不失去了論文集的切磋之義？

此次《切磋八集》在欄目上一仍舊貫，"學術論文"是每集必備的欄目，收錄每年暑期儒家經典研習營總結發言稿的"交流與討論"，也是一直保留的欄目。"研究生論壇"由上一集開始設立，單獨刊發研究生的學術論文。"古籍校釋"欄目根據需要設立，本集收錄了丁老師校釋的《朱子抄釋商正》，還有王明華主持校讀的《淮雲問答》及續篇，審校精嚴，釋讀精准。全部內容體量很大，成爲本集的重頭戲。齊義虎提交的《五爵三等考》作爲本集的外稿，延續了論文集的一貫體例，感謝義虎兄對我們的支持。本集需要特別交代的是，陳建美以一篇《朱子的情論》，加入"切磋"論文集作者團隊，希望能借建美老師的人氣祝願我們的論文集長長久久！

感謝盧辰對本集論文的悉心校對，也感謝華夏出版社一如繼往地支持我們的論文集出版！"切磋"系列論文集的文章被知網所收錄，謝謝田麗星做出的努力。

曾海軍

己亥年四月改定於文星花園

五爵三等考

齊義虎

先秦典籍中，除《周禮》明確有"公五百里，侯四百里，伯三百里，子二百里，男一百里"的五等爵土之制外，其他典籍如《尚書》《王制》《孟子》等一般都是"列爵惟五，分土惟三"。依照鄭玄之説，夏商皆是爵三等，至周代才增至五等，孔子修《春秋》，"變周之文，從殷之質"，復歸三等①。孔子改制，有損有益，以質救文，兼取四代，所謂"行夏之時，乘殷之輅，服周之冕，樂則韶舞"②。荀子亦曰："刑名從商，爵名從周。"③ 也就是説，雖然公侯伯子男爵分五等，但實際上在國土面積和禮儀方面只劃分爲三等，即大國、次國與小國。《白虎通》對爵有五等三等之異有一個解釋："爵有五等，以法五行也；或三等者，法三光也。或法三光，或法五行何？質家者據天，故法三光；文家者據地，故法五行。"④ 董仲舒亦有言："周爵五等，《春秋》三等。《春秋》何以三等？曰：王者以（之）制，一商一夏，一質一文。商質者主天，夏文者主地，《春秋》者主人，故三等也。"⑤ 五爵三等又可稱作"文五而實三"，雖《周

---

① 十三經注疏本《禮記正義》，頁332，北京大學出版社，1999。
② 《論語·衛靈公第十五》。
③ 《荀子·正名篇第二十二》。
④ 《白虎通·卷一·爵》。
⑤ 《春秋繁露·三代改制質文第二十三》。

禮》之五等實爵在禮儀中亦只分爲三等，但在如何劃分上各部典籍之間卻並無統一的模式。據筆者所見，至少有三種模式。第一種，公侯—伯—子男；第二種，公—侯伯—子男；第三種，公—侯—伯子男。以下本文就這三種劃分模式進行梳理，並力求解釋其分歧之原因。

一、公侯—伯—子男

公侯—伯—子男的三分，首先是從封地面積開始並由此延伸開來的。《王制》中有三條内容涉及五等爵的劃分，臚列如下：

　　1. 王者之制禄爵：公、侯、伯、子、男，凡五等。諸侯之上大夫卿、下大夫、上士、中士、下士，凡五等。天子之田方千里，公侯田方百里，伯七十里，子男五十里。不能五十里者，不合于天子，附于諸侯，曰附庸。

　　2. 制：農田百畝。百畝之分，上農夫食九人，其次食八人，其次食七人，其次食六人，下農夫食五人。庶人在官者，其禄以是為差也。諸侯之下士視上農夫，禄足以代其耕也。中士倍下士，上士倍中士，下大夫倍上士，卿四大夫禄，君十卿禄。次國之卿三大夫禄，君十卿禄。小國之卿倍大夫禄，君十卿禄。

　　3. 制：三公一命卷，若有加則賜也，不過九命；次國之君，不過七命；小國之君，不過五命。

每一條都以一個"制"字起首，説明其作爲制度的正式性。如表一所示，這幾條内容分別從爵、命、封地、食禄等幾個方面清晰地向我們展示了大國、次國、小國的三等劃分標準。

表一

	爵	命	封地	食禄
大國	公侯	九命	方百里	2880 倍上農夫
次國	伯	七命	方七十里	2160 倍上農夫
小國	子男	五命	方五十里	1440 倍上農夫

孟子對北宮錡問周室班爵禄的回答可以進一步印證《王制》的記載。

北宮錡問曰："周室班爵禄也,如之何?"孟子曰:"其詳不可得聞也,諸侯惡其害己也,而皆去其籍;然而軻也嘗聞其略也。天子一位,公一位,侯一位,伯一位,子、男同一位,凡五等也。君一位,卿一位,大夫一位,上士一位,中士一位,下士一位,凡六等。天子之制,地方千里,公侯皆方百里,伯七十里,子、男五十里,凡四等。不能五十里,不達于天子,附于諸侯,曰附庸。天子之卿受地視侯,大夫受地視伯,元士受地視子、男。大國地方百里,君十卿禄,卿禄四大夫,大夫倍上士,上士倍中士,中士倍下士,下士與庶人在官者同禄,禄足以代其耕也。次國地方七十里,君十卿禄,卿禄三大夫,大夫倍上士,上士倍中士,中士倍下士,下士與庶人在官者同禄,禄足以代其耕也。小國地方五十里,君十卿禄,卿禄二大夫,大夫倍上士,上士倍中士,中士倍下士,下士與庶人在官者同禄,禄足以代其耕也。耕者之所獲,一夫百畝,百畝之糞,上農夫食九人,上次食八人,中食七人,中次食六人,下食五人。庶人在官者,其禄以是為差。"①

《孟子》這裏的記載與《王制》基本上完全相同,只是爲了把天子也視爲一爵,於是在保留五等爵的框架下只得把子男合爲一等,但

---

① 《孟子·萬章下》。

這與子男同爲小國的身份也不矛盾。另外，在董仲舒的《春秋繁露》中也有内容一樣的記載："然則其地列奈何？曰：天子邦圻千里，公、侯百里，伯七十里，子、男五十里，附庸：字者方三十里，名者方二十里，人氏者方十五里。"① 從《王制》《孟子》到《春秋繁露》，可見公侯—伯—子男的三分法淵源有自、師法相傳。②

二、公—侯伯—子男

與"公侯—伯—子男"首先依據封地面積的劃分原則不同，公—侯伯—子男的劃分主要是依據禮儀。譬如《周禮》，雖然五等爵的封地面積是實實在在的五等（從方五百里到方百里），但也許是爲了避免禮儀過程中等級過多造成的麻煩，在行禮時五等爵還是被簡化爲三等。相關資料臚列如下：

1. 大司徒：凡建邦國，以土圭土其地而制其域：諸公之地，封疆方五百里，其食者半；諸侯之地，封疆方四百里，其食者參之一；諸伯之地，封疆方三百里，其食者參之一；諸子之地，封疆方二百里，其食者四之一；諸男之地，封疆方百里，其食者四之一。

2. 大宗伯：以玉作六瑞，以等邦國：王執鎮圭，公執桓圭，侯執信圭，伯執躬圭，子執穀璧，男執蒲璧。

3. 春官·典瑞：公執三圭，侯執信圭，伯執躬圭，繅皆三采三就；子執穀璧，男執蒲璧，繅皆二采再就。

4. 春官·典命：上公九命為伯，其國家、宮室、車旗、衣服、禮儀，皆以九為節。侯伯七命，其國家、宮室、車旗、衣

---

① 《春秋繁露·爵國第二十八》。

② 王鍔先生的研究證明，非是"《王制》之言爵祿取於《孟子》"，而是《孟子》之答北宮錡言爵祿抄自《王制》。于此可定《王制》與《孟子》之時代先後。相關考證參見王鍔《〈禮記〉成書考》（博士論文），關於《王制》一小節，2004。

服、禮儀，皆以七為節。子男五命，其國家、宮室、車旗、衣服、禮儀，皆以五為節。

公之孤四命，以皮帛，眡小國之君。其卿三命，其大夫再命，其士壹命，其宮室、車旗、衣服、禮儀，各眡其命之數。侯伯之卿、大夫、士，亦如之。子男之卿再命，其大夫壹命，其士不命，其宮室、車旗、衣服、禮儀，各眡其命之數。

5. 春官·司服：公之服，自袞冕而下，如王之服。侯伯之服，自鷩冕而下，如公之服。子男之服，自毳冕而下，如侯伯之服。

6. 夏官：王六軍，大國三軍，次國二軍，小國一軍，軍將皆命卿。

7. 秋官·條狼氏：王出入則八人夾道，公則六人，侯伯則四人，子男則二人。

8. 秋官·大行人：以九儀辨諸侯之命，等諸臣之爵，以同邦國之禮，而待其賓客。

上公之禮，執桓圭九寸，繅藉九寸，冕服九章，建常九斿，樊纓九就，貳車九乘，介九人，禮九牢。其朝位，賓主之間九十步，立當車軹，擯者五人，廟中將幣三享。王禮再祼而酢，饗禮九獻，食禮九舉，出入五積，三問三勞。

諸侯之禮，執信圭七寸，繅藉七寸，冕服七章，建常七斿，樊纓七就，貳車七乘，介七人，禮七牢。朝位，賓主之間七十步，立當前疾，擯者四人，廟中將幣三享。王禮壹祼而酢，饗禮七獻，食禮七舉，出入四積，再問再勞。

諸伯執躬圭，其他皆如諸侯之禮。

諸子執穀璧，五寸，繅藉五寸，冕服五章，建常五斿，樊纓五就，貳車五乘，介五人，禮五牢。朝位，賓主之間五十步，立當車衡，擯者三人，廟中將幣三享。王禮壹祼不酢，饗禮五獻，食禮五舉，出入三積，壹問壹勞。

諸男執蒲璧，其他皆如諸子之禮。

9. 秋官·小行人：成六瑞，王用瑱圭，公用桓圭，侯用信圭，伯用躬圭，子用穀璧，男用蒲璧。

10. 秋官·司儀：將合諸侯，則令為壇三成，宮旁一門。詔王儀，南鄉見諸侯，土揖庶姓，時揖異姓，天揖同姓。及其擯之，各以其禮：公于上等，侯伯于中等，子男於下等。其將幣，亦如之。其禮，亦如之。王燕，則諸侯毛。

11. 秋官·掌客：掌四方賓客之牢禮、餼獻、飲食之等數，與其政治。

0 王合諸侯而饗禮，則具十有二牢，庶具百物備。諸侯長，十有再獻。

王巡守殷國，則國君膳以牲犢，令百官、百姓皆具。從者，三公眂上公之禮，卿眂侯伯之禮，大夫眂子男之禮，士眂諸侯之卿禮，庶子壹眂其大夫之禮。

凡諸侯之禮：

上公五積，皆餼飧牽，三問皆修，群介行人宰史皆有牢；飧五牢，食四十，簠十，豆四十，鉶四十有二，壺四十，鼎簋十有二，牲三十有六，皆陳；饔餼九牢，其死牢如飧之陳，牽四牢，米百有二十筥，醯醢百有二十甕，車皆陳，車米眂生牢，牢十車，車秉有五籔，車禾眂死牢，牢十車，車三秅，芻薪倍禾，皆陳；乘禽，日九十雙，殷膳大牢，以及歸，三饗，三食，三燕，若弗酌，則以幣致之；凡介、行人、宰、史，皆有飧饔餼，以其爵等為之牢禮之陳數，唯上介有禽獻；夫人致禮：八壺，八豆，八籩，膳大牢，致饗大牢，食大牢；卿皆見以羔，膳大牢。

侯伯四積，皆眂飧牽，再問皆修；飧四牢，食三十有二，簠八，豆三十有二，鉶二十有八，壺三十有二，鼎簋十有二，腥二十有七，皆陳；饔餼七牢，其死牢如鉶之陳；牽三牢，米百筥，醯醢百甕，皆陳；米三十車，禾四十車，芻薪倍禾，皆陳；乘禽日七十雙，殷膳大牢，三饗，再食，再燕。凡介、行人、宰、史，皆有飧饔餼，以其爵等為之禮，唯上介有禽獻；夫人致禮：八壺，八豆，八籩，膳大牢，致饗大牢，卿皆見以羔，膳牲牛。

子男三積，皆眡飧牽，壹問以修。飧三牢，食二十有四，簠六，豆二十有四，鉶十有八，壺二十有四，鼎簋十有二，牲十有八，皆陳；饔餼五牢，其死牢如飧之陳；牽二牢，米八十筥，醯醢八十甕，皆陳；米二十車，禾三十車，芻薪倍禾，皆陳；乘禽日五十雙，壹饗，壹食，壹燕；凡介、行人、宰、史，皆有飧饔餼，以其爵等為之禮，唯上介有禽獻；夫人致禮：六壺，六豆，六籩，膳眡致饗；親見卿，皆膳特牛。

12. 考工記·玉人之事：鎮圭尺有二寸，天子守之；命圭九寸，謂之桓圭，公守之；命圭七寸，謂之信圭，侯守之；命圭七寸，謂之躬圭，伯守之。

天子執冒四寸，以朝諸侯。天子用全，上公用龍，侯用瓚，伯用將，繼子男執皮帛。

對於以上材料，我們抽取其主要内容，簡化爲如下之表二：

表二

	食封比例	命	吉服	軍隊	夾道	禮儀	出入	圭	介
公	其食者半	九命	衮冕而下如王之服	三軍	六人	以九爲節上等	出入五積三問三勞	九寸	七人
侯伯	其食者三之一	七命	鷩冕而下如公之服	二軍	四人	以七爲節中等	出入四積再問再勞	七寸	五人
子男	其食者四之一	五命	毳冕而下如侯伯之服	一軍	二人	以五爲節下等	出入三積壹問壹勞	五寸	三人

關於圭之尺寸，《周禮》只記載了公九寸、侯伯七寸，子男因用璧，故未記尺寸。但《禮記·雜記下》中的相關內容剛好可以補其不足："《贊大行》曰：圭，公九寸，侯、伯七寸，子、男五寸，博三寸，厚半寸，剡上左右各寸半，玉也。藻，三采六等。"

另外，《大戴禮記·朝事第七十七》中有與《周禮》相同內容的記載，可以作爲佐證，並增補介之人數等差以入表二。相關資料臚列如下：

1. 命：上公九命爲伯（按：此伯乃方伯之伯，非侯伯之伯），其國家、宮室、車旄、衣服、禮儀、皆以九爲節；諸侯諸伯七命，其國家、宮室、車旄、衣服、禮儀、皆以七爲節；子男五命，其國家、宮室、車旄、衣服、禮儀、皆以五爲節。王之三公八命，其卿六命，其大夫四命。及其封也，皆加一等，其國家、宮室、車旄、衣服、禮儀亦如之。

2. 公之孤四命，以皮帛視小國之君，其卿三命，其大夫再命，士一命，其宮室、車旄、衣服、禮儀、各視其命之數；侯伯之卿、大夫、士亦如之；子男之卿再命，其大夫一命，其士不命，其宮室、車旄、衣服、禮儀，各如其命之數。

3. 上公之禮：執桓圭九寸，繅藉九寸，冕服九章，建常九旒，樊纓九就，貳車九乘，介九人，禮九牢，其朝位賓主之間九十步，饗禮九獻，食禮九舉。

諸侯之禮，執信圭七寸，繅藉七寸，冕服七章，建常七旒，樊纓七就，貳車七乘，介七人，禮七牢，其朝位賓主之間七十步，饗禮七獻，食禮七舉。

諸伯執躬圭，其他皆如諸侯之禮。

諸子執穀璧五寸，繅藉五寸，冕服五章，建常五旒，樊纓五就，貳車五乘，介五人，禮五牢，其朝位賓主之間五十步，饗禮五獻，食禮五舉。

諸男執蒲璧，其他皆如諸子之禮。

4. 聘禮：上公七介，侯伯五介，子男三介，所以明貴賤也。

以《周禮》和《大戴禮記》爲一方，公—侯伯—子男的三等劃分也是證據確鑿。與第一類三分法的唯一區別只在於侯的地位下降，由與公爵齊並之上等降爲與伯比肩的中等。

三、公—侯—伯子男

公—侯—伯子男的三分法出現在《春秋公羊傳》，《左傳》與之相同。《公羊傳·隱公五年》傳文："天子八佾，諸公六，諸侯四。諸公者何？諸侯者何？天子三公稱公，王者之後稱公，其餘大國稱侯，小國稱伯、子、男。"這裏似乎只區分大國與小國，沒有了次國這一等級，原來次國之伯爵被降爲小國，與子男並列。董仲舒對這一段傳文曾有闡釋："傳曰：'天子三公稱公，王者之後稱公，其餘大國稱侯，小國稱伯、子、男。'凡五等，故周爵五等，士三品，文多而實少；春秋三等，合伯、子、男爲一爵，士二品，文少而實多。"[1]這裏明言五爵與三等乃是周制與春秋之制的區別。清人黃以周也看到了這種差異："《公羊》家分公侯伯爲三等，而子男上就伯。《左氏》家同。《王制》公侯合爲一等，伯別爲一等，其義自殊。"[2]但他只是把這種差異歸結爲《春秋》家說與《禮》家說的不同，並未深究其差異的原因。

又《桓公十一年》傳文："《春秋》伯子男一也，辭無所貶。"何休對這一句傳文的解釋是：

《春秋》改周之文，從殷之質，合伯子男為一，一辭無所貶，皆從子，夷狄進爵稱子是也。……王者起所以必改質文者，

---

① 《春秋繁露·爵國第二十八》。
② 黃以周《禮書通故》，頁1386，中華書局，2010。

為承衰亂救人之失也。天道本下，親親而質省；地道敬上，尊尊而文煩。故王者始起，先本天道以治天下，質而親親，及其衰敝，其失也親親而不尊；故後王起，法地道以治天下，文而尊尊，及其衰敝，其失也尊尊而不親，故復反之於質也。質家爵三等者，法天之有三光也。文家爵五等者，法地之有五行也。合三從子者，制由中也。

伯子男雖合爲一等，然其爵名或從伯或從子，並不統一。對此《白虎通》的解釋是："殷爵三等，謂公、侯、伯也，所以合子、男從伯者何？王者受命，改文從質，無虛退人之義，故上就伯也。《尚書》曰：'侯、甸、任、衛，作國伯。'謂殷也。《春秋傳》曰：'合伯、子、男爲一爵。'或曰：合從子，貴中也。"①

鄭玄與何休雖有"入室操戈"之爭，但在孔子改文從質這一點上卻是有共識的。依鄭玄之說，殷法天主質，只有公、侯、伯三等爵，子爵乃是畿內之封，與伯同爵而異號。孔子修《春秋》，改文從質，變五爲三，於是合伯子男爲一等。② 但這種解釋也只是鄭玄在過度相信《周禮》基礎上的彌縫推測之說，並不一定可靠。《公羊傳》與《左傳》皆屬《春秋》，二者在爵名上的記錄相同，很可能只是對當時歷史的一種實錄。正如皮錫瑞所說："《左氏》序事之書，據事直書，不加褒貶，自是史家通例。其所云禮，爲當時通行之禮。"③ 只不過"《左氏》之所謂禮，多春秋衰世之禮，不盡與古禮合"。④ 這樣便可以解釋通三等爵制的差異變化。由於列國的兼併與爭霸，原來周禮的大國—次國—小國的三等制逐漸分化爲春秋時大國—小國的二等制，只是在大國之中還保留了公與侯的區別。如此來看，公—侯—伯子男的三分法應該是禮制變形的結果，孔子修《春秋》不得不依

① 《白虎通·卷一·爵》。
② 《禮記正義》，頁332。
③ 皮錫瑞《經學通論》，《皮錫瑞全集》第六冊，頁560，中華書局，2015。
④ 皮錫瑞《經學通論》，《皮錫瑞全集》第六冊，頁559。

據史實，借事明義、以寓褒貶，又使之成爲一種《春秋》書法。

四、諸家差異初探

依據不同的經典，五爵的三等劃分共有以上三種模式，爲一目了然，可以歸納爲如下之表三：

表三

模式	經典依據
1. 公侯—伯—子男	《禮記·王制》《孟子》《春秋繁露》
2. 公—侯伯—子男	《周禮》《大戴禮記》
3. 公—侯—伯子男	《春秋公羊傳》《左傳》

從《周禮》的"公—侯伯—子男"到《王制》的"公侯—伯—子男"，變化只在於侯爵的地位升了一等；從《周禮》的"公—侯伯—子男"再到《春秋》的"公—侯—伯子男"，又是伯爵的地位降了一等。《周禮》《王制》《春秋》，三部經典代表了三種劃分模式。欲探求此間爵位升降的奧秘，先要了解五等爵之命名寓意。

按照《白虎通》的解釋："公者通也，公正無私之意也。侯者候也，候逆順也。人皆千乘，象雷震百里所潤同。伯者白也（，明白於德，其地方七十里也）。子者孳也，孳孳無已也。男者任也（，立功業以化民）。人皆五十里，差次功德。"① 按照顧炎武的考證，東周之前，非三公不得稱公。其文曰：

《公羊傳》曰："天子三公稱公，王者之後稱公。"天子三公稱公，周公、召公、畢公、毛公、蘇公是也。王者之後稱公，宋

---

① 《白虎通·卷一·爵》，括弧内的文字本闕，陳立據《獨斷》補充。

公是也。杜氏《通典》曰："周制，非二王之後，列國諸侯其爵無至公者。春秋有虞公、州公，或因殷之舊爵，或嘗為天子之官，子孫因其號耳，非周之典制也。東遷而後，列國諸侯皆僭稱公。"夫子作《春秋》而筆之於書，則或公或否。生不公，葬則公之；列國不公，魯則公之，於是天子之事與人臣之禮並見於書，而天下之大法昭矣。漢之西都有七相五公，而光武則置三公，史家之文如鄧公禹、吳公漢、伏公湛、宋公宏、第五公倫、牟公融、袁公安、李公固、陳公寵、橋公玄、劉公寵、崔公烈、胡公廣、王公龔、楊公彪、苟公爽、皇甫公嵩、董公卓、曹公操，非其在三公之位，則無有書公者。《三國志》若漢之諸葛公亮、魏之司馬公懿、吳之張公昭、顧公雍、陸公遜，《晉書》若衛公瓘、張公華、王公導、庾公亮、陶公侃、謝公安、桓公溫、劉公裕之類，非其在三公之位，則無有書公者。史至於唐而書公，不必皆尊官。洎乎今日，志狀之文，人人得稱之矣。吁，何其濫與！何其僭與！①

顧炎武指出，公爵只有兩類，即天子之三公與二王之後，其餘大國只能稱侯。侯爵之君在其國內雖也可以稱公，但這只是"臣子于其國中皆褒其君為公"，就正式之爵號而言，"五等之爵冊之天子，不容僭差"。直到平王東遷，周室衰微，諸侯僭越，爵號混亂，此正是禮崩樂壞之結果。然後世之史家直到唐代之前還保持著正確的歷史記錄傳統。

正是由於公爵的特殊性使之數量極少、地位崇高，在禮儀中位列上等，獨享尊榮。例如天子師視三公、賓視二王之後，皆待之以不臣之禮。《周禮》的"公—侯伯—子男"的三等制恰好凸顯了公爵的獨尊地位。那麼《王制》為何又把侯爵提高到與公爵並列的地位呢？

---

① 顧炎武著，黃汝成集釋《日知錄集釋》（中冊），頁 1116～1117，上海古籍出版社，2007。

這就首先要辨析一下《王制》與《周禮》之禮制內容的時代順序了。鄭玄認爲《周禮》是周公平治天下的大法，自然代表了西周的禮制。同時認爲，《王制》所載的三等爵土只有方百里、七十里、五十里，比之《周禮》的方五百里、四百里、三百里、二百里、一百里小得多，乃是時代更早的夏殷之制。但正如皮錫瑞所批評的："（《王制》）似是聖門學者原本聖人之說，定爲一代之制，其制度損益殷周，而不盡同殷周。"① "特鄭君未知即素王之制，故見其與《周禮》不合，而疑爲夏殷禮。"② 賈公彥立足於疏不破注的原則，推衍鄭玄的斥大九州說，進一步闡釋彌縫：

> 云"周九州之界方七千里"者，以先王之作土有三焉，若太平之時，土廣萬里，中國七千。中平之世，土廣七千，中國五千。衰末之世，土廣五千，中國三千。《王制》云"公、侯方百里，伯七十里，子、男五十里"，此是夏制，五等爵，三等受地，殷湯承之，合伯子男爲一，惟有公侯伯三等爵，三等受地，與夏同。武王伐紂，增以子男，爵地與夏同，以九州之界尚狹故也。至武王崩，成王幼，不能踐阼，周公攝政，六年致太平，制禮，成武王之意，斥大九州，九州方七千里，五等之爵，五等受地，則此經所云者是也。③

現代的錢玄先生也認爲：

> 《禮記·明堂位》："是以封周公於曲阜，地方七百里。"《晏子春秋·內篇·雜下》："昔吾先君太公受之營丘，爲地五百里，爲世國長。"《史記·漢興以來諸侯王年表》："周封五等，公侯

---

① 皮錫瑞《經學通論》，《皮錫瑞全集》第六册，頁466。
② 皮錫瑞《經學通論》，《皮錫瑞全集》第六册，頁464。
③ 十三經注疏本《周禮注疏》，頁878，北京大學出版社，1999。

伯子男，然封伯禽、康叔于魯、衛，地各四百里。"諸書所記，與《周禮》所述相近，是可證《周禮》為周代之制，諸侯封疆大於前代。①

說《周禮》之五等封土制有歷史依據或可信，說《王制》之封土制因其狹小而屬於前代則未必可信。不論鄭玄、賈公彥還是錢玄，都有一種暗含的思維，那就是諸侯之封土只可能由小變大，不可能由大變小。故所謂《王制》乃夏殷之制，都是這一思維定式下的推論結果。但真實的歷史從來不是綫性發展的，國土大小自可反復。況且，按照廖平以禮制平分今古文經學的標準，《王制》與《公羊傳》都是今文經學的大典，《周禮》則是古文經學的大典。今文經學區別于古文經學的核心宗旨就是承認孔子作爲素王的改制立法，這一點甚至連偏向于古文經學的鄭玄也不否認。

以改制的視角再來看《王制》與《春秋》，則諸侯國封土由五等變三等、面積由大變小就不是對前代歷史的簡單記錄，而恰是孔子改文從質的改制結果。如前文所引，五等爵土爲文，五爵三等爲質。至於之所以要縮小諸侯封國的面積，則正是由於孔子目睹了春秋時列國兼併擴張、尾大不掉的弊端，所以才希望以此方式削藩，重振天子之大一統權威，維繫封建制於不墜。健康可持續的封建大一統制需要上下相維，王畿不可不大，封國不可過強，如此才能保證禮樂征伐皆自天子出。故《王制》之"公侯—伯—子男"的三等劃分，在整體縮小列國封地的同時提高了侯爵的地位，以此來安撫諸侯。

對孔子如此改制的苦衷，《白虎通》有一段頗爲同情的解釋："百里兩爵、公侯共之，七十里一爵，五十里復兩爵何？公者，加尊二王之後，侯者百里之正爵。上有可次，下有可第，中央故無二。五十里有兩爵者，所以加勉進人也。小國下爵，猶有尊卑，亦以勸人

也。"① 在這裏，侯爵才是大國之正爵，公爵乃是對三公與二王之後的加封，但也只是進爵而不增土，同爲百里之國。孔子要把大國的封土從方五百里降到方百里，必然要給出一個合理的解釋，這就是取法天象。"諸侯封不過百里，象雷震百里，所潤雨同也。雷者，陰中之陽也，諸侯象也。諸侯比王者爲陰，南面賞罰爲陽，法雷也。七十里、五十里，差德功也。"② 只有借助天的權威才能把諸侯國的實力降至到無法威脅天子權威進而動搖封建體制的安全值範圍內。

如果説《周禮》的"公—侯伯—子男"三分法代表了西周的舊制，那麼《王制》的"公侯—伯—子男"三分法代表的則是孔子改革的新制，而《春秋》的"公—侯—伯子男"則屬於介乎二者之間的衰亂之世的禮制變形。分別以《周禮》和《王制》爲大宗，這種五爵三等制的劃分差異體現的正是古文經學與今文經學的禮制變革。古文經學的禮制是對歷史的記録，都是可以找到史實的；今文經學的禮制則是對未來的規劃，乃是空托的。孔子的一王新法，在材料上或許會借助前代禮制進行綜合損益，但其義則"丘竊取之"。故在禮制研究中，還是有必要注意區分今古文經學的主旨和志趣，既要還原歷史，也要保存改制，不能把二者混淆起來。除了歷史上存在過的虞夏商周的四代之制外，孔子之素王改制也應該是一種禮制體系，只不過是以藍圖而非史迹的形式存在於經典之中。鄭玄以三代異制來統合今古文經學的禮制差異，雖然可以自圓其説，但在還原歷史的同時卻無意間消解了孔子改制繼往開來的創生性，未嘗不是對孔子之新禮制的淹沒與拆解，其方法上的漏洞值得反思。

---

① 《白虎通·卷一·爵》。
② 《白虎通·卷四·封公侯》。

論《四書·大學》及"格物致知"說的意義

高小強

一

"四書五經"之說成於宋儒，尤其到了朱子更成就了與《五經》並重的《四書》學。《四書》，程子以爲，其中"《大學》，孔氏之遺書，初學入德之門也"。而朱子則進一步明確了，其"經"的部分是"孔子之言而曾子述之"，"傳"的部分是"曾子之意而門人記之也"。《中庸》是"孔門傳授心法"而由"子思筆之於書以授孟子"①。於是

---

① 朱子《四書章句集注》，頁3、17，中華書局，2016。而單就《大學》爲什麼是曾子所作，朱子也曾有過説明，即《大學》"正經辭約而理備，言近而指遠，非聖人不能及也，然以其無他左驗，且意其或出於古昔先民之言也，故疑之而不敢質。至於傳文，或引曾子之言，而又多與《中庸》《孟子》者合，則知其成於曾氏門人之手，而子思以授孟子無疑也。蓋《中庸》之所謂明善，即格物致知之功；其曰誠身，即誠意、正心、脩身之效也。《孟子》之所謂知性者，物格也；盡心者，知至也；存心、養性、脩身者，誠意、正心、脩身也。其他如謹獨之云，不慊之説，義利之分，常言之序，亦無不吻合焉者。故程子以爲孔氏之遺書，學者之先務，而《論》《孟》猶處其次焉，亦可見矣"。（朱子《大學或問》上，《朱子全書》第六册，頁514～515，上海古籍出版社、安徽教育出版社，2002）再有，學者黎立武對比《論語》以及《易·艮》中所表現的曾子思想，以論證《大學》爲曾子所作，因而可視爲是對朱子

《大學》《論語》《孟子》《中庸》四者合起來，代表了由孔子經過曾子、子思子再傳到孟子這樣一個儒家道統的傳承。朱子以爲應該"先讀《大學》，以定其規模；次讀《論語》，以立其根本；次讀《孟子》，以觀其發越；次讀《中庸》，以求古人之微妙處"。①丁紀先生則尤其強調整個《四書》是以《論語》爲根本、爲中心的，《論語》自身即爲經，其他三書自身卻不爲經，而必與《論語》結集，共同構成《論語》之輔翼，從而使《四書》達成一種經的完滿結撰。所以在丁紀先生看來，《論語》固立就一究竟根源之地在此，然《學》得之則《學》有根本，以定《論語》之規模；《孟》得之則《孟》有根本，從中以觀《論語》之發越；《庸》得之則《庸》有根本，以求孔子之微妙處。總之，千條萬緒，莫非自其本而出。②所以，儒家學問必是以仁義爲核心，以《四書》爲導引，以《六經》爲根基的。仁或者仁義是由孔子確立爲總德，從而成爲華夏文化與文明的核心觀念與根本特質，而無論是成就於孔子的《六經》，還是集纂於朱子的《四書》，都是圍繞仁義這個核心觀念展開的。而之所以要以《四書》爲導引，宋儒尤其朱子就深爲明白，若不如此，則無以達成《經解》篇所強調的真實的《六經》之教，亦即：

論證的重要補充。即："《大學》，其曾子之書乎！曾子傳道在一貫，悟道在忠恕，造道在《易》之《艮》，曾子嘗曰'君子思不出其位'，此《艮·象》也，學《大學》者，其以是求之。"《易》以止，《大學》以知止，蓋至孔門而大明焉。此書讀者所先以爲明白簡易，然道關於天下國家者，至大統繫乎古今，原傳者至重，殆未敢以淺窺。由聖賢之微言，遡帝王之心法，道理有不由造化出者乎？故以曾子所造言之，吾知《大學》之道出於《易》。"（黎立武《大學發微》，永瑢、紀昀主編，景印文淵閣《四庫全書》第二百冊，頁 737～739，臺灣商務印書館，1986）

　　① 黎靖德編《朱子語類》卷第十四，《大學》一，《綱領》，《序》，第一冊，頁 249，中華書局，1994。

　　② 丁紀《〈大學〉在〈四書〉序列中的位置》，《四川大學學報》2014 年第一期。

其為人也，溫柔敦厚，《詩》教也；疏通知遠，《書》教也；廣博易良，《樂》教也；絜靜精微，《易》教也；恭儉莊敬，《禮》教也；屬辭比事，《春秋》教也。故《詩》之失愚；《書》之失誣；《樂》之失奢；《易》之失賊；《禮》之失煩；《春秋》之失亂。其為人也，溫柔敦厚而不愚，則深於《詩》者也；疏通知遠而不誣，則深於《書》者也；廣博易良而不奢，則深於《樂》者也；絜靜精微而不賊，則深於《易》者也；恭儉莊敬而不煩，則深於《禮》者也；屬辭比事而不亂，則深於《春秋》者也。①

要做到這些以及真正明白《六經》之所以成其爲經典，沒有《四書》所成就的根本標準與最高原則，則難有這種可能。

此謹舉《大學》與《尚書》一例來略作說明，據《尚書·堯典》記載："帝堯曰放勳。欽明文思安安，允恭克讓，光被四表，格于上下。克明俊德，以親九族。九族既睦，平章百姓。百姓昭明，協和萬邦，黎民於變時雍。"② 此言堯推其德，自身而家、而國、而天下，所謂放勳者也。船山以爲："其所以明之者，如堯之'欽明'是正心誠意，'文思'是格物致知，'允恭克讓'是修身，要皆以之明其明德；而'睦九族'則家以齊，'平章百姓'則國以治，'於變時雍'則天下平，要皆自明之德克盡耳。"③ 由此，我們便更能體會孔子的由衷贊歎，亦即："大哉堯之爲君也！巍巍乎！唯天爲大，唯堯則之。蕩蕩乎！民無能名焉。巍巍乎！其有成功也；煥乎，其有文章！"孔

---

① 鄭玄注、孔穎達正義《禮記正義》卷第五十八，下冊，頁1903～1904，上海古籍出版社，2008。
② 蔡沈撰《書集傳》卷一，《朱子全書外編》，第一冊，頁1～2，華東師範大學出版社，2010。
③ 王夫之《四書箋解》卷一，《大學》，《傳首章》，《船山全書》第六冊，頁111，岳麓書社，1996。

子爲什麽定要“祖述堯舜”了。① 因爲“夫五帝之治莫盛于堯，而其本則自克明俊德始，故《大學》以明明德爲新民之端，然則《堯典》者，其《大學》之宗祖歟”。而“《堯典》諸書皆自身而推之天下，至於先之以格物致知，誠意正心，而後次之以脩其身，則自《大學》始發前聖未言之蘊，示學者以從入之塗，厥功大矣！”② 更何況今日之人幾乎中斷了華夏文化傳統，衰亡了傳統經學，想要直接面對《六經》，恐怕早已是萬難的事了；即使强行爲之，恐怕亦萬難避免過或不及之偏頗。所以，我們最好採納二程及朱子的建議，先研讀《四書》，而後再研讀《六經》。而研讀《四書》，則當首先研讀《大學》。

　　細細對比《禮記·大學》本與《四書·大學》本，應當能夠判斷出，前者既有闕文，又有錯簡以及錯字，所以我完全同意程子與朱子對《大學》文本的修訂與補文，贊成丁紀先生專爲此所申述的理由，即程朱雖爲之補傳，卻是“疑古不疑聖，據理以明經”和“以經定傳”，而非如漢唐及清代經學家與宋明心學家僅僅因襲《禮記·大學》舊本，以誠意章爲諸條目之首，遂據以判斷《大學》關鍵在誠意，卻不外只是“以傳定經”罷了。所以，分歧并非僅關乎文本，而實關乎進學自脩之路數法門問題。③ 即便他們認爲《禮記》及《大

① 《論語·泰伯》第八之第十九章；《中庸》第三十章。
② 真德秀《大學衍義》卷一，《帝王爲治之序》，景印文淵閣《四庫全書》第七〇四册，頁502、504。但歷來漢唐清儒尤其今日之“經學”，或者不知，或者知而輕忽，以至將《四書》與《六經》、“理學”與“經學”對立起來，無論如何，這種視之爲對立的立場，未免褊狹，故而我頗贊成丁紀先生的主張：“彼之所謂‘經學’，實乃傳記注疏之學而已，戰國以下師儒、學者之經學也；我之所謂經學，理學也，春秋以上聖賢之經學也。”（丁紀《鵝湖詩與四句教》，《切磋七集——四川大學哲學系儒家哲學合集》，頁113，華夏出版社，2018）可不是嗎，《六經》爲聖人孔子所成就，而爲朱子所編纂成就的《四書》，其核心《論語》亦爲聖人孔子的語録與思想，爲聖人親身成就的經典，而羽翼《論語》的孔子弟子曾子之《大學》、曾子弟子子思之《中庸》、子思（或再傳）弟子孟子之《孟子》，豈不構成《六經》之階梯嗎！《四書》與《六經》豈不正是“春秋以上聖賢之經學”嗎！
③ 丁紀《〈大學〉在〈四書〉序列中的位置》，《四川大學學報》2014年第一期。

學》都是經，因而不存在所謂"以傳定經"的問題，不過他們無論如何也不能否認，《大學》首章是整篇的總説與概要，後面的細説一般應當與首章一致吧。① 其實，大多數經學家當然視《禮記》爲經，平列地看待《禮記》中的每一篇，一般並未對《大學》《中庸》等有特別的重視，他們在注疏上也並未特別花力氣下工夫於此，因而在他們那裏，有關《大學》的錯簡、闕文等問題，或許多半都還沒有明確地意識到；或者，即使意識到了，也並未引發足夠的重視。宋明心學家如象山、陽明等卻很重視《大學》，這點或許可見程朱的影響，不過遺憾的是，他們尤其陽明，始終未能正視朱子的工作與貢獻，大概是由於陽明早年錯誤地格竹子格出的毛病，因而執意地視"格物"爲"支離"等等，這反過來又直接導致了陽明學"空疏"的弊病，以及陽明後學的狂悖與放恣的可能，等等②。他們哪裏還可能料到，

---

① 清代學者陳澧講："《豳風·七月》首章，鄭箋云：'此章陳人以衣食爲急，餘章廣而成之。'古人之文有以餘章廣成首章之意者，若朱子但於首章之下云餘章廣而成之，而不分經傳，則後人不能訾議矣。"（陳澧《東塾讀書記》，頁99，世界書局，1936）

② 學者鍾泰講："然則陽明之學，其真切處，故在存天理去人欲上。若言致良知，言知行合一，特就存天理去人欲之把柄頭腦處，爲學者指點耳。自後之學陽明者，抛卻存天理去人欲一段工夫，而專以良知、知行合一之説騰爲口論。於是王學之弊，遂爲世所詬病。然豈陽明之意乎？故吾以爲咎王學者，當咎其空疏，不當咎其放恣。何者？空疏，陽明之教之所不免；放恣，則陽明之教亦不之許也。"（氏著《中國哲學史》，頁283，東方出版社，2008）陽明大弟子德洪也曾檢討説："師既没，音容日遠，吾黨各以己見立説。學者稍見本體，即好爲徑超頓悟之説，無復有省身克己之功。謂'一見本體，超聖可以跂足'，視師門誠意格物、爲善去惡之旨，皆相鄙爲第二義。簡略事爲，言行無顧，甚者蕩滅禮教，猶自以爲得聖門之最上乘。噫！亦已過矣。自便徑約，而不知已淪入佛氏寂滅之教，莫之覺也。"（《王陽明全集》卷二十六，下册，頁973，上海古籍出版社，1992）時至今日，現代新儒家追隨陽明，亦難正視朱子的工作與貢獻，甚至牟宗三先生還評判程朱爲非正宗儒家，僅僅是"别子爲宗"，是他律道德論者，等等。對此，我曾經指出：就我個人的體會，程朱的相關論述不僅將心、性、情三者辨析得非常清楚，同時又通過"性即理也"和"心統性情"將三者貫通爲一，尤其由"涵養須用敬，進學在致知"的工夫而"成人"，成就君子人格乃至成賢成聖。據此，程朱無論從學説學理、還是從道德實踐上説，豈可能不是正宗儒家！再者，把朱子説成是他律道德論者，給人感覺尤其怪異。不禁令人想起康德之後的舍勒也曾攻擊康德是"對人格之極端他律"。（參閱舍勒 M. Scheler 著，倪梁康譯《倫理學中的形

程朱的修訂是極有可能恢復了孟子時代所見到過的《大學》文本啊！
這點倘若熟讀《孟子》，該也是能夠顯明地感受得到的。與此相反，
船山倒能夠認同朱子的工作，他也在《四書》方面頗下工夫，著有
《四書稗疏》《四書考異》《四書箋解》《讀四書大全說》及《四書訓
義》等多部著作，而且他在著《禮記章句》時，還特別強調指出《大
學》與《中庸》對於《禮記》的特殊意義，亦即："凡此二篇，今既
專行，爲學者之通習，而必歸之《記》中者，蓋欲使《五經》之各爲
全書，以見聖道之大，抑以知凡戴氏所集四十九篇，皆《大學》《中
庸》大用之所流行，而不可以精粗異視也。"① 顯而易見，這是只有在
充分肯定《四書》的前提下，方才可能得出的結論。

　　然而，不能不說的是，我們華夏偉大的教育傳統，時至今日也幾
乎完全中斷了，如何可能重新接續與復興這個偉大的教育傳統，該是
我們亟須思考的問題，同時也更該是我們不可推卸的責任。如今的大
學也在上《四書》課了，可是我們的學生卻從未接受過傳統"學小
藝""見小節而踐小義"的小學教育，他們中的大多數人甚至連《三
字經》這類傳統的童蒙讀物，都未曾讀過，這該如何是好呢？還好，
這事朱子也早爲我們考慮到了，他曾經講道：

　　　　今人不曾做得小學工夫，一旦學《大學》，是以無下手處。
　　今且當自持敬始，使端慤純一静專，然後能致知格物。

式主義與質料的價值倫理學：爲一門倫理學人格主義奠基的新嘗試》下册，頁454，三
聯書店，2004）但遺憾的是，就連牟先生的弟子都知道，舍勒對康德的批評是建立在
對康德的嚴重誤解和對康德的"自律"學說之核心思想，即意志之自我立法的忽略的
基礎之上的，因而其基本上早已脫離了康德"自律倫理學"之軌轍。（參閱李明輝
《四端與七情：關於道德情感的比較哲學探討》，頁37～59，華東師範大學出版社，
2008）不禁斗膽問問牟、李師徒，你們會不會也是這樣嚴重地誤解與輕忽了朱子?! 事
實反倒是，至少象山、陽明之後學卻難免空疏、私智、私欲乃至狂悖放恣之嫌而偏離
了儒家正統。現代新儒家切不可重蹈覆轍啊！（亦請參閱拙作《天道與人道——以儒家
爲衡準的康德道德哲學研究》，頁87～88，華夏出版社，2013）
　　① 王夫之《禮記章句》卷三十一，《中庸》，《船山全書》第四册，頁1246。

　　是其歲月之已逝者，則固不可得而復追矣，若其工夫之次第
條目，則豈遂不可得而復補耶？蓋吾聞之，敬之一字，聖學所以
成始而成終者也。為小學者，不由乎此，固無以涵養本原，而謹
夫灑掃應對進退之節，與夫六藝之教。為大學者，不由乎此，亦
無以開發聰明，進德脩業，而致夫明德新民之功也。是以程子發
明格物之道，而必以是為説焉。不幸過時而後學者，誠能用力於
此，以進乎大，而不害兼補乎其小，則其所以進者，將不患於無
本而不能以自達矣。其或摧頹已甚，而不足以有所兼，則其所以
固其肌膚之會、筋骸之束，而養其良知良能之本者，亦可以得之
於此，而不患其失之於前也。顧以七年之病，而求三年之艾，非
百倍其功，不足以致之。①

　　朱子的話，若歸納起來就兩條，其一，自始至終滿懷敬意，不僅
在求學中，在自修中，而且在生命的每時每刻都不能失卻了敬意，如
孔子所講“君子有三畏：畏天命，畏大人，畏聖人之言”，畏，也就
是敬，所謂敬畏是也，因而仿照德國大詩人荷爾德林詩句而有：敬畏
地挺立於天地之間。有人以為説“誠”足矣，何以要言“敬”呢？
我想大家該明白，惟聖人“自誠明”，“誠則明矣”，而學者卻只可能
“自明誠”，“明則誠矣”，所謂“明”，亦即格物窮理，能不自始至終
滿懷敬意嗎？其二，要想彌補缺失，就必須切實地做到《大學》所
謂格物、致知、誠意、正心、修身、齊家等工夫，必須如《中庸》
所言那般“博學之，審問之，慎思之，明辨之，篤行之。有弗學，學
之弗能弗措也；有弗問，問之弗知弗措也；有弗思，思之弗得弗措
也；有弗辨，辨之弗明弗措也；有弗行，行之弗篤弗措也；人一能之
己百之，人十能之己千之”，以及“尊德性而道問學，致廣大而盡精
微，極高明而道中庸。温故而知新，敦厚以崇禮”，等等。朱子説

　　① 《朱子語類》卷第十四，《大學》一，《綱領》，第一册，頁251；《大學或問》
上，《朱子全書》第六册，頁506。

"《大學》重處都在前面",而吾等的本領全只在"格物"這兩字上。顯然,"明明德",《大學》的首要綱領是最重的,而"明明德"的首要工夫就是"格物致知",而"致知在格物",因而不首起格物,致知以下的工夫就難以開展而落到實處,就不可能實現明明德,以至新民、止於至善,等等。所以對於儒家經典的研讀,當從《大學》開始;而《大學》工夫,當從格物致知開始。①

二

還有一種意見,儘管也同意《大學》存在錯簡等,因而也不同意經學家等完全認同舊本,放大"誠意"章,不同意譬如鄭玄、陽明等把原舊本自"經一章"後至"正心修身"章之前的內容通通視爲僅僅解釋"誠意"條目,從而嚴重輕忽格物致知工夫,但這種意見卻把經一章自"知止而后有定"至"則近道矣"以及"自天子"至"此謂知之至也",視爲是"致知格物"的傳文,以此申說朱子之"格物致知"補傳之不必要。這種做法的主要依據是在於,以爲朱子沿用鄭玄的注釋,以"物"同於"事",而未把德、民、家、國、天下等視爲"物",把明德、新民、齊家、治國、平天下等視爲"事",因而錯解了"物有本末,事有終始",於是"格物"之"物"也落了空,才會有補傳一事。而且朱子也曾說過"知止而后有定"五者,"通此五句,才做得'致知在格物'一句"②。而船山亦有說過:"自'知止'到'能得',徹首徹尾,五者次見而不舍。合而言之,與學

───────────

① 《論語·季氏》第十六之第八章;《大學》經一章;《中庸》第二十、二十一、二十七章;《朱子語類》卷第十四,《大學》一,《綱領》,第一册,頁251、255。譬如徐復觀就以爲《大學》言"誠",即無需言"敬"了,因爲誠"更是由内貫通於外的全般提起,全般用力"(參見氏著《中國人性論史·先秦篇》,頁272~273,三聯書店,2001)。其實,誠與敬不僅由内向外,而且也是由外而内的,二者相輔相成。沒有"非禮勿視、聽、言、動""出門如見大賓,使民如承大祭"等等之敬,誠亦難有憑空的可能。

② 《朱子語類》卷第十四,《大學》一,《經上》,第一册,頁278。

相終始；分而言之，格一物亦須有五者之效方格得，乃至平天下亦然。"① 儼然 "知止而后有定" 等五者都成了格物的過程及其功效了。不過，即便如此，我們還是禁不住要問，八條目傳章，爲何惟獨所謂 "格物致知" 傳章完全不出現該條目的字眼，譬如 "所謂致知在格物者"？而且，以上這兩段文字在原本經一章中，說到 "止於至善"，便有 "知止"，亦即 "知止於至善" 等等來與之相應。列舉完八條目後，又有 "自天子以至於庶人，壹是皆以脩身爲本" 等等作結，它們一道構成了對《大學》整體內容的概括，哪裏是僅僅在說格物致知呢！而丁紀先生也恰恰是這樣看的，他不僅以爲 "知止" 之 "止"，"固是 '止於至善' 之 '止'，然此似言一而兼三，總 '三綱領' 而言之，蓋 '三綱領' 無非學者所當止之地也"，而且以爲此一節 "可謂對於 '八條目' 之預演：'知止' 如格物、致知，'定' 如誠意，'靜' 如正心，'安' 如修身，'慮' 如齊家、治國，'得' 如平天下"，② 等等。應該說經一章實是一個有機涵容、條理通貫的整體，把它們如此生硬地剝揬開來，真的就比增補一 "格物致知" 傳章爲更優更妥嗎？即便就把 "物" 視爲德、民、至善，甚至視爲意、心、身、家、國、天下等等，但它們不就正是朱子所尤爲強調的，"是以《大學》始教，必使學者即凡天下之物，莫不因其已知之理而益窮之，以求至乎其極" 中的 "天下之物" 嗎！而我們 "格物" 不就正是要一一辨明其中的道理嗎！而這點恰恰是朱子最看重的，所以才會有 "格物致知" 的補傳章了。

曾經見到象山也有論說格物致知，他講："《大學》曰：'大學之道，在明明德，在新民，在止於至善。' 此言《大學》指歸。'欲明明德於天下'，是入《大學》標的。格物致知，是下手處。《中庸》

---

① 王夫之《讀四書大全說》卷一，《聖經》，《船山全書》第六冊，頁398。
② 丁紀《大學條解》，頁39、40，中華書局，2012。

言博學、審問、慎思、明辨，是格物之方。"① 是否此時的象山尚未將朱子之格物致知説視爲支離？或者象山對格物致知還可能已經有了類似於後來陽明那樣的理解？或者象山視朱子格物致知説爲支離，的確是在呂東萊主持"鵝湖之會"前後的事？因爲在鵝湖之會的論學詩中，象山兄弟攻擊朱子强調格物致知的做法爲"陸沉"、爲"支離"，亦即復齋詩曰："孩提知愛長知欽，古聖相傳只此心。大抵有基方築室，未聞無址忽成岑。留情傳注翻榛塞，著意精微轉陸沉。珍重友朋勤切琢，須知至樂在於今。"而象山詩曰："墟墓興哀宗廟欽，斯人千古不磨心。涓流積至滄溟水，拳石崇成泰華岑。易簡工夫終久大，支離事業竟浮沉。欲知自下升高處，真僞先須辨只今。"對此，朱子三年之後的和詩曰："德義風流夙所欽，別離三載更關心。偶扶藜杖出寒谷，又枉籃輿度遠岑。舊學商量加邃密，新知培養轉深沉。卻愁説到無言處，不信人間有古今。"② 足見雙方在格物致知問題上的分歧之大，幾近不可調和。對此，丁紀先生曾著專文《鵝湖詩與四句教》來分析論述，他指出：然若"易簡"而不"精微"，是苟簡也；易而微、簡而精，所謂易簡者必精微，苟簡而以爲盡乾坤之道，陋矣！然則"留情傳注"與"著意精微"，不在於其爲傳注、爲精微，其爲病也蓋有二：一視其以何等心而入乎傳注，視其之所謂精微到底欲精個什麼、微個什麼，如精微以趨乎異端，則無論精粗微著，概無可取，而精微以造極入密，則惟精惟微，必此之求；二在於"留情"與"著意"，其心才有留情、著意，遇事便添便助，此所以"述而不作"與"留情傳注"不同、"惟精惟一"與"著意精微"不同，述作氣象，空空如也，執中之道，毫不著意。好簡易而厭支離、好籠統而厭分析，可以想見陸象山、王陽明之相投契也。要之，知"留情傳注""著意精微"其或爲一種支離，不知空卻德性、蕩心肆行其爲

---

① 陸九淵《陸九淵集》卷二十一，《雜著學説》，頁 262～263，中華書局，1980。

② 參見黃宗羲《宋元學案》卷五十七，《梭山復齋學案》，《黃宗羲全集》第五册，頁 263～264，浙江古籍出版社，2005。

另一大支離，乃欲以支離去支離，不可得也。而"以文會友"故"舊學商量加邃密"，"以友輔仁"故"新知培養轉深沉"，邃密深沉之成、蓁塞陸沉之免，在乎商量培養，不在乎棄絕傳注精微之途徑、惟一仰乎"千古不磨"且自以爲"易簡"也。"不信人間有古今"，即無歷史文化之意識，如人我意識、聖凡意識等等概皆無由成立。自謂"千古不磨"之心既開，反使此等之意識黯淡閉鎖，其心果開乎？所開果何心耶？如其後學有欲憑此基址而更建立室岺者，卻不得不另尋諸如"坎陷"之法、諸如"轉化"之途，曲折繳繞，終見此之爲艱澀困頓，而不得真以爲"易簡"也。而且，象山所謂"斯人千古不磨心"，若欲一味決去"古聖相傳"、傳注精微之類，固將與陽明同趨，而歸於無善無惡之地矣；然若每必以其先見乎"孩提知愛長知欽"（梭山）、"墟墓興哀宗廟欽"（象山）者而言之，則亦不至以性善爲藩籬而必欲決破之矣。①

陽明關於格物致知之說，主要見於他的《大學問》《答羅整庵少宰書》以及所謂《四句教》中。我讀它們的感受便是作者頗具才華，文彩飛揚，筆底波瀾，相反，質疑他的整庵卻略嫌木訥，文筆平實，字句質樸，雖然如此，但其透顯出來的力道卻不容小覷，無論陽明如何爲自己辯護，即便再巧舌若簧，也本該無濟於事的。整庵明確指出：竊惟聖門設教，文行兼資，"博學於文"，厥有明訓。顏淵稱夫子之善誘，亦曰"博我以文"。如必以學不資於外求，但當反觀內省以爲務，則正心誠意四字，亦何不盡之有？何必於入門之際，便困以格物一段工夫也？若依尊說，則苟能即事即物，正其不正以歸於正，而皆盡夫天理，則心亦既正矣，意亦既誠矣。繼此，誠意、正心之目，無乃重復堆疊而無用乎？又，自我而觀，物固物也，以理觀之，我亦物也，渾然一致而已，夫何分於內外乎！所貴乎格物者，正欲即其分之殊，而有見乎理之一，無彼無此，無欠無餘，而實有所統會。

---

① 參閱《鵝湖詩與四句教》，《切磋七集——四川大學哲學系儒家哲學合集》，頁119~120、124~126、144。

而針對陽明的辯護整庵再行駁斥道：夫謂"格其心之物，格其意之物，格其知之物"，凡其爲物也三。謂"正其物之心，誠其物之意，致其物之知"，其爲物也一而已矣。就三物而論，以程子格物之訓推之，猶可通也；以執事格物之訓推之，不可通也。就一物而論，則所謂物者，果何物耶？如必以爲"意之用"，雖極安排之巧，終無可通之日。① 等等。事實上，陽明對於八條目亦大多籠統説之，條目之間界限模糊，尤其把致知就僅視爲致吾心之良知，強調非所謂充擴其知識之謂也。這顯然是針對朱子而言的，然而，朱子所説究竟是何意呢，陽明有無會錯了朱子之意呢？朱子最典型的表述是在《章句》中説的，"致知"爲"推極吾之知識，欲其所知無不盡也"，相應地説"格物"爲"窮至事物之理，欲其極處無不到也"。若直截了當地講，就是不知則已，一知就必須知得通透；不格則已，一格就必須窮盡事物之理到十分。所謂"致知、格物，十事格得九事通透，一事未通透，不妨；一事只格得九分，一分不透，最不可"。所以説："致知、格物，只是一箇。""格物，是逐物格將去；致知，則是推得漸廣。""格物，是物物上窮其至理；致知，是吾心無所不知。格物，是零細説；致知，是全體説。""知在我，理在物。""致知、格物，只是一事，非是今日格物，明日又致知。格物，以理言也；致知，以心言也。""只是推極我所知，須要就那事物上理會。致知，是自我而言，格物，是就物而言。"② 後來船山還尤其從功能上對兩者做出進一步的辨析，亦即："大抵格物之功，心官與耳目均用，學問爲主，而思辨輔之，所思所辨者皆其所學問之事。致知之功則唯在心官，思辨爲主，而學問輔之，所學問者乃以決其思辨之疑。'致知在格物'，以耳目資心之用而使有所循也，非耳目全操心之權而心可廢也。"③ 因而是"格物所以致知，物才格，則知已至，故云在，更無次第

① 羅欽順《困知記》，頁112～114，中華書局，1990。
② 《四書章句集注》，頁4；《朱子語類》卷第十五，《大學》二，《經下》，第一冊，頁305、290～292。
③ 《讀四書大全説》卷一，《大學》，《船山全書》第六冊，頁404。

也"。窮理窮盡得十分，則所知無不盡也，終究是所以求知至善之所在。而且，"格物、致知，比治國、平天下，其事似小。然打不透，則病痛卻大，無進步處。治國、平天下，規模雖大，然這裏縱有未盡處，病痛卻小。格物、致知，如'知及之'；正心、誠意，如'仁能守之'。到得'動之不以禮"處，只是小小未盡善'"①。由此足見格物致知之緊迫、之重要、之根本，是我們能否盡善，能否令八條目、三綱領完美實現，以及尤其能否最終抵達止於至善之地的首要前提。

　　陽明晚年還有"四句教"詩，據說可與格物、致知、誠意、正心相對應，即：無善無惡心之體（正心，因爲"心者身之主"），有善有惡意之動（誠意，因爲"意者心之發"），知善知惡是良知（致知，因爲"知者意之體"），爲善去惡是格物（格物，因爲"物者意之用"）。這裏首句表本體，或者依陽明說法只是太虛，亦即周子所謂"無極"。不過，這怎麼與《大學》"修身在正其心"之"正心"直接關聯起來呢？而且，僅用"心之體"說"正心"，這是否充分呢？對此，心學家或許不會以爲有問題，然而理學家一定會認爲有問題。因爲理學家堅持"性即理也"和"心統性情"，"正心"所自正之"心"說的就是這顆主宰之心，而非僅僅本身就絕對至善之心，所謂"道心"是也。再從"修身在正其心"傳章，即"所謂脩身在正其心者，身有所忿懥，則不得其正；有所恐懼，則不得其正；有所好樂，則不得其正；有所憂患，則不得其正。心不在焉，視而不見，

──────────

　　① 《朱子語類》卷第十五，《大學》二，《經下》，第一冊，頁309、312。《論語·衛靈公》第十五之第卅二章：子曰："知及之，仁不能守之；雖得之，必失之。知及之，仁能守之。不莊以涖之，則民不敬。知及之，仁能守之，莊以涖之。動之不以禮，未善也。"朱子解釋道：知足以知此理，而私欲間之，則無以有之於身矣。涖，臨也。謂臨民也。知此理而無私欲以間之，則所知者在我而不失矣。然猶有不莊者，蓋氣習之偏，或有厚於內而不嚴於外者，是以民不見其可畏而慢易之。動之，動民也。猶曰鼓舞而作興之云爾。禮，謂義理之節文。愚謂學至於仁，則善有諸己而大本立矣。涖之不莊，動之不以禮，乃其氣稟學問之小疵，然亦非盡善之道也。故夫子歷言之，使知德愈全則責愈備，不可以爲小節而忽之也。（《四書章句集注》，頁168~169）

聽而不聞，食而不知其味。此謂脩身在正其心"來看，也能充分體會
與證實這點。① 而第三句表良知，亦是本體，若首句爲無極的話，則
這裏能否説爲"太極"呢？太虛、良知不外本體之一體兩面，猶如
"無極而太極"。良知固然知善知惡，然而良知又可能會被遮蔽，反
倒由一己之私意私欲淆亂了善惡之判分，於是《大學》主張"明明
德"，亦即通過格物、致知、誠意、正心、修身等來清明或復明良知，
所以不獨致知才爲此。而若説"爲善去惡是格物"的話，則致知、
誠意、正心、修身等等，都無不是在"爲善去惡"。不過，《大學》
既明確列出三綱八目，想必不會僅僅如陽明那樣不加辨析便籠而統之
地論之，而是該要尤其對八目工夫，一一細數之，以便真實地促成吾
等明明德，而新民或親民，以至止於至善吧！否則，如何稱得上是學

---

① 《大學》傳之七章。而所謂正心即《中庸》所謂"戒慎其所不睹，恐懼乎其
所不聞"，"《詩》云：'相在爾室，尚不愧於屋漏。'故君子不動而敬，不言而信"之
涵養工夫。亦即"孔子曰'復禮'，《中庸》曰'致中'，孟子曰'存心'，程子曰
'執持其志'，張子曰'瞬有存，息有養'，朱子曰'敬以直之'"云云。（《禮記章句》
卷四十二，《大學》，《船山全書》第四册，頁1490～1491）以達到心之"喜怒哀樂之
未發，謂之中"，不偏不倚也；心之所"發而皆中節，謂之和"，無過不及也。不過，
《大學》本章卻並未直接談正心，而只説了若没有做到正心，會引起心之所發而不中
節，或過或不及的後果。而丁紀先生以爲："正心"之"正"，"乃質言心之正位、正
行也，正位言其體，正行言其用。心之正位須是居中，心之正行須是作主。朱子單拈
一個'主'字説心，以居中方作得主定，乃以用見體也。故正心者，須念茲在茲以爲
操存之道，然後身物爲御爲導，則可謂之心正，然後修身可期也。"（丁紀《大學條
解》，頁60～61）所謂"念茲在茲以操存之道"，亦即平日莊敬之涵養工夫，正是爲
了心之未發而始終居中，心之始終正位。而"心有所親愛"等而正焉，則可謂已發之
心之正行。有心之正位，則有心之正行；反之，心之正行又會反過來維護與貞固心之
正位。這也就是《中庸》所謂"致中和"吧。也就是説，"存養省察四字，正是正心
時工夫。事之方來，念之方萌，此是省察時節；前念已過，後事未來，此是存養時節。
存養者，存此心本體之正；省察者，惟恐此心之用，或失之不正而求以正之也"。當然
這番話實際已把誠意包含進去了。從心的角度來講，"上章知字意字，雖暫指心而言，
然知字是就心之知覺處説，意字是就心之發念處説，至此章方直指心之全體，學者必
於此心之全體，洞然虛明無所繫累，則其大用流行自無不得其正矣"。（景星《大學中
庸集説啟蒙》，景印文淵閣《四庫全書》第二〇四册，頁987）

者"初學入德之門"呢!①

───────────

① 所謂"無善無惡心之體",但怕就正是陽明及陽明學最大的癥結之所在。陽明爲何不肯爽性地就此著個"至善"字,反蹊蹺地說向無善無惡去? 恐怕也並非偶然。據丁紀先生的分析,陽明此處接入釋氏根器之論,最屬混說。儒之所以爲儒,學祇一個學,至於教人之法,則人有無數,教亦有無數,又豈但上下二種根器而已哉? 彼以教法之變化,行其決裂學問之事實。因而其"四句教",不能不字字病、句句病,一切皆病矣。無善亦無惡,無事亦無物,然則"心之體"者何? 一無而已。陽明學實不當稱作"心學",稱爲"無學"反或更爲適宜。然則彼以"無善無惡"言者,其所大害,尤愈乎善惡莫辨,在不足言體,並不足言用,故其說將根絕善本、隰斷善幾,使爲善之道徹底不立矣。而對陽明,所言善惡之意念化而非指向"善本身"或"惡本身",一如其始終不能建立真實之事物觀、真實之倫理觀,此亦難以建立真實之善惡觀,終是最大之癥結也。若此,"良知"固非人之本來面目,"無知"則"良知"之本來面目也。於是,此其病有三,一曰"良知"不良,二曰"良"外有"善",三曰"良知"軟弱。然則格致與誠正修齊,言工夫,格致乃誠正修齊前一段之工夫,誠正修齊乃格致後一段之工夫;言本體,格致乃於知上見其本體而無差,誠正修齊則於行上行其本體而無遺也。人謂陽明直悟本體而廢工夫,由此觀之,其言格致,都不肯爲知字留地步,蓋知與行、本體與工夫,亦無廢一存一之可能,一者廢,則餘者不日並廢其必矣。陽明自不甚以儒家聖人爲意,故亦作"千聖皆過影,良知乃吾師"等語,不知人之視此如"六經皆我注腳"者爲何如哉? 不甚以儒家之是非原則爲意,不甚以儒家之經典序次爲意,不甚以儒家之學問傳統爲意,然則其亦必將儒者作一身價而看之也,他人徒爲周遮掩覆亦何益! 因此,丁紀重申:在善惡問題上,儒家自有其嚴格、確定之底綫、大本,性善即此大本之所在,"無善無惡"說一出,即已徹底逾出儒家此一底綫。性善乃儒者之生命綫,性善還是"無善無惡"乃儒與非儒之根本判準綫。而儒者通過反思批判陽明學,尤其反對其"無善無惡"說,乃是儒家重新認定其基本價值原則、重建底綫,亦儒家信仰共同體精神特徵之重新自我認定與煥發之歷程。彼無志乎儒,我以儒爲志;彼"無善無惡"、善不足以動其衷,我服膺貼合、惟善是求,而首當表現爲對"宗門第一義"性善之維護;去抽象而返具體、去寬泛而返充盈、去刻板而返生動,彼以教條爲者,我樣樣皆以爲活法。一切反之,庶乎儒矣。況且,苟若"無善無惡",格物而以"爲惡去善"當之,不以"爲善去惡"爲惟一當然,亦似無所不可矣。然則爲彼學者將何以爲應?"無善無惡乃至善"之類狡辭,或將紛然瓦解矣。儒學之道統,一般認爲有兩個基本標準,一是以堯舜爲理想君王之表徵(此外王之標準),一是人性本善(此內聖之標準)。以道言,非是正統,固即是異端;以學言,準於正統之學,不及則有俗學,過之則有異端之學。而又有下之雜正統之學於俗學、上之雜異端之學於正統之學者,是之謂雜學;以其雜之有多少也,又有大醇小疵、大疵小醇種種之等。荀子以及如陳龍川者,固在乎醇疵之間也。陽明學亦有其雜,然而不以雜學置之,以其亂道之甚,使後儒有欲倡明道之正統,亦即醇乎醇者之不在乎此而在乎彼,乃不得不以異端置之也。儒之爲儒,惟以明倫察物之爲事,其理想原則之明

　　其實這一切分歧的原點，還是始於有關格物致知的認識，可以說，凡是篤信《禮記·大學》本者，都會或多或少地表現出輕忽格物致知，像陽明就表現爲混同與吞噬，而經學家鄭玄、孔穎達等則僅僅將之理解爲"其知於善深則來善物，其知於惡深則來惡物"① 云云，幾乎就一筆帶過了。理學先驅韓愈雖因重新發現《大學》而居功至偉，"然其言極於正心誠意，而無曰致知格物云者，則是不探其端，而驟語其次，亦未免於擇焉不精，語焉不詳之病矣"②，此如程子所言，惟自格物而充之，然後可以至於聖人。不知格物而先欲誠意、正心、脩身，未有能中於理者也。未致知便欲誠意，則是躐等也。學者固當勉强，然不致知，怎生行得？勉强行者，安能持久？除非燭理明，自然樂循理。性本善，循理而行，是順理，事本亦不難，但爲人不知，旋安排著，便道難也。知有多少般數，然有深淺，學者須是真知，才知得，便泰然行將去也。須以知爲本，知之則行之必至，無有知之而不能行，知而不行，是知得淺。③ 如若舍格物致知，便免不了終於成了"無頭學問"，占不得第一義，或者即使占得了第一義，也見不得、亦做不得第一著。因爲致知、格物是源頭上工夫，而"眼前凡所應接底都是物。事事都有箇極至之理，便要知得到。若知不到，便都沒分明；若知得到，便著定恁地做，更無第二著、第三著。止緣人見道理不破，便恁地苟簡，且恁地做也得，都不做得第一義"。"若事事窮得盡道理，事事占得第一義，做甚麼剛方正大！且如爲學，決定是要做聖賢，這是第一義，便漸漸有進步處。""但窮

定落實，蓋無過乎此一言者，爲人道之所保證，爲中國之所維繫，然而有倡言輕此廢此者，則決絕以去取，必不以"儒學内部"關繫視之也。陽明之説"良知"，正不免才氣、聰明之屬，而非純乎其爲良爲知也。且二氏臭味既"時時逗漏"，便亦不得不時時掩覆。掩之以儒言，於儒既不貼切，言之亦非出由衷。（參閲丁紀《鵝湖詩與四句教》，《切磋七集——四川大學哲學系儒家哲學合集》，頁 156~164、177~184）

　　① 《禮記正義》卷第六十六，《大學》第四十二，下册，頁 2237、2241。
　　② 《大學或問》上，《朱子全書》第六册，頁 511。
　　③ 轉引自衛湜《禮記集説》卷一百四十九，《大學》第四十二，景印文淵閣《四庫全書》第一百二十册，頁 581~582。

理上須是見得十分徹底，窮到極處，須是見得第一著，方是，不可只到第三第四著便休了。"所以，朱子把格物說成是"夢覺關"，格得來是覺，格不得只是夢；把誠意說成是"善惡關"，誠得來是善，誠不得只是惡。是"轉關處"，是"人鬼關"，誠得來是人，誠不得是鬼。而物格，"知至、意誠，是凡聖界分關隘。未過此關，雖有小善，猶是黑中之白；已過此關，雖有小過，亦是白中之黑"。以上便都是在尤其強調格物致知的極端重要性。總之，"格物、致知，是求知其所止；誠意、正心、脩身、齊家、治國、平天下，是求得其所止。物格、知至，是知所止；意誠、心正、身脩、家齊、國治、天下平，是得其所止"，全部八條目惟第一第二條目爲求知以至得知所止，我們怎敢輕忽！正是因爲我們辨理不明，我們才更該加緊加倍地下格物致知的工夫，同時，也要如聖人告誡的那樣就外面攔截得緊，非禮勿視、聽、言、動，從而終究能夠見得道理分明，方可正得心，誠得意。朱子講聖人不說非禮勿思，其原因就在於此。① 而丁紀在談及三綱領與八條目之關繫時，甚至認爲："物格而后知至"，知至、意誠、心正、身修、家齊、國治、天下平壹是皆爲格物之至善矣；格物可至意誠、心正，則格物亦爲明明德之事；格物可至天下平，則格物亦爲新民之事。凡物既格、知既至者，即已明明德，即已新民，即已止於至善，直上直下透徹。而格物於"三綱領"及平天下等既具此等地位，則人生尋常所接之物，無不具有世界意義；學者格物之常課常功，亦無不發生一種平天下之作用。可不謹而重之乎！② 反觀陽明尤其陽明後學，不僅僅輕忽格物致知，以爲是支離，而且也似乎不屑於就外面攔截，於是由空疏而走向了狂悖，今日學者萬不可重蹈覆轍啊！

---

① 《朱子語類》卷第十五，《大學》二，《經下》，第一冊，頁282、298～299、309、310。

② 丁紀《大學條解》，頁80～81。

三

格物致知乃明善之要，亦即"如切如磋者，道學也"，"博學於文"，"尊德性而道問學"之"道問學"，以及"博學之，審問之，慎思之，明辨之"，等等，皆說的是這件事。朱子聲稱"格物致知"章是他"閒嘗竊取程子之意以補之"，在《大學或問》中，朱子詳列程子的論述，總結出三個方面的意義，①即：

（一）"皆言格物致知所以當先而不可後之意也。"其實這方面的意思非常清楚，學者若不首先明善明理，明晰無誤地辨清善惡是非，如何可能避免以惡爲善、以非爲是，或者反之，以善爲惡、以是爲非，等等的混淆呢？以及又如何可能真切地做到好善惡惡、好是惡非，以及存善去惡、存是去非呢？

（二）"皆言格物致知所當用力之地，與其次第功程也。"概要言之，無論讀書學習，臧否古今人物，應事接物，反躬內省，等等，皆是在格物窮理。我們雖不可能窮格天下所有之物，但我們格一物，就必須窮盡一物的道理，格至九分甚至九分九也不行，非十分不可。天下萬物理一分殊，道通爲一，但分殊之理窮究得越廣泛，越深入，越精微，對"理一"就越會有深入切己的體會，所以，如果真要分出對外的認識與對內的自省的話，那麼後者當占六成，前者占四成，不過，最終毋庸置疑，必定是合外內之道的"理一"。所謂"尊德性而道問學"，也就是道尊德性之問學，亦即"德性之知"，當然亦不忽略聞見之知，不過首要的卻在於與德性之知緊密相連相關的聞見之知，譬如孝敬父母如何可能維護冬暖夏涼，等等。

（三）"又言涵養本原之功，所以爲格物致知之本者也。"這裏涉

① 參閱《四書章句集注》，頁6~7；《大學或問》下，《朱子全書》第六冊，頁524~526。

及到涵養與格物致知的關繫，正如同涵養與誠意的關繫一樣，其實質都是《中庸》所謂"未發"與"已發"的關繫。在《大學》則表現爲"正心"與格物致知，"正心"與誠意的關繫。一方面，格物致知以及誠意必當先而不可後；另一方面，涵養或正心又必然是格物致知以及誠意之本。依據程子所說"涵養須用敬"，則平日無時不存的敬意，也就是涵養，也就是正心，從而保障心之未發的始終如一的中正而不偏不倚，也才能夠真實地保障一旦已發，其格物致知以及誠意慎獨的無過與無不及。至於涵養之養成，除了平日一以貫之的敬意外，還該包括小學之教誨與磨礪之功，正如朱子所強調的，"昔者聖人蓋有憂之，是以於其始教，爲之小學，而使之習於誠敬，則所以收其放心，養其德性者，已無所不用其至矣。及其進乎大學，則又使之即夫事物之中，因其所知之理，推而究之，以各到乎其極，則吾之知識，亦得以周徧精切而無不盡也"①。而船山亦以爲：所謂"欲正其心者，先誠其意"等等的"欲"字，則已有一截工夫矣，但不得純全，故須下截工夫以成之。②

　　同時必須強調，惟"物格而后知至，知至而后意誠，意誠而后心正"，等等，亦即，從"止於至善"之結果來看，必先有格物、致知、誠意之止於至善，方才終有正心之止於至善。錢穆先生專論格物致知，亦頗有見地，他講："朱子乃爲每一人每一事言，終生當下此工夫，非謂第一步是此工夫，此下乃有誠正修齊治平種種工夫也。至於自然物理，自亦包舉在內。朱子之氣魄與精力，亦已同時窮格，惟自有先後緩急輕重大小之別。"又講："儒家不拒外物之來，只重在我心之能思而得其理，此即朱子《大學・補傳》之格物窮理也。惟朱子於事理外又補上物理，此乃是思想之遞後而益進。朱子《格物補傳》或可謂已更進於《大學》本文之原義，然此不足以病《補傳》。"所以說，"然則縱謂《大學》無闕文，亦必有闕義。朱子《格

---

① 《大學或問》下，《朱子全書》第六冊，頁 527。
② 《四書箋解》卷一，《大學》，《船山全書》第六冊，頁 109。

物補傳》，至少補出了《大學》之闕義。讀《大學》，不得不讀朱子《補傳》，其義抑甚顯"。① 丁紀在論述"八條目"之間的關繫時，亦特別強調："平天下惟一之大事在治國，治國惟一之大事在齊家，齊家惟一之大事在修身，修身惟一之大事在正心，正心惟一之大事在誠意，誠意惟一之大事在致知，僅就其事之大者而極言之，則致知乃'八條目'全部、惟一之大事也，所以謂本之又本而至於此。""然而欲致知，卻只在於格物"，"格物乃致知之全部事，除卻格物，別無致知事"，所以亦曰：平天下只一件事，"在格物"；治國只一件事，"在格物"；齊家只一件事，"在格物"；修身只一件事，"在格物"；正心只一件事，"在格物"；誠意只一件事，"在格物"；致知只一件事，"在格物"。格物一氣到底，則天下平矣。然而格物亦惟在於致知，格物只是要致知也。"格物到致知地步，則物窮理現，而物亦停當得宜，所謂物格也；而知非逐物，物非役知，知、理合一，所謂知至也。""故言事，則只是格物一件事；言功，則只是致知一件功。誠意、正心、修身、齊家、治國、平天下，皆格物之事也；意誠、心正、身修、家齊、國治、天下平，皆致知之功也。"再若推本言之，如言"物"，則意、心、身、家、國、天下皆物也；如言"格"，則誠、正、修、齊、治、平皆格也；如言"致"，則誠之、正之、修之、齊之、治之、平之皆欲得其理也；如言"知"，則既誠、既正、既修、既齊、既治、既平皆終於得其理也。② 因而可以斷言，《大學》惟經朱子補傳，輯入《四書》，與《論語》等合爲一體，方才真實地成就爲儒門經典的。

　　儒門之教乃成德之教，成人之教，儒門之學乃爲己之學、成人之學，也就是說，儒家的教與學都是爲了成德與成人，而且，這種教與學理當是成德與成人之前提與基礎，無學，無教，無以爲成德、成

　　① 錢穆《大學格物新釋》，《中國學術思想史論叢》第二冊，頁343、346、353，東大出版公司，1980。

　　② 《大學條解》，頁74～79。

人。那麼，何以爲教，何以爲學？《詩》云："瞻彼淇澳，菉竹猗猗。有斐君子，如切如磋，如琢如磨。瑟兮僴兮，赫兮喧兮。有斐君子，終不可諠兮！"《大學》講："如切如磋者，道學也；如琢如磨者，自脩也；瑟兮僴兮者，恂慄也；赫兮喧兮者，威儀也；有斐君子，終不可諠兮者，道盛德至善，民之不能忘也。"其中，尤其道學、自脩，亦即講習討論之事與省察克治之功，乃儒家之爲己之學與成德之教，明明德者之止於至善，其所以得之之由也。①

　　我可以設想最極端的情形，那就是一個人從未正式地受過教與向過學，我之所以説"正式地"，是因爲在一個基本常態的社會裏，一個人從小到大，是必然會或多或少地受到民族文化傳統，譬如良風懿俗的影響乃至哺育，這也是教、也是學，不過是一種非正式的教與非自覺主動的學，他或者繼續不自覺地"困而不學"，或者終於自覺地"困而學之"，以至"小人學道則易使也"，甚至"苟日新，日日新，又日新"，成就爲君子、賢人。不過，倘若他始終"困而不學"的話，則他頂多能成爲一位老實本分的人，而不可能成爲儒家意義上的成人。最好的老實人也就能在常態社會與常態情形下守住本分，一旦社會發生劇變或者他自己的生活境遇發生重大變故的話，就難説了，其間，甚至會有"小人窮斯濫矣"的可能。這是因爲他終究未經真實地向學，未經格物致知，而不明究竟事理，不能真實地辨清是非善惡，以至於可能會做人苟且，而一事苟且則事事苟且，其做人原則屬被動他律而遠非自覺自律，孔子講的"色厲而內荏，譬諸小人，其猶穿窬之盜也與"？"鄉原，德之賊也"，"道聽而塗説，德之棄也"，"鄙夫可與事君也與哉？其未得之也，患得之；既得之，患失之。苟患失之，無所不至矣"，② 等等，恐怕就是這類人窮斯濫矣時的真實寫照。

---

① 《大學》傳之三章，《四書章句集注》，頁 5 ~ 6。
② 《論語·陽貨》第十七之第十二、十三、十四、十五章。

　　那麼一個資質較好且體悟到自己本心良知的人，還需不需要向學，需不需要格物致知工夫呢？我的回答是仍然需要，而且，其需要程度一點也不會亞於前者，若不向學，不下工夫於格物致知，如何稱得上"學而知之者"。而且，一個人怎麼才能判定自己所體會到的本心良知，不是自己極其隱蔽的私欲之改頭換面的表達呢？我當然承認凡人就本己自足，不假外求而覺悟，然而孔子儒家之學也就正是爲己之學，並非外求的爲他之學，爲己之學乃自己覺悟自己，自己判定自己，爲此，就更需要切實地向學，更需要踏實地下格物致知的工夫，否則，極有可能，一個人都已在"攻乎异端，斯害也已"了，① 卻仍不自知，或者已稍有自知，卻再不願接受批評指正，不以爲然而還非要爲自己強辯，以至於如陽明最終走向了"無善無惡"的本體說上了，從而徹底踰出儒家性善的底線，造就出多少空疏放恣狂悖之徒啊！陸門以及陽明後學中真不乏這樣的人。

　　再有，一位"生而知之者"是否也需要向學呢？答曰：也需要。因爲一位這樣的人，也就是聖人，他"自誠明"，"誠則明矣"，德無不實而明無不照者，唯天下至誠，能盡其性，能盡人之性，能盡物之性，可以贊天地之化育，可以與天地參矣。《中庸》進而言："仲尼祖述堯舜，憲章文武；上律天時，下襲水土。辟如天地之無不持載，無不覆幬，辟如四時之錯行，如日月之代明。萬物並育而不相害，道並行而不相悖，小德川流，大德敦化，此天地之所以爲大也。"此言聖人之德與天地之道，兩者實則爲一。② 不過，由於天地氣數的原因，天道之常理常態往往不能落實於天地萬物當中，甚或不能落實於聖人身上，而處於一種非常理非常態的狀態，如此，則聖人何爲呢？聖人孔子即使不得位，不得祿，不得壽，也不會停下始終如一地盡其性，盡人之性，盡物之性，贊天地之化育，與天地參矣的腳步。所以，聖人會始終執守中庸中和之道，維護人倫之常尤其孝悌之道，而

────────────

　　① 《論語·爲政》第二之第十六章。
　　② 《中庸》第二十、二十一、三十章，《四書章句集注》，頁 32～33、38。

且始終"述而不作，信而好古"，這不就是上面子思所說的"仲尼祖述堯舜，憲章文武"，子貢所說的"文武之道，未墜於地，在人。賢者識其大者，不賢者識其小者，莫不有文武之道。夫子焉不學？而亦何常師之有？"孔子自己也時時在說在做："吾十有五而志於學。"子入大廟，每事問。或曰："孰謂鄹人之子知禮乎？入大廟，每事問。"子聞之曰："是禮也。""十室之邑，必有忠信如丘者焉，不如丘之好學也。""默而識之，學而不厭，誨人不倦，何有於我哉？""德之不修，學之不講，聞義不能徙，不善不能改，是吾憂也。"子在齊聞韶，（學之，）三月不知肉味。曰："不圖爲樂之至於斯也！""加我數年，五十以學《易》，可以無大過矣。""其爲人也，發憤忘食，樂以忘憂，不知老之將至云爾。""我非生而知之者，好古，敏以求之者也。""蓋有不知而作之者，我無是也。多聞擇其善者而從之，多見而識之，知之次也。"子與人歌而善，必使反之，而後和之。"若聖與仁，則吾豈敢？抑爲之不厭，誨人不倦，則可謂云爾已矣。""不怨天，不尤人。下學而上達。知我者其天乎！"① 等等。聖人固然也是在鼓勵我們學者奮力向學，同時也不乏自謙的表達，誠如朱子所說："孔子刪《詩》《書》，定《禮》《樂》，贊《周易》，修《春秋》，皆傳先王之舊，而未嘗有所作也，故其自言如此。蓋不惟不敢當作者之聖，而亦不敢顯然自附於古之賢人，蓋其德愈盛而心愈下，不自知其辭之謙也。然當是時，作者略備，夫子蓋集群聖之大成而折衷之。其事雖述，而功則倍於作矣，此又不可不知也。"孔子所成就的《六經》經典，乃爲華夏之萬世教科書。同時，也正如尹氏所說："孔子以生知之聖，每云好學者，非惟勉人也，蓋生而可知者義理爾，若夫禮樂名物，古今事變，亦必待學而後有以驗其實也。"② 也就是

---

　　① 《論語·述而》第七之第一章，《子張》第十九之第二十二章，《爲政》第二之第四章，《八佾》第三之第十五章，《公冶長》第五之第二十七章，《述而》第七之第二、三、十三、十六、十八、十九、二十七、三十一、三十三章，《憲問》第十四之第三十七章。

　　② 《四書章句集注》，頁93、98。

說，聖人亦必待學而後“修道之謂教”，新民新人，齊家治國平天下，以至止於至善也。

爲此，兹再舉一例，《中庸》第六章，子曰：“舜其大知也與！舜好問而好察邇言，隱惡而揚善，執其兩端，用其中於民，其斯以爲舜乎！”朱子曰：“蓋凡物皆有兩端，如小大厚薄之類，於善之中又執其兩端，而量度以取中，然後用之，則其擇之審而行之至矣。然非在我之權度精切不差，何以與此。此知之所以無過不及，而道之所以行也。”張子曰：“只是要博學，學愈博則義愈精微。舜‘好問’‘好察邇言’，皆所以‘盡精微’也。”[1] 呂留良曰：“明道必須知，知必不自用而取諸人，此‘中庸’意也。以舜之知，然且不自用而取諸人，所以爲大知，此夫子之意也。要之舜之生知而又如此，故成聖人，學者但能博學審問、慎思明辨以求知，亦可以至聖人，其歸一也。”[2] 而針對人言“舜自有知之本，不專靠問察”，汪紱駁斥道：“天下之理不外淺近，然要無不待學問而知，縱生安聖人亦必無一生落地便能言能行，不待讀書而識字，不待學習而通天下之故之理，是人生道理何一不由於學。羲皇之世無書可讀，無前可師，而觀天察地，鳥獸草木亦須在物理上窮格，何莫非學問。但聞一善言，見一善行，若決江河沛然莫禦，便是聖人生安處，不得云不靠問察也。好問好察是博學審問之事，執兩用中是慎思明辨之事，雖曰聖人不思而得，然曰執曰用，亦必非漠不關心，惟睿思作聖人耳得心而無不通，不用研求之力耳。‘好’字正心契神合，情性流露處亦便見生安處，問是問之人，察則察於己，然非必即察其所問，蓋他人淺近之言入聖人耳中，都便是至理所在也。”所以，“不可將舜看高，若謂舜自有知之本不靠問察，而又必如舜之大知而後道行，則人必自謂不能如舜，以安於愚者之不及；或又希舜之大知而遺問察之功，是絶斯人於

---

① 《中庸》第六章；《中庸輯略》卷上，第六章，頁30，《朱子全書外編》，第一册。
② 呂留良《四書講義》卷二十四，《中庸》一，中册，頁536，中華書局，2017。

道外，斯道益無能行之日矣，豈不大害事也"。①

聖人孔子一生向學，是我們學者的最高典範。《論語》開篇即殷殷囑咐我們說："學而時習之，不亦説乎？有朋自遠方來，不亦樂乎？人不知而不慍，不亦君子乎？"② 學首要的就是格物致知，"如切如磋，如琢如磨"，"以文會友"，"以友輔仁"，我們不僅要自覺，而且還要覺他；不僅要明明德，而且也要新民，以至止於至善；不僅要格物致知誠意正心修身齊家，而且也要治國平天下；不僅要立德、立功，而且要立言，亦即要推進爲己之學。所以，孟子所説的"先立乎其大"，應當是在爲己之學當中立；象山説先求本心，也應當是在爲己之學中求；而陽明的致良知，還是應當在爲己之學中致。否則，無論何人都無以立，無以求，無以致。即使立到，求到，致到也無以保障那是否真正的"大"，真正的本心，真正的良知，而不是一個人極其隱蔽的私欲之改頭換面的表達！

此外，道問學還應當擴充到作爲經驗的"聞見之知"乃至今日的各門科學之學問，或總稱爲"擴大之道問學"。只不過若説尊德性而道問學（爲己之學）之間是高度相關密不可分，亦即尊德性是目的，道問學是實現這個目的必經的過程。首先必有尊德性的目的和道問學的過程；其次尊德性之目的不僅只有在道問學的過程中方能最終得以實現，而且就連尊德性之目的的日益清晰與純粹也只有在道問學的過程中方能逐漸顯明。所以此兩者是一而二、二而一的關繫，所謂"知行合一"是也，可總稱爲"德性之知"。那麼，德性之知與擴大之道問學會是什麼關繫呢？無疑是應當由德性之知主宰擴大之道問學，由德性之知爲之定向，甚至必要時爲之作出限制與界限。後者可以有自身獨立的發展，但任何時候、任何情況下都不得違背德性之知，都不得與德性之知背道而馳。或者應當説，這皆是道問學及德性

① 汪紱《四書詮義》上，卷之二，《中庸》，《叢書集成三編》第十册，頁 409～411，新文豐出版公司，1996。
② 《論語·學而》第一之第一章。

之知本身可能的應有之義，所以，完全無需乎諸如"坎陷"之法、諸如"轉化"之途，那般曲折繳繞與艱澀困頓。

孔子所說的"述而不作，信而好古"，被我視爲屬於"聖人之法"，所以曾著專文論述，在那篇文章中，我指出：華夏晚周"禮壞樂崩"，道、政、學三統合一之道統分裂，從而令道統再也不能直接傳承，於是諸子百家皆不預設道統的宗旨與目標而紛紛另謀出路，這一被後世譽爲"哲學的突破"的思潮，實則會令我華夏之世界式的連續性的文明從此亦中止斷裂，所幸惟聖人孔子及其儒家堅持"述而不作，信而好古"的原則，全然反諸子之道而行之，志在恢復王道傳統，也就是仁政道義，他刪《詩》、敘《書》、訂《禮》、正《樂》、贊《易》，成就了"上五經"，全面展示出"先王之陳迹"中的"所以迹"，亦即王道道義。尤其同時他作《春秋》，寓褒貶，以代行不明的賞罰。雖然褒貶與賞罰其義一也，然而賞罰足勵當世，而褒貶則用以垂憲百代。就這樣通過復興道學與重建學統，而令華夏自古以來的道、政、學三統合一之道統，重又獲得了繼續傳承的可能。我們今日經歷了近兩個世紀的西學東漸以至全盤西化，國人亦是一度重蹈昔日諸子百家的覆轍，令華夏文明再次面臨中止斷裂的危機。而在肯定沒有聖人，或許也沒有賢人的時代，我們如何可能接續孔子所重建的道學，令道、政、學三統合一的道統，令華夏五千多年的文化與文明的傳統不得在我們的手上中斷以至消亡？這是擺在我們面前的非常重大而嚴峻的問題，我們該如何應對？我們與其或者毫無根底，或者摒棄根底地瞎碰亂撞，而行所謂"創造""創新"，不如本著孔子的"述而不作，信而好古"的教誨，重返與重建我們的根底，那就是首先重返與重建"四書五經"之學統。因爲道、政、學三統合一之道統，其中"道"當然爲"天道""聖人之道"以及天地人世間的"王道"，"政"即爲包含德、禮、政、刑之"仁政"，而"學"則必定是關於天道、聖人之道、王道、仁政之學，也就是經由孔子、朱子而成就的"四書五經"之學。而且，"功未成則樂未作，而用先王之樂；治未定則禮未制，而用先王之禮"，承繼聖人之法，倡明聖人之道，復興道、政、學三統合一之道統，乃當今吾輩之天職。①

　　總之，格物致知也就是"尊德性而道問學"以及擴大之道問學，亦即："所謂致知在格物者，言欲致吾之知，在即物而窮其理也。蓋人心之靈莫不有知，而天下之物莫不有理，惟於理有未窮，故其知有不盡也。是以《大學》始教，必使學者即凡天下之物，莫不因其已知之理而益窮之，以求至乎其極。至於用力之久，而一旦豁然貫通焉，則眾物之表裏精粗無不到，而吾心之全體大用無不明矣。此謂物格，此謂知之至也。"② 此"《補傳》之旨，與夫子博文約禮之教，千古合符，精者以盡天德之深微，而淺者亦不囮叛於道，聖人復起，不易朱子之言矣"③。

────────────

　　① 參閱拙作《"述而不作，信而好古"——我們今日如何可能傳承道、政、學三統合一之道統》，《切磋七集——四川大學哲學系儒家哲學合集》，頁88～112。還記得丙申年冬月十八（2016－12－16）周五下午川大儒門的切磋研討，那次是主要同中大老師的一次座談，主題就是"聖人之道與聖人之法"，之前亦覺得這個題目有些突兀，卻還是硬著頭皮草擬了一份發言提綱，從由至善所成就的"內聖外王"之道，與天道爲一的聖人之道，以及人皆可學而至的聖人之道等方面談"聖人之道"；以及從執守中庸中和之道，維護人倫之常尤其孝悌之道，以及"述而不作，信而好古"三方面談"聖人之法"。後來，戊戌年三月《切磋七集》出版後，讀到陳壁生教授的大作《理教與經教之間——朱子政治哲學中的帝王、士大夫與庶民》（頁16～30），方纔明白，他們經學方面所說的"聖人之法"，是真要從聖人成就的"六經"或"五經"當中，尋求到聖人爲後世頒定的現成具體的運作之法，如同漢代儒者及歷代經學家所認爲的那樣。因爲他們對於人可能學以致聖人之道不以爲然，因而惟有考慮五經中的聖人之法及其轉化爲制度建構的可能性而已。他們甚至認爲，只有當新的聖人出現，他必創立一代新法，而舊五經之法不過明日黃花，已陳芻狗，等等。不過，倘若如此，卻不知即使聖聖相傳的道統還有無可能？或者唯餘下道統之聖賢相傳的可能性了？
　　② 《大學》傳之五章。
　　③ 《禮記章句》卷四十二，《大學》，《船山全書》第四冊，頁1484。

天道、德性與秩序

——論晚周諸子的秩序關懷

曾海軍

　　秩序是人類文明當中一個古老的問題，甚至還是一個並不限於人類文明的問題。任何一個物種以群體的方式生存，大概都存在一個秩序問題。只是動物總能靠著本能來解決，人類有著高於動物之處，卻並不總能用來做得比動物更好。人有可能被指責爲禽獸不如，這在秩序問題上表現得尤爲明顯。無論是豺狼之群，還是蜜蜂螞蟻，都能表現出令人驚歎的協作關繫，更不要說那種秩序井然的狀態了，而這一切都不過是依靠動物自身的本能所達到的。按說人類表現出太多高於動物本能的地方，既然動物都能完成得那麼好的事情，人類做起來豈不是易如反掌嗎？然而，歷史經驗卻告訴我們，實現一個秩序井然的社會，至今都像夢一樣遙不可及。這是爲什麼呢？

一、"不争"：秩序的開端

　　通俗地說，秩序的對立面就是"争"，有"争"就意味著對秩序的威脅。"争"是每一個古老的文明在面對人性而安排秩序時，必然要處理的一個重大問題。但時至今日，"争"的問題也未必就解決好了，這恐怕也是伴隨著秩序追求始終的問題。一個社會需要有序地運轉，必須思考如何避免或限制各種"争"，這是追求秩序的開端，區別只在於通過什麼方式來進行。

現代社會顯然並不反對"爭"本身，而是在一個限制範圍内允許乃至鼓勵"爭"的存在。只要是相互之間達成了契約，那麼"爭"就可以合理地發生。然而，如果只是對"爭"做出某種限制，固然不妨可以獲得一個有序的社會，卻一定不會達成一種良善的秩序。即使現代社會通過各種手段有效地遏制"爭"給社會造成的混亂，或者防止侵害別人的利益，這也不意味著"爭"就可以由壞變好。撇開他人和社會不說，"爭"可能對一個人造成巨大的傷害，類似於扭曲人性、蒙蔽本心、迷失自我之類的説法便是此意。古往今來，追逐於名利場中所造成自我身心處的種種亂象，諸如爭得頭破血流、爭得反目成仇、爭得神志不清、爭得面目全非，等等，無不顯示"爭"大概很難"合理地"發生。現代人在這個問題上要麼是大意了，要麼根本就沒看清楚。晚周諸子本著對秩序的關懷，對於"爭"的問題有過不同程度的思考，可以幫助現代人重新進行反思。

"爭"的金文字形是上下爲"又"象形手，表示兩手相爭，中間有一個符號表示爭奪的物件。《一切經音義》引《説文》云，"爭，彼此競引物也"，其義至爲顯白，它交待了"爭"是發生在彼此之間，也就是人與人之間發生的事情。如果有一樣東西在眼前，兩個人同時伸手去拿，就會陷入"爭"的局面。那該如何止爭呢？大概已經在一樣東西上起爭執了，解決起來就比較麻煩，還不如把工作做在前面，讓那樣東西起不了爭執。古人在這個問題上也有過思考："一兔走街，百人追之，貪人具存，人莫之非者，以兔爲未定分也。積兔滿市，過而不顧。非不欲兔也，分定之後，雖鄙不爭。"[1] 先讓那樣東西有一個"定分"，亦即通常所説所有權是清楚的，則一般不會起爭執，或者即便起了爭執也容易解決。這顯然屬於止爭工作的大頭，如果不是先有這一工作，紛爭恐怕止不勝止。儘管如此，只剩下小頭的爭執依然能夠威脅到社會的正常秩序，而且從古到今似乎都缺乏足

---

[1] 《慎子·逸文》。

夠有效的方式實現全面止爭。不過，對於"爭"的理解，古今之間的差別還是挺大的。比如，與"爭"相對，儒、道兩家都十分推崇"讓"這一美德。現代社會強調競爭，對於"讓"只怕多少有些不以爲然。在古人看來，"爭"無疑是壞現象，只需要想著如何去克服。而現代人總是致力於從"爭"上去求得積極意義，雖然"爭"不免是壞的，但若控制得當，也能發揮積極作用。那麼，這種差別是如何形成的呢？

　　對於"爭"的思考，荀子聲稱"勢位齊而欲惡同，物不能澹則必爭"①，也就是物不足用則必然導致紛爭。這一意思在"欲惡同物，欲多而物寡，寡則必爭矣"中，表達得更爲直白，似乎與今人所熟知的由資源匱乏而引發戰爭的邏輯高度一致。實則不然。荀子恰恰以爲，天地之生萬物，"固有餘足以食人""固有餘足以衣人"。他甚至明確反對墨子，以爲"墨子之言，昭昭然爲天下憂不足。夫不足，非天下之公患也，特墨子之私憂過計也"。②既然如此，荀子所言"物不能澹"或"物寡"而必爭，是什麼意思呢？這就需要注意前面那句"勢位齊而欲惡同"，是"勢位齊"導致"欲惡同"或"欲惡同物"，再導致"物不能澹"或"物寡"。對於"勢位齊"，荀子在前頭還有這樣一句，"分均則不偏，勢齊則不壹，衆齊則不使"③。"分均"，楊倞注"謂貴賤敵也"，是均貴賤的意思。王念孫進一步注曰："偏，讀爲徧。言分既均，則所求於民者亦均，而物不足以給之，故不徧也。下文曰'勢位齊而欲惡同，物不能澹'，正所謂不徧也。"④是說均貴賤就會導致物不能徧給，亦即不足用之意。可見，在荀子這裏，從均貴賤到齊勢位再到同欲惡，如此直貫下來才導致"物不能澹則必爭"。

　　令人吃驚的是，現代社會的發展邏輯完全印證了荀子的判斷。現

---

①③　《荀子·王制》。
②　以上所引皆自《荀子·富國》。
④　王先謙《荀子集解》，頁152，中華書局，1997。

代性的訴求正是"勢位齊而欲惡同",由此導致整個社會被"物不能贍"所裹脅,而且物質越繁榮匱乏感卻越強烈,於是紛爭從來就沒有因物質越來越繁榮而停息過。可見,根據荀子的意思,"爭"看起來總是因物不足用而引發,但出路可不是在不斷地增加物質生產上。荀子的眼光沒有停留在因"物不能贍"而引發的"爭"上,而是著眼於以正當的秩序來避免爭端。儘管現代社會不可能再討論"均貴賤"或"勢位齊"的問題,卻不妨礙荀子的思想洞見依然富有啟發性,順著荀子的思路引入對"爭"本身的考量。老子謂"天之道,利而不害;聖人之道,爲而不爭"①,孔子亦云"君子矜而不爭,群而不黨"②。就"爭"本身而言,儒、道兩家的共同主張就是"不爭"。"不爭"是在否定"爭",而不只是對"爭"做出某種限制而已。因爲"爭"總是不好的,不是相互之間訂立好規則,然後又可以"爭"了。考量的不是如何對"爭"做出約束或限制,而是思考"爭"本身的問題。與現代社會相反,儒、道兩家都反對"爭"本身,而不只是反對人與人之間那種肆無忌憚乃至喪心病狂的爭奪。

不過,相比而言,道家的"爲而不爭"顯得更徹底,而儒家的"矜而不爭"處理得更複雜。什麼是"爲而不爭"呢?老子在另一處打比方説:"上善若水。水善利萬物而不爭,處衆人之所惡,故幾於道。"③ 水之"利萬物"是"爲",流向衆人不喜歡的低窪之處是"不爭",可不就是"爲而不爭"的典範嗎?老子主張"不爭"可謂思想史上的常識,類似於"不尚賢,使民不爭"④ 的思想表達不勝枚舉。還有一個特別經典的命題是"夫唯不爭,故天下莫能與之爭"⑤,這並非在另一個意義上認可了"爭",而是説誰能與大道相爭?"爭"被老子徹底否定掉了。至於"矜而不爭",可以聯繫《論語》中另一

---

① 《老子》第八十一章。

② 《論語·衛靈公》。

③ 《老子》第八章。

④ 《老子》第三章。

⑤ 《老子》第二十二章。

處"古之矜也廉，今之矜也忿戾"① 理解。其謂君子之"矜莊"若無私則有剛正之德，若有私則陷忿戾之中。朱子以爲，"矜者持守太嚴，廉謂棱角陗厲，忿戾則至於爭矣"②，故君子於"矜"處要懂得戒爭。這固然是在反對"爭"，但有具體的指向。可以説，道家徹底地反對"爭"有快刀斬亂麻之嫌，而儒家在守住反對"爭"的基本立場的同時，還有更爲豐富的致思。就像孔子既説"君子無所爭"，又説"其爭也君子"③，這就需要進一步的分析。

有意思的是，與道家聲稱"處衆人之所惡"④ 相反，儒家卻主張"君子惡居下流"⑤。看起來，當道家極力表彰甘居水流下方的時候，儒家卻厲聲譴責這種行爲。爲什麼會出現這種針鋒相對的情形呢？既然道家是出於反對"爭"而主張"處衆人之所惡"的，那儒家要求"君子惡居下流"是在贊成"爭"嗎？當然不會，必須要將"爭"的本質含義揭示出來，才能闡明這個問題。無論是"爭"的字形，還是荀子所言"物不能澹則必爭"，都能顯示"爭"説到底總是沖著"利"的。晚周亂世，天下失序而紛爭不息，其矛頭無不指向利益的追逐。而且，無論是亂世之中不顧一切地爭，還是現代社會有限制性地爭，在以"利"爲中心上是沒有區別的，這正是儒、道兩家所共同反對的。與此同時，儒、道兩家的區分也由此彰顯，道家爲了反對"爭"而進一步瓦解"利"，儒家爲了反對"爭"卻在努力地辨析義利之別。因爲"爭"與"利"的關繫並非一體之兩面，雖説"爭"總是對著"利"而言，但反過來"利"卻未必總是不離"爭"的。

任何社會的資源都是有限的，任何社會也都面臨著如何合理配置這些有限資源。一個合理的社會同時包含著對有限資源的合理配置，也就是對"利"的合理配置。這就意味著"利"本身不是壞的，只

① 《論語·陽貨》篇。
② 程樹德《論語集釋》，頁 1224，中華書局，1990。
③ 《論語·八佾》。
④ 《老子》第八章。
⑤ 《論語·子張》。

有由"利"所挑起的"争"才是壞的。世界因這種"争"而動盪不安，國家因這種"争"而民不聊生，個人因這種"争"而爲非作歹。因此，一定要反對這種"争"，而要反對這種"争"，就是要反對以"利"來挑起"争"。但"利"爲何會挑起"争"呢？問題就複雜在這個地方。如果真是把"利"給消解掉了，那毫無疑問對"争"的解決可謂釜底抽薪，也不必再追問"利"何以會挑起"争"。在這個意義上，道家對"争"的反對就顯得更徹底。但"更徹底"不意味著"更正確"，完全有可能是道家把問題給看偏了。即便滿世界都沖著"利"而争得你死我活，如老子時代的諸侯争霸，那也不意味著爲了徹底地反對"争"而把"利"消解掉。所謂"塞其兑，閉其門，挫其鋭，解其分，和其光，同其塵"之類，既然都"不可得而利，不可得而害"了，① 利害兩忘而消解之，由此而主張"不争"便顯得水到渠成。但"利"不是用來消解的，而是要予以辨析的。所謂義利之辨，儒家追問的是"利"何以會挑起"争"，而後予以防範。孟子所對"王何必曰利？亦有仁義而已矣"②，是以"義"來統攝"利"，而一定不能理解爲是用"義"來反對"利"。比如，"利"之所以會挑起"争"，往往是由於"利"的不合理配置所導致，由此，如何來避免這種不合理，以及在此之先的如何給出一種合理性與在此之後的如何確保這種合理性等等，都屬於"義"上的事。《周易》謂"利者，義之和也"，可見"利"不能離開"義"來説，以"義"來統攝"利"，"利"未必就會挑起"争"。反過來説，如果由"利"挑起了"争"，則爲了反對"争"就不是要去反對"利"，而是要反對"不義"。只有論到這一意思上，才能把儒、道兩家同樣是反對"争"其後不同的思想脈絡呈現出來。可以説，道家反對"争"已經反對到"利"那裏，而儒家反對"争"則是反對"不義"。

儒家以義利之辨的方式來防範"争"，但在義與利之間，一向不

---

① 引自《老子》第五十六章。

② 《孟子·梁惠王上》。

容易辨析清楚。儒家的義利之辨力圖以"義"統攝"利"來止
"爭"，這是將秩序建立在德性的基礎上；道家以消解"爭"的方式
歸於"不爭"，這是將秩序的基礎建立在自然之上。雖說總是"利"
引發了"爭"，但若能確保"義"先於"利"，則"爭"未必不可
息。當然，以"義"統攝"利"不只爲了止爭，更是出自德性本身
的要求，其與道家單單倚重天道自然是不一樣的。對著儒家所主張的
"君子惡居下流"，老子聲稱"處衆人之所惡"，這是兩種不同的秩序
理念。

二、權力與等級秩序

對於人類而言，秩序從來都不止是人與人之間不起爭鬥那麼簡
單，儘管讓所有人不起爭鬥其實也很複雜。不起爭鬥只是將人置於底
綫上而言，如果考慮到古今中外有太多的人那麼容易滑到底綫以下，
那麼將秩序設置在底綫上恐怕並不丟人。這一論斷並不荒謬，卻並没
有意識到更爲重大的問題。人類秩序最大的難題是人與人之間的分
別，最具價值的是正確地將這種分別呈現出來，而不起爭鬥的底綫設
置最大的問題就在於殺平了這種分別。如何正確地將人與人之間的分
別以秩序的方式呈現出來，這是一種高難度的政治藝術，也是一種高
風險的政治追求。古典文明無一例外地致力於塑造一種等級秩序，比
如儒家的"正名"思想，便是努力將人與人之間的分別以最優良的
方式呈現出來。

在現代學人看來，孔子自春秋時代道出"君君，臣臣，父父，子
子"[①]之後，至孟子而言"君之視臣如手足，則臣視君如腹心；君之
視臣如犬馬，則臣視君如國人；君之視臣如土芥，則臣視君如寇
仇"[②]，荀子而謂"君臣、父子、兄弟、夫婦，始則終，終則始，與

---

① 《論語·顏淵》。
② 《孟子·離婁下》。

天地同理，與萬世同久，夫是之謂大本"①，接下來就是董子的"君臣、父子、夫婦之義，皆取諸陰陽之道"，"王道之三綱，可求於天"②，由此構成儒家"正名"思想的基本脈絡。對於這一"正名"思想，現代學人的關注點在於：一方面是以"名"指名位，強調與名位相符所應承擔的義務和責任；另一方面則是名位之間的對等性，即名位上的責任相互對等、互爲條件。將"名位"的内涵置換爲權利和責任，同時做出對等性的要求，這大概就是展開孔子"正名"思想現代運用的最強音。將某個職位賦予明確的權與責，並以此考察這一職位上的任職者，這一種具現代性特徵的操作方法，卻方便地與孔子的"正名"思想貫通起來了。現代社會依然十分強調層級分化與功能差異，這充分體現在對不同職位的劃分和規定上。它一方面源自社會分工的不同，另一方面又與人與人之間豐富的差異性相吻合。不同職位被確定不同的權與責，它意味著既要求與這一職位相稱的人來承擔，又要求承擔這一職位的人，其所作爲符合相應的權利與責任。

　　不過，古代社會的"名位"果真可以等同於現代社會中的權與責嗎？顯然不行。古人的"名位"是有等級性的，而現代性的權責觀念講究的是平等。將"名位"的内涵置換爲權與責的觀念，這恐怕是有問題的。雖然兩者都以社會分工爲基礎，而分工作爲一種基本的社會現象古今皆然，但具體賦予分工以一種什麼樣的意蘊，或者説如何來塑造這種分工的形象，那就是古今有別了。同作爲一種基於社會分工的言説，在"正名"與權責之間也可以看出一些相通的基本意思。從常識上説，社會需要分工，分工也體現出人與人之間的差異。一方面事有大小，另一方面人有智愚，不同的人勝任不同的事，而且必然形成高下不同，層級有異。尤其是不同的人做不同的事，或者進一步説，不同的人做與之相稱的事，並且要求不同的人把相應的

---

①　《荀子·王制》。
②　《春秋繁露·基義》。

事做好，這些似乎都是一致的。然而，如何塑造這種基於分工所體現
出的差異性，那就不再是常識層面的事情了。"正名"與權責對於不
同的人完成相應的事，其所做出的約束是不同的。現代權責觀念是通
過賦予個體的權利，而同時做出相應責任的劃分。不過，基於平等理
念的權責劃分，不利於個體道德自覺性的提升，於是不免從"正名"
思想中讀出一種道德自覺性來，再過渡到現代社會的責任感或義務
感。這種對接看起來順理成章，實則不然。以爲孔子的"正名"思
想更側重於責任感一面，完全是似是而非的看法。現代社會的責任感
或義務感都離不開對權利的明確自覺，就社會分工而言，始終只具有
功能化的意義。也就是説，高度的責任感成就的不過是良好地實現某
一職位或角色的功能，它不關乎人的尊卑、貴賤，更與人禽之辨
無關。

　　無疑地，"正名"所塑造的人格是等級性的，它事關人的尊卑、
貴賤。但尊卑、貴賤之等，卻不是用來造成上、下之間的剝削和壓
迫，更與恐怖統治無關。"名位"就是成就自身人格意義的道場，在
種種"名位"之外，並無一個抽象的人格意義懸在那裏。在"名位"
上的踐履，不僅僅成就著人的尊卑、貴賤，同樣也事關人禽之辨。在
"名位"上立不起來，如父之不能爲父，或者子之不能爲子，那就有
可能連人之爲人的意義都喪失掉。但現代的權責觀念則是，有一個抽
象而普遍的人格意義懸在那裏，事先保障了所有人平等地享有人的尊
嚴，而名位上的作爲只能體現出功能上的好壞。當孔子提出"君君，
臣臣，父父，子子"的時候，所謂君要像個君的樣子、臣要像個臣的
樣子之類，用現代的責任感完全不足以描述出這種在相應名位上的擔
當。責任只是來自一種權利的賦予，是相對於權利的履行，而名位上
的擔當則具有絶對性，它是具有德性意義的踐履，同時是上達天道的
精神路徑。無論是君臣、父子，還是其他人倫關繫的一方，在實現自
身的精神提升時，同時也就意味著促成對方的轉化。這是來自天道的
使命，也是基於德性的擔當，豈是區區一種相對於權利的責任感可以
表達的？亦非單純所謂"自覺性"的説法可以道盡。與現代人追求

一種平等的享有不同，古人著意於人的尊卑、貴賤之等，更看重的是下對上、人對天的高貴追求。

自此一眼光觀"正名"所塑造的精神意蘊，就不再圍繞著是否具有對等性的問題了，從而自孔、孟、荀一系，"正名"的思想脈絡應當是，經孟子的"勞心者治人，勞力者治于人""父子有親，君臣有義，夫婦有別，長幼有序，朋友有信"①，而至荀子的"故知者爲之分別，制名以指實，上以明貴賤，下以辨同異。貴賤明，同異別，如是則志無不喻之患，事無困廢之禍，此所爲有名也"②。可見，孔子提出"正名"思想，就不在於是否呈現出了對等性，而恰恰是基於一種尊卑、貴賤的秩序所提出的一種復禮主張。在儒家思想脈絡中，禮以別貴賤可謂一種常識，破壞了貴賤之等，擾亂了尊卑之序，就是所謂的禮樂崩壞。孔子的"正名"旨在要求，在不同名位上的人，要提升尊之所以尊、守住卑之所以卑之義。人只有陟黜於一種恰當的尊卑之序中，才能意識到高貴的深重意蘊。因此，"正名"所塑造的等級秩序包含了一種高貴的精神意蘊，正在於將人與人之間的分別以最優良的方式呈現出來，同時又不失高低貴賤之間的和諧關繫。

當然，雖說等級制度是要對秩序做出一種優化，但古今中外歷朝歷代的政治實踐表明，由等級秩序實現出來的統治卻往往讓人類付出了慘痛的代價。從歷史經驗來看，等級的制度性建構很難確保優良的社會秩序，反而很容易產生罪惡的暴政統治。這就說明，對於等級秩序不妨可以分辨出一種高貴的精神主旨，但要達成這樣的良善統治卻極其複雜而艱難。在現實的統治當中，一不留神就走了樣，固然確保了分別，卻不幸顛倒了善惡。更不用說一旦淪爲極權暴政，就太可怕了。不過，這倒不難理解，人類總想追求一種更高的目標，結果卻最終連最低的目標也難以實現。這一切都是由於人類秩序的達成從來都離不開權力的緣故。

---

① 《孟子·滕文公上》。
② 《荀子·正名》。

　　權力是一把雙刃劍，往往在帶來秩序的同時，又會製造新的迫害，帶來新的混亂。權力的這種可能性，使得自古以來產生了形形色色的無政府主義者，紛紛在權力之外表達一種對秩序的追求，比如各種形式的世外桃源或烏托邦。但這種追求從一開始就註定了只能是空想，或者轉化爲某些宗教形態的思想資源。秩序最容易被想象爲，通過每個人同樣的自覺來達到人與人之間的相安無事，這樣就沒有壓迫和剝削，人類社會頓時就變得美好起來。對於人類的秩序而言，這種想法特別有問題，具有强烈現實感的人以爲這未免太理想化了，其實不是。當然，這是十足的空想，但並非問題的要害所在。真正説來，這種想法並不具有理想性，而不是過於理想。如果將秩序的目標放在所有人以同樣的自覺而不起爭鬥上，這只有兩種可以想象的途徑。一種是如動物一般在本能的層面上表現得井然有序，另一種是人人成佛或者是進入天堂之類。後者已經將秩序問題消解掉了，前者顯然完全沒有理想性。這兩者都是爲了繞開權力來獲得秩序，但其結果都是將人自身給繞開了，從而導致逸出人的層面來論秩序。人類秩序的達成是沒可能繞開權力的，也只有在權力的基礎上，才能進一步分析秩序的好壞。

　　一般而言，有秩序總比沒有秩序要好，但秩序本身也是有好壞的。肯定不是所有的秩序都值得追求，比如通過極權的恐怖統治獲得的秩序就很惡劣。這倒並不難分辨，難分辨的是，什麽樣的秩序才是更好的秩序？凡是壞的秩序，人類都該拒絕，而不用去管不同程度的壞有什麽差別。但好的秩序就不一樣，是否真的好以及是否足夠好，就得認真考量。人類的秩序總是要通過權力來實現，而權力的運作方式有多種可能性。任何權力建構都會形成不同的民族、種族、階層、階級或純粹的利益集團，它們之間對於秩序的感受和判斷可能完全不一樣，對於秩序的考量顯然不能淪爲不同利益集團之間的較量。不同文明之間對秩序的理解也是有差別的，對一種最好秩序的探求未必能達成共識，但在同一文明中超越利益的訴求而達到對最好秩序的貞定，則是應該也是必須能實現的。華夏文明表達一種正當性的秩序訴求，往往要援引天道或德性作爲根據。對權力的運用是基於天道還是根於德性，實際上就是將秩序的正當性溯源於天道，或者將秩序的良善性植根於德性，這都是努力在追求一種好的秩序，並且對於是否是真的好以及足夠好，也能形成判斷的依據。

三、在天道與德性之間

作爲秩序的依據或根源，天道和德性之間也可以表達某種差別。天道更重本然，強調秩序源於天道，是秩序要符合天地之間本然的次第；德性更重應然，主張秩序基於德性，是秩序要體現有德之人應然的安排。用哲學術語表達，天道偏於自然法則，德性偏於理性立法，兩者都是在討論秩序時很容易就會運用到的。古典文明都能意識到天地萬物之中本來就存在的某種秩序，或者人作爲萬物之靈在建構秩序上的主導作用。對於秩序的思考，往往就是在這兩者之間搖擺。秩序在何種意義上體現自然法則，或者在多大程度上依賴理性立法，這是一個在很古的時候就開啟了的爭端。現代學人也許已經不再對這種難以把捉的形上論題感興趣，如何劃定清楚利益主體之間的邊界，才是既可以捉摸而又具有挑戰性的論題。但探討古典秩序就必須回到天道與德性上來，兩者之間其實還可以是統一的。人的主導作用不能悖逆天地之間本然的秩序，而領悟和揭示這種本然的秩序作爲根據，本身就是人心之靈的作用。德性是天道在人身上的落實，天道是德性在天地處的依據，兩者作爲考量秩序的思想資源，其價值應該是完全統一的。以天道與德性之間的關繫來觀照，是探討晚周諸子秩序訴求的一種可能性視野。

晚周亂世，天下無道，諸子蜂起，紛紛尋求恢復天下秩序的良方。晚周諸子在亂世之中都有對秩序的訴求，概括起來就可以分爲取法天道和基於德性兩種秩序路徑。前者付諸自然，後者要求擔負。對於秩序的擔負未必就不自然，而將秩序訴諸自然也未必就要失去擔負，這兩者的統一本身沒問題，問題只在於諸子思想是否都能實現得了。更何況在天與人之間，追求"天人合一"是百家思想的共同主張，並非有人要裂天人爲二，只是思想在貫徹過程中有可能讓主張打折扣。比如道家顯得極富天道精神，卻並未在德性上著意，就會使得"天人合一"的主張大打折扣。秩序要取法天道自然才有牢靠性，秩序也要基於人的德性才具有可行性。儒家的秩序觀念基於德性，唯有人才可以成就秩序，也只有人才可以理解自然。只有基於德性而不離天道，才有可能實現兩者的統一。

面對晚周亂世中種種污濁、僵化的亂象，在批判和否定之後追尋一條復返質樸的道路，這是孔子和老子作爲哲人的共同之處。不同的是，在孔子那裏，這種復返只是一種準備工作，真正重要的是基於德性重新樹立起真實有價值的東西，亦即主張恢復周禮。文固然要以質爲基礎，質則更需要文的滋養，文質相當才是有價值的。但老子卻認爲，那回復到的素樸狀態本身就是最真實的，人卻容易迷失掉，復返這一質樸之性才符合天道。儘管周衰文弊是晚周諸子共同的時代背景，但不同諸子眼中看到的衰弊景象並盡然相同。在《老子》一書中，名言警句式的精煉文本很難讀到對時代背景的記述，而只能從隻言片語中尋找蛛絲馬跡。仔細看來，對於晚周亂世的"文弊"情形還是有所透露的。比如："天下多忌諱，而民彌貧；民多利器，國家滋昏；人多伎巧，奇物滋起；法令滋彰，盜賊多有。""多忌諱""多利器""多伎巧"都是衰亂之世容易滋生的現象，尤其是"法令滋彰"更是成爲一個時世積弊難返的代名詞。"五色令人目盲，五音令人耳聾，五味令人口爽，馳騁畋獵令人心發狂，難得之貨令人行妨"，顯示出對放縱耳目口鼻之欲的洞察，這也是亂世失範所常見的現象。"天下無道，戎馬生於郊"，則透露出戰亂頻繁、民不聊生的資訊，馬尚且如此，更何況普通百姓。面對時世衰弊如此，老子認爲："故聖人云，我無爲而民自化，我好静而民自正，我無事而民自富，我無欲而民自樸。"① 看起來，老子就是主張"無欲"而已，這似乎没什

① 以上所引分別自《老子》第五十七、十二、四十六、五十七章。

麼大不了的。但實際上，老子著重的是"而民自樸"，去欲是爲了將"樸"顯現出來。由時世的衰弊而洞悉出物欲橫流之後，怎麼會提出一種去欲的主張呢？

　　滿足欲望是不需要理由的，有欲望本身在牽引著，但去欲的主張是需要理由的，而且需要強大的力量去推動。在老子看來，這種強大的力量就是人性之"樸"。老子從"知其雄，守其雌"論到"復歸於嬰兒""復歸於無極""復歸於樸"，最後説"樸散則爲器，聖人用之則爲官長。故大制不割"①。與"嬰兒"和"無極"相比，前者過於具象，後者過於虛化，"樸"則比較合適表徵人性質樸的自然狀態。即是説，"樸"有厚實之象但又不具體，以其未經雕鑿的原生樣態來表徵一種本原之象。"樸散則爲器"者，萬物殊類，裁而治之，無不假借雕鑿之工，然"大制不割"，最高明的裁治乃不裁而治，以其原皆出於"樸"也。"樸"作爲一種本原的表徵，同時也就是一種最真實的狀態。最真實就意味著最值得追求，或者説最有力量推動著去追求。在老子的思想脈絡中，"樸"就是這樣一種有力量的本原，返樸歸真是萬物紛紜的必然趨勢。因此，面對周衰文弊中充斥著的物欲橫流，老子提出的思想主張是"見素抱樸，少私寡欲"②。"見素抱樸"自然能"少私寡欲"，或者説只有"少私寡欲"才能"見素抱樸"，總之"素"或者"樸"是制勝私欲的好法寶，亦是克服私欲的好去處。老子聲稱"鎮之以無名之樸"③，是萬物並作紛芸而貪欲蠢動之時鎮以無名之樸，亦不過是觀其復歸其根的宿命。

　　"樸"是老子面對周衰文弊時期充斥著各種亂象而做出的思考，如王弼所注"樸，真也"④，與老子所云"質真若渝"⑤相照應，"樸真"或"質真"都能説明，老子的致思是對種種淫侈、巧詐、飾智

---

① 《老子》第二十八章。
② 《老子》第十九章。
③ 《老子》第三十七章。
④ 樓宇烈《老子道德經注校釋》，頁74，中華書局，2008。
⑤ 《老子》第四十一章。

的反動而追尋一種真實。與老子一樣，孔子也是深惡於"文弊"，並借"繪事後素"表達出禮起於素或質的觀點。① 不過，對於文質之間的關繫，孔子有一個相當著名的論斷，即"質勝文則野，文勝質則史。文質彬彬，然後君子"②。周衰文弊之時禮樂崩壞，意味著禮樂之文淪爲一種僞飾，此即"文勝質則史"。但這不是否定禮樂本身的理由，不能由此而走向另一極端，即"質勝文則野"。孔子堅持文質彬彬，認爲固然要保持"質直"的本色，但這種"直"一定是要兼義的，所謂"質直而好義"③ 是也；或者説，"質直"一定是要知禮好學，加以文飾的。否則，這種"直"就容易流入刻薄寡義。"直而無禮則絞"④"好直不好學，其蔽也絞"⑤，便是此意。可見，對於孔子而言，文質相當才是最真實的，這是基於德性而不離天道的統一。老子顯然不會這麼主張，他是自文之弊而反對文飾本身，而主張復返質樸的真實性。這種復返在老子的思想脈絡中，具有一種"道"的根據性，亦即天道本身的運行力量，老子稱之爲"反"："反者，道之動；弱者，道之用。天下萬物生於有，有生於無。"⑥

老子對"反"字雖用得不多，但"反"之意卻是老子思想的核心要義。前文所言"復歸"，亦是"反"之意。對於"反"，老子之意顯然不在於强調對立雙方的相互轉化，類似於禍福相依的意思並不多，而主要是通過持守"弱"的一方來獲得"强"，即所謂"曲則全，枉則直，窪則盈，敝則新，少則得，多則惑"⑦ 之意。要是反過來表達成"全則曲"之類就説不通了，這也就能充分説明老子爲什

① 子夏問曰："'巧笑倩兮，美目盼兮，素以爲絢兮'，何謂也?"子曰："繪事後素。"曰："禮後乎?"子曰："起予者商也! 始可與言《詩》已矣。"（《論語·八佾》）
② 《論語·雍也》。
③ 《論語·顔淵》。
④ 《論語·泰伯》。
⑤ 《論語·陽貨》。
⑥ 《老子》第四十章。
⑦ 《老子》第二十二章。

麼要説"弱者道之用"了。應當説，禍福相依的道理確實是老子於飽覽史書的歷史感和飽經滄桑的現實感所深切洞悉出來的，但老子之意恐怕並非只是揭示出這一道理，而是基於這一道理提出他的應對之道。光是在禍福相依上做文章，不過是徒增幻滅感而已，一如後世釋氏所爲。老子思考的是，弱者總是想變強，而強者又想變得更強，然而卻無法避免由強變弱的宿命，那麼怎麼樣才能打破這一宿命呢？老子的主張是："守柔"。在老子看來，正是"守柔"可以中斷"柔弱"與"剛強"作爲對立雙方之間的相互轉化。"守柔曰強"① 的意思是，不是通過由弱變強從而無法逃脱由強變弱的宿命，而是中斷由弱變強的轉化從而打破再由強變弱的宿命，這才是真正強大的表現。持守"柔弱"與復歸"質樸"並無二致，用哲學的術語來説，"柔弱"只是屬性，"質樸"更具本體意味，可見守柔也只是返樸。"反者道之動，弱者道之用"，萬物莫不如此。於是，"萬物並作，吾以觀復。夫物芸芸，各復歸其根"，其所復歸之根，從具象上説似"嬰兒"之初生，從抽象上説如"無極"之混沌，中而言之，"復歸於樸"是也。

　　老子面對周衰文弊主張的是復返質樸之性，爲此老子將"樸"或"素"提升爲萬物的原初狀態，同時這種狀態都具備一種復返的力量。老子還不斷地以各種"無"的方式來敘説這一質樸之道，像無象、無名、無形、無聲、無色等等。但這些都像是虛晃一槍，最主要的是爲了論説"無爲"，這才是質樸之道最核心的要義。質樸的原初狀態對治的就是周衰文弊之時的過分矯飾，經驗告訴我們，相對於濃妝豔抹的僞飾，正是質樸無華的麗質顯得異常珍貴。"質樸"本身具備一種對抗文飾的力量，去其珠光寶氣、止其塗脂抹粉，素樸的天生麗質自然就會顯露出來。相對於質樸之性，各種人爲造作所導致的無非就是各種背離，"無爲"既符合質樸的本性，同時也是復返質樸之性的良方。對於老子而言，無論是歷覽王朝興亡，還是目睹民不聊生，所起的作用都是一致的，此即促使他從人爲造作上退卻下來。不

---

　　①　《老子》第五十二章。

管付諸怎樣的作爲來維持一個王朝的興盛，都避免不了最終走向衰亡的命運。與此同時，晚周諸侯國爲了壯大自己的勢力，而相互間不斷發動征戰，這在老子的眼裏，無非就是導致民不聊生，也很少有哪些諸侯國就真正因此而壯大了。這種人世間的興起作爲，在老子看來未免太過於造作了，完全無助於避免惡運，甚至本身就導致了惡運。可以想象，老子原本作爲周室史官，在流落民間之後，所到之處都是滿目瘡痍、生靈塗炭，這種人爲作惡可能給他造成了強烈的衝擊。由此，他從人爲造作上退卻下來，走上了一條質樸之道而主張"無爲"，所謂"處無爲之事，行不言之教"① 即是。如果只是根據對社會現實的觀察，一般説來，人的種種作爲，總是有好有壞。上至國家的政策措施，下至百姓的言行舉止，很多方面會招致惡果，這是社會現實的狀況。與此同時，也肯定有人做出來的所謂善言善行，老子當然不會意識不到。但他可以認爲，人的這種基於自身德性的爲善力量太微弱，並與作惡糾纏在一起，既制衡不了作惡，同時善惡力量的對抗又只會強化惡。更何況，善惡的分辨本身也太過於平常，或者就是説不及根本。分辨善惡不如復返質樸之道，回歸天道自身的運作才是最根本的。

與老子歷覽王朝興衰相比，孔子周遊列國，一生棲皇，凡老子流落民間所見，孔子大概一點也沒少。然孔子臨川所歎"逝者如斯夫！不舍晝夜"②，整個氣象大爲不一樣。這一感慨意蘊幽長，爲歷代後儒所探微。在孔子之後開始出現的對"逝者如斯夫，不舍晝夜"的闡釋，主要集中在"如斯"的道德意蘊上。"如斯"，即何晏《論語集解》所言"如川之流"。③ 孟子謂孔子"觀水有術，必觀其瀾。日月有明，容光必照焉。流水之爲物也，不盈科不行。君子之志于道也，不成章不達"。④ 朱子注曰："瀾，水之湍急處也。……觀水之

① 《老子》第二章。
② 《論語·子罕》。
③ 程樹德《論語集釋》，頁611。
④ 《孟子·盡心上》。

瀾，則知其源之有本矣。"① 水流 "盈科而後進" 的特性，一直是孟子習慣運用的意象，用來象徵道德的本源所帶來的生生不息。這在《孟子》文本的另一處有更直接的説明："徐子曰：'仲尼亟稱于水，曰：水哉水哉。何取于水也？'孟子曰：'源泉混混，不舍晝夜，盈科而後進，放乎四海，有本者如是，是之取爾。'"② 這段材料幾乎就是對孔子 "逝者如斯夫，不舍晝夜" 的直接注解，亦如趙岐《孟子章指》所云："言有本不竭，無本則涸，虛聲過實，君子恥諸。是以仲尼在川上曰'逝者如斯'。"劉寶楠謂此爲 "明夫子此語既贊其不息，且知其有本也"。③ 所謂 "盈科而後進，放乎四海"，朱子云："盈，滿也。科，坎也。言其進以漸也。放，至也。言水有原本，不已而漸進以至於海。"④ 水流先滿坎坑之類，進而往前湧流，終能至於四海，這確實是水流的本源所擁有的巨大潛能。孟子由此感悟出本源的力量，而用來象徵道德的本源及進德之自強不息。這一道德意蘊被楊雄所延續，其云："或問進，曰水。或曰：'爲其不舍晝夜與？'曰：'有是哉！滿而後漸者，其水乎？'"⑤

　　自《孟子》文本中出現 "仲尼亟稱于水" 之後，後世典籍中有關孔子稱水或觀水的版本層出不窮。緊接著《孟子》之後的《荀子》文本中就有一段 "孔子觀於東流之水" 的材料，其對 "川流" 的道德意蘊進行了全面而完整的發揮。⑥《孔子家語·三恕》中有一個與此幾乎完全相同的版本，只是措詞微有不同。而《韓詩外傳》中有

----

① 朱子《四書章句集注》，頁356，中華書局，1983。
② 《孟子·離婁下》。
③ 以上兩處引自程樹德《論語集釋》，頁611。
④ 朱子《四書章句集注》，頁293。
⑤ 《法言·學行卷》。
⑥ 孔子觀於東流之水。子貢問於孔子曰："君子之所以見大水必觀焉者是何？"孔子曰："夫水，大徧與諸生而無爲也，似德。其流也埤下，裾拘必循其理，似義。其洸洸乎不淈盡，似道。若有決行之，其應佚若聲響，其赴百仞之谷不懼，似勇。主量必平，似法。盈不求概，似正。淖約微達，似察。以出以入，以就鮮潔，似善化。其萬折也必東，似志。是故君子見大水必觀焉。"（《荀子·宥坐》）

一段材料，雖是由討論孔子的"知者樂水"①發起的，實則與《荀子·宥坐》中的這一段是一個相似的版本，可以形成某種互補②。而最具總結性的應該是董子的版本，明顯綜合了《荀子》與《韓詩外傳》兩處內容，最後全部賦予到孔子所歎"逝者如斯夫！不舍晝夜"的內涵中。③由此可見，孔子臨川所歎的道德意蘊，通過歷代後儒挖掘"如斯"的意象而變得越來越豐富。雖說這未必與孔孟當初的道德覺察完全吻合，卻充分說明儒家對於德性的自覺形成了強大的精神傳統。天道的彰顯一定離不開德性的成就，所謂"人能弘道，非道弘人"④，天下無道必須依靠有德之人來擔當，才能變無道爲有道。然而，自古以來，這都是特別艱辛的道路，所謂"造次必於是，顛沛必於是"⑤，如果沒有充沛的德性資源，不能形成強大的精神力量，"人能弘道"根本不可能獲得開展。因此，歷代儒者對"逝者如斯夫"孜孜以求的思考與感悟，正是需要獲得充沛的德性資源的表現。追求一種好的秩序需要有充沛的德性資源提供精神力量，而一種良善的秩序也根源於人內心的德性。

　　孔子於晚周亂世當中致力於恢復周禮，就是在追尋一種好的秩序。孔子爲了這種追尋而終身奔波於當時的各諸侯國之間，其路途跋涉之遙遠自不待言。據司馬遷記載，孔子在五十歲之前，曾"適周問禮於老子"，返魯後因"魯亂"而"適齊"，最後返魯而修《詩》

---

①　《論語·雍也》。

②　問者曰："夫智者何以樂於水也?"曰："夫水者，緣理而行，不遺小間，似有智者；動而下之，似有禮者；蹈深不疑，似有勇者；障防而清，似知命者；歷險致遠，卒成不毀，似有德者。天地以成，群物以生，國家以寧，萬事以平，品物以正。此智者所以樂於水也。"(《韓詩外傳》卷三)

③　水則源泉混混沄沄，晝夜不竭，既似力者。盈科後行，既似持平者。循微赴下，不遺小間，既似察者。循黱谷不迷，或奏萬里而必至，既似知者。障防山而能清淨，既似知命者。不清而入，潔清而出，既似善化者。赴千仞之壑，入而不疑，既似勇者。物皆困於火，而水獨勝之，既似武者。咸得之生，失之而死，既似有德者。孔子在川上，曰："逝者如斯夫！不舍晝夜。"此之謂也。(《春秋繁露山·川頌》)

④　《論語·衛靈公》。

⑤　《論語·里仁》。

《書》。五十歲後奔波更多,先是"適衛"後"適陳過匡","還衛"
後又"適宋",去宋又"適陳",三年後返衛,後往晉未果,往趙又
"至河而反",又"復如陳",後又"如蔡及葉",再後"反乎衛",
最後才"歸魯",此時"孔子年六十八矣"。① 孔子終身不停地奔波,
是由於擔負著踐行仁道的使命。《論語》文本中有一章云:"微生畝
謂孔子曰:'丘何爲是栖栖者與? 無乃爲佞乎?'孔子曰:'非敢爲佞
也,疾固也。'"② "栖栖"漢人多作"棲棲","行無定所之貌","蓋
言夫子歷聘諸邦,皇皇無定耳。""疾固",《集解》引包曰:"病世固
陋,欲行道以化之。"③ 孔子一生在跋涉中棲棲皇皇,變天下無道爲
有道的艱辛可謂難以言表。當他站在川流旁邊而對奔流不息的水流
時,出於仁道艱難的深切感受,由不停的跋涉疊加奔逝的川流而感悟
歲月的流逝,正是德性高度自覺的感慨,與老子主張復返質樸之道的
氣象大不一樣。

不過,要論氣象上的不一致,墨、法兩家恐怕更爲凸顯。應當
説,在晚周諸子當中,墨子是對民間疾苦關注得最直接、最用力也最
廣泛。不難想象,在當時諸侯爭霸、天下大亂的世道中,百姓因戰亂
而遭受的災難有多麼深重。確實是民間百姓長期處在一種饑寒狀態
中,給墨子以強烈的心靈衝擊,使得他終生關注於此,並爲此奔走呼
告。因此,他的全部思想熱忱都集中在百姓的"飽食、暖衣、逸居"
上,全部思想主張也都基於"百姓之大利"。與此相反,韓非卻對百
姓表現得出奇的冷静乃至冷血,百姓在他的眼裏總是以天下秩序的對
立面出現,而要獲得一種穩固的統治秩序,最行之有效的辦法就是
"嚴刑重罰"。這大概是由於韓非的全部思想熱忱都集中在人主的權
術上,全部思想主張也都基於"人主之大利"。就此而言,這兩人的
氣象正可謂針尖對麥芒。然而,正是墨子以一種前所未有的徹底性來

---

① 朱子《四書章句集注》,頁 41~42。

② 《論語·憲問》。

③ 程樹德《論語集釋》,頁 1015~1016。

主利，這一言説方式被韓非毫無保留地延續下來，這才造就了他所主張"人主之大利"的立場。可以説，從"天下之大利"到"人主之大利"，在韓非這裏，也就是一轉身的事情。既然墨子言百姓之利的方式帶不來一種新秩序，便意味著韓非不妨轉過身來言人主之利，看看能否成就出一種統治秩序來。不幸的是，歷史辜負了墨子的滿腔熱血，卻居然讓冷血的韓非做了一次成功的試驗。總得來説，墨家近儒，提出"兼相愛，交相利"的思想主張化解諸侯之爭，是在德性的基礎上追求秩序。法家近道，主張通過嚴刑重法來獲得天下一統，走的是"天道"的路綫謀求秩序。但墨家的德性是反天道的，而法家的"天道"則是反德性的，兩家都把天道與德性的關繫搞得水火不容，再次走到了一起。

四、教化之大端

無論是取法天道還是植根德性，對秩序的追尋都在於將人與人之間的分別良好地呈現出來，並確保人們和諧有序地相處。不過，如果和諧有序的價值至今都不容質疑，那麼呈現分別的必要性究竟在哪裏呢？前文揭示的高貴意藴早已成爲過去，其與現代社會的品質格格不入，這種呈現難道還有什麼價值嗎？其實，呈現分別的核心意義就在於讓秩序本身帶上教化功能，一種秩序所能發揮的教化功能越强大，這樣的秩序就越優良。這也就意味著，秩序不止是讓人與人之間不起爭鬥，也不僅是有序地相處，而是要讓人變得越來越好，讓人與人之間的生活變得越來越良善。對秩序的追尋不能淪入爲秩序而秩序的地步，一如韓非所主張的那樣。秩序從根本上而言是善的内在要求，而並非出自客觀需求。一種好的秩序必定可以不斷地提升人的善性，這種作用就是通過教化來體現的，缺失教化作用的秩序未免有些廉價。除非人類社會只需要謀求一個不爭鬥的秩序就可以了，否則，論秩序就不能不論到教化。

教化是個複雜的文明系統，論其大端有二，一是聖人，一是人性。人性是教化的根基，聖人則是教化的保障。聖人既是充分體現天道的人，也是完滿實現德性的人，而這終究是根於人性的。只有基於聖人，良善的秩序才成爲可訴求的；只有根於人性，秩序的良善才成爲可追尋。聖人需要通過秩序才能教化天下人，而天下人也只有在良善的秩序中才能獲得全面的教化。由聖人和人性而論教化，就是在論一種優良的秩序是如何可能的。在這兩個方面的論述上，孟、荀之間特別具有可比性，雖然在人性論的差異上容易引人注目，卻沒有充分注意到在聖人教化上的一致性。儒家作爲一種聖人教化的文明，荀子的論説與孟子相差無幾。教化最終是要確保人性之善，缺失了聖人的教化，肯定就會招致惡。由此，惡作爲聖人教化的缺失，這個意思無論是在孟子那裏，還是在荀子那裏，都是説得通的。當然，這只是籠統的説法，如果要往細緻處梳理，畢竟還是有相當大的差異呈現出來。與《荀子》中大量地言惡不一樣，整個《孟子》文本中，都很少直接説到惡。《孟子》書中出現的"惡"字，絕大多數都是厭惡之"惡"，如"不仁而在高位，是播其惡於衆也"① 中的這個意思，甚至都找不出幾處來。孟子言性善，其於惻隱之心，謂"苟不充之"或"苟失其養"②，都是"舍則亡"③ 而流於惡之意。君子尚且如此，庶民豈能存之？當然，孟子多於正面處言，"君子存之"則庶民"引領而望"乃至"沛然德教溢乎四海"④。若君子不存，則庶民何去何從，其意不難想見。故而若是缺失聖人教化，則流於惡是顯然易見的。孟子於性善之處論説極富，而於人之惡所言甚少，其大意不外乎此。

　　與此相比，荀子於人之惡的論説確實繁複得多，但總體而言，荀子論惡作爲聖人教化的缺失，這一主張顯得相當明確。仔細分辨荀子對性惡論的闡明，就不難發現，生而"好利"

————————————

①④　《孟子·離婁上》。
②　《孟子·公孫丑上》
③　《孟子·梁惠王上》。

"疾惡"及"耳目之欲"，這其實並非是惡，只有缺失了"師法之化，禮義之道"而從性順情，這才會"犯分亂理"導致惡。①不過，就惡作爲聖人教化的缺失而言，這一思想主張完全可以在孟子的性善論上來達成。而荀子卻分明是將矛頭指向孟子，還對性善之說逐一做了反駁，並坐實了"人之性惡"這一結論。就荀子的人性論而言，準確地說還是屬於性無善惡論，其對於惡的闡明，基本上還是停留在經驗層面上對惡的現象作了描述和強調。當他一定要將人性坐實爲惡時，更多地還是出於反駁孟子的情勢所造成，而並非做出了完全不同理據的闡明。否則，荀子也就不會是儒林中人了。當然，孟子的性善論作爲儒家文明極具標杆性的學說，荀子在這一問題上把矛頭指向孟子，哪怕不是真正意義上的對立，那也不是無足輕重了。正是荀子對聖人教化的高度認同，才確保了他那毋庸置疑的儒家身份。聖人與教化的思想脈絡使得荀子雖未能將禮義之根據置於人性之內，卻也未超出"人"之外。只是在人性論的問題上，荀子與孟子之間的分歧並非是可以輕易彌合的。就孟子而言，以"不忍人之心"的性善論來確保教化的人性論基礎，這一思想脈絡顯得相當清晰。但在荀子這裏，由人性到教化之間的脈絡就不那麼好把握，至少遠不如聖人與教化之間的關繫這麼明瞭。當荀子將人性坐實爲惡時，這其實不是就人之所以爲人的本性上來說的。這種惡與聖人或教化都沒有內在的關聯，它只是聖人教化的一種缺失，或者說是反教化的結果。但在"人之所以爲人者"的這個意義上的人之本性，究竟與教化有什麼關聯呢？

按照荀子的主張，"人之所以爲人者，何已也？曰：以其有辨也。……然則人之所以爲人者，非特以二足而無毛也，以其有辨也。"②

① 《荀子·性惡》。
② 《荀子·非相》。

人之所以爲人而區別於禽獸的地方，並非人只有兩條腿，或者人身上不長毛，當然也一定不會是人生而"好利""疾惡"或有"耳目之欲"。荀子很明確地指出，人之所以爲人者是"以其有辨"。聽起來，這應當會是一個比較具有震撼力的命題，就像"心有征知"① 容易被某些現代學人特別看重一樣。"辨"確實是一個具有很強理性思考内涵的觀念，跟"德"的觀念内涵有著很大的不一樣。不過，當荀子認爲"辨莫大於分，分莫大於禮，禮莫大於聖王"② 時，這種"理性能力"顯然並未超出道德領域。所謂"莫大於"的意思是説，"辨"的一個最好的工作就是達到禮義之分，而這個禮義之分的最好狀態就是聖人的教化。反過來説，聖人的教化不就是可以落實爲禮義之分麽？禮義之分不就是"辨"的思想能力的體現麽？禽獸之間也有父子，但決無父子之分，這就是只有人才能具備的分辨能力，是人能別於禽獸而所以爲人者。荀子的"辨"就是這個意思，也就是這個"辨"爲教化提供人性論的基礎。換句話説，荀子是由聖王之辨説到禮義法度，與孟子由先王之心説到不忍人之政，並無實質差別。只不過孟子是明確道出，而荀子則曲折展現。總之，在人性與教化的問題上，無論孟、荀，都是通過聖人教化來確保人性之善，雖然在説理上各有差異，卻在充分發揮教化功能而構建良善的秩序上高度一致。

如果就孟、荀之間某種具體的情勢來看，也未必不可以列舉出一些頗有差異的地方。孟子總是直面王公貴族而論人性，而荀子多就治道層面而言民性。孟子面對王公貴族大膽闡明人性之善，荀子直承教化之道而謹慎洞悉民性之情。孟子重教化的源頭，所以把善説在教化之前；荀子重教化的力量，所以把善説在教化之後。孟子是自教化之前言善，力圖以性善來確保教化之善；荀子則是自教化之後言善，力圖以教化來確保民人之善。孟子時勢迫切，但尚可寄希望於王公貴族

---

① 《荀子·正名》。
② 《荀子·非相》。

"立乎其大者"，而後可以救世。時至荀子則不然，諸侯混戰已曠日持久，王公貴族已無可指望，唯有回到教化傳統本身而力陳治國之道、治民之方。不過，就某種具體情勢而論的差異，固然也可以有相當的道理，但若是停在這個層面上來說，就難免有被具體情勢所決定的危險。比如在王霸之道的問題上，王道可謂儒家所追尋的最理想秩序，充分體現出一種具有教化功能的秩序可以達到的優良程度。孟子是王霸之辨的開啟者，而荀子雖說並不諱言霸道，但仍然是以王道爲主而兼言霸道。尤其重要的是，如果國家無道，則"有之不如無之"，荀子對此亦是毫不含糊的。其所謂"行一不義，殺一無罪，而得天下，仁者不爲也"①，與孟子之"行一不義、殺一不辜而得天下，皆不爲也"②，其論如出一轍。可見，荀子與孟子所追求的王道理想依舊保持著相當的一致性，也就是說對優良秩序的追尋並沒有被具體的情勢所決定了。荀子論出"欲王而王，欲霸而霸，欲強而強"③，雖有每況愈下之意，實則均不離"得道以持之"④ 之意。只是其所言之霸道，與孟子所作王霸之辨中之意，已是迥然有異。孟子以王霸之辨確保王道之純粹性，到了荀子這裏畢竟已失。這也就爲其後的韓非接著荀子言霸道，卻正好走到了孟子所言王道的對立面留下了可乘之機。這又是孟、荀之間所無法彌合的地方。但不管如何，就聖人教化而言，荀子與孟子的立場則高度一致，他們共同傳承了由孔子所提升出來的儒家教化文明。圍繞著聖人教化這一獨特的文明，孟子提供心性根據在前，荀子鋪陳治民之道在後。一前一後有著太多可以相互呼應的地方，共同追尋一種優良的秩序，而將儒家的教化文明向縱深推擴。

　　以上所論充分說明，論秩序只有論到教化上，秩序的品格才能得以表達。一種優良的秩序離不開教化的作用，而在晚周諸子的秩序關

---

①③　《荀子·王霸》。

②　《孟子·公孫丑上》

④　《荀子·王制》。

懷上，孟、荀二子最能傳承孔子的教化文明，由此大大提升了晚周時期秩序關懷的品格。雖說人類至今也沒能實現一種井然有序的社會狀態，甚至連不起爭鬥的秩序都沒能維持得了，但這並不意味著就要喪失掉對秩序的追尋抱以最理想的期望。晚周諸子對秩序的關懷包含了多種面向，在很多方面都值得今人深思，而始終只有那品格最高的秩序關懷才最具價值。

天性與人能
——朱子釋"天命之謂性"探義

李秋莎

一、氣形理賦猶命令也

《中庸》第一章，朱子認爲是"一篇之體要"①。對於第一章的前三句，"天命之謂性。率性之謂道。修道之謂教"，朱子則進一步指出，這看起來只是在解釋"性""道""教"三者立名的原因，從而直接對應"人之所以爲人、道之所以爲道、聖人之所以爲教"，② 但因其所繫甚大，事實上定下了學者知行的標準，"由是以往，因其所固有之不可昧者，而益致其學問思辨之功；因其所甚易之不能已者，而益致其持守推行之力，則夫天命之性、率性之道，豈不昭然日用之間，而修道之教，又將由我而後立矣"。③

─────────

① 《中庸章句》，《四書章句集注》，頁18，中華書局，2012。下文所引《四書章句集注》版本同此，並省稱《集注》。

② 《中庸章句》，《集注》，頁17。

③ 《中庸或問》，《朱子全書》修訂本第六冊，頁552，上海古籍出版社、安徽教育出版社，2010。下文所引《朱子語類》《晦庵先生朱文公集》均出於《朱子全書》修訂本，版本同此。《朱子全書》省稱《全書》，《朱子語類》省稱《語類》，《晦庵先生朱文公文集》省稱《文集》。

　　三句之中，"天命之謂性"又尤爲根本。道因率性而成，教因修道而施，有如何之性，則有如何之道、如何之教便確定不易。可以説，不知"天命之謂性"，則不足與言儒者之性。而儒者對於"天命之謂性"的理解，則足徵其對於人性的理解。

　　"天命之謂性。率性之謂道。修道之謂教"三句話的語法，看起來相似且簡單。據此很容易對"天命之謂性"作如下理解："之謂"以前釋後。誰謂之？人謂之；人謂何者爲性？謂天命爲性。但如果再細究，我們會注意到，三句話中，"之謂"左右，謂者與所謂者並非均可視爲簡單對應。"率性""修道"都是謂語加賓語形成的動名詞短語結構，"道"是形而上之理，但"教"是形而下之事類。由此，若前後都是事類，如"修道"與"教"，則"之謂"前後可以對等，聖人修道所即教。但若"之謂"前面是作爲事類的"率性"，而後面是作爲義理的道，則事類和義理並不能直接對等（形而上下決不可混淆）。據"本立而道生"①，把做某件事情"謂"爲某個義理，更合適理解爲有了怎樣的行爲（做了怎樣的事情），義理便可以在其中彰顯出來，從而可以被指出。一如從事於孝悌之事，仁道即從此事中生發迸露出來；人物若率性，則可在日用事物之間指出其所行當然之路。至於"天命之謂性"，問題可能更爲複雜。"性"是形而上之義理確定無疑；對於"天命"的理解，卻可能有多種。這是由"天""命"二字的多義造成的。"天"固然只作名詞用，其指蒼蒼之天（氣）、主宰之天（心）、義理之天（理）則隨語境而變化；"命"有動詞、名詞兩用，名詞用法亦有形而上下的區別。這些暫且不論，至少，"天命之謂性"中，就語法來看，"天命"無論是被理解爲義理名義，從而與"性"相等，還是被理解爲事類，從而在事類中"性"作爲義理可指，"天"與"命"兩字都應該連在一起理解才對。然而，我們閱讀《中庸章句》中朱子對這一句話的解釋，卻會發現在語法上較爲奇特的地方——朱子説："命，猶令也。性，即理也。天

---

　　① 《論語·爲政》。

以陰陽五行化生萬物，氣以成形，而理亦賦焉，猶命令也。於是人物之生，因各得其所賦之理，以爲健順五常之德，所謂性也。"① 我們來對應一下，顯然，"性" 等於 "健順五常之德" 等於 "所賦之理" 等於 "理亦賦焉" 之 "理"。從而，是天化生萬物，氣形理賦之理與性對等，而氣形理賦的過程使人物決定性地成爲人物，不可改易，如同命令——這種理解，簡單地説，其實是天賦理猶令，人稟理爲性。人 "之謂" 性的，不直接是 "命"，而是猶如命令的天的生化過程中，氣形理賦的理，"命" 在此處，至少從字面上來看，作爲喻體，是在上位者發佈的命令，是形而下的。② 從而，此句中的 "命" 字，似乎成爲了虛喻，而 "天" 與 "命" 間，則因似乎楔入了 "氣以成形，而理亦賦焉"，而不像是一個完整的詞了。

這樣説，理解起來可能比較曲繞，我們引用朱子 "命猶告劄，性猶職事，心猶官人"③ 的著名譬喻來讓其形象化一些：

　　嘗謂命譬如朝廷誥敕；心譬如官人一般，差去做官；性譬如職事一般，郡守便有郡守職事，縣令便有縣令職事，職事只一

---

① 《中庸章句》，《集注》，頁17。

② 需要説明的是："命" 或 "天命" 在朱子處，當然有直接對應於 "性" 的形而上用法。甚至在《朱子語類》中，我們會發現，朱子對於 "天命之謂性" 的解釋，直接以 "天命" 對應性理的情況幾爲全部。由於本文第一部分的任務是疏解《中庸章句》的相關內容，本句中 "命" 字的其餘解法，及其與 "猶命令也" 的會通，詳本文第四部分。

③ 這個譬喻在《語類》中不止出現一次。另如："天命，如君之命令；性，如受職於君；氣，如有能守職者，有不能守職者。"（《語類》卷四，《全書》第十四冊，頁191）"'天命之謂性'，命便是告劄之類；性便是合當做底職事，如主簿銷注、縣尉巡捕；心便是官人；氣質便是官人所習尚，或寬或猛；情便是當聽處斷事，如縣尉捉得賊。"（《語類》卷四，《全書》第十四冊，頁192~193）"命猶誥敕，性猶職事，情猶施設，心則其人也。"（《語類》卷五，《全書》第十四冊，頁215）"天便如君，命便如命令，性便如職事條貫。君命這個人去做這個職事，其俸祿有厚薄，歲月有遠近，無非是命。"（《語類》卷五十八，《全書》第十六冊，頁1855）可見此爲朱子對天、命、性（心、情）的常譬。

般。天生人，教人許多道理，便是付人許多職事。①

　　這個比喻，我們依據"天命之謂性"原文語序，能順當地理解成朝廷（天）把一份任命某人當某官的告劄（命）交給該官員（心），從而該官員擁有了官職內的職事（性），能夠且應當去盡職（發出情）。但假如依據"猶命令也"來重新讀這個比喻，就會發現，朱子也許是在說：朝廷（天）使官員（心）實有其職事（性），此過程如同給予告劄，任命此官員擔任此官職。雖然與尋常思路不同，說清之後還是容易理解的，但是，朱子爲什麼不直接解釋成天命即人性，而要解釋成天賦理猶令，人稟理爲性，以致於看起來"命""性"之間略有曲折呢？

　　這個問題代入朱子的譬喻，即是：爲什麼要把性比喻爲"職事"，而不直接對應"告劄"？看"天生人，教人許多道理，便是付人許多職事"，朱子極其確定此句中天所賦人性與職事的對應關繫。繇是我們可以推知：強調性如職事，比強調性即告劄的確定不易性更爲急迫。或者說，猶如職事的性，才能如同命令地定此物爲此物，從而是需要在職事與告劄間略作一曲折的。只有這樣，《中庸章句》解釋"天命之謂性"，才會出現看似理、性相應，而命如虛喻的情形。

二、性猶職事

　　強調性如職事，是要強調性的什麼特質，以至於比強調其確定不易更爲重要而根本？

　　先確定問題範圍。

　　我們會注意到，職事有個限定詞，"合當做底"。依據朱子所舉的例子，主簿銷注、縣尉巡捕，對於主簿、縣尉來說，銷注和巡捕，是他們的職能範圍（他們基於這個官職能做的全部事），也是他們被

---

　　①　《語類》卷四，《全書》第十四冊，頁208。

評價稱職與否的依據（他們是否勝任這個官職，當依對職事的完成
情況判定），簡言之，職事以官員的全部能夠且應當爲範圍。①

回到問題。

若我們留意朱子對人物之性的說法，會發現，朱子經常以做
（事）來説性。其要如：

> 在人，仁義禮智，性也，然四者有何形狀？亦只是有如此道
> 理。有如此道理，便做得許多事出來，所以能惻隱羞惡辭遜是非
> 也。譬如論藥性，性寒性熱之類，藥上亦無討這形狀處，只是服
> 了後，卻做得冷做得熱底，便是性，便只是仁義禮智。②

性不可經驗（無形有理），我們是因"有如此道理，便做得許多
事出來"而知其實有的。正如藥性無法直接在藥上經驗到，其性寒
性熱，是因服後做寒做熱逆知；人能惻隱羞惡辭遜是非，則知仁義禮
智根於心。這並不意味著四端反過來決定四德實有，僅是人惟能如此
指出性實。

需要注意的是：藥無知覺，其性寒性熱、服後做寒做熱乃必然，
無所謂去不去做；而人有仁義禮智，便做得惻隱羞惡辭遜是非，這種
"便做得"，並非僅僅是"能夠做"（有能力做、可以去做），而直接
是人之當然（當爲），是不容已地要去做，且也可能不容已而已之，
未必事實皆然。

> 或問："理之不容已者如何？"曰："理之所當爲者，自不容
> 已。孟子最發明此處。如曰'孩提之童，無不知愛其親；及其長

---

① 職事直接關繫"能夠"，譬如縣尉巡捕，本當緝拿盜匪，卻也不是不"能夠"
緝拿無辜，只是這便成了對於其職事的誤用，以致我們可以説這不是縣尉能做的，甚
至這不是個縣尉。以孟子義，"乃若其情，則可以爲善"，則能夠涵應當，或者説，在
性分上，能夠即應當。性能惻隱，則惻隱當然，性不"能"殘忍。

② 《語類》卷四，《全書》第十四册，頁191～192。

也，無不知敬其兄'，自是有住不得處。"①

　　既然人人皆有仁義禮智之性，爲何至少並非人人皆能時時處處做得惻隱羞惡辭遜是非呢？

　　　若臣之忠，臣自是當忠；子之孝，子自是當孝。爲臣試不
　　忠，爲子試不孝，看自家心中如何？火熱水寒，水火之性自然
　　如此。②
　　　今人未嘗看見當然而不容已者，只是就上較量一個好惡爾。
　　如真見得這底是我合當爲，則自有所不可已者矣。③

　　人若在人之職事上起私意，較量好惡，則是忍心去遏止了當然不容已者。"性即理也，當然之理無有不善者。"④ "物，事也。則，法也。……有物必有法：如有耳目，則有聰明之德；有父子，則有慈孝之心，是民所秉執之常性也。"⑤ 可知性即當然之理，理之當然在於物事，則耳當聰、目當明，父當慈、子當孝。有耳有目、爲父爲子之人，則當"視思明，聽思聰"⑥，"爲人子，止於孝；爲人父，止于慈"⑦。此即"大則君臣父子，小則事物細微，其當然之理，無一不具於性分之內"⑧，人"能盡其性則能盡物之性"⑨，"知之無不明，而處之無不當"⑩。而若人不盡人的職事，我們則可以説在此人身上，

───────────

① 《語類》卷十八，《全書》第十四册，頁625。
② 《語類》卷一二〇，《全書》第十八册，頁3782。
③ 《語類》卷十八，《全書》第十四册，頁625。
④ 《語類》卷四，《全書》第十四册，頁196。
⑤ 《集注》，頁329。
⑥ 《論語·季氏》。
⑦ 《大學》。
⑧ 《集注》，頁357。
⑨ 《中庸》。
⑩ 《集注》，頁33。

人禽之幾希是並不顯明的。正如程子所説："人只有個天理，卻不能存得，更做甚人也！"①"存天理"（盡性）與"做人"（成其爲人）是全等的，不盡人的職事（不盡性）與不成人也是全等的。

到這裏，我們可以推論：性如職事這個譬喻，是在强調性的當然不容已，性中所有仁義禮智實而不空。對於人來説，性作爲職事自造自成，是人"能"惻隱羞惡辭遜來躬親體認、成全的。如此，"性"對應"職事"，比起"告劄"，確實更爲直接，一如朱子在格物上對於當然的强調："見得（當然）不容已處，便是所以然。"②

三、性實而能

我們習慣於朱子界分形而上下的嚴謹：理"無情意，無計度、無造作"③，營爲造作的都是氣。而若説有性便做得事，有仁義禮智便做得惻隱羞惡辭遜是非，這與無營爲造作之間，是否有縫隙呢？或者説，如果我們堅持朱子"性實心靈"④ 的區分，那麽，能惻隱羞惡辭遜是非、能聰明慈孝的都是心，爲什麽要在性上便開始説呢？我們先閲讀朱子對於性實心靈的説明：

> 心與性自有分別。靈底是心，實底是性。靈便是那知覺底。如向父母則有那孝出來，向君則有那忠出來，這便是性；如知道事親要孝，事君要忠，這便是心。張子曰："心統性情者也。"此説得最精密。……性便是那理，心便是盛貯該載敷施發用底。⑤

---

①　《河南程氏遺書》卷十八，《二程集》，頁214，中華書局，2004。
②　《答汪長孺》四，《文集》卷五二，《全書》第二十二册，頁2465。
③　《語類》卷一，《全書》第十四册，頁116。
④　《語類》卷十六，《全書》第十四册，頁511。
⑤　《語類》卷十六，《全書》第十四册，頁511。

性實，故向父母有孝出來，向君有忠出來；心靈，故知道事君要孝、事親要忠。對於氣稟偏塞，只通一路的物來說，如朱子屢屢表述的"烏之知孝，獺之知祭，犬但能守禦，牛但能耕"① 之類，有事之外，無所謂"知道"②；人心虛靈知覺，則能"盛貯該載敷施發用"性理。如此，說性"能"某事，和說心"能"某事，雖然一事通貫，其意義是不一樣的。參照朱子說："動處是心，動底是性。"③ 性是"能底"，而心是"能處"。性能某事，是性即某事當然之則，因此說有性則有忠孝出來。這個能，說成是天能或理能而非人之能也未嘗不可。而心能某事，則是心統（主）性，既知性中所有職事，也將其敷施發用出來。結合前面"心猶官人"的譬喻會更好理解：心不是職事的賦予者，而是職事的執行者。因有心，人既能盡知人之職事而全盡其職事（"心能盡性"④，既是性能，也是心能），又並不是不能對其職事懵然無覺，不盡職事乃至敗壞職事（並非性能，屬於對心能的不盡其用或妄用）。

由此，我們可以確定，若知曉性實心靈，性能與心能一著當然之則，一著虛靈之用，在性上說平常在心上說的聰明之德、慈孝之心、惻隱羞惡辭讓是非，便是沒有任何問題的。這樣說，恰見出性不空、不在心之外別一處，心性不相離。

> 理便在心之中。心包蓄不住，隨事而發。⑤
> 邵堯夫說："性者，道之形體；心者，性之郭郭。"此說甚好。蓋道無形體，只性便是道之形體。然若無個心，卻將性在甚處！須是有個心，便收拾得這性，發用出來。蓋性中所有道理，

---

① 《語類》卷四，《全書》第十四冊，頁194。
② 上一條引文中的"烏知孝""獺知祭"，"知"作"會"解，與"犬但能守禦""牛但能耕"的"能"字義同，與人的知孝知忠能孝能忠不同。
③ 《語類》卷五，《全書》第十四冊，頁223。
④ 《正蒙·誠明》，《張載集》，頁22，中華書局，1978。
⑤ 《語類》卷五，《全書》第十四冊，頁218。

只是仁義禮智，便是實理。①

“包蓄不住，隨事而發”，“收拾得這性，發用出來”，前者可見性使心能，後者可見心使性能。兩義相兼，“性猶職事”這個譬喻，便顯明了性能而實，或説性實而能。

> 性是有此理，且如“天命之謂性”，要須天命個心了，方是性。②

也即説，“天命之謂性”雖純以理言，但因如上原因，自“氣以成形”已帶出心。故此，朱子在“天命之謂性”處，説性説心均可。

> 又問：“既言心性，則天命之謂性，命字有心底意思否？”曰：“然。流行運用是心。”③
> 如《中庸》説“天命之謂性”，即此心也；“率性之謂道”，亦此心也；“修道之謂教”，亦此心也；以至於“致中和”、贊化育，亦只此心也。④

“流行運用是心”，自然從“天命之謂性”到“致中和，天地位，萬物育”皆是此心。繇是，自“天命之謂性”處即帶出心，説“性猶職事”，正見性實而能，是順當的。

四、天命之謂性

本文推進到此處，似乎已完成了對朱子解“天命之謂性”以性

---

① 《語類》卷四，《全書》第十四册，頁 191～192。
② 《語類》卷五，《全書》第十四册，頁 126。
③ 《語類》卷七一，《全書》第十六册，頁 2392。
④ 《語類》卷十二，《全書》第十四册，頁 362。

應理，急於強調 "性猶職事" 之當然，而看似以命爲虛喻的説明，但問題實未結束——在上面的引文中，朱子也肯認了命 "有心底意思"。並且，《語類》中命與性理的直接對應觸目皆是，如：

> "命" 之一字，如 "天命謂性" 之 "命"，是言所禀之理也。①
> "天命謂性" 之 "命"，是純乎理言之。②

更何況，若 "天命之謂性" 之 "命" 僅爲虛喻，當初《中庸》爲何不直接説 "天理之謂性" 呢？我們仍需再尋索 "猶命令也" 與 "純乎理言之" 如何會通。

"命" 與 "性" 應，即 "天之賦於人物者謂之命，人與物受之者謂之性"③，是同一理在天在人的不同指稱，此爲 "命" 固有之義。"命" 與 "心" 應，除之前提到的 "流行運用是心" 外，還需要再作些分説：

> 以 "天命之謂性" 觀之，則命是性，天是心，心有主宰之義，然不可無分別，亦不可太説開成兩個，當熟玩而默識其主宰之意可也。④
> "由太虛有天之名，合虛與氣有性之名"，"天命之謂性" 管此兩句。由 "氣化有道之名"，"率性之謂道" 管此一句。"合性與知覺有心之名"，此又是 "天命謂性" 這正管此一句。⑤

我們會發現，如前面所舉譬喻，命猶告劄、性猶職事、心猶官

---

① 《語類》卷四，《全書》第十四册，頁 207。
② 《語類》卷四，《全書》第十四册，頁 208。
③ 《語類》卷十四，《全書》第十四册，頁 432。
④ 《語類》卷五，《全書》第十四册，頁 224。
⑤ 《語類》卷六十，《全書》第十六册，頁 1943。

人，則心應在"氣以成形"處帶出，爲什麼要説"天命之謂性"中，
"命"是性，"天"是心呢？朱子既强調心的"主宰"義，則此處
"天命"之天爲主宰之天，與性所居人心不同。讀"天命之謂性"對
應"由太虚有天之名，合虚與氣有性之名"，又對應"合性與知覺有
心之名"，可知天心人心並舉，則"命"有"心"的意思，並不首先
因性必居心，心敷施發用性，而更因天地無心則命不流行，無以命
物。朱子謂："理者天之體，命者理之用，性是人之所受，情是性之
用。"[1]"理之用"，是理解命之流行義的關鍵。

朱子在《太極説》中談到：

> 静者性之所以立也，動者命之所以行也，然其實則静亦動之
> 息爾。故一動一静皆命之行，而行乎動静者乃性之真也，故曰
> "天命之謂性"。[2]

這一段需要與《太極圖説解》如下内容對讀：

> 太極之有動静，是天命之流行也，所謂"一陰一陽之謂
> 道"。誠者，聖人之本，物之終始，而命之道也。其動也，誠之
> 通也，繼之者善，萬物之所資以始也；其静也，誠之復也，成之
> 者性，萬物各正其性命也。動極而静，静極復動，一動一静，互
> 為其根，命之所以流行而不已也；動而生陽，静而生陰，分陰分
> 陽，兩儀立焉，分之所以一定而不移也。[3]

即太極動而全體天理在動中，未論氣質，命即指此動中之理；静
而"氣以成形，理亦賦焉"，性即指此静中拘定之理。但實際上，誠

---

[1]　《語類》卷五，《全書》第十四册，頁215。
[2]　《文集》卷六七，《全書》第二十三册，頁3274。
[3]　《周敦頤集》，頁4，中華書局，2009。

通（天賦理猶令）誠復（物稟理爲性），都是天命流行；行於動靜之中的，也都是性之真。所以，"天命之謂性"，本即是在天人動靜中一理的同義反復，也正因天人動靜一理同義反復，其氣形理賦"猶命令也"定人爲人，才是了無縫隙，斷無可能出現差池的。

由此，我們再回頭看"命，猶令也。性，即理也。天以陰陽五行化生萬物，氣以成形，而理亦賦焉，猶命令也。於是人物之生，因各得其所賦之理，以爲健順五常之德，所謂性也"這段解釋。雖然就直接的文字來說，"命"對應"猶令""猶命令"，出現在"氣以成形，而理亦賦焉"之後，導致了命看似成爲虛喻；但是，就"天以陰陽五行化生萬物"而下無非命之流行來說，"猶命令也"，只是對於天命流行、賦予底定不易的再強調，對於"天所賦爲命"命名緣由的再說明，絕未使"命"字虛喻化。

最後，我們再次回到"之謂"兩個字上。同義反復的"天命"與"性"之間，"之謂"是人去謂之，緣是"天命之謂性"又不僅僅是同義反復而已。

> 世間只是這個道理，譬如畫日當空，一念之間合著這道理，則皎然明白，更無纖毫窒礙，故曰"天命之謂性"。不只是這處有，處處皆有，只是尋時先從自家身上尋起。所以說"性者道之形體"也，此一句最好。蓋是天下道理尋討將去，那裏不可體驗？只是就自家身上體驗，一性之內便是道之全體，千人萬人、一切萬物，無不是這道理。不特自家有，它也有；不特甲有，乙也有，天下事都恁地。①

通天下是一個天命流行，自"之謂"處，人實見"人之所以爲人，道之所以爲道，聖人之所以爲教"本於天而備於我，乃於浩浩大化之中自定跟腳，知所趨向而能實用其力，是天性人能也。

---

① 《語類》，卷一一六，《全書》第十八冊，頁3652。

朱子的情論

陈建美

一、前　言

　　情感是人類精神活動的普遍現象，中國古代思想家很早就認識到這一現象，並嘗試對此進行歸納和解釋。關於情感的描述散見於《詩經》《論語》等文獻，尤其《詩經》中反復出現"憂""樂""說"等字眼，展現出古人豐富而深沉的情感世界。然而，這些文獻中，"情"字本身並不多見，[①] 其含義也不是"情感"，而是"情實"，即事物的實際情況。雖然如此，先秦文獻中已經有關於具體情感的總結性議論了。《左傳》中出現了"好惡喜怒哀樂"並提的情況，乃至《禮記》有了"七情"的說法，情感現象得到了一定的總結。到了荀子，明確爲"情"下了定義。[②] 先秦時代的思想家完成了

---

　　① 據李天虹《"性自命出"與傳世先秦文獻"情"字解詁》統計，《尚書》《詩經》《論語》僅一兩見，《左傳》《國語》十幾見，其含義多爲"情實"，即事物的實際情況。李天虹《"性自命出"與傳世先秦文獻"情"字解詁》一文，載於《中國哲學史》2001 年第三期。

　　② 《樂記》已經有"情性"的說法，但是對"情"與"性"還分得不太清楚，荀子真正開始分辨這兩個概念。荀子在《正名》篇中說："性者天之就也，情者性之質也，欲者情之應也。"又說："生之所以然者謂之性，性之和所生，精合感應，不事而自然謂之性，性之好惡喜怒哀樂謂之情。""情者性之質也"，"性之好惡喜怒哀樂謂之情"，性是天生的東西，情是性的本質内容，具體而言是好惡喜怒哀樂的情感。

"情"的概念化工作，並爲後代的相關討論提供了基本綫索。

　　情感會影響人的行爲，在倫理生活中發揮著不可或缺的作用，中國古代思想家尤其關注情感對道德倫理的影響。《禮記》認爲，"禮"與"情"具有密不可分的關繫。一方面，情感揭示了人倫關繫的根本性內容，如親子之愛、君臣之敬、夫婦之別，[①] 爲禮的製作提供了依據。正是在這個意義上，《樂記》說"先王本之情性，稽之度數，制之禮儀"。另一方面，不恰當的情感會導致不恰當的行爲，必須用禮來節制情感、規範行爲。如，《禮運》說，"夫禮，先王以承天之道，以治人之情"；《坊記》也說，"禮者，因人情而爲之節文，以爲民坊者也"。情與善如此相關，現實中人的情感又如此善惡不定，不得不說，情的問題對思想家而言是個難題。

　　爲了更加系統地認識進而調節情感，思想家們嘗試去尋找不定的情感現象背後相對穩定的依據。《左傳》已經開啓了這種嘗試[②]。荀子則認爲情感的根據是人性。他說，"性者天之就也，情者性之質也"，情感是人性的實質內容，人性則是天生的。性情關繫在後代的人性論討論中被反復提及。中國古代的人性論多以性的善惡情況爲議題，張岱年先生認爲，這是爲了探究人本來是好的還是不好的問題，以便爲修養、教育、政治的安排奠定基礎。[③] 討論性情關繫其實也是在回答善與惡的來源問題。不同的人性論觀點有不同的解答。限於本文的論題，此處不再展開討論。有一點可以肯定的是，歷代思想家傾向於肯定情與性的聯繫，這意味著情感的發生具有深刻的內在基礎。

　　情感是人類生活的普遍現象，情感與人的倫理生活密切相關，然而又具有不穩定性，思想家們試圖探究情感的來源，並在人性論的問

---

　　① "別"即區別，是與親昵相對的情感，是一種基於敬的愛。

　　② 《左傳》已經開啓了這種嘗試。《左傳·昭公二十五年》子大叔曰："民有好惡、喜怒、哀樂，生於六氣，此六者，皆稟陰陽、風雨、晦明之氣。"認爲好惡喜怒哀樂六種情感是人的基本情感，它們産生於陰陽風雨晦明六氣。這是以自然之氣爲人的情感的依據。

　　③ 張岱年《中國哲學大綱》，《張岱年全集》，頁279，河北人民出版社，1996。

題域中深化對這一問題的思考。與之前的思想家一樣，朱子也關注情感的善惡與來源問題。朱子對情感來源問題的解答是通過對"心統性情"這一結構的說明而完成的。本文關注朱子關於"情"的討論，在澄清情的概念及層次的基礎上，闡述心統性情的結構中情的根據和影響因素的問題。

二、情的兩種含義

在分析心統性情的問題之前，必須先明確朱子哲學中"情"的含義。朱子對"情"的概念有廣義和狹義兩種用法。廣義的情指一切思慮和情感活動，狹義的情只指代情感。

廣義的情是心在已發狀態下所發出的所有思慮和情感。朱子用動靜劃分意識活動的層次，已發狀態是其中的一個層次。《朱子文集》有言：

> 寤寐者，心之動靜也。有思無思者，又動中之動靜也。有夢無夢者，又靜中之動靜也。但寤陽而寐陰，寤清而寐濁，寤有主而寐無主，故寂然感通之妙必於寤而言之。[1]
> 思慮未萌、事物未至之時，為"喜怒哀樂之未發"。[2]

"動中之動靜"和"靜中之動靜"的表達不太好理解。事實上，這裏的"動"和"靜"不是運動和靜止的意思，須以陰陽來幫助理解。陰氣和陽氣不是兩種絕然不同的氣，而是一氣的不同狀態，生機張揚的是陽氣，生機收斂的是陰氣。[3] 同樣的，心之靜也不是心靜止的狀態。"寤寐者，心之動靜也"，人的意識是一個連續不斷的整體，

---

① 《答陳安卿》，《朱子文集》卷五十七，《朱子全書》第二十三冊，頁2715。
② 《已發未發說》，《朱子文集》卷六十七，《朱子全書》第二十三冊，頁3266。
③ 陳睿超博士詳細辨析了理學中的動靜與現代物理學位移狀態之運動靜止的不同，詳見他的博士論文《北宋道學的易學哲學基礎》第一章第三節第二小節《動靜、陰陽、生生》。

醒著時意識活躍，睡覺時意識收斂。醒著的狀態中，有思慮的時候意識相對活躍，無思慮的時候意識相對收斂，此乃"動中之動靜"；睡著的狀態中，做夢的時候意識相對活躍，不做夢的時候意識相對收斂，此乃"靜中之動靜"。朱子認爲醒著時思慮未萌的狀態就是《中庸》"喜怒哀樂之未發謂之中"的"未發"狀態。故而，醒而有思稱爲已發，醒而未思稱爲未發。醒和睡以心的有主①無主來分別，未發和已發以心的有思無思來區別。②

朱子把心在已發狀態中所發出的皆稱爲"情"，"心統性情"中的"情"也是這個意義上的"情"。朱子言：

> 喜、怒、哀、樂，情也。其未發，則性也。③
>
> 橫渠"心統性情"之説甚善。性是靜，情是動。心則兼動靜而言，或指體，或指用，隨人所看。④
>
> 思慮未萌、事物未至之時，為"喜怒哀樂之未發"。當此之時，即是心體流行，寂然不動之處，而天命之性，體段具焉。以其無過不及，不偏不倚，故謂之中。然已是就心體流行處見，故

---

① "主"與"客"相對應。與身相對，心是主；與心所發出的思慮、情感相對，發出它們的心是主。因而，有主的狀態就是，心可以控制身體、主動發出思慮、調整情感的狀態。《朱子文集》有言："心者，人之所以主於身者也；一而不二者也；爲主而不爲客者也；命物而不命於物者也。"（《觀心説》，《文集》卷六十七，頁3278）陳來教授在《朱子哲學研究》中説："心爲主宰的思想則主要是把人作爲實踐活動的主體來考察心在個體實踐活動中的作用。"

② 醒和睡的狀態通常是整塊的，二者截然可分，且它們的交替比較有規律，而未發已發的狀態常常只有一瞬間，兩者的交替更多是無規律的，所謂"夾雜相滾"，這與心的靈動和事物之來的無常都有關繫。《朱子語類》言："'喜怒哀樂未發謂之中'，只是思慮未萌，無纖毫私欲，自然無所偏倚。所謂'寂然不動'，此之謂中。然不是截然作二截，如僧家塊然之謂。只是這個心自有那未發時節，自有那已發時節。謂如此事未萌於思慮要做時，須便是中是體；及發於思了，如此做而得其當時，便是和是用，只管夾雜相滾。若以爲截然有一時是未發時，一時是已發時，亦不成道理。"（《朱子語類》，卷六十二，頁1509）

③ 《四書章句集注》，頁237。

④ 《朱子語類》，卷六十二，頁1513。

直謂之性則不可。①

喜怒哀樂是情，並不意味著"情"只有喜怒哀樂四種情感。情是對著性說的，性爲未發，情則爲已發，情的内容是内心萌發的所有思慮。需要注意的是，"其未發，性也"是便宜的説法②，未發已發都是心的狀態，性爲未發並不是説性是心的未發狀態，而是説，心在未發狀態下，渾然地具備性的全體，並没有具體表現爲仁義禮智中的某一個，即所謂"天命之性，體段具焉"。同理，"情爲已發"也就意味著，情是心在已發狀態下所發出的東西。在這個意義上，"性是静，情是動。心則兼動静而言"纔能被正確地理解。

心在已發狀態下的活動包括情感、意念、志向、欲望，朱子區分了情、意、志、欲，狹義的情的概念在這種區分中得以展現。朱子言：

> 心者，一身之主宰；意者，心之所發；情者，心之所動；志者，心之所之，比於情、意尤重。③
>
> 欲是情發出來底。心如水，性猶水之静，情則水之流，欲則水之波瀾。④
>
> 志是心之所之，一直去底。意又是志之經營往來底，是那志底腳。凡營爲、謀度、往來，皆意也。⑤

"意者，心之所發；情者，心之所動；志者，心之所之。"意念是人心主動發出來的，情感是人心受到外物的感動後發出來的，志向

---

① 《已發未發説》，《朱子文集》卷六十七，《朱子全書》第二十三册，頁3266。
② 陳來教授在《朱子哲學研究》中認爲，朱子的"未發已發"有兩種用法，一種是心的未發和已發的狀態，另一種是體用，在《中庸章句》的"喜怒哀樂之未發謂之中，發而皆中節謂之和"的這段注解中，朱子指的是體用的用法。本文則以爲未發已發皆當從前一種用法理解，後一種用法是對前一種用法的便宜之説。
③ 《朱子語類》，卷五，頁96。
④ 《朱子語類》，卷五，頁94。
⑤ 《朱子語類》，卷五，頁96。

則是人心恒定而持久的朝向。"欲是情發出來底。"欲以情感爲基礎，是對喜愛的事物的追逐。朱子把情感比作水的流動，這個譬喻較好地展現了情感的特點。其一，情感是有方向的。如，樂情的方向爲樂，不爲哀。志向和欲望也有方向。如，志在成爲科學家，則不以文學家爲朝向①。吃蛋糕的欲望以蛋糕爲朝向，而不朝向麵包②。值得注意的是，欲望的方向是借助情感而確定的，欲望總是建立在喜愛之上。意念則沒有方向③，"意是主張要恁地"，"凡營爲、謀度、往來，皆意也"，意念是在有確定的情感、欲望和志向的情況下，爲抒發或實現它們而做的謀劃，更具工具性。其二，情感的發生比較自然，較少人爲思慮。志向、欲望、意念具有明確的目標，主動的成分較多，情感則常常在人未曾意料的情況下發生。由此可知，狹義的"情"指情感，即"心之動"，是心受外物感動而發出的，有一定方向，但是比較自然。

　　朱子"情"的兩種含義的內涵顯然是不一樣的，然而他並未有意識地區分這兩種用法。《朱子語類》載：

　　　　問："情比意如何？"曰："情又是意底骨子。志與意都屬情，'情'字較大。"④

　　"情又是意的骨子"的"情"是狹義的情，意思是情感賦予意念以目的。"志與意都屬情"的"情"則是廣義的情，是性情相對的

---

　　① 當然，一個人可以既有志於成爲科學家，也有志於成爲文學家，但這樣便是有兩個志。
　　② 與志向相同，人可以既想要吃蛋糕，也想要吃麵包，但這是兩個慾望。
　　③ "意"也有狹義和廣義之分。朱子解釋《大學》"誠意"的"意"言："意者，心之所發也"，並以"好善""惡惡"這樣的好惡之情爲"意"，與這裏所謂"經營往來"者不同，故而，《大學》"誠意"之"意"是廣義的"意"，與廣義的"情"內容一致，皆爲心在已發狀態下所發出的心理活動。狹義的"意"則是此處的"經營往來"之"意"。
　　④ 《朱子語類》，卷五，頁96。

情，志向和意念都是心所發出的東西，屬於已發。然而，朱子接著說"'情'字較大"，他不認爲兩種情是不同的東西。

這種作出區分卻又渾淪對待的態度，現代的讀者會感到困惑。現代的讀者會認爲，意念、志向具有理性色彩，情感則是感性的，理性和感性怎麼能是同質的呢？事實上，朱子"情"論對現代學者而言的特殊之處正在於理性和感性的渾淪不分。問題的關鍵在於，現代學者和朱子對於情的本質的理解並不相同。現代學者從感性和理性相區別的角度定義情，情是感性的，是被動的。朱子的定義方法與之不同，他的方法是理學式的，是在與心、性的相互關聯中定義情。目前爲止比較明確的定義是：情是心所發出的東西（廣義的情）。當然，爲了考慮"情"作爲情感的日常用法（狹義的情），朱子又區別了情感、意志、欲望、志向幾者。

總而言之，朱子哲學中的"情"有廣義和狹義兩種用法。廣義的情是由心所發的東西，包括情感、意志、欲望、志向等一切心理活動。狹義的情則僅僅指情感，它與意志、欲望、志向相區別，其特點是具有方向性和被動性（無需思慮，比較自然）。廣義的情包括狹義的情。狹義的情長久以來存在於日常觀念，而廣義的情則是朱子哲學的產物。朱子哲學的重要命題——如心統性情、性體情用——中的情指的是廣義的情。

三、心統性情

歷代思想家們以持續不斷的努力探究情感的來源，並對此作出體系性的思考，朱子也是如此，他成功地在哲學體系之中定位情。這一部分的思想內容在現代學術中被歸納爲心性論，而與"情"最密切關聯的命題即"心統性情"。此部分，我們將借助心、性、情關繫的討論，以便進一步考察朱子哲學對情的發生機制及影響因素的理解，並由此反觀情對於認識活動和倫理行動的意義。

朱子認爲，張載"心統性情"的命題開創性地定位了情的哲學位置。《朱子語類》有言：

　　　　舊看五峰説，只將心對性説，一個情字都無下落。後來看橫渠
　　"心統性情"之説，乃知此話有大功，始尋得個"情"字著落。①

　　張載關於"心統性情"的説法並不詳細，②《近思録》卷一"道
體"部分有"心，統性情者也"之語，歸在"橫渠先生曰"之下。
現存的文獻材料《朱子語類》中朱子反復提到"橫渠心統性情之説"
等等，並認爲它是與伊川"性即理也"同樣重要的話語，可以説，
"心統性情"的哲學涵義是朱子學賦予的。"性"的概念經過前人的
研究積累，已經比較明確了。③ 簡而言之，性即理也。前面提到，情
的概念是借由心來定義的。因此，在展開心性情關繫的討論前，有必
要略加闡釋朱子哲學中"心"的概念。

　　前人關於心是什麼的問題有兩種回答。其一，心屬氣。其二，心
爲兼理氣的統體。持第一種觀點的人有錢穆④、牟宗三⑤諸先生。這

————————

　　① 《朱子語類》，卷五，頁91。
　　② 《張載集·性理拾遺》：張子曰：心統性情者也。有形則有體，有性則有情。
發於性則見於情，發於情則見於色，以類而應也。（《張載集》，頁374）
　　③ 如錢穆先生《朱子新學案》（第二册）辟專章討論"朱子論性"，牟宗三先生
《心體與性體》（下）第六章"心、性、情之形上學的（宇宙論的）解析"，陳來先生
《朱子哲學研究》第八章"性之諸説"等。
　　④ 錢穆先生《朱子新學案》（第二册）《朱子論心與理》開篇引用《語類》"心
者氣之精爽"，並説，"朱子分説理氣，性屬理，心屬氣，故心之於性有辨，可分言，
亦可合言。"其基本態度是心屬氣。錢穆：《朱子新學案》（第二册），《錢賓四先生全
集》（十二），頁96，臺灣聯經出版事業公司，1998。
　　⑤ 牟宗三先生《心體與性體》（第三册）第七章《心、性、情之形上學的（宇
宙論的）解析》引用《朱子語類》卷第九十五《程子之書一》朱子與弟子討論程顥
"上天之載，無聲無臭"一段，分析説朱子關於易、道、神和心、性、情的看法言，
"依朱子，道體、性只成爲只存有而不活動之只是理，心情神俱屬於氣，此即其系統之
所以客觀地説爲本體論的存有之系統，主觀地説爲認知地静涵静攝之系統，而其所論
之道德爲他律道德之故。"其基本態度也是心屬氣。牟宗三：《心體與性體》（第三
册），《牟宗三先生全集》（七），頁501，臺灣聯經出版事業公司，2003。

種觀點基於朱子的理氣論，認爲所有存在者非理即氣，既然朱子否認心即理，又有"心者氣之精爽""能覺者氣之靈也"① 的表達，那麼可以斷定心屬氣。持第二種觀點的主要是陳來先生。陳來先生認爲，朱子哲學中除了理氣二元模式，還有"易－道－神"模式。"易－道－神"模式可以解釋所有自身能動的系統，道爲系統的根據，神爲系統的具體運動，易爲包括根據和運動的系統整體。心與易對應，是意識活動的總體範疇，而理是意識活動的本質根據，情則是具體的意識活動。②

就材料解釋的全面性而言，應當是陳來先生之説與朱子之説更加接近。首先，朱子常常用程子"易－道－神"的模式説明心性情關繫③。牟宗三先生雖然注意到了這些材料，但是他出於朱子哲學理氣二分的固有看法，直接批評朱子"以易體與神用俱視爲氣，形而下者，非明道意"，"依朱子，道體、性體只成爲只存有而不活動之只是理，心情神俱屬於氣"④，並未就這些材料展開分析。其次，按照朱子的意思，既不能説心是氣，也不能説心是理。弟子曾就心屬形上還是形下的問題請教朱子，《朱子語類》載：

問："人心形而上下如何？"曰："如肺肝五臟之心，卻是實有一物。若今學者所論操舍存亡之心，則自是神明不測。故五臟之心受病，則可用藥補之；這個心，則非菖蒲、茯苓所可補也。"問："如此，則心之理乃是形而上否？"曰："心比性，則微有迹；比氣，則自然又靈。"⑤

① "所覺者，心之理也；能覺者，氣之靈也。""心者，氣之精爽。"兩條均爲甘節所録，爲朱子64歲之後所聞。《朱子語類》，卷五，頁85。
② 詳見陳來先生《朱子哲學研究》第十一章《心統性情》。陳來《朱子哲學研究》，頁252~254，華東師範大學出版社，2000。
③ 詳見《朱子語類》卷九十五，"程子之書一"。
④ 《心體與性體》（第三册），頁500~501。
⑤ 《朱子語類》，卷五，頁87。

朱子區別了人心和心臟。心臟是一物，爲一種氣，而人心神明不測，不占據具體的方所，正如《孟子》所言，人心"操則存，舍則亡；出入無時，莫知其鄉"。又，心"比氣，則自然又靈"。故而，心不是氣。同時，心也不是理，"心比性，則微有迹"。理"無情意，無計度，無造作"①，心則有知覺、思慮，能主宰，心的活動是"有迹"的。由此看來，心既不是氣，也不是理。

不過，也不能説心是獨立於理氣的實體。心是理氣合而成人、物後，人、物所具有的知覺、主宰之能。② 如果沒有理氣，則無所謂心：

> 問："固如此，抑氣之爲邪？"曰："不專是氣，是先有知覺之理。理未知覺，氣聚成形，理與氣合，便能知覺。譬如這燭火，是因得這脂膏，便有許多光燄。"③

從邏輯上而言，理在氣先，理是宇宙的根本，也是心所以能知覺的依據，故而説"先有知覺之理"。但是，理本身不能知覺，"氣聚成形，理與氣合"之後，人與物纔擁有知覺之能。因此，雖然心不是氣，但是氣是心的物質基礎，沒有氣則沒有心。結合朱子以易－道－神理解心－性－情的説法，可以對心做一個比較全面的説明。心是能知覺、能主宰者，是人與物的能夠知覺、思慮，能夠主宰身體的那個東西，這個東西既不是理，也不是氣，卻又離不開理氣，是理氣合而後有的，心的本質依據是性，具體活動爲情。

---

① 《朱子語類》，卷一，頁3。

② 陳來先生《朱子哲學研究》指出，朱子言心，多從知覺、主宰而言。如："所謂心者，乃夫虛灵知覚之性，犹耳目之有见闻耳。"（《胡子知言疑義》，《朱子文集》卷七十三）"心者人之知覚，主於身而应事物者也。"（《大禹谟解》，《朱子文集》，卷六十五）"夫心者，人之所以主乎身者也，一而不二者也，爲主而不爲客者也，命物而不命於物者也。"（《观心说》，《朱子文集》，卷六十七）

③ 《朱子語類》，卷四，頁85。

　　在這種觀點下，如何去理解朱子"心者氣之精爽""能覺者氣之靈"的話呢？"精"爲"精純"①之義，"爽"爲"明"②義，《左傳》以"神明"爲"精爽"的近義詞。③"心者氣之精爽"意爲心是氣之中那個精純光明的東西，同理，"能覺者氣之靈"也是在講心是氣之中那個靈動的東西。"明"和"靈"表面上在描摹心的知覺認識能力之强，根本上則是表明心全具性理，具有完全實現性理的潛能。《大學章句》解釋"明德"爲"虛靈不昧，以具衆理而應萬事者也"，《太極圖説解》解釋"惟人也得其秀而最靈"言"而人之所稟獨得其秀，故其心爲最靈，而有以不失其性之全，所謂天地之心，而人之極也"，二者以"明"和"靈"講心，朱子未止步於"明"和"靈"的訓詁，而是進一步從心與理的關繫進行詮釋。由此可見，"心者氣之精爽"和"能覺者氣之靈"不當理解爲心屬氣。

　　在重新檢討朱子哲學中"心"的概念以後，便可以討論"心統性情"的命題。朱子"心統性情"的意義包括心兼性情和心主性情兩層。④朱子言：

　　　　心統性情。統，猶兼也。⑤

　　　　心是包得這兩個物事。性是心之體，情是心之用；性是根，情是那芽子。⑥

　　　　性是體，情是用。性情皆出於心，故心能統之。統，如統兵之"統"，言有以主之也。⑦

———————————

　　①　《説文解字》言："精，擇（米）也。"（"米"依照《説文解字注》補）精是經過揀擇的、没有雜質的純米，精即精純義。
　　②　《説文解字》言："爽，明也。"
　　③　《左傳‧昭公七年》子産言："用物精多，則魂魄强。是以有精爽，至於神明。"
　　④　陳來：《朱子哲學研究》，第十一章。
　　⑤　《朱子語類》，卷九十八，頁2513。
　　⑥　《朱子語類》，卷一一九，頁2868。
　　⑦　《朱子語類》，卷九十八，頁2513。

蓋主宰運用底便是心，性便是會恁地做底理。性則一定在這裏，到主宰運用卻在心。情只是幾個路子，隨這路子恁地做去底，卻又是心。①

首先，心兼性情。朱子言，"統，猶兼也。""兼"的意思是兼有、包括。心不是獨立於性和情之外的實體，而是兼有、包括著性和情兩者的意識活動的總體。② 性是心之體，情是心之用，③ 性（即理）是意識活動的內在依據，情是具體的意識活動，心根據體（性）發出用（情）。心兼性情是對於心性情實然結構的描述。其次，心主性情。朱子又言，"統，如統兵之'統'，言有以主之也。"主的意思是主宰。性是理，理無法主動活動；情是心所發的，也無法活動；"主宰運用底便是心"，只有心有活動能力，故而心主宰著性和情。所謂主宰，一般是某物控制、支配著他者，心主宰性情，豈不就是說心是獨立於性情之外的實體？這與心兼性情的命題矛盾。心主性情應當理解成心自作主宰。"性情皆出於心，故心能統之"，由於心包著性與情，故心的活動影響到性的實現和情的發出，心自作主宰同時也意味著心主宰性和情。心主性情在心兼性情的結構基礎上，強調心在系統中所把握的主動權。

總而言之，朱子哲學中的性即理，心兼理氣，情是心所發的，心統性情，心是具有本質（性）及功能（情）的心靈活動的總體範疇，心具有主動性，主導著性理的實現情況和情的具體發生，在心－性－情的系統中把握著主動權。

---

① 《朱子語類》，卷五，頁90。
② 陳來先生指出，朱子常常引述二程關於"易—道—神"的思想考察心性情的關繫，借此可知心並非獨立於性情的實體，而是意識活動的整體。詳見《朱子哲學研究》，頁252~254。
③ 朱子的體用有兩種含義：一爲理氣體用，即內在本質和外在發用的關繫，本質爲發用之依據；二爲陰陽體用，陰氣的特點是生機收斂，陽氣的特點是生機張揚，與之對應，體靜而用動，體有形而用不定形，體用前後相續，基本而言體是用的基礎。朱子心之體、心之用需從兩種含義分別理解。

四、情的發生機制和影響因素

明確心的概念及心、性、情關繫後，便可著手分析情的發生機制和影響因素。從心兼性情的結構可知，情是心發出來的，其依據則在於性理。此處列出《孟子集注》關於四端之心的著名段落略加舉證：

> 惻隱、羞惡、辭讓、是非，情也。仁、義、禮、智，性也。心，統性情者也。端，緒也。因其情之發，而性之本然可得而見，猶有物在中而緒見於外也。①
>
> 性是心之道理，心是主宰於身者。四端便是情，是心之發見處。四者之萌皆出於心，而其所以然者，則是此性之理所在也。②

《孟子》言，"惻隱之心，仁之端也；羞惡之心，義之端也；辭讓之心，禮之端也；是非之心，智之端也。"惻隱等是情，仁義禮智是性。端爲端緒。情如同小草冒出的小芽，性即泥土下面看不見的草根，從小芽可推知根的存在。惻隱等情是心發出來的，其依據在於仁義禮智之性。

情發生的内在根據是性，其誘因則是外物對心的觸動。朱子認爲《樂記》很好地解釋了情發生的整體過程。《樂記》言："人生而静，天之性也，感於物而動，性之欲也。"《朱子文集·樂記動静説》解釋"感於物而動，性之欲也"説：

> 然人有是性，則即有是形，有是形，則即有是心，而不能無感於物。感於物而動，則性之欲者出焉，而善惡於是乎分矣。性

---

① 《四書章句集注》，頁237。
② 《朱子語類》，卷五，頁90。

之欲即所謂情也。①

"性之欲即所謂情也。"《樂記》原文没有講"感於物而動"的主語是什麽，朱子明確指出爲"心"。朱子用感－應模式解釋情的發生。情是心對外物之感作出的反應，心作出何種反應，發出何種情的依據則在於性。以孟子所説的孺子入井爲例，《孟子》言：

> 所以謂人皆有不忍人之心者，今人乍見孺子將入於井，皆有怵惕惻隱之心。非所以内交於孺子之父母也，非所以要譽於鄉党朋友也，非惡其聲而然也。

有人突然間看到小孩子快掉到井裏了，只要是心志成熟健康的人，那一瞬間内心都會湧現驚動、痛切的情感。小孩子掉進井裏很可能失去生命，我們不願意看到一個無辜的孩子失去生命。這背後的道理是我們對共同體中弱小成員的仁愛。這一道理平常並不展現，目睹孺子入井則牽動了我們的心並激發這一道理，表現爲驚動、痛切的情感。孺子入井爲外物（事），心感於此物而應之以怵惕惻隱之情，其情感發出的依據則在於人心内在本有的仁性。

從以上對情之發生機制的分析來看，情對性有揭示作用，是性的一種表現形態。那麽，是不是可以説，順著情行動是好的，是符合道理的，比如《孟子》講擴充了惻隱之心仁就不可勝用了，君主用之可以保四海。不過，生活經驗和朱子的文本都提醒我們，情有善惡，不加區分地依著情感或意念行動是危險的。上引《樂記動静説》講到，"感於物而動，則性之欲者出焉，而善惡於是乎分矣。"情一發出來就已經有善惡之分了，朱子常舉的惻隱之情的情況僅是善的情感。現代哲學中有自然情感和道德情感的區分，朱子哲學則不作這樣的區分，他認爲，情感都有道德屬性，不僅如此，廣義的情如意念、

---

① 《朱子文集》，卷六十七，《朱子全書》第二十三册，頁3262。

欲望、志向也都有道德屬性。《朱子語類》有言："一念之生，不是善，便是惡。孟子曰：'道二：仁與不仁而已矣。'是也。"① 善惡的標準在於是否符合理，要麽符合，要麽不符合，沒有第三種可能。就狹義的情（情感）而言，善惡的標準不僅在於內容上是否符合理，還在於其強烈程度是否合適，即《中庸》所言"發而皆中節"，情的過分和不及都是不善。一個典型的例子是《朱子語類》對於四端之心的説法。四端之心②是孟子用以揭示性善的情感現象，一般而言是善的，而朱子認爲，即便是四端之心，如果發得過分，也會流於不善。③ 例如，墨子惻隱之心過分，推到極處便成無父之不善。④

這裏似乎産生了一個理論上的矛盾，一方面，心統性情，性爲心之體，情爲心之用，情是依據至善之性發出來的，應當都善；另一方面，朱子哲學承認情有善惡，並且説明了區分善惡的標準。那麽，不善的情是從哪裏來的呢？怎麽協調心統性情和情有善惡的矛盾呢？朝鮮理學著名的"四端七情"之辯就是從這兩個問題，尤其是第二個問題衍生出來的。本文以朱子本人的情論爲關注點，暫不討論朝鮮理學的"四端七情"問題。在此嘗試用朱子自身的學説提供一種可能的理解。

首先，不善的情也是心發出來的。朱子言：

> 心所發爲情，或有不善。説不善非是心，亦不得。……性不是別有一物在心裏。心具此性情。心失其主，卻有時不善。⑤

> 問："心之爲物，衆理具足。所發之善，固出於心。至所發

---

① 《朱子語類》，卷九十四，頁2394。
② 朱子指出"四端之心"的"心"字當理解爲情。
③ "若惻隱多，便流爲姑息柔懦；若羞惡多，便有羞惡其所不當羞惡者。"《朱子語類》，頁65。
④ "如墨子之心本是惻隱，孟子推其弊，到得無父處，這個便是'惡亦不可不謂之性也'。"《朱子語類》，卷四，頁72。
⑤ 《朱子語類》，卷五，頁92。

不善，皆氣稟物欲之私，亦出於心否？”曰：“固非心之本體，然亦是出於心也。”又問：“此所謂人心否？”曰：“是。”子升因問：“人心亦兼善惡否？”曰：“亦兼說。”①

朱子說，“心失其主，卻有時不善”，把原因歸於心。心發出不善之情主要有兩個原因，即弟子提到的氣稟和物欲二者。這兩個因素是朱子解釋惡的來源時常提到的，詳見《大學或問》“明明德”條②。氣稟即天所賦之氣的清濁厚薄偏正通塞之不同。氣稟會影響到物欲，不過由於它是天生的，屬於必須克服的客觀原因。物欲則是人應當對之負責的主觀原因，物欲即第一條材料所言的心失其主。前面解釋心主性情的時候講到，心對性情的主宰之關鍵在於心要自作主宰。朱子哲學中有人心、道心之說，自作主宰即以道心爲主宰。心是知覺活動的總體，道心是關於道理的知覺內容，人心則是關於聲色臭味等感官對象的知覺內容，二者是同一意識整體的不同思想內容。人心並不就是惡，但應當符合道理，即所謂以道心爲主宰，具體而言，感官欲望的滿足需要有一個恰當的度，這個度是道理所提供的。反過來，人心主導了道心，感官欲望壓倒了道德意識，即所謂心失其主。故而，氣稟的狀況和心以何者爲主，對於情的發生狀況均有影響作用。到了這裏就產生了工夫論的必要性，向世陵先生言其工夫的要點在《大學》所揭示的內容，限於本文的主體，此處不再展開工夫論的說明。③

---

① 《朱子語類》，卷四，頁86。

② “然其通也或不能無清濁之異，其正也或不能無美惡之殊，故其所賦之質，清者智而濁者愚，美者賢而惡者不肖，又有不能同者。必其上智大賢之資乃能全其本體，而無少不明，其有不及乎此，則其所謂明德者已不能無蔽而失其全矣。況乎又以氣質有蔽之心，接乎事物無窮之變，則其目之欲色，耳之欲聲，口之欲味，鼻之欲臭，四肢之欲安佚，所以害乎其德者，又豈可勝言也哉？二者相因，反復深固，是以此德之明日益昏昧，而此心之靈其所知者不過情欲利害之私而已。”《大學或問》，《朱子全書》第六冊，頁507~508。

③ 關於心性情及由此引出的工夫論必要性，參見向世陵先生《論朱熹的“心之本體”與未發已發說》，該文載於《湖南大學學報（社會科學版）》2012年第一期。

在此略微區分情的發生機制與影響因素。情是心受外物的感動而發生的，其依據在於性，而氣稟的狀況和心以何者爲主則對情的發生狀況有影響作用，那麼爲什麼不能説氣也是情的發生依據呢？① 本文認爲，氣並不是情發生的依據，因爲氣是通過影響心的知覺、主宰能力來影響情的。《大學或問》釋"明德"條言，"其所賦之質，清者智而濁者愚，美者賢而惡者不肖"②，這與朱子其他地方的表達一致，氣稟可以決定人的才能，甚而貧富、夭壽，卻不是情發生的依據。或許有人會説，人心道心説中，人心是以關於聲色臭味等感官對象的知覺内容，豈能説其以性爲依據？在這裏，聲色臭味是物，耳眼鼻口對其的反應是感覺，心對外物或感覺的思慮、及産生的愉悦、厭惡等感受纔屬情，思慮的依據在知覺之理（智），而愉悦、厭惡等反應的是外物能滋養我/可能傷害我的這一客觀關繫，其依據皆爲理。由此看來，必須嚴格區分情的發生依據及影響因素，發生依據爲性，影響因素主要是心，而氣稟和外物會影響心的狀況，進而影響情。

其次，心統性情並不與情有善惡相矛盾。從上文的分析可知：其一，情的發生依據確實爲性；其二，若要使性較好地體現爲情、情完整地揭示性理，有一個條件，即心有主宰。我們還是以《孟子》的惻隱之心爲例。乍見孺子入井而皆有怵惕惻隱之心是情完整揭示性理的典型例子。《孟子集注》引謝氏言曰："非思而得，非勉而中，天理之自然也。"③ 謝氏之言提醒我們"乍見"的時機性，此例中惻隱之心的發出來不及思索，"乍見"的時機性排除了内交於孺子之父母等利欲之思，使得心未被利欲牽引而處於本然的主宰狀態。由此可見，心之自作主宰是孟子孺子入井的例子只能成立所隱藏的前提條件。正如向世陵先生所言，"一旦採用'心統性情'的架構而將本體與發用放在一心的發用流行之中，心、善、仁之間的關繫就可能出現

① 例如，朝鮮理學"四端七情"之辯中，李退溪就主張"四端理之發，七情氣之發"，認爲喜怒哀樂等自然情感是依據氣而發的。
② 《大學或問》，《朱子全書》第六册，頁507。
③ 《四書章句集注》，頁237。

變數"①，而這一變數的關鍵即知覺層面的心。

　　總結而言，朱子哲學中的情論具有體系性，朱子對情的發生和影響因素均有較深入的說明。朱子繼承了張載心統性情的命題，并在他自己的哲學體系中加以詮釋。情是心發出來的，其所發的根據是性理，其所發的影響因素主要是心，氣稟和外物則通過影響心的狀況而對情感的善惡產生影響。

---

① 　向世陵《仁心、覺心與本心——朱子心論三議》，《湖南大學學報（社會科學版）》2012 年第六期。

呂與叔東見二程始末

王明華

　　熙豐年間，張橫渠逝世，呂與叔東見二程，所記名曰《東見錄》。從"中國哲學史"書寫來看，元豐二年（1079）關學者入洛，雖早於淳熙二年（1175）鵝湖之會近一百年，但在闡發關洛相遇之意義上，卻遠不及朱陸會面全面而深入，故本篇欲詳述東見之始末。從嘉祐年間"撤虎皮"、問"定性"，到熙寧十年之《洛陽議論》，可見與叔"東見"之前，先有張子之虛心也。後與叔"東見"之由，又因其師橫渠下世，且其深造自得之心，未嘗一日或息也。張、呂東見之始末，以"文本"爲主綫觀之，始於《定性書》（1058後）①，而終於《與呂大臨論中書》（1086），三十年緣分盡於此矣！其間亦以"人物"爲暗綫，如熙寧六年（1073）濂溪去世，十年（1077）橫渠、康節逝世，元豐八年（1085）明道去世。於此三十年之間，所謂"北宋五子"，惟伊川僅存耳。故云"東見"乃道學力量之會聚，否則亦或星散流離也。② 本篇分上下兩篇展開，上篇先述張、程

---

　　① 嘉祐元年（1056）之初見，雖"共語道學之要"，然未形成議論文本，乃學者初遇之常態耳。

　　② 所謂道學力量之匯聚，非專指舊黨力量之匯聚。這是由於，二程雖偏於舊黨，於新法多有批評，然以其亦主變易，故實可謂"超越新舊"。如盧國龍認爲，由於"舊黨並沒有統一的政治理念"，所以"不能將二程視爲舊黨理論家"，而且"二程的政治生活雖被挾持在新舊兩黨之間，但忠實於自己的政治理念，無意爲黨爭推波助瀾"。他認爲，二程在思想理論上，形成了關於政治改革的"第三條道路"，即所謂"大中之道"。參見盧國龍《宋儒微言》，頁 318～322，華夏出版社，2001。

之交遊，以見呂氏之學所自來，下篇再述與叔"束見"始末，以彰其在程門中之地位。

上篇 張子、二程之交游①

張、程之交遊始於嘉祐元年，因舉進士至京師，終於熙寧十年三月，詔知太常禮院時，中間嘉祐四年、熙寧二年分別與明道、伊川有書信論學。上篇據張、程《年譜》《行狀》，分別簡述此四次往來，以見橫渠雖爲二程表叔輩，卻充分展現了"不恥下問"之精神，且從容走完了辨析精微之一生。

一、嘉祐元年（1056）："共語道學之要"

歸曾祁《橫渠先生年譜》②於嘉祐元年，繫《行狀》一段如下：

> 嘉祐初，見洛陽程伯淳、正叔昆弟於京師，共語道學之要。先生渙然自信曰："吾道自足，何事旁求！"乃盡棄異學，淳如也。

據姚名達《程伊川年譜》考證，元年太中公遷國子博士，二程隨至京師遊太學。③小程作《顏子所好何學論》，安定先生激賞之，大程、橫渠則於二年同登進士，故此三人皆在京師。故歸、姚二譜，於嘉祐元年，又皆繫《外書》一條：

---

① 對於張、程之關繫，最爲可取者，乃"互相影響"說，如葛瑞漢云："洛學與關學之間存在某種程度的競爭，它通過這些言論表現出來。"（《中國的兩位哲學家：二程兄弟的新儒學》，頁250）又云："實際上，更爲可能的是他們之間相互影響。"（《中國的兩位哲學家：二程兄弟的新儒學》，頁251）又如徐洪興云："關學的形成略早於洛學，而洛學的影響則大於關學。二程兄弟與張載在創建各自學說體系的過程中，經常互相切磋、互相批評，當然也包括互相贊賞和互相欽佩。"（《曠世大儒——二程》，頁211，河北人民出版社，2000）

② 歸譜見張波《張載年譜》附錄一，頁134，西北大學出版社，2015。

③ 《程伊川年譜》，頁16，商務印書館，1937。

横渠昔在京師，坐虎皮，説《周易》，聽從甚衆。一夕，二程先生至，論《易》。次日，横渠撤去虎皮，曰："吾平日為諸公説者，皆亂道。有二程近到，深明《易》道，吾所弗及，汝輩可師之。"逐日虎皮出，是日更不出虎皮也。横渠乃歸陝西。①

又，《東見録》一條云：伯淳嘗與子厚在興國寺講論終日，而曰："不知舊日曾有甚人於此處講此事。"② 此條亦當繫於此時，皆横渠首入京師時。然則，其共語講論者，究何所指也？竊以爲，自《外書》一條觀之，所謂"道學之要"，即所論《易》道也，須知北宋五子之學，無不治《易》以爲本。此次京師之初遇，横渠便自嘆不及，且謂"汝輩可師之"，豈料二十年後，其人果師之矣！伊川曰："聖賢不相遇，則道德不亨"③，遇之時義大矣哉！後世所謂"五星聚奎"④，除卻張、程之相遇，先有程太中識濂溪，而濂、洛相遇矣，後又有張、程與邵之相遇。故曰：與叔"東見"之先，已有横渠之"東見"，此皆"相遇"之義也。又，聖賢之所以相遇，以其皆秉持"公心"，如呂涇野曰："可見古人之學，絕無物我之私。"⑤

---

① 《河南程氏外書》卷十二，《二程集》（上），頁 436～437，中華書局，1981。
② 《河南程氏遺書》卷二上，條九十二，《二程集》（上），頁 26，中華書局，1981。以下簡稱《遺書》。
③ 《周易程氏傳》，《二程集》（下），頁 925，中華書局，1981。此條亦見於《河南程氏粹言》卷一《論道篇》，條二十九，《二程集》（下），頁 1172，中華書局，1981。
④ 黄百家云："宋乾德五年，五星聚奎，占啟文明之運。逮後景德四年、慶歷三年復兩聚，而周子、二程子生於其間。"（《明道學案上》，《宋元學案》卷十三，頁 540，中華書局，1986）
⑤ 何廷仁言："程子、張子之心，無些物我之間。如張子方與弟子說《易》，聞程子到，善講《易》，即撤皋比，使弟子從程子講《易》。程子方與弟子論主敬之道，見張子《西銘》，則曰'某無此筆力'。可見二子之心甚公。"先生曰："此正是道學之正脈。如孔門之問答，虞廷之告語，皆是此氣象。可見古人之學，絕無物我之私。他如朱、陸之辯，不免以己說相勝。以此學者不可執己見。"（《涇野子内篇》卷十三，頁 100，西北大學出版社，2015）

二、嘉祐三年（1058）後：《定性書》

遊定夫《書行狀後》一段云：

> 其視先生雖外兄弟之子，而虛心求益之意，懇懇如不及，逮先生之官，猶以書抵扈，以"定性未能不動"致問。先生爲破其疑，使内外動静，道通爲一，讀其書可考而知也。

《定性書》所作時間，約在明道入鄂一、二年，即明道二十七八歲時①，此時横渠身任祁州司法參軍。欲明《定性書》之原委，須先洞曉横渠之發問。横渠問："定性未能不動，猶累於外物，何如？"所謂"定性未能不動"，乃謂静時心未能定，以其絶乎物也，而"猶累於外物"，則謂應物時心隨物移，即爲物繫累也。可見，横渠定性之方法，乃絶外物以定其内，故明道"直截破他一'外'字"，乃"可以合内外爲一"。②之所以"未能不動"，乃由絶乎外物，不足以

---

① 關於《定性書》寫作時間，據郭曉東之詳細整理，學術界存在三種説法。一爲嘉祐三年説，池春生、管道中、盧連章等主此説。一爲嘉祐四年説，姚名達、徐遠和、鐘彩均等主此説。一爲嘉祐三年之後説，牟宗三、張永儁、郭曉東等主此説。因無確鑿之證據，故第三説似更穩妥。（郭曉東《識仁與定性》，頁142，復旦大學出版社，2006）

② 郭筠仙曰："横渠言定，是直從源頭澄清下來，而外物至，固必應之，不能如釋氏斷除六根六塵也。則心與物接，而性之澄然者亦隨以動矣。明道之言，祇是'廓然而大公，物來而順應'，更無動静内外之分，而後可謂言'定性'。首段直截破他一'外'字，學至於定性，而後可以合内外爲一。勉齋黄氏謂'此定性字當作定心看'者，失之。"（《近思録注》，頁23，華東師範大學出版社，2015）按：朱子、勉齋以性作心，乃基於心性之辨，以"性是不動，情是動處"（《朱子語類》卷五，條八六，頁96，中華書局，1986。以下簡稱《語類》），而心終始主宰之也。如朱子曰："心，主宰之謂也。動静皆主宰，非是静時無所用，及至動時方有主宰也。言主宰，則混然體統自在其中。心統攝性情，非儱侗與性情爲一物而不分別也。"（《語類》卷五，條七二，頁94）横渠"直從源頭澄清下來"，即静時無所用，而《定性書》之"廓然而大公"，即静時心作主宰；"心與物接"而性隨以動，則動時亦無主宰，而所謂"物來而順應"，即動時心亦作主宰也。

定其内，便有"自私"之弊。二程曰：

> 忘物與累物之弊等。①

　　"忘物"由於"自私"，故不能"廓然而大公"，而"累物"則因乎"用智"，故無以"物來而順應"。朱子曰："然有一般人，其中空疏不能應物；又有一般人，溺於空虛不肯應物，皆是自私。若能'豁然而大公'，則上不陷於空寂，下不累於物欲，自能'物來而順應'。"② 忘物者淪於空虛，與累物者陷於物欲，内外之弊病均等，甚至輾轉相因也。"不肯應物"之自私，流於下累於物欲，而"不能應物"之用智，又催生上淪於空寂，此"不誠"之甚者也。二程曰：

> 誠則自然無累，不誠便有累。③

　　程子曰："誠者合内外之道，不誠無物。"④ "不誠無物"，以有除外誘之心，然若"合内外"，則自然無累也。又，伊川曰："聖人之心，未嘗有在，亦無不在，蓋其道合内外，體萬物。"⑤ 由此，《定性書》所謂"聖人之常，以其情順萬事而無情"，亦爲"合内外，體萬物"，故能不嫌於外物也。又，明道曰："'敬以直内，義以方外'，合内外之道也。釋氏，内外之道不備者也。"⑥ 如此，須是破"除外"之心，立"方外"之道，則非釋氏明心見性之説，而爲吾儒精義入神之學也。伊川曰：

---

① 《遺書》卷三，條八八，頁65。
② 《語類》卷九十五，條一一一，頁2443～2444。
③ 《遺書》卷六，條一一〇，頁87。
④ 《遺書》卷一，條四九，頁9。
⑤ 《遺書》卷三，條九二，頁66。
⑥ 《遺書》卷十一，條十八，頁118。

人患事繫累，思慮蔽固，只是不得其要。要在明善，明善在乎格物窮理。窮至於物理，則漸久後天下之物皆能窮，只是一理。①

"義以方外"之學，須是格物窮理，久後見天下萬物，只是一個道理。然"義以方外"，終以"敬以直內"爲根底，故二程之共識，皆以人心作主爲第一義。故二程又曰：

> 入道莫如敬，未有能致知而不在敬者。今人主心不定，視心如寇賊而不可制，不是事累心，乃是心累事。當知天下無一物是合少得者，不可惡也。②

程子認爲，事本不累心，今人事之累心，乃是心自累事，不可惡也。合此兩端而言，即"涵養須用敬，進學則在致知"，豈非二程思想之共識乎？故曰："廓然而大公，物來而順應"之高境，須自"敬以直內，義以方外"工夫處下手。從《定性書》到《東見錄》，歷經二十餘年琢磨，明道亦漸趨於著實，無復工夫上之闕略。③又，從《定性書》到《正蒙》，其間亦近二十年辛苦，橫渠似已了悟此意，如《正蒙》云："耳目雖爲性累，然合內外之德，知其爲啟之之要也。"④又，《經學理窟·義理》條十七云"合內外，平物我，自見道

---

①《遺書》卷十五，條十五，頁144。
②《遺書》卷三，條九八，頁66。
③"明道《定性書》自胸中瀉出，如有物在後面逼逐他相似，皆寫不辨。"直卿曰："此正所謂'有造道之言'。"曰："然。只是一篇之中，都不見一個下手處。"董卿曰："'擴然而大公，物來而順應'，這莫是下工處否？"曰："這是說已成處。且如今人私欲萬端，紛紛擾擾，無可奈何，如何得他大公？所見與理皆是背馳，如何便得他順應？"道夫曰："這便是先生前日所謂'也須存得這個在'。"曰："也不由你存。此心紛擾，看著甚方法，也不能得他住。這須是見得，須是知得天下之理，都著一毫私意不得，方是，所謂'知止而後有定'也。不然，只見得他如生龍活虎相似，更把捉不得。"（《語類》卷九十五，條一○二，頁2441）朱子認爲，若此心已然"紛擾"，徒言存"大公"之心，恐亦未便能遽定也，故以爲"不見一個下手處"。復引《大學》"知止而後有定"，謂須是知見得天下之理，而若事物之理理會教盡，則此心自不爲物動也。
④《正蒙·大心篇》，條五，《張載集》，頁25，中華書局，1978。

之大端。"① 此非横渠年高德盛，且前有得於《定性書》，而後有以了得"合内外"之旨乎！

三、熙寧二年（1069）：《答横渠先生書》

姚名達《程伊川年譜》，於熙寧二年，繫《答横渠先生書》《再答》，此時伊川年三十七。② 熙寧二年，横渠第二次入京師，後又被外調明州治獄，時明道上《乞留張載狀》。據《再答》所謂"十八叔、大哥皆在京師"，則横渠在外調之前，與明道均在京師，故此二書當作於是年。此處略述二書大意，先錄《答書》之論學語：

> 觀吾叔之見，至正而謹嚴。如"虛無即氣，則虛無"（按："則虛無"當作"則無無"）之語，深探遠賾，豈後世學者所嘗慮及也？然此語未能無過。余所論，以大概氣象言之，則有苦心極力之象，而無寬裕温厚一作和。之氣。非明睿所照，而考索至此，故意屢偏而言多窒，小出入時有之。明所照者，如目所睹，纖微盡識之矣。考索至者，如揣料於物，約見仿佛爾，能無差乎？更願完養思慮，涵泳義理，他日自當條暢。

《正蒙》成書於熙寧九年，然横渠始著此書，約在歸郿縣前後，故伊川前謂"累書所論"，恐即其早期之成稿。所謂"至正而謹嚴"，"謹嚴"指立論嚴密周延，而"至正"則指以儒家爲至理，故范巽之云："其爲辯者，正欲排邪説，歸至理，使萬世不惑而已。"③ 如"虛無即氣，則無無"條，《正蒙》作"知太虛即氣，則無無"④。横渠

---

① 《經學理窟》，《張載集》，頁273。
② 《程伊川年譜》，頁61～63。
③ 《正蒙》范育序，《張載集》，頁5。
④ 《正蒙·太和篇》，條八，《張載集》，頁8。

既以此立宗旨，又有以辟佛老，然伊川以爲"未能無過"①，又以爲
"有苦心極力之象"，然從事於何事，要得"苦心極力"？即殫思極慮
也！② 依小程之意，須是"完養思慮"，而後明睿自生，又須是"涵
泳義理"，則非考索所至。所謂"考索至此"，即《識仁篇》"不須窮
索"，皆是一意也，此關洛爲學異處。又，《再答》之論學語云：

> 所云"孟子曰：'必有事焉而勿正心，勿忘勿助長也。'此
> 信乎入神之奧。若欲以思慮求之，是既已自累其心於不神矣，惡
> 得而求之哉？"頤以爲有所事，乃有思也，無思則無所事矣。孟
> 子之是言，方言養氣之道如是，何遽及神乎？氣完則理正，理正
> 則不私，不私之至則神。自養氣至此猶遠，不可驟同語也。以孟
> 子觀之，自見其次第也。當以"必有事焉而勿正"爲句，心字
> 屬下句。此說與大哥之言固無殊，但恐言之未詳爾。

孟子"必有事焉"句，乃理學參究之要義，而明道、橫渠"議
而未合"，故伊川亦參與討論。如二程斷句雖異③，然於"必有事

_____

① 又語及太虛，曰："亦無太虛。"遂指虛曰："皆是理，安得謂之虛？天下無實
於理者。"（《遺書》卷三，條九五，頁66）又，或謂許大太虛。先生謂："此語便不
是，這裏論甚大與小？"（《遺書》卷三，條九九，頁66）朱子認同此說，以爲"太
和""太虛"，只說到形而下者，參見《語類》所論。
② 朱子曰："答書之中云：'非明睿所照，而考索至此。'蓋橫渠卻只是一向苦思
求將向前去，卻欠涵泳以待其義理自形見處。如云'由氣化有道之名'，說得是好；終
是生受辛苦，聖賢便不如此說。"（《語類》卷九十九，條三，頁2532）"苦思"乃橫
渠病痛，與叔亦不外如是。
③ 侯世與云："某年十五六時，明道先生與某講《孟子》，至'勿正心，勿忘勿助
長'處，云：'二哥以必有事焉而勿正爲一句，心勿忘勿助長爲一句，亦得。'因舉禪語
爲況云：'事則不無，擬心則差。'某當時言下有省。"（《遺書》卷一，條六六，頁12）
龜山弟子問："正叔先生以'必有事焉而勿正'爲一句。某嘗疑'勿正心'似非聖賢語
意。及見此，乃知正叔讀書有力。"龜山答曰："事說'勿正'則可，心說'勿正'
則不可。正叔讀書直是不草草，他議論方是議論。"（《楊時集》卷十三，頁381，中華書
局，2018）又，朱子云："'必有事焉而勿正'，趙氏、程子以七字爲句。近世或亦下文心字
讀之者，亦通。"（《四書章句集注》，頁232，中華書局，1983）由此，凡明道之語，如
《識仁篇》，須於"勿正心"點斷，而凡伊川之語，則須於"勿正"點斷。

焉”，乃共同推闡發揚之，以與佛學相抗衡。天地間事亦多矣，小而一身一家，大而一國天下。故伊川云："人惡多事，或人憫一作欲簡之。世事雖多，盡是人事。人事不教人做，更責誰何？"① 朱子亦云："人在世間，未有無事時節，要無事，除是死也。"② 此書之眼目，卻在一"思"字也。橫渠不主"以思慮求之"，而伊川謂"有所事，乃有思也"，未可遽言"神"也。

《定性書》之時，橫渠患"事累心"，而思慮蔽固，至於伊川答書，又"以思慮求之"，爲非入神之奧。可見，自《定性書》至答書，相隔近十年，而橫渠雖苦心思慮，而病痛依舊！也即是說，橫渠於學本苦心思慮，然又懼乎"憧憧往來"，轉而拒外物以求定，又落個不主思慮。可見，"思慮紛擾之患"，乃張、呂共同之大病，而橫渠之不主思慮，與呂氏之養氣爲助，胥皆病上添病，乃"忘物"之弊也。"忘物""累物"輾轉相因，即鑄成"思慮紛擾"也。

四、熙寧十年（1077）：《洛陽議論》

管道中《明道年譜》於《洛陽議論》後按云：

此卷多政治之談，少論學之語。大約張子方罷官歸，故所論多及時事。又，《續通鑒長編》載"張子以三月戊午詔歸館供職，七月乙卯兼知太常禮院，議禮不合而歸。"是張子過洛時，適在邵子卒後，故此卷中有論及堯夫病革之事。③

邵、張皆於熙寧十年去世，前者爲"孟秋癸丑"（七月五日），

① 《遺書》卷十五，條二八，頁145。
② 《語類》卷十二，條一一六，頁212。
③ 《二程研究》，頁256，中華書局，1937。

後者爲"十有二月乙亥"（十二月二十三日）。① 横渠罷官後過洛議論，適在七月康節卒後。自熙寧三年至九年，横渠歸居故土，從事於聚徒講學，且極力伏案著書。然因長年肺病纏身，加之獨學無朋②，故此第三次入京師時，實已走到人生之盡頭！

　　《洛陽議論》見《遺書》卷十，爲蘇季明所録，共三十五條。其中"多政治之談"，乃因張子罷太常禮院，故多有論及禮處③，又有論井田④、軍事、科舉、罪責等⑤。而"論學之語"雖少，亦有值得關注者，如爭論"窮理盡性以至於命"⑥ 等。還有部分條目，乃評議天下士人，並談及邵子疾革，其餘則可歸爲雜論。⑦ 今擇《議論》三條，附《東見録》兩條，以見相續之迹。第一組如下：

---

　　① 程明道《邵堯夫先生墓誌銘》："熙寧丁巳孟秋癸丑，堯夫先生疾終於家。"（《河南程氏文集》，《二程集》（上），頁502，中華書局，1981）又，呂與叔《横渠先生行狀》："十有二月乙亥，行次臨潼，卒於館舍，享年五十有八。"（《藍田呂氏遺著輯校》，頁586，中華書局，1993）

　　② 横渠作詩云："先生高臥洛城中，洛邑簪纓幸所同。顧我七年清渭上，並遊無侶又春風。"後一首又云："病肺支離恰十春，病深樽俎久埃塵。人憐舊病新年減，不道新添別病深。"（《詩上堯夫先生兼寄伯淳正叔》，《張載集》，頁370，中華書局，1978）

　　③ 論禮俗，見條十五、十六、二十三、二十四及三十一。張、程論"龍女衣冠"，今不見於《議論》，或爲別處會面，非季明所得聞。

　　④ 論井田，見條五、六。條八、二十五，點出一"大"字，須與論井田處合看，方見其意趣。《東見録》條一云："古不必驗。今之所患，止患不得爲，不患不能爲。正"朱子曰："'古不必驗'，因横渠欲買田驗井田，故云爾。伊川說話，多有如此處。"（《語類》卷九十七，條八十四，頁2496）

　　⑤ 論軍事，見條十七、十九及二十。條十七所講"昏謬無謀"，乃富良江之戰，而條十九提到的"郭逵"，正爲安南招討使。戰事上之無謀，與"欲買韓王宅"，或同出於一心乎？條二十論"管轄人"，亦正對郭逵而言乎？又，條二十一論科舉，條十二論罪責官吏。

　　⑥ 論"窮理盡性以至於命"，見條三十。《東見録》條二十、條九十九，尤須參看。

　　⑦ 泛論天下之士，見條二、十三、二十二及二十六。分論士人，如條三論司馬溫公，條七論邵康節，條一、十一論常秩，條十四論彭汝礪，條二十七論呂進伯。又，張、程亦有互評語，條四正叔謂："某接人，治一作談。經論道者亦甚多，肯言及治體者，誠未有如子厚。"條三十三子厚謂："昔嘗謂伯淳優於正叔，今見之果然。其救世之志甚誠切，亦於今日天下之事儘記得熟。"又，邵子病革事，見條九，其餘雜論部分，如條十論蜥蜴祈雨，條十八論鳩鬥占卜，條二十九、條三十二辨周都，條二十八論"十詩之作"，條三十五論"人不易知"。

　　子厚言："今日之往來，俱無益，不如閑居，與學者講論，資養後生，卻成得事。"正叔言："何必然？義當來則來，當往則往耳。"①

　　今天下之士人，在朝者又不能言，退者遂忘之，又不肯言，此非朝廷吉祥。雖未見從，又不曾有大橫見加，便豈可自絕也？君臣，父子也，父子之義不可絕。豈有身為侍從，尚食其禄，視其危亡，曾不論列？君臣之義，固如此乎？②

　　所謂"往來"，指為官之出處進退。張子深居七年，與學者講論，自是受益匪淺。此次春復召還館，冬即謁告西歸，可謂壯志未酬，只覺"俱無益"也！然程子所答，及對與叔所言，乃孔孟之正論，不可"執一意"也。③第二組如下：

　　子厚言："關中學者，用禮漸成俗。"正叔言："自是關中人剛勁敢為。"子厚言："亦是自家規矩太寬。"④
　　正叔謂："洛俗恐難化於秦人。"子厚謂："秦俗之化，亦先自和叔有力焉，亦是士人敦厚，東方亦恐難肯向風。"⑤
　　子厚以禮教學者，最善，使學者先有所據守。⑥

　　張子得呂氏之助，切實推行禮教，不僅士人有所據守，且使秦俗為之一變。二程深服其"以禮教學者"，然又以為洛俗難化，橫渠直

---

　　①　《遺書》卷十，條三十四，頁115~116。
　　②　《遺書》卷二上，條一八九，頁42~43。
　　③　二程云："談經論道則有之，少有及治體者。'如有用我者'，正心以正身，正身以正家，正家以正朝廷百官，至於天下，此其序也。其間則又繫用之淺深，臨時裁酌而應之，難執一意。"（《遺書》卷二上，條四十八，頁20）
　　④　《遺書》卷十，條二十三，頁114。
　　⑤　《遺書》卷十，條三十一，頁115。
　　⑥　《遺書》卷二上，條七十九，頁23。

言"自家規矩太寬",可見表叔之坦直也。實際上,張、程於禮之態度,彼此確有差異在。二程之主張,亦見於《東見錄》,如"行禮不可全泥古",須是"得意乃可以沿革"。①

下篇　橫渠逝世,與叔東見②

張子、邵子去世後,部分弟子投入二程門下,"五星聚奎"日漸匯聚爲一。橫渠逝世之後,呂氏兄弟東見,或爲亡師之遺命乎?呂與叔與二程之交遊,有三個重要時間點,分別爲元豐二年、元豐三年及元祐元年。與叔之"深潛縝密",俱可於此中見之。

一、元豐二年(1079):《東見錄》③

《東見錄》見《河南程氏遺書》卷二上、下,元豐己未(1079)

---

①　二程云:"行禮不可全泥古,須當視時之風氣自不同,故所處不得不與古異。如今人面貌,自與古人不同,若全用古物,亦不相稱。雖聖人作,須有損益。"(《遺書》卷二上,條七十一,頁22)又云:"學禮者考文,必求先王之意,得意乃可以沿革。"(《遺書》卷二上,條八十一,頁23)

②　侯外廬認爲,"張載離開洛陽,在途中就逝世了,關學學者一時失去了領導。二程看到這個機會,便開始一系列活動,企圖奪取這一學派的領導權。元豐二年(1079),呂大臨來到洛陽,向二程問學。在他所記《東見錄》中,可以看到二程對張載作了不少攻訐。二程並且宣揚,關中士人淪喪,'氣艷'已衰。次年,程頤親赴關中,爲洛學作廣泛地宣傳(見《人關語錄》)"(《中國思想通史》第四卷上,頁563~564,人民出版社,1959)。又提出,"關學的二元論的動搖性是其哲學的致命傷,洛學之所以能對關學進行俘虜的工作亦非偶然"(《中國思想通史》第四卷上,頁570)。此等分析,令人捧腹。

③　《東見錄》所記,包括三方面內容:論人物、談時事及講道學。首先,二程對呂與叔所言,涉及了諸多"人物",包括師長輩、講友及弟子,構成了關洛間之人際圈;其次,又論及了諸多"事件",圍繞西夏邊患、談禪之會及新舊黨爭,描繪出"內憂外患"之時世;最後,乃談學論道之言,涵蓋天道之要、仁義之道及主敬之方,傳授了高明廣大之義理。本小節不及備論之,僅拈出《識仁》一篇,略述《克己銘》之失。

呂與叔所記二先生語，卷二上共二百二十四條，下（附《東見録》
後）共四十五條，總共二百六十九條。目録下小注云："呂大臨
（1046～1092），字與叔，藍田人，學於横渠張先生之門。先生卒，乃
入洛。己未，元豐二年，然亦有己未後事。"① 己未年，其時與叔年
三十四，二程則正值中年，明道年四十八，伊川年四十七。

馮少墟《關學編》云："所述有《東見録》，録二程先生語，二
先生微言粹語多載録中，其有功於程門不小，故朱文公稱其高於諸
公，大段有筋骨，而又惜其早死云。"② 録中"微言粹語"，可謂俯拾
皆是，非他篇可比擬，如著名的《識仁篇》，亦即載於録中。馮少墟
又曰："純公語之以'識仁'，先生默識深契，豁如也，作《克己銘》
以見意。"③ 所謂"默識深契，豁如也"，如顔子"不違如愚"，延平
云："默識心融，觸處洞然，自有條理。"④ 與叔似顔子，於此亦可
見乎?⑤

然伊川云："呂與叔守横渠學甚固，每横渠無説處皆相從，才有
説了，便不肯回。"⑥ 與叔深契於《識仁篇》，自非有説便不肯回，然
亦非無説處相從，何也? 横渠所作《訂頑》，即"有説"在先，然
《識仁篇》與之同歸，故有以"默識深契"之。可見，與叔記《識仁
篇》之同時，又聞明道極力表彰《西銘》，"默識深契"後又自作
《克己銘》，此可謂關洛仁説之匯流也。《克己銘》雖從《訂頑》《識

① 小注見《二程遺書》目録。所謂"己未後事"，如條二〇八（注：元豐四年
取興、靈事）、條二一六（注：元豐五年永樂城事）及條二二四（注：此一段非元豐
時事，疑後人記）等。

② 《關學編》，頁12，中華書局，1987。

③ 《關學編》，頁11。

④ 《延平答問》，頁313，《朱子全書》第十三册。

⑤ 關於呂與叔與顔子，如晁微仲《祭文》云："子之婦翁張天祺嘗謂人曰：'吾
得顔回爲婿矣。'其爲人所重如此。"（《伊洛淵源録》，頁1032～1033，《朱子全書》
第十二册）又，呂與叔詩《送劉户曹》云："學如元凱方成癖，文似相如始類俳。獨
立孔門無一事，只輸顔氏得心齋。"又，《克己銘》末句云："顔何人哉，晞之則是。"

⑥ 《遺書》卷十九，條九十八，頁265。

仁篇》而來，然卻有差失而實不同，此處略述其梗概如下。

　　《克己銘》"立己與物，私爲釘畦"，則"克己"之己，乃人己之己，不合《論語》本意。① 陳北溪云："必克去有己，不與物立敵，直以己與物實混同作一個體。"此與張子言仁之差別，在於張子之意乃"流行是理而充之天下"，而呂氏則"無天理周流之實"。② 此與程子言仁之差異，在於程子之意乃"必推吾之所欲者流行貫注於物"，故"皆是天理流行之實事"，而呂氏則"只是空想象個仁中大抵氣象如此"。③ 也即是說，從"理一分殊"觀之，《克己銘》之言仁，一統之中無分殊之意，"不免有兼愛之弊"，且分殊之中無一理流行，非"體立而用行"之學。"混同作一個體"，則其體渾淪不明，而歸天下於吾仁，則其用盡數喪失矣！然其底蘊究爲何也？

　　竊以爲，呂與叔此段之言，不仁之由在"有己"，而其結果則爲"不齊"，此顯本莊子之意而來。《齊物論》劈頭第一義，即爲"破我見"，乃因"我見"一生，則必人我對立，即"立己與物，私爲釘畦"；而人總"是己非人"，又必情態百出，即"勝心橫生"。故《克己銘》之本意，乃是"己既不立，物我並觀"④，其所謂"克己"，只是個"喪我"也。

　　又，"初無吝驕，作我蟊賊"，只說得"克己"一邊，卻未說到"復禮"處。⑤　《論語》所言"克己復禮"，二者雖只是一事，然"禮"不可以"理"字換卻，否則必墮入空寂。"初無吝驕，作我蟊

---

　　① 朱子曰："《克己銘》不合以己與物對說。"又曰："呂與叔説克己，從那己、物對處克。此説雖好，然不是夫子與顏子説底意。夫子説底，是説未與物對時。若與物對時方克他，卻是自家已倒了幾多。所謂己，只是自家心上不合理底便是，不待與物對方是。"（《語類》卷四十一，頁1067）

　　② 《張、呂言仁之辨》，《北溪大全集》卷二十。

　　③ 《程、呂言仁之辨》，《北溪大全集》卷二十。

　　④ 朱子曰："呂與叔極口稱揚，遂以'己既不立，物我並觀'，則雖天下之大，莫不皆在於吾仁之中，説得來惢大，故人皆喜其快。"（《語類》卷四十一，頁1068）

　　⑤ 朱子曰："'初無吝驕，作我蟊賊'云云，只説得克己一邊，卻不説到復禮處。須先克己私，以復於禮，則爲仁。"（《語類》卷四十一，頁1067）

賊”，但知克己之意，而不能復於禮也。故朱子曰：“若是佛家，儘有能克己者，雖謂之無己私可也，然卻不曾復得禮也。”①

又，朱子以“坐如屍，立如齋”爲例，云：“克去己私，則不容倨傲而跛倚；然必使之如屍如齋，方合禮也。故克己者必須復此身於規矩準繩之中，乃所以爲仁也。”②《克己銘》既於“克去己私”之訓，未能入其思議，則於復於“規矩準繩”，亦將付之闕如矣。實際上，順莊子“破人我”，至於忘我忘物而後已，本無意於“復禮”，恐更須破之而後快也。

又，爭議最大之處，在解“天下歸仁”，而云“皇皇四達，洞然八荒，皆在我闥。孰曰天下，不歸吾仁？癢疴疾痛，舉切吾身。”朱子、北溪皆以“想象”批評之。如朱子曰：“‘癢疴疾痛，舉切吾身’，只是存想‘天下歸仁’。恁地，則不須克己，只坐定存想月十日，便自‘天下歸仁’，豈有此理！”③如此存想個虛境，非“天下歸仁”之實，且與“四勿”殊無干涉。北溪云：“‘洞然八方’，如何得‘皆在我闥’之內？此不過只是想象個仁中大抵氣象如此耳，仁實何在焉！殊失向來孔門傳授心法本旨。”④以“想象”言克復，終必落入空寂，氣象雖豁然可喜，而事理則茫然無據也。⑤

① 《語類》卷四十一，頁1045。
② 《語類》卷四十一，頁1046。
③ 《語類》卷四十一，頁1068。
④ 《北溪字義》，頁25，中華書局，1983。
⑤ 《草木子》曰：“《論語》‘天下歸仁’，朱子訓歸爲與字，或者淺其說。愚謂苟人能克己，行一事合天理，問之家而準，問之鄉而準，問之國而準，問之天下而準，所謂天下莫不與也，放之四海而皆準也。若謂克己天下皆囿於吾仁之中，如呂與叔《克己銘》云‘洞然八荒，皆在我闥’，氣象雖豁然可喜，事理則茫然無據。”愚按：近世陸學說“人能克己而存此心，則天下皆歸於吾仁之中”，與呂與叔說相似。考其說，不獨與朱子相牴牾，且與孔子相牴牾。孔子之意，謂克去己之私欲以復乎禮，方始是仁，故下文說非禮勿視聽言動。呂與叔言克己是克去人己釘畦，無復禮底意思，與“四勿”殊無干涉。若陸學之說，則援儒入佛，尤爲不可。朱子之訓，不可移易。《草木子》良有見。（《學蔀通辨》終編卷下，《陳建著作二種》頁267，上海古籍出版社，2015）

自莊子"克去人己"義，而無"復禮"底意思，而終歸於"存想"。如此，與叔所希之顏子，乃《莊子》中之顏子，非《論語》中之顏子也。《論語》中所告，朱子曰："孔子直是以二帝三王之事許顏子。此是微言，自可意會。"① 此説甚有意味。"二帝三王之事"，即"天下莫不與"者，以之許顏子，乃以實際許之。顏子雖英年早逝，然以其正非"想象"，故後世之尊仰者，亦將"天下莫不與"，此亦實而非虛乎？

二、元豐三年（1080）：《雍行録》

據《年譜》，元豐三年，明道改除奉議郎，旋罷扶溝任，寓潁昌；伊川則在與叔等人陪同下，入關講學。② 雍（今陝西鳳翔）、華（今陝西華陰），彼時屬陝西路。《遺書》卷十五《入關語録》，朱子"疑庚申年"所記。《雍行録》全文如下：

> 元豐庚申歲，予行雍、華間，關西學者相從者六七人。予以千錢掛馬鞍，比就舍則亡矣。仆夫曰："非晨裝而亡之，則涉水而墜之矣。"予不覺嘆曰："千錢可惜。"坐中二人應聲曰："千錢亡去，甚可惜也。"次一人曰："千錢微物，何足為意？"後一人曰："水中囊中，可以一視。人亡人得，又何嘆乎？"予曰："使人得之，則非亡也。吾嘆夫有用之物，若沈水中，則不復為用矣。"
>
> 至雍，以語呂與叔曰："人之器識固不同，自上聖至於下愚，不知有幾等。同行者數人耳，其不同如此也！"與叔曰："夫數子之言何如？"予曰："最後者善。"與叔曰："誠善矣。然觀先生之言，則見其有體而無用也。"予因書而誌之。
>
> 後十五年（呂刻本下有"紹聖乙亥秋九月"七字），因閱故

---

① 《語類》卷四十一，頁1066。
② 《程伊川年譜》，頁109。

編，偶見之，思與叔之不幸早死，為之泣下。①

讀此録所記，猶讀《論語》然，如"盍各言爾志"。仆夫雖云兩種可能，然更可能爲涉水墜之，故伊川嘆："千錢可惜。"坐中二人所謂"千錢亡去，甚可惜也"，意中所重在"千錢"，若爲十錢、百錢，恐將不以爲意。次一人曰："千錢微物，何足爲意？"較之坐中二人，此人實爲達觀。視千錢爲"微物"，近於所謂"塵視金玉"。②

後一人曰："人亡人得，又何嘆乎？"伊川以爲"善"，乃在人若得之，千錢仍爲有用。與叔觀伊川之言，以爲亦將"有體而無用"，何也？吾友孫君奧麟云："最後一人，當是學有所得，其大體已立，而心無繫累。然終須如程子言，錢財乃'有用之物'，此人雖能割舍得，卻未必能利用得。日後若治家爲政，於理財正辭之類，終或嫌麻煩、經營不來，不足使萬物各得其所。"説得甚好！伊川之"有用之物"，實存利用、厚生於胸也。又，與叔所言有體又有用，非伊川所傳安定之教乎？

三、元祐元年（1086）：《與呂大臨論中書》③

元豐八年三月戊戌，神宗病卒；六月丁丑，明道病卒。至此，所

---

① 《雍行録》，《河南程氏文集》卷八，《二程集》，頁587。《雍行録》，呂刻本作"遺金閑志"。

② 《通書》富貴第三十三，《周敦頤集》，頁40，中華書局，1990。陳白沙嘗作《論前輩言銖視軒冕塵視金玉》，若以伊川《雍行録》之義衡定之，亦可謂"有體而無用"者也。

③ 文碧方認爲，《論中書》"分歧的焦點顯然在於是否視心性爲一、是否有此心性爲一之'本心'觀念"。（《關洛之間——以呂大臨思想爲中心》，頁207，中華書局，2011）故其結論爲，"聖人之學'求之此心而已''此心所發，純是義理'不是虛説，而是他一生所學所行的心得與體會"。（《關洛之間——以呂大臨思想爲中心》，頁217）撮其要義，乃與牟宗三無異，以與叔契於明道，皆有"本心"之觀念。然本篇於《論中書》"此心所發，純是義理"之説，持最大程度上之警惕與批判，詳見下文。

謂“北宋五子”者，惟伊川獨當一面矣。哲宗元祐元年（1086），伊川任崇政殿說書，其時與叔“每過從”①，《論中書》即成於是年。注云：“此書其全不可復見，今只據呂氏所錄到者編之。”故《論中書》爲呂氏所編，且並非當時完稿，然往復書函之大旨，應已全具於此書。《論中書》又見於《粹言》，經龜山編訂，文辭雖有變化，然比並對讀，實有助於解析。又，《遺書》卷十八有二條，記伊川與蘇季明論中，此二條與《論中書》，構成參究“中和”之基本。觀朱子所作《已發未發說》可知，二者乃訂正“心爲已發”之關鍵。② 呂與叔之核心觀點，總起來只是一句：“以赤子之心爲中，而曰中者道之所由出也。”③ 此不全錄《論中書》，依起始“大臨云”，分作七個段落，摘錄要點如下。

（一）中和訓釋

> 大臨云：不倚之謂中，不雜之謂和。
> 先生曰：不倚之謂中，甚善。語猶未瑩。不雜之謂和，未當。（以上第四段）
> 大臨云：此心至虛，無所偏倚，故謂之中。（以上第五段）

以“不雜”訓和，程子以爲“未當”，後朱子言遊氏“不乖之謂和”卻好④，故《章句》言“無所乖戾”。而對於“不倚”，程子以爲“甚善”，朱子初不以爲然，後《章句》亦以“不偏不倚”“無所

---

① 《答呂進伯簡三》，《河南程氏文集》卷九，《二程集》，頁605。
② “凡言心者，皆已發而言”，伊川以爲“未當”，並當即修正己說，以心兼體用動靜言之。後朱子循伊川之說，得以突破“心爲已發”，走向橫渠“心統性情”，情字由此亦得其正。其後“心一也”一段語，與“心統性情”之說，朱、呂乃編入《近思錄》中，作爲“中和新說”之根底。
③ 《粹言》卷一《論道篇》，條一三〇，頁1183。
④ 《語類》卷九十七，條一二二，頁2504。

偏倚"爲言。① 《遺書》中有三條，皆以"不偏"爲言。② 然"此心
至虚"，則有病，見下文。"無過不及"，乃是時中義，伊川、與叔皆
言之。③ 後朱子亦吸收之，而成其最終定説："中者，不偏不倚，
無過不及之名。"可見，《論中書》於中和之訓釋，大體不差也，
而於中與性道、中與赤子之心，則弊病甚大。先來看中與性道之
關繫。

（二）中與性道

> 大臨云：中者道之所由出。
> 先生曰：中者道之所由出，此語有病。（以上第一段）
> 大臨云：謂中者道之所由出，此語有病，已悉所諭。……
> 先生曰：中即道也。若謂道出於中，則道在中外，別爲一物
> 矣。……（以上第二段）
> 大臨云：既云"率性之謂道"，則循性而行莫非道。此非性
> 中別有道也，中即性也。在天爲命，在人爲性，由中而出者莫非

---

① 又問："'不倚之謂中，不雜之謂和'，如何？"曰："有物方倚得。中未有物，
如何倚？"曰："若是，當倒説，中則不倚。"曰："亦未是。不如不偏好。"（《語類》
卷九十七，條一二二，頁2504）"有物方倚得"，如所謂"桌子依著門，凳子觸著墙"，
而"中未有物"，故不可言倚，故程子亦以爲"語猶未瑩"。然伊川答蘇季明云："謂
之靜則可，然靜中須有物始得。"（《遺書》卷十八，條八十三，頁201）可見，靜中亦
須"有物"方可，非空無一物之謂，故亦非決不可言倚。
② 第一條，程子云："不偏之謂中，不易之謂庸。中者，天下之正道；庸者，天
下之定理。"（《遺書》卷七，條六十五，頁100）第二條，又云："中則不偏，常則不
易，惟中不足以盡之，故曰中庸。"（《遺書》卷十一，條六十三，頁122）第三條，又
云："中者，只是不偏，偏則不是中。庸只是常。猶言中者是大中也，庸者是定理也。
定理者，天下不易之理也，是經也。孟子只言'反經'，中在其間。"（《遺書》卷十
五，條一二八，頁160）
③ 《論中書》第三段，先生云："蓋中之爲義，無過不及而立名。"第六段，大
臨云："中者，無過不及之謂也。"弟子問："'中之爲義，自過不及而立名。'此段説
中，與平日異。只爲呂氏形容中太過，故就其既發告之。"曰："然。"（《語類》卷九
十七，條一二二，頁2504）可見，程子"平日"所言，仍以"不偏"爲主。

道，所以言道之所由出也，與"率性之謂道"之義同，亦非道中別有中也。

先生曰："中即性也"，此語極未安。中也者，所以狀性之體段。若謂性有體段亦不可，姑假此以明彼。如稱天圓地方，遂謂方圓即天地可乎？方圓既不可謂之天地，則萬物決非方圓之所出。如中既不可謂之性，則道何從稱出於中？蓋中之為義，無過不及而立名。若只以中為性，則中與性不合，與"率性之謂道"其義自異。性道不可一作可以。合一而言。中止可言體，而不可與性同德。

又曰：觀此義，一作語。謂不可與性同德，字亦未安。子居對以"中者性之德"，卻為近之。

又曰：不偏之謂中。道無不中，故以中形道。若謂道出於中，則天圓地方，謂方圓者天地所自出，可乎？（以上第三段）

與叔有兩本《中庸解》，前本詳而後本略，陳俊民編《禮記解》時，自《二程集》中將後本錄入，故《輯校》乃新舊說之匯聚。前本即有"中者道之所自出"，其依據則在於"中即性也"，故前本劈頭乃爲"'天命之謂性'，即所謂中"。[1] 據此解"率性之謂道"，由於"中即性也"，故自"循性而行莫非道"，可推出"由中而出者莫非道"。與叔所理解之"中"爲何？即"良心""本心"[2]也，後又言"赤子之心"，故前本有云："故良心所發，莫非道也。"由此可說，本心、良心、赤子之心，即是中，亦即是性，此之謂"大本"。

---

① 《藍田呂氏遺著輯校》，頁271。

② "本心"亦見於前本，如"所謂'物皆然，心爲甚'，所取準則以爲中者，本心而已。"（《藍田呂氏遺著輯校》，頁273）牟宗三、文碧方講此一節，皆以"本心"爲說，可參見。

　　然伊川並不贊成，一則性與道雖是大本與達道①，然中卻不即是性、道，而只是"狀性與道之言"②也。分別言之，如"中也者，所以狀性之體段""'中者性之德'，卻爲近之"及"道無不中，故以中形道"，故無所謂"中體"，稱中所以"形容"之。總而言之，即"性道可以合一而言，中不可並性而一"。③對伊川來說，中既不即爲性，且亦非本心、良心、赤子之心等。此即是說，《中庸》"中也者，天下之大本"，乃謂天命之性是大本，而中不即爲大本。④呂氏既爲"形容中太過"，又"指此心名爲中"（見第五段），則"良心所發，莫非道也"，非但文義之有失，義理亦令人惕懼也。

────────────

　　①　《論中書》第二段，呂氏結合"天命之謂性，率性之謂道""中者，天下之大本；和者，天下之達道"致思，而以爲"論其所同，不容更有二名，別而言之，亦不可混爲一事"，故云："性與道，大本與達道，豈有二乎？"程子云："性也，命也，道也，各有所當。大本言其體，達道言其用，體用自殊，安得不爲二乎？"呂與叔所謂"豈有二乎"，昧於"一而二，二而一"之旨，且《中庸》所謂"中也者"，非謂之"中者"而即是大本也。

　　②　《粹言》卷一《論道篇》，條一三〇，頁1183。

　　③　《粹言》卷一《論道篇》，條一三〇，頁1183。

　　④　或謂：《中庸》言"中也者，天下之大本"，故"中即性也"之說實本於此，然若僅以中爲狀字，如此將有無窮數的本，且謂性理不可能不爲大本，否則一切言性之辭爲白廢。（《心體與性體》中，頁305，上海古籍出版社，1999）此說誤也。以中爲狀字之說，乃不悖於常情，而其所極力證成者，則頗添枝接葉。所謂不悖常情，如李二曲云："'中和'只是好性情。"（《二曲集》卷三十，頁416，中華書局，1996）此本於朱子"中和以性情言者"（《易寂感說》，頁3258，《朱子全書》第二十三冊），合於日常用語。又，所謂添枝接葉，茲録牟先生兩段。一段云："在未發時之平静心境（此亦即吾人之静時），吾人暫與感性層之擾攘隔離一下，以體證一超越之實體，此即是中體。"（《心體與性體》中，頁304）又一段云："'喜怒哀樂之未發謂之中'意即：於喜怒哀樂未發之静時所見之超越真體即謂之中也。此'異質的跳躍'之義雖未顯明地陳於辭語中，然實必隱含地藏於《中庸》原語之中，須通其義也。"（《心體與性體》中，頁305）此說名爲"超越的體證"，然必須"補字"以明，則爲添枝接葉矣。之所以如此解，乃在於"中也者，天下之大本"一句，牟先生以爲"《中庸》不可能置其所言之'天命之謂性'於不顧，而只以此實然的心之平静狀態爲'天下之大本'。"（《心體與性體》中，頁307）實際上，所謂"天下之大本"，只是指性理而言，而《中庸》之"中也者"，未嘗言"中者"也，故狀字非即大本，不可謂有"中體"也。

（三）中與赤子之心

大臨云：喜怒哀樂之未發，則赤子之心。當其未發，此心至虛，無所偏倚，故謂之中。以此心應萬物之變，無往而非中矣。……故"大人不失其赤子之心"，乃所謂"允執厥中"也。大臨始者有見於此，便指此心名為中，故前言中者道之所由出也。今細思之，乃命名未當爾。此心之狀，可以言中，未可便指此心名之曰中。所謂以中形道，正此意也。"率性之謂道"者，循性而行，無往而非理義也。以此心應萬事之變，亦無往而非理義也。……

先生曰："喜怒哀樂未發謂之中。"赤子之心，發而未遠於中，若便謂之中，是不識大本也。（以上第五段）

"此心至虛，無所偏倚"，上文言"無所偏倚"，爲朱子所首肯，然所謂"此心至虛"，仍指此心爲中，則侵過已發界限，故伊川終不認可。又以孟子之言，爲"允執厥中"義，而不知此四字，正言"無過不及"之中。此處與叔之糾正，亦未嘗判然有改，終未會伊川之意，故以爲"不識大本"也。

大臨云：聖人智周萬物，赤子全未有知，其心固有不同矣。然推孟子所云，豈非止取純一無僞，可與聖人同乎？非謂無毫髮之異也。大臨前日所云，亦取諸此而已。……

聖人之學，以中為大本。雖堯、舜相授以天下，亦云"允執其中"。中者，無過不及之謂也，何所準則而知過不及乎？求之此心而已。此心之動，出入無時，何從而守之乎？求之於喜怒哀樂未發之際而已。當是時也，此心即赤子之心，純一無僞。即天地之心，神明不測。即孔子之絕四，四者有一物存乎其間，則不得其中。即孟子所謂"物皆然，心為甚"，心無偏倚，則至明至

平，其察物甚於權度之審。即《易》所謂“寂然不動，感而遂
通天下之故”。此心所發，純是義理，與天下之所同然，安得不
和？大臨前日敢指赤子之心為中者，其説如此。

來教云：“赤子之心可謂之和，不可謂之中。”大臨思之，
所謂和者，指已發而言之。今言赤子之心，乃論其未發之際，
有竊謂字。純一無偽，無所偏倚，可以言中。若謂已發，恐不
可言心。

來教云：“所謂循性而行，無往而非理義，言雖無病，而
聖人氣味殊少。”大臨反而思之，方覺辭氣迫窘，無沈浸醲厚
之風，此則淺陋之罪，敢不承教？……

先生曰：所云非謂無毫發之異，是有異也。有異者得為
大本乎？推此一言，餘皆可見。（以上第六段）

與叔言“非謂無毫發之異”，而伊川謂“是有異也”，而有異
者不足爲大本。又言“止取純一無偽，可與聖人同”，雖可作此
解釋，然凡理學大家，皆知義理界脈，絕無混淆籠統！又，“求
之於喜怒哀樂未發之際”，伊川不及辨之，後與蘇季明論中，則
以“在中”之義，駁此“求中”之論矣，此處不詳。又，“此心
所發，純是義理”，即上文“良心所發，莫非道也”，此以中爲心
所必至，乃爲過高之言，而“大本”終至於落空，“中節”與否
實爲難料。

又言“循性而行，無往而非理義”，伊川謂“聖人氣味殊少”。
大抵聖人與性爲一，如此卻似兩橛也。然此段亦有好見識，如“若謂
已發，恐不可言心”，又如廣引《論》《孟》及《易》。其中引《易》
“寂然不動”，亦見於伊川之定論中，見下段。然其所引孟子言，以

"以心度物"釋之，則非孟子之本義。①

　　大臨云：大臨以赤子之心為未發，先生以赤子之心為已發。所謂大本之實，則先生與大臨之言，未有異也。但解赤子之心一句不同爾。大臨初謂赤子之心，止取純一無偽，與聖人同。一有處字。恐孟子之義亦然，更不曲折。——較其同異，故指以為言，固未嘗以已發不同處為大本也。先生謂"凡言心者，皆指已發而言。"然則未發之前，謂之無心可乎？竊謂未發之前，心體昭昭具在，已發乃心之用也。此所深疑未喻，又恐傳言者失指，切望指教。

　　先生曰：所論意，雖以已發者為未發，反一作及。求諸言，卻是認已發者為說。詞之未瑩，乃是擇之未精爾。"凡言心者，皆已發而言"，此固未當。心一也，有指體而言者，寂然不動是也。有指用而言者，感而遂通天下之故是也。惟觀其所見如何耳。大抵論愈精微，言愈易差。所謂傳言者失指，及反覆觀之，雖曰有差，亦不失大意。……（以上第七段）

　　依小程子之意，中非獨赤子爲然，實爲人皆有之。朱子亦曰："衆人之心，莫不有未發時，亦莫不有已發時，不以老稚賢愚而有別也。"② 以赤子之心言，中之普遍性減殺，此其一也。其二，赤子之

---

　　① 呂氏對"物皆然，心爲甚"之理解，第五段爲"此心度物，所以甚於權衡之審者，正以至虛無所偏倚故也。有一物存乎其間，則輕重長短皆失其中矣。"第六段爲："心無偏倚，則至明至平，其察物甚於權度之審。"從孟子文義來看，未有"此心度物"之意。"心爲甚"乃是說，物之輕重長短，必權度而後見，而心之輕重長短，更不可度之也！據朱子之注解，心之輕重長短，應以"本然之權度"度之，故從義理觀之，不可言"甚於權衡之審"也。此論之危殆惕懼，與"良心所發，莫非道也"同歸，故呂晚村云："謂心無權度固非，謂心即權度亦非，即此是本天、本心之異。"（《四書講義》卷三十，頁669，中華書局，2017）此說極是！若"心即權度"僅爲非也，"甚於權度"則直是危矣！

　　② 《中庸或問》，頁561，《朱子全書》第六冊。

心乃已發，而非未發之謂，故《論中書》云："赤子之心，發而未遠於中。"朱子亦曰："孟子所指赤子之心純一無偽者，乃因其發而後可見。"其三，最爲關鍵者在於，"純一無偽"不足以名未發，朱子曰："若未發，則純一無偽，又不足以名之。"[①] 伊川答蘇季明論中，終以"明鏡止水"名之，與"純一無偽"不相似也。若自動靜以觀之，"純一無偽"之說，只是"饑便啼，寒便哭"，只無許多勞攘，而所謂"明鏡止水"，則靜時"動之理已在"，動時卻"又只是靜底"，不可同日而語也。

"以赤子之心爲未發"，固未當也，然"凡言心者，皆已發而言"，亦有過處，故伊川當即修正己說，以心兼體用動靜言。問答者雖皆不乏"窘束"[②]，然問者之深潛縝密，於答者盡有激發處，此正所謂教學相長也。後朱子循伊川之說，亦得以突破"心爲已發"，發見橫渠"心統性情"，使情字地位亦得其正。其後，《論中書》"心一也"一段，與"心統性情"之說，朱子、伯恭乃編入《近思錄》，作爲"中和新說"之根底也。

餘　論

橫渠熙寧二年歸居眉縣，直到熙寧十年去世，處在"終日危坐一室"之志道精思中。故自張子、二程之四次交遊看，除去嘉祐元年、熙寧十年兩次會面，中間之數封書信往來，方爲學術交流之重要時期。如果可以說橫渠之學，其源在於二程之啟發，則必大段發生在嘉祐間，此乃關洛交匯之第一期。橫渠於此階段，既"苦心極力"於思，又拒外物以求定，乃處於"思慮紛擾"之中。程子以"完養思慮，涵養義理"發之，其後熙寧間之潛心精思，豈非二程之有以啟

---

① 《中庸或問》，頁561，《朱子全書》第六册。
② 朱子曰："當時問時，辭意亦自窘束。"又曰："大抵此書答辭，亦有反爲所窘處。"（《語類》卷九十七，條一二二，頁2504）

之乎？

又，在横渠去世之後，關學者乃東見求學。呂與叔自元豐二年，至元祐元年八年間，與二程所發生之三次來往，構成關洛交匯之第二期中，最爲重要且分量最多者。關學者從學二程期間，其所發問請教之主題，乃理學史上之大問題，所謂"叩之以大者則大鳴"也。且《東見錄》《雍行錄》一來一往，形成學術交流史上，極爲完整之回環，又所謂"來而不往，非禮也"。

呂與叔《克己銘》《論中書》，雖未得《論語》《中庸》之旨，然其地位卻不容小覷，唐鏡芝曰："楊先生開閩學之始者也，故首載之。呂與叔先生於《易》《詩》《禮》皆有說，經學最深。克己之銘，心齋之詩，啟迪後學尤切，而已發、未發之問，辨析精至，爲諸賢所不逮，故朱子於程門中特推與叔先生。"① 可見，呂與叔之"東見"，幾可與楊龜山之"道南"比肩矣。

"東見"之相見會面，根本上在於說話，若見面而話不投機，則必窒礙而相離也。然與叔在關學者中，既非盡棄其所學，亦非如巽之窒礙，故有以收獲頗豐。由此可說，"東見"之意義，乃在聖賢之相遇，相與講道論學，以使道德亨通，既彰顯了求學誠心，又凸出了關洛異同。理學之精神如欲重生，有賴於善說此道之人，在當下之時空中相遇。後世學者若誠心不死，則相遇乃人生之必然，故冷峭孤絶之人生，非儒者所當求者也。

---

① 《洛學傳授大義》自敘，《性理學大義》，頁 144，華東師範大學出版社，2016。

朱子抄釋商正

朱　子　原著　　呂涇野　抄釋　　丁　紀　商正

丁按：涇野呂先生柟，史傳以“獨守程朱不變”而與羅整庵相並稱（《明史》卷二八二，列傳一七〇，儒林傳一）。然先生所爲《宋四子抄釋》，周子三卷，包羅濂溪殆盡；二程子十卷、張子六卷，亦各可謂規模相當而大要在焉；獨皇皇如朱子，僅待之以區區兩卷之量。據其序，《朱子抄釋》既爲其學者反復催請而最後爲之，有似乎急就，又惟取裁乎範圍有限之楊與立《語略》，而忽視《語類》，乃謂倘能少加意於是編，然後以觀朱子全書，可以知所從來，則於程子、張子奚不如此？及讀其書，所抄既失輕重之宜，所釋亦往往與朱子不親，至如理氣先後、性氣分判，以及道心人心數大端，尤其不契而爲乖違特著者也。若是尚謂之守程朱不變，史論焉得稱允乎？

然黃梨洲至以“不知聖人”（《明儒學案》卷八，《河東學案下·文簡呂涇野先生柟》）議之，則矯激過甚，所不敢聞也。梨洲往往自謂一本師說，乃師劉蕺山既以躬行一格有取乎涇野矣，以爲“卓然閔、冉之徒無疑”（《明儒學案》，《師說·呂涇野柟》），師弟前後之論如此，不亦相違背乎？高景逸嘗作一語曰：“薛文清、呂涇野語録中皆無甚透悟，後人或淺視之。豈知其大正在此！”（《明儒學案》卷五八，《東林學案一·忠憲高景逸先生攀龍》，《會語》條一六）是語也，梨洲非不知之；至其論說之際，乃一引止於“無甚透悟”而不及"其大"之義（《移史館論不宜立理學傳》），再引又止於"無甚透悟"而不及"其大"之義，更私自添一"有之無所增損"之句（《先師蕺山先生文集序》）。噫！亦何假借景逸，以自肆其淺視若此哉！惟陸桴亭亦曰："'理先於氣'一語，明儒中惟昆山魏莊渠見到，餘則多有未曾論及者。"（《思辨錄輯要》卷二三，條五七）此誠可爲明儒宗朱者憾也，雖羅整庵亦不能辯。（《思辨錄輯要》卷二三，條五一；卷三一，條三九。如梨洲《移史館論不宜立理學傳》亦即以此謂整庵非宗朱子）

丁酉年假，居海南臨高月餘，遂以十八日之力草成此《商正》，於涇野之所釋，幾逐條加以質疑商榷。此於涇野固有似乎不恭矣，然予豈故爲此張惶也哉？予雖不得已也，竊自省之，未失其敬也。

朱子抄釋序

予在江南日，徽中士從予遊者請刻朱子抄釋，予諾之，未有以應也。比守太學，徽士戴冠輩十餘人復以是請，予乃取朱子門人楊與立所編《語略》①者，遺其重復，取其切近，抄出一帙，條釋其下，以便初學覽閱。夫朱子之文動千萬言，學者少而讀之，至於白首不能窮盡，乃今落落數百條，何也？曰：君子之學雖貴於博，而尤要於約也；苟惟其博之趨，在朱子大賢也則可，於初學豈不氾濫無所歸哉？學者苟於是編少加意焉，然後以觀朱子之全書，自當知所從矣。且因是以窺周、程、張子之奧，上溯孔、顏、思、孟之道，亦可優入而不難也。

嘉靖十五年丙申秋八月己丑　國子監祭酒呂柟　序

---

① 按，嘉定十三年，朱子門人楊與立子權編刻《朱子語略》，凡十卷。今《朱子全書》第二十六冊《朱子佚文輯錄》，有《語錄彙存》十九種，末收《楊與立記語錄》共三十三條。《語略》所入，有非與立本人記錄者；而傳世本《語類》之成，於《語略》等似亦非盡取。呂涇野據以抄釋之，節落者固多，合二三條而一之者或有之，以意改寫者亦或有之，茲不詳辨。

卷之一
（凡二百条）

條一

朱子曰："學問是人合理會底事。學者須是切己，方有所得。不理會學問，與蚩蚩橫目之氓何異！"（節自《語類》卷一一六"朱子十三·訓門人四"，"訓謙"，條一八；卷一〇六"朱子三·外任"，"潭州"，條三，謙錄）

釋：學只是"以人治人"，不然，便是"人不如鳥"也。

商正：切己即是自治，肯於自治，方見真學問。然《中庸》"君子以人治人，改而止"本言教也，朱子此言學也，引以爲言，有所未協；又引《大學》"人不如鳥"，氓之蚩蚩雖不知學，無以盡其所以爲人者，然鳥之知丘隅當止乃以其良能而不以學，氓亦固有其秉彝不失者也，徑以爲不如，似亦有未妥。

條二

凡"學"字，便兼"行"字意思。如講明義理，學也；效人做事，亦學也。（節自《語類》卷二四"論語六·爲政篇下"，"學而不思章"，條八，銖錄）

釋：知行兼進是學。

商正：天下無一事非學也。既曰"學"，而又"學之爲言效也"，則講明義理須從於師友，效人做事須從於父兄，此其爲"學"也，而"行"亦在其中。惟必曰知行兼進，急於行而不遑於學者或有之。

條三

古人爲學，大率體察自家①病痛，就上面克治將去。（節自《語類》卷二九"論語十一·公冶長下"，"顔淵季路侍章"，條二一，附夔孫錄）

---

① 全書本無"自家"二字。

釋：即曾子三省之學。

商正：後世爲學，往往不肯切己，不知自家痛癢，不見古人之可貴。然即謂此是曾子三省之學，恐言之過快。三省之學，固亦自其是否有所不忠、不信、不習入思，然既不忠以忠、不信以信、不習以習，猶三省之不已，將入乎忠而愈忠、信而愈信、習而愈習，至此乃得夫子一貫之教，然後曾子一唯而已，將至於不見其所以爲忠、信、習而一無不忠、不信、不習之可憂者也。三省之學乃如此，體察病痛云云豈足當之？

條四

今人有多少病痛，一個人是一樣！須是仔細自看，即克將去。

釋：切近精實，無如此學。

商正：病雖萬般，學只一學，然無有不能應者。至於對治之效，須自下針砭，針針見血。

條五

學者須是爲己。聖人教人，只在《大學》第一句"在明明德"上。（節自《語類》卷一四"大學一·經上"，條七，方子錄）

釋：了此再無餘學。

商正："在明明德"，決在乎明其明德也。"在新民""在止於至善"，皆在"明明德"一句之中。

條六

聖人千言萬語，即是教人做人而已。（節自《語類》卷一二一"朱子十八·訓門人九"，條八九，文蔚錄）

釋：不然，便同鳥獸矣。

商正：教人做人，不教鳥獸做人，蓋惟人能做人，鳥獸不能。教人做人，以率鳥獸，以整草木；不然，奚止鳥獸？草木且不如！

條七

若不用躬行，只是說得便了，則七十子之從孔子，只用兩日說便盡，何用許多年隨孔子不去！（節自《語類》卷一三"學七·力行"，"踐行目"，條四，儒錄）

釋：從師貴親炙，方能得其真。觀顏、曾、閔、冉可見。

商正：一兩日便可將大綱說盡，然學問之功，尤取決於能自細密其身與行與否。故師友相聚，砥礪扶攜，相與造乎精妙，直至死而後已。七十子多有效死師門者。朱子謂七十子無不如此，涇野特觀於德行科，亦是，蓋追隨最親最久，故最能盡師弟從遊之意也。

條八

而今緊要且看聖人是如何、常人是如何？自家因甚便不似聖人、因甚便只是常人？就此理會得透①，自可超凡入聖。（《語類》卷八"學二·總論爲學之方"，條三七，淳錄）

條九

而今合玩索處便玩索，合持守處便持守，合講論處便講論，合踐履處便踐履。須四路並進，始得。

釋：好通作一路去進，方有其得手處也。

商正：先須是分作四路走，如東西南北四方各自皆去行一番，然後知天下之大果無不可到也。玩索、持守、講論、踐履，學者格局固要開闊兼全，然爲學途徑實不過此數數，始之下手是如此之多，終之至到亦不過如此之多而已，惟籠統者則難乎其進矣。"通作一路"，或僅爲後來得手者言。

條一〇

學者最怕因循。（節自《語類》卷一一三"朱子十·訓門人一"，"訓廣"，條二八）

釋：此人之通病，故率止爲鄉人。

商正：泥常守迹，不肯趨遠造深。爲鄉人，則失其爲學者矣。學乎！學乎！

條一一

直須抖擻精神，莫要昏鈍！如救火、治病然，豈可悠悠歲月？（節自《語類》卷一一九"朱子十六·訓門人七"，"訓芝"，條一

---

① "透"字依全書本補。

九，道夫録）

　　釋：惟是知止有定。

　　商正：如病之在躬，火之在睫。

　　條一二

　　爲學正如撑上水船，一篙不可放緩。（節自《語類》卷八“總論爲學之方”，條六五，洽録）

　　釋：順流處便是人欲。

　　商正：把得緊時，人欲無自而入。

　　條一三

　　“學問之道無他，求其放心而已矣。”上有“學問”二字在，不只求放心便休。（《語類》卷五九“孟子九·告子上”，“仁人心也章”，條三〇，節録）

　　釋：求放心即是學問，“求”字盡有路徑。

　　商正：朱子此言，適惟以“求放心即是學問”者爲可憂。故惟學問，乃所以求其放心之道也。若以“求”字盡有路徑、便可當得學問事，則心與學相外矣，求放心適有以廢學矣。

　　條一四

　　大凡爲學，須是四方八面都理會教通曉，仍更理會向裏來。（節自《語類》卷一八“大學五·或問下·傳五章”，“然則吾子之意亦可得而悉聞一段”，條一八，廣録）

　　釋：才會外，即會裏，此合外内之道。

　　商正：若只欲說“才會外，即會裏”之意，卻有程子一句“才明彼，即曉此”著在上頭，亦不消更說矣。條九既言東西南北四邊各自都要用力，此則言外裏各自亦要用力，而外先裏後，循序以入，則成次第矣。“合外内”，須是自然合，不是強合。

　　條一五

　　先生謂季通曰：“身勞而心安者，爲之；利少而義多者，爲之。”（節自《語類》卷一二〇“朱子十七·訓門人八”，條一二六，人傑録）

　　釋：“多”“少”字還是夾雜。

商正：言多少，如孟子之言"寡欲"也，非欲其止於寡而已，則亦豈欲止於多少之有夾雜哉？此教人之法，引而不發躍如也，雖賢如蔡西山，亦不得不如是。

條一六

學者不於富貴貧賤上立得定，則是入門便差了也。（節自《語類》卷一三"學七·力行"，"雜論立心處事"，條一二四，廣録）

釋：此是人之生死關頭。

商正：須見"貧而無諂，富而無驕"所以爲"可也"。"素富貴，行乎富貴；素貧賤，行乎貧賤"，則出落得富貴貧賤徹底。

條一七

科舉自是一件事，學問自是身己上事，初不相干。

釋：此本相干，不然，科舉何爲？亦可廢矣。

商正：科舉之前無科舉，後來亦廢；學問之道，則自人之初便有，而亦一日廢之不得。可見到底大不相干。涇野以爲相干，乃自宋而明，科舉之拘束人也愈刻板，雖賢者，氣不得出。

條一八

若學問以明理，則自然發爲好文章。詩亦然。（節自《語類》卷一三九"論文上"，"總論韓柳歐蘇諸公"，條四〇）

釋：有此心，並其明理者便快錯。

商正：既曰"自然"，便是無此心。

條一九

凡學者，要須做得人難做底事，方好。（節自《語類》卷八〇"詩一·論讀詩"，條二三，時舉録）

釋：人難做底事，只是克己便好。

商正：人所以百事爲難，以有鄉願之態。學者先須去得此淨盡。參見條一〇。

條二〇

方伯謨勸先生少著書。答曰："在世間吃了飯後，全不做得些子事，無道理！"（節自《語類》卷一〇五"朱子二·論自注書·總

論",條七)

釋:伯謨意恐更別。

商正:伯謨意自別有在,一味以愛養精神是務,豈非"吃了飯後,全不做得些子事"者?不須捉摸伯謨意,且須理會朱子所以教伯謨之意!

條二一

人若聞道,則生也不虛,死也不虛;若不聞道,則生也枉了,死也枉了。(節自《語類》卷二六"論語八·里仁篇上","朝聞道章",條四,壯祖録)

釋:發揮"夕死可矣"明白親切,足以激偷生者矣。

商正:亦足以激枉死者矣。

條二二

若一日未死,一日要是當;百年未死,百年要是當:這便是"立命"。(節自《語類》卷六〇"孟子十·盡心上","盡其心者章",條四四,倪録)

釋:可謂遂志致命矣。

商正:肯立命如此,則志之遂、命之致固在其中矣。然而其或不然者有之,命之在天,豈可必乎!

條二三

只是這個心,但一念之間,是底便是道心,不是底便是人心。

釋:人心亦有是底。

商正:道心、人心是大關節處,人心中是與不是是小關節處。人心固非全不是底,然放過大關節處,先要來此處較計長短,則自失其防。學者先立其大,當於盡是底之中看是之所以為是分明,不當起始便要到是與不是相混雜處求盡一絲二絲幽微之明。

條二四

人心只是一個知覺①。知覺從饑食渴飲處,便是人心;知覺從君

---

① 據全書本,此處衍"知覺"二字。

臣父子處，便是道心。（節自《語類》卷七八"尚書一·大禹謨"，條一八，方子錄；又，條一三、條一七）

釋：饑食渴飲，恐難盡非。

商正：若當食而食、當飲而飲，豈可非之？然當食先君、當飲先父，此之所以爲是當，較前者不尤昭彰顯著而無可疑者乎？

條二五

有道理底人心，便是道心。

釋：明白切實，無如此說，足以求執中矣。

商正：果知道心、人心關繫如此，則不作前兩條"人心亦有是底""饑食渴飲，恐難盡非"之言矣。如條二三、二四、此條及後之條二八等等，朱子所言皆一貫。

條二六

此心曠①然無一毫私意，直與天地同量，便有"天下爲一家，中國爲一人"底意思。（節自《語類》卷五五"孟子五·滕文公下"，"景春曰公孫衍張儀章"，條一，恪錄；及條三，植錄）

商正：惟其心公，故其量弘；惟其量弘，故其體備。

條二七

聖人與衆人做處，便是五峰所謂"天理、人欲，同行而異情"。（節自《語類》卷五六"孟子六·離婁上"，"恭者不侮人章"，道夫錄）

條二八

聖人亦未嘗無人心，其好惡皆與人同；各當其則，是所謂道心也。

商正：要常常思議聖人有人心，卻如何總不離道心；不要常常思議聖人雖有道心，到底還是有人心。

條二九

天地之心動方見，聖人之心應事接物方見。（節自《語類》卷七一"易七·復"，條三三，淵錄）

---

① "曠"，全書本作"廓"。

釋：此即復卦之意。

商正：此言見也，非言心之本體也。若言心體，則天地之心與聖人之心皆在乾上。

條三〇

人心才覺時便在。孟子說"求放心"，"求"字早是遲了。（《語類》卷五九"孟子九・告子上"，"仁人心也章"，條一四，夔孫錄）

釋：覺而後能求。

商正：惟是或者以爲"覺而後能求"，故曰"'求'字早是遲了"。覺即在，常常覺便常常在，故求在覺中，常常覺則無事乎求矣。惟是以爲有不求之覺、有覺後之求，則其覺非覺，或失爲玩弄靈明，故孟子只言"求"，不言"覺"。果肯求之，求何難哉？豈別有所謂求之之術也哉？參見條一三。

條三一

問存心。曰："'居處恭，執事敬，與人忠'，便是存心之法。而今與人說話，覺得不是便莫說；做件事，覺得不是便莫做。只此便是存心之法。"（節自《語類》卷一二"學六・持守"，條三七，賜錄）

釋：此初學收心之方。

商正：程子以此爲徹上徹下之法。惟有賓主內外、難易生熟之別而已，高明者非別有法。

條三二

人須將那不錯底心去驗他那錯底心，不錯底是本心，錯底是失其本心。（《語類》卷一二"學六・持守"，條五九，廣錄）

釋：此可對省。

商正：本心總不錯，對錯非言本心之正誤，乃由對錯復其本也。"驗"亦非徒言觀省而已，乃下勘正。

條三三

把心不定，喜怒憂懼四者皆足以動心。心才繫於物，便是爲其所動。（節自《語類》卷一一八"朱子十五・訓門人六"，"訓明作"，條四七；及卷一六"大學三・傳七章釋正心修身"，條三四，賀孫錄）

釋：當使天君常泰然。

商正：廓然大公、物來順應，足以應物而有喜怒憂懼等，然此非動心，乃明睿、乃自然。否則，喜怒憂懼似自心出，實爲羈繫心靈之韁索，非心應物，乃"引之而已"，心實同一物也已。

條三四

學者常用提醒①此心，使如日之升，群邪自息。（節自《語類》卷一二"學六·持守"，條二四，伯羽錄）

釋："提醒"只是戒慎恐懼。

商正：提，"提撕"；醒，"常惺惺"。謂是戒慎恐懼，固是；然尤用正大光明、表裏澄澈，保持向上一機洞達精明，則於進德修業最可得力。此蓋有顏、閔之象，非特於曾、思一路言也。

條三五

學問之道，孟子斷然說在"求放心"。此心放了，博學也是閑，審問也是閑，如何而明辨？如何而篤行？（節自《語類》卷五九"孟子九·告子上"，"仁人心也章"，條二六，銖錄）

釋：此又一時之言，卻的。

商正：此心放了，一切無益。豈有"無心的學者"哉！"君子不重則不威，學則不固"，重，即言其心也。其心不重，則威也不成，學之也不固。此語，實不必計較是否一時之言。若《語類》者，或幾乎全爲"一時之言"矣；如《論語》、如《遺書》皆然。然言有一時之言，見有一時之見，德無一時之德。豈一時之言，便當以不的爲標準乎？或此一時之言而的，竟爲多言偶中之類乎？

條三六

涵養於未發②之先，窮格於已發之後。（節自《語類》卷一八"大學五·或問下·傳五章"，"獨其所謂格物致知者一段"，條五三，德明錄）

---

① "醒"，全書本作"省"。
② 此條兩"發"字後，全書本皆有一"見"字。

釋：恐難如此分先後。

商正：此非言事上之先後，乃言理上之先後。未發只當用涵養，已發必須用窮格，未發在已發之先，則涵養在窮格之先。先後之論，惟當如此。

條三七

未能識得，涵養個甚！（節自《語類》卷九"學三·論知行"，"論知爲先"，條三二，德明錄）

釋：此卻明白。

商正：此雖明白，未必不爲一邊之論，說得"識"字稍重。所須知者，識也是涵養中的識，識也非全無涵養義；涵養得力，所識卻似涵養所含育出來。

條三八

劉黻問："立志爲難。"

先生曰："也無許多事，只是一個敬。徹上徹下，只是這個道理。"（節自《語類》卷一一八"朱子十五·訓門人六"，"訓與立、黻"，條五二）

釋：能敬便是立志。

商正：敬非所以立志，乃所以爲持志之道。

條三九

"敬"字似一個"畏"字。非塊然兀坐，耳無所聞、目無所見、心無所思而後謂之敬；只是有所畏謹、不敢放縱，常常如此，氣象自別。（節自《語類》卷一二"學六·持守"，"論敬"，條一○○，燾錄；及條九八，砥錄）

商正：敬似畏，持敬先用有所畏懼之心。然敬卻"恭而安"，畏無"安"字意。

條四○

童蜚卿問"主一無適"。曰："只是莫走作。如讀書時只讀書，著衣時只著衣。理會一事，只理會一事；了此一件，又作一件。"（節自《語類》卷九六"程子之書二"，條三八，道夫錄）

商正：不走作，理會萬事只如一事。

條四一

劉砥問謝子“惺惺”之說。曰：“‘惺惺’乃心不昏昧之謂，只此便是敬。心若昏昧、燭理不明，雖强把捉，豈得爲敬！”（節自《語類》卷一七“大學四·或問上·經一章”，“或問吾子以爲大人之學一段”，條一五，砥録）

釋：敬則心惺。

商正：敬則心惺，此敬之效也。或者別作一套惺惺法，則離敬以言之，既不得謂之敬，其後更無以應燭理之事。

條四二

敬即是此心之自做主宰處。（《語類》卷一二“學六·持守”，“論敬”，條九二）

條四三

論格物。曰：“謝子‘尋個是處’之說甚好。須是於其一二分，直尋①到十分是處，方可。”（節自《語類》卷一八“大學五·或問下·傳五章”，“近世大儒有爲格物致知之說一段”，條六，人傑録）

釋：須先從到處尋是。

商正：一分是，亦是是；二分是，亦是是。惟十分是，乃是到處。不求見個是，即不能到；然才見一二分輒止，亦不能到。

條四四

遇著一件事，便且就這事上思量合當如何。（節自《語類》卷一一七“朱子十四·訓門人五”，“訓淳”，條三五）

釋：“遇著”字亦是格路。

商正：隨所遇而格之，“遇著”即非討要個事物以格之。

條四五

且窮②理，令有切己工夫。若只泛窮天下萬物之理、不務切己，

———

① “尋”，全書本作“窮”。
② 全書本“窮”後有一“實”字。

即《遺書》所謂“遊騎無所歸”矣。（《語類》卷一八“大學五·或問下·傳五章”，“獨其所謂格物致知者一段”，條三八，德明錄）

釋：切己工夫，只是先至者是。

商正：日用倫常，當務爲急，窮著須是自得力，乃切己工夫處。若言“先至”，則遊騎之與大軍，適爲先後至，然而無歸其虞也。

條四六

此個道理，問也問不盡，說也說不盡，頭緒盡多。須是自去看。看來看去，自然一日深似一日，一日分曉似一日，一日易簡①似一日。只是要熟。（節自《語類》卷一一三“朱子十·訓門人一”，“訓廣”，條二二）

釋：學貴積累。

商正：積累有法。如問說之多，也似積累，卻一味生，此待以口耳之大弊也。如說“自去看”，已真有積累，可以說到深沉分曉處，尚說不到易簡處；“看來看去”則熟，易簡則極其熟。自看時，只看得一點，由表及裏、由淺及深、由繁及簡、由難及易，皆自此一點出落。

條四七

知得深，便信得篤。（節自《語類》卷二八“論語十·公冶長上”，“子使漆雕開仕章”，條五，文蔚錄）

釋：故“知至而後意誠”。

商正：信心、信心，“信”字只作意說不得。知得深，便嚮往之誠，便信賴之篤。斯乃可以言意也。

條四八

知與行常相須，如目無足不行、足無目不見。論先後，知爲先；論輕重，行爲重。（《語類》卷九“學三·論知行”條一，閎祖錄）

條四九

陳安卿舉南軒“知與行互相發”。先生曰：“知與行須是齊頭做，

---

① “易簡”，全書本作“簡易”。

方能互相發。"（節自《語類》卷一一七"朱子十四·訓門人五"，
"訓淳"，條二七）

釋：近日知行並進之說亦是。

商正：此條宜其說在上條之後，齊頭做、互相發以至並進等等，
皆不亂了先後輕重之序，方是。不言齊頭做，而言互相發，則知行不
相揜者有之矣；不顧先後輕重之理，而言並進，則摳埴索途、冥知妄
行以至知行之義俱廢者有之矣。參見條二。

條五〇

師友之功，但能示之於始而正之於終爾；若中間二①十分工夫，
自用吃力去做。既有以喻之於始，又自勉之於中，又其後得人商量是
正②之，則所益厚矣！（節自《語類》卷八"學二·總論爲學之方"，
條一五〇，道夫錄）

釋：無師友固不可，全靠師友亦不可。

商正：師友之誼大矣哉！然惟能自勉者，師友之益乃真可以大
受。

條五一

氣稟物欲，生來便有，要無不得，只逐旋自去理會消磨。大要只
是觀理分明，便勝得他。（節自《語類》卷一八"大學五·或問下·
傳五章"，"然則吾子之意亦可得而悉聞一段"，條一二，明作錄）

釋：格物是要緊。

商正：格物誠是要緊！

條五二

不曾離得舊窠窟，何緣變化得舊氣質！（節自《語類》卷一一三
"朱子十·訓門人一"，"訓大雅"，條三三）

釋：須當拔乎流俗！

商正：須當一新故我，莫要沉湎！參見條一〇。

---

① "二"，全書本作"三"。
② 原作"正是"，依全書本徑改作"是正"。

條五三

東萊謂："變化氣質，方可言學。"先生以爲，惟學能變化氣質爾。（節自《語類》卷一二二"呂伯恭"，條五）

釋：二先生之言皆是。

商正：若東萊之言是，朱子亦可以無言矣。變化氣質然後言學，則其所以變化氣質者非學，又是甚？其氣質既變化已成，無待於學，則又從事乎學者何爲？若此，學之於人，亦非爲必然與當然矣。參見條一。

條五四

懲忿如救火，窒欲如防水。（《語類》卷七二"易八·損"，條二，大雅録）

釋：火易焚人，水易溺人。

商正：忿如火之焚人，欲如水之溺身。知其可以焚溺如此，而深加懲窒之功焉，則無蹈於水火，亦將何害乎！

條五五

人固有終身爲善而自欺者，不特外面如此而裏面不如此者方爲自欺。蓋中心欲爲善，而常有個不肯底意思，便是自欺也。須是打疊得盡！（節自《語類》卷一六"大學三·傳六章釋誠意"，條一七，拱壽録；又，卷三一"論語十三·雍也篇二"，"子曰回也章"，條二一，從周録）

釋：意透。

商正：其知善之當爲，亦欲爲之，然而不自肯、不自盡，便有兩個意。此固有內自訟之狀，卻不是使那欲爲善之意勝那不肯之意，反而使不肯之意常來勝那欲爲善之意，便是意有不誠矣。

條五六

李先生說："人心中大段惡念卻易制伏。最是那不大段計利害、乍往乍來底念慮，相續不斷，難爲驅除。"今看來是如此。（《語類》卷一〇三"羅氏門人·李願中"，條二一，廣録）

釋：此正悠悠處，最能害人。

商正：以其不大段關繫利害，則難以心下猛醒，而容易以輕心掉之；乍往乍來、相續不斷，則司空見慣，至於熟視而無睹。至其勢成，一樣是大利害，一樣繫人生死成敗。待要驅除時，須要察識得極其精明，爲善去惡，方可免於粗疏。

條五七

黃達才言思不能精之病。先生曰："硬思也不得。只是要常常提撕、莫放下，將久自解有得。"（《語類》卷一二〇"朱子十七·訓門人八"，條七六，義剛錄）

釋：此還是心有牽繫，不耐煩思。

商正：耐煩思卻是硬思。心只要提撕，便專注有精神。是心自能思，不是我要用他去思。"思曰睿，睿作聖。"思便入密而能通達，作聖則高明而化。

條五八

先生問童伯羽如何用功，答曰："且學靜坐，痛抑思慮。"

先生曰："痛抑也不得，只放退可也。不可全無思慮，無邪思爾。"（節自《語類》卷一一八"朱子十五·訓門人六"，"訓伯羽"，條一）

釋：以正思換了邪思。

商正：以正思換邪思，卻將邪思置何處？只是思所當思，則思無不正，邪思無自而生矣；才思有非當，便不正而邪，卻是邪思換了正思矣。此條須與上條合看：欲思之精，然而硬思不得；欲思之正，然而不思亦不得。"思無邪"，固是思欲其無邪，然亦惟以其思也，故能至於無邪。

條五九

吳公濟云："逐日應接事物之中，須是得一時辰寧靜以養衛精神。要使事愈繁而心愈暇，彼不足而我有餘。"其言雖出於異說，然試之亦略驗，豈周夫子所謂"主靜"者耶？（《語類》卷一二"學六·持守"，"論靜"，道夫錄）

釋：過在不能事。

商正：其過朱子豈不知之？然以周子"主靜"之說主之，則可以無過矣。下條言其過處，此條只取其可取。"事愈繁而心愈暇"，彼繁是彼繁，我不隨他繁；"彼不足而我有餘"，雖事物紛至沓來，然心量無限，則亦以無限應彼有限而已矣，豈不綽綽有餘哉？

條六〇

李伯誠曰："打坐時，意味也好。"

先生曰："坐時固是好。須是臨事①接物時常如坐時，方可。"（節自《語類》卷一二〇"朱子十七·訓門人八"，條七八，義剛錄）

條六一

周子②卿曰："非不欲常常持守，但志不能帥氣，臨事時又變遷了。"

先生曰："只是亂說！豈是由他自去？正要待他去時撥轉來。'爲仁由己，而由人乎哉！''止，吾止也；往，吾往也。'"（節自《語類》卷一二〇"朱子十七·訓門人八"，條五五，義剛錄）

釋：安而能應。

商正：志不能帥氣，只可責志。此尚說不及安字地步，蓋在知止之前也。參見條四七，當時以意爲說亦未妥，然若引"知止而後有定"，或則可矣。"待他去時撥轉來"，可以觀復之義也。

條六二

陳安卿問："己分上事已理會，但應變處更望提誨。"

先生曰："今且當理會常，未當理會變。常底許多道理未能理會得盡，如何便要理會變？"（節自《語類》卷一一七"朱子十四·訓門人五"，"訓淳"，條五二）

釋：常變一理耳。

商正：士希賢，本分是理會常底。當向常處學變，難向變處學常。如曰"己分上事已理會"即有蹊蹺，此豈一時可盡者乎？示之以常，亦所以救此失也。此條節朱子語意未盡，《語類》續曰："聖賢說話，許多道理平鋪在那裏，且要闊著心胸平去看，通透後，自能

---

① 原作"時"，依全書本徑改作"事"。
② "子"，全書本作"貴"。

應變。不是硬捉定一物，便要討常、便要討變。"

條六三

問氣弱膽小之病。曰："公只去做工夫，到理明時節，氣自强而膽自大矣。"（《語類》卷一一七"朱子十四·訓門人五"，"訓淳"，條四九）

商正：程子曰："明理以治懼，克己以治怒。"氣弱膽小者，往往不敢爲義理作主張、自期以聖賢之事；但到利令智昏、胡作非爲時，卻又膽大包天、氣焰炎炎。此亦一邊之氣弱、一邊之氣强，一邊之膽小、一邊之膽大矣。

條六四

道夫因言："季文自昔見先生後，篤厚①謹畏，雖居於市井，人罕有見之者。自言向者先生教讀《語》《孟》，後來於此未有所見，深以自愧，故今者復來。"

曰："得他恁地也好。或然窮來窮去，久之自有所見，亦是一事。"（節自《語類》卷一一五"朱子十二·訓門人三"，"訓道夫"，條二〇）

條六五

義剛之初拜先生也，具述平日之非與所以遠來之意，力求陶鑄及所以爲學之序。先生曰："人不自訟，則不奈他何。今公既自知其過，則讀書窮理便是爲學，其他也無陶鑄處。"（節自《語類》卷一一六"朱子十三·訓門人四"，"訓義剛"，條九）

條六六

潘時舉問："常苦粗率，不知病根安在？"

先生曰："不消更討病根，但知粗率，便是病在這上，只加仔細便了。"（節自《語類》卷一一四"朱子十一·訓門人二"，"訓時舉"，條二九）

釋：粗率處，還是心有他繫。

商正：參見條五七，看來呂涇野以爲心有他繫到頭來是諸病之

---

① "篤厚"，全書本作"敦篤"。

根。然此或當如金聖歎論《水滸傳》中粗魯人，粗字貌似一個，其實乃百病之名，有氣豪而粗，有氣弱而粗，有心爲所繫而粗，有心無所繫而粗，有所牽繫，似未說到一個總根源處。治病救人，原亦無須以此作藥石。

條六七

先生曰："今學者來求病根，熹向他說：頭痛灸頭，手痛灸手。病在這上，只治這上便了，更別討其病根。"（與上同條）

釋：須是說與脈訣。

商正：求病根之說，出自上蔡。說與脈訣，卻非治病，養醫士時乃用此法。

條六八

李方子臨歸，請教。先生曰："開闊中又著細密，寬緩中又著謹嚴，這是人自去做。"（節自《語類》卷六四"中庸三·第三十三章"，條一九，賀孫錄；又，卷八"學二·總論爲學之方"，條一三〇，廣錄；卷一一四"朱子十一·訓門人二"，"訓方子"，條一一）

釋：即"寬而栗"等義。

商正：始自開闊、寬緩做將去，漸漸到細密、謹嚴。

條六九

一日，同周舜弼遊屏山歸，因說山園甚佳，曰："園雖佳，而人之志荒矣！"（《語類》卷一一七"朱子十四·訓門人五"，"訓謨"，條一二，方子錄）

釋：此正玩物喪志。

商正：此是皇皇汲汲、如恐不及之意。

條七〇

或言氣稟昏弱，難於爲學。先生曰："誰道是公昏弱？但反而思之，便强便明，這風①色打一轉。日日做工夫，日日有長進。"（《語類》卷一二一"朱子十八·訓門人九"，條五四，子蒙錄）

---

① "風"，全書本作"氣"。

釋：須與他說出個昏弱根因好。

商正：參見條六六、條六七。說個根因，尚屬放過一步說，大段遲緩；告以“反而思之”，乃直下救藥。如自言昏弱者未知其平時如何昏弱，只不肯爲學，便是現時昏弱而自棄；如當下便能“反而思之”，便是學字起步處。

條七一

或言：“在家衮衮，但不敢忘書册，亦覺未免間斷。”

先生曰：“只是無志！若說家事，又如何汩没得自家？公今三五年不相見，又只恁地悠悠，人生有幾個三五年耶！”（節自《語類》卷一二一“朱子十八・訓門人九”，條一三，賀孫録）

釋：直是惟日不足！

商正：志於學，不但温書册而已，家事何嘗不是學？只以學問之道爲有外，所以不免有間斷，家事反成汩没。

條七二

人之私意，有知得便克去者，有忘記去克他者，有不獨是忘記克去而反與之爲朋者。（節自《語類》卷四二“論語二十四・顔淵篇下”，“仲弓問仁章”，條一五，時舉録）

釋：只是從欲易。

商正：真知私意在所當克者，從欲不易。

條七三

吾輩不用有忿世疾惡之意，第常自體此心寬明無繫累，則日充日明，豈可涯涘耶！（節自《語類》卷一〇七“朱子四・内任”，“雜記言行”，條二，振録）

釋：如此便能責己。

商正：世惡尚不足以累心體之寬明，忿疾之意則常自翳蔽晦暗。但常自勝，則光明洞達，“一日克己復禮天下歸仁焉”，戰勝世惡，其機在此。此是責己，非如此而後乃能責己。

條七四

才枉其小，便害其大。（節自《語類》卷二九“論語十一・公冶

長下",　"孰謂微生高直章",　條一,　去偽録)

　　釋:　即"不矜細行,　終累大德"之意。

　　商正:　事有大小,　理無大小。

條七五

博文是致知,　約禮乃是踐履之實。(節自《語類》卷三三"論語十五·雍也篇四",　"君子博學於文章",　"《集注》《集義》",　條一九,　時舉録)

　　釋:　博文專爲約禮設。

　　商正:　約禮亦專爲博文設,　不可偏重。顔子受博文約禮之教,　乃是《大學》路數。八條目自誠意以下皆約禮事。

條七六

"擇善而固執之",　如致知、格物便是"擇善",　誠意、正心、修身便是"固執"。只此二事而已。(節自《語類》卷一一七"朱子十四·訓門人五",　"訓淳",　條二七)

條七七

"進德修業",　這四個字煞包括道理:　"德"是就身①上說,　"業"是就事上說。(節自《語類》卷六九"易五·乾下",　條一二,　淵録)

　　商正:　天下道理,　不過先於其身上養成其德,　然後去於一切事上廣大其業而已矣。

條七八

"内積忠信"是實心,　"擇言篤志"是實事。(節自《語類》卷六九"易五·乾下",　條四六,　道夫録)

條七九

"知崇",　進德之事也;　"禮卑",　居業之事也。(節自《語類》卷六九"易五·乾下",　條四八,　僩録)

　　商正:　此亦互言之,　以見進德、居業之事皆不可或止也。

---

　　①　"身",　全書本作"心"。

條八〇

《大學》所說：格物、致知是"知崇"之事，誠意、正心、修身、齊家、治國、平天下是"禮卑"之事。（節自《語類》卷七四"易十·上繫上"，"第七章"，條八，賀孫録）

商正：與上條互見其義。

條八一

先生曰："熹嘗謂：今世人有目不得見先王之禮，有耳不得聞先王之樂，此大不幸也！"（節自《語類》卷三四"論語十六·述而篇"，"子在齊聞韶章"，條三，道夫録）

釋：只是惡聞道、不好學。

商正：如聖人不夢周公之歎，雖日間耳目視聽無時無刻不在於先王之禮樂，猶憾其夜夢之中偶或有間也。

條八二

曾子忠恕與子思忠恕不同：曾子忠恕是天，子思尚是人在。（《語類》卷二七"論語九·里仁篇下"，"子曰參乎章"，"《集注》"，條八二，泳録）

釋：恐只是一個忠恕。

商正：也是一個，也不僅是一個。若惟是一個，不得以言"夫子之道"。

條八三

下學、上達雖是二事，只是一理。若下學得透，上達便在這裏。（《語類》卷四四"論語二十六·憲問篇"，"莫我知也夫章"，條七，道夫録）

商正：下學不得透時，遂謂無可上達，便是俗學；捨下學，而以思議揣摩爲之，乃異端之所趨也。

條八四

人有下學而不能上達者，只緣下學得不是當。釋氏只說上達，更不理會下學，如何上達？決無此理！（節自《語類》卷四四"論語二十六·憲問篇"，"莫我知也夫章"，條一五，道夫録）

釋：此正儒、佛之別。

商正：先言儒學與俗學之別，再言儒學與釋氏之別。與釋氏，此是進學之途有異趣，至於究竟地步亦根本不同，所謂處處相似而完全不同也，又不僅在於一端而已。

條八五

人之進德，須用剛健不息。（節自《語類》卷八一"詩二·烝民"，條二，文蔚録）

商正：此乾天、聖人之象，亦德之所以爲德所當然者。

條八六

聖人之學與俗學不同：聖賢教人讀書，只要知所以爲學之道；俗學讀書便只是讀書，更不理會爲學之道是如何。（節自《語類》卷二〇"論語二·學而篇上"，"學而時習之章"，條六，淳録）

釋：讀書亦是格物致知一事。

商正：知所以爲學之道，便知所以爲人生、爲天地萬物之道，便足以成立身心、應對萬事。不理會爲學之道，讀書只是一事，天下無數事只著應對一件是一件，便是"以有涯隨無涯"，終必殆矣。

條八七

聖人是經歷見得許多，所以寫在册上與人看。（節自《語類》卷一〇"學四·讀書法上"，條二，至録）

釋：讀書豈止求知？便要求行。

商正：聖經所載，蓋無一字一句不實。學者讀書，須如親身經歷聖人之所經歷。

條八八

聖人語言甚①實，即吾身日用常行之間可見。（節自《語類》卷一一三"朱子十·訓門人一"，"訓大雅"，條三〇）

條八九

讀書，須將聖賢言語就自家身上做工夫。（節自《語類》卷三四

---

① 原作"其"，依全書本徑改作"甚"。

“論語十六·述而篇”，“志於道章”，條二六，道夫録）

釋：此便是論世之事。

商正：聖賢言語，無一不可以切己受用。

條九〇

司馬温公説爲學之法，舉荀子四句云：“誦數以貫之，思索以通之，爲其人以處之，除其害以持養之。”（節自《語類》卷一〇“學四·讀書法上”，條六一，廣録）

釋：荀言亦近道，但初認性處差，縱學亦支離。

商正：不可舉其是處以論其不是處，亦不可舉其不是處以論其是處，蓋其學有矛盾。如温公之學亦有不是處，未必與荀子同一其不是，然見此四句好處則一。此四句之義若能盡得，則見性亦未必差矣。

條九一

今學者看文字，往往不曾熟，如此，則何緣浹洽？横渠曰：“書須成誦精思。”（節自《語類》卷八〇“詩一·論讀詩”，條二三，時舉録）

釋：書才成誦，便無放心。

商正：熟則義理自出，由熟然後到浹洽。熟是心熟，浹洽連道理言。節横渠語至於破句。

條九二

讀書，須是將本文熟讀，且咀嚼有味。若有理會不得處，然後將注解看，方是有益。（節自《語類》卷一一“學五·讀書法下”，“論看注解”，條一〇五，祖道録）

釋：讀書若先從身心上照驗合否，後看注解，亦且能辨其是非矣。

商正：本文乃標的之所在，注解特其一助爾，不可依注解。然朱子原話作：“須是將本文熟讀，字字咀嚼教有味。若有理會不得處，深思之；又不得，然後卻將注解看，方有意味。”節之頗失其味。

條九三

大抵觀書，先須熟讀，使其言皆若出於吾之口；繼以精思，使其意皆若出於吾之心。然後可以有得耳。（節自《語類》卷一〇“學

四·讀書法上"，條五五）

　釋：此便是心口相應，理無走作。

　商正：養成吾口吾心之自然而然，乃可以得其言其意之所當然。

條九四

尹先生門人言尹先生讀書云："耳順心得，如誦己言。"（節自《語類》卷一〇"學四·讀書法上"，條九五，廣錄）

　釋：既誦先聖賢之言如己之言，即可以占在己之行如先聖賢之行矣。

　商正：蓋理義不外乎吾心也。《語類》此條，朱子後謂此即孟子所謂"若合符節"，然惟顏子以上能實如此。按《論語》，五十、六十乃曰心得耳順。

條九五

爲學讀書，須是耐煩細意去理會，切不可粗心！若曰"何必讀書，自有個捷徑法"，便是誤人底深坑也。（節自《語類》卷一〇"學四·讀書法上"，條八〇，廣錄）

　釋：才不耐煩，便是求捷徑、入禪室矣。

　商正：固宜細不宜粗，然耐煩之中變了氣質。

條九六

大凡看文字，少看熟讀，一也；不要瑣碎①立說，但要反復體驗，二也；埋頭理會，不要求效，三也。三者，學者當守此！（《語類》卷一〇"學四·讀書法上"，條三六，人傑錄）

　釋：其要只是反求諸身。

　商正：如貪多欲速、矜己立異、急功近利等，於學皆爲大妨，爲學先當去此。

條九七

讀書須周匝遍滿②。熹舊有四句云：甯詳毋略，甯下毋高，甯拙

---

①　"瑣碎"，全書本作"鑽研"。

②　"周匝遍滿"，全書本作"遍佈周滿"。

毋巧，甯近毋遠。(《語類》卷一〇"學四·讀書法上"，條三三，方子錄)

釋：此四句，亦是下學工夫。

商正：初學守此要領，漸漸略自詳出、高自下出、巧自拙出、遠自近出，所謂周匝遍滿，亦非忘其略高巧遠。惟務於略高巧遠者，先已失其詳下拙近矣。

條九八

看書，非止看一處便見道理。如服藥相似，一服豈能得病便好？須服了又服，服多後，藥力自行。(《語類》卷一〇"學四·讀書法上"，條八四，道夫錄)

釋：對書便見己病，乃益。

商正：一處上也是要見道理，只是雖見得，也生，不周匝、不通貫。到這處也見得、那處也見得，此呼彼應，遂成一片。以服藥譬之，須得後藥，前藥之藥力乃不至於虛枉，前藥後藥，相助相濟，所謂藥者，亦不離一服之藥，亦不惟賴一服之藥。

條九九

讀書須純一。如看①一般未了，又要搬②涉，都不濟事！熹向時讀書，方其讀上句，則不知有下句；方其讀上章，則不知有下章。(節自《語類》卷一〇四"朱子一·自論爲學工夫"，"讀書"，條六，道夫錄)

釋：此便是主一。

商正：不能純一，亦是欲速，亦是粗心，亦是急功責效。

條一〇〇

周元卿問："著心讀書，有時半板前心在書上，半板後忽然思量他事，口雖讀，心自在別處。如何得心只在書上？"

先生曰："此最不可！所謂'不誠無物'，雖讀，猶不讀也。"

---

① "看"後原有"了"字，依全書本刪。
② 原作"般"，依全書本逕改作"搬"。

（節自《語類》卷一二〇"朱子十七·訓門人八"，條八六，壯祖録）

釋：元卿已不將書治心，又安能得心在書上也！

商正：只用前半板心在書上時之法，治後半板心在別處之病可也。惟是不誠，則亦無事乎讀書矣！

條一〇一

看文字，須是如猛將用兵，直是鏖戰一陣；如酷吏治獄，直是推勘到底，決是不恕他，方是①。（《語類》卷一〇"學四·讀書法上"，條二五，夔孫録）

釋：此時便見天理、人欲交戰景象。

商正：道理若不出，直如天大冤情莫白；至文字意蘊淨盡，雖默會心契，卻形神凋喪，如一場慘勝慘負相似，斯可謂之盡心矣。

條一〇二

因說讀書，云："韓退之所謂'沈潛乎訓義，反覆乎句讀。'須有沈潛反覆之功，方得。"（節自《語類》卷一〇四"朱子一·自論爲學工夫"，"讀書"，條一〇，木之録）

釋：此沈潛反覆，須如《易》"反覆，道也"之義解，乃切。

商正：常人往往以訓義、句讀爲小道，無足加沈潛反覆之功也。

條一〇三

觀書，當從大節目處看。程子有言："平其心、易其氣、闕其疑，則聖人之意見矣。"（節自《語類》卷一二〇"朱子十七·訓門人八"，條八七，蓋卿録）

釋：以聖人之意爲己之意可。

商正：平心易氣，乃見其大；不知闕疑，則局於其小矣。

條一〇四

今之談經者，往往有四者之病：本卑也，而抗之使高；本淺也，而鑿之使深；本近也，而推之使遠；本明也，而必使至於晦。此今日

---

① "是"，全書本作"得"。

談經之大患。（《語類》卷一一"學五·讀書法下"，"附論解經"，條一二二，蓋卿錄）

釋：惟不爲躬行以窮經，故生四病。

商正：經本不厭其卑、不厭其淺、不厭其近而有顯然之明，常人則厭其卑淺近明，故抗之、鑿之、推之、晦之，蓋不如聖人之心坦然平易也。

條一○五

名數制度之類，略知之便得，不必大段深泥，以妨學問。（節自《語類》卷一一"學五·讀書法下"，"讀諸經法"目，條一○○）

釋：何者非學問？"君子多乎哉？不多也。"

商正：學問之本，別有所在，此非所急。惟"行有餘力，則以學文"，將有以專門名家，亦治道之一需也。

條一○六

大疑則有大進。（節自《語類》卷一一五"朱子十二·訓門人三"，"訓人傑"，條八）

釋：用思故也。

商正：小疑亦思，大疑思通故也。不疑則不思。

條一○七

讀書，始讀未知有疑，其次則漸漸有疑，中則節節是疑。過了這一番後，疑漸漸減，以至於融會貫通、都無可疑，方始是學。

釋：疑處正是以心驗之得。

商正：讀書非故欲其疑，以不見可信，所以不能不疑。故疑爲不疑，非不疑爲疑，不可以疑爲得也；須是至於無可疑，乃真爲有得。

條一○八

關了門、閉了戶、把斷了四路頭，此正讀書時也。（《語類》卷一○"學四·讀書法上"，條一八，道夫錄）

釋：此只是個收放心。

商正：人不堪此孤苦，我正以此爲得其時也。狄梁公年少讀書，亦曰：不欲見俗客，獨樂與聖賢相對也。

條一〇九

大凡看書，須是要自家日用躬行處著力，方可。（節自《語類》卷四三"論語二十五·子路篇"，"樊遲問仁章"，條五，椿錄）

釋：此便是知行並進之意。

商正：於此處著力有得，則他處亦易見。

條一一〇

人常讀書，庶幾可以管攝此心，使之常存。橫渠有言："書所以維持此心，一時放下，則一時德性有懈也。"其何可廢！（《語類》卷十一"學五·讀書法下"，條三，蓋卿錄）

釋：須是先立此心。

商正：讀中立，讀中存。

條一一一

廖晉卿請問所讀書。先生曰："公心放已久，精神收拾未定。且收斂精神，方可商量讀書。"（節自《語類》卷一二〇"朱子十七·訓門人八"，條六四，時舉錄）

釋：如此而後讀書，句句皆入心矣。

商正：亦是此公之病沉痼，不能直受讀書之益也。收斂精神，卻是立志事。《語類》此條，朱子亦教晉卿於《玉藻》九容之處下體認工夫，以爲收斂精神之法也。

條一一二

熹自十六七時便下工夫讀書，當時也吃了多少辛苦，多①讀了書。今人卒乍便要讀到熹這田地，也是難。要須積累著力，方可。（節自《語類》卷一〇四"朱子一·自論爲學工夫"，"讀書"，條八，道夫錄）

釋：此恐記先生之言有誤；不然，是先生以讀書爲多也。

商正：非以讀書爲多，乃不爲讀書以外之事辛苦也。看朱子平

---

① "多"，全書本無此字。

生，也盡印證得此言，故可以現身說法，使後學晚進得享此鏡鑒也。如夫子曰"吾十有五而志於學"之類，豈亦可曰夫子以志於學爲多乎！

條一一三

先看《大學》，次《語》《孟》，次《中庸》。果然下工夫，句句字字涵泳切己、看得透徹，一生受用不盡。（節自《語類》卷一四"大學一·綱領"，條四，謙錄）

釋：只切己，便有受用。

商正：亦是《四書》義理無限，取之不盡。

條一一四

"子所雅言：《詩》《書》、執禮"，未始①及《易》。夫子常所教人，只是如此。今人便先爲一種玄妙之說。（《語類》卷三四"論語十六·述而篇"，"子所雅言章"，條二，德明錄）

釋：說之玄妙者，其行必高。

商正：此"夫子之文章，可得而聞也；夫子之言性與天道，不可得而聞也"之意。今人說與行未必相揜，必欲其說之玄妙，適以形其行之鄙陋也。

條一一五

先生一日問剛中："平時讀何書？"

剛中說："看《語》《孟》、荀、揚、莊、老、王通諸書。"

先生云："須看《語》《孟》。若荀、揚，乃誤人之書；莊、老，乃壞人之書。"

釋：只說將《語》《孟》、荀、揚、莊並看，便是自誤自壞也。

商正：將《語》《孟》與諸書並看，自是無宗旨、無要領、無辨識，然亦以其不知諸書之弊也。朱子誤人、壞人之論，言之深、教之切，蓋欲振拔學者於誤人之深坑、壞人之毒藥之所不得已，故其語較尋常之論學爲尤重也。

_____

① "始"，全書本作"常"，同"嘗"。

條一一六

今且須看孔、孟、程、張四家文字，方始講究得著實。其他諸子，不能無過差也。（《語類》卷九三"孔孟周程張子"，"程張"，條九一，理録）

釋：程張又入孔孟之門戶。

商正：孔孟程張，所以論定諸子之準則也。

條一一七

先生捐館前一月，以書遺廖子晦，曰："《大學》又修得一番，簡易平實，次第可以絶筆。"（年譜慶元三月辛酉載，戊午嘗與廖德明帖，云云。文集答廖子晦十八書，未見有此。）

釋：觀先生於《大學》，可謂終身事之矣。

商正：其法簡易，其理平實，亦畢生之功乃有以造乎此也。

條一一八

《大學》一書，有正經，有注解，有《或問》。看來看去，不用《或問》，只看注解便了；久之，又只看正經便了；又次之，自有一部《大學》在我胸中，而正經亦不用矣。（節自《語類》卷一四"大學一·綱領"，條四四，大雅録）

釋：思之得。

商正：由或問，而注解，而正經，學有進階。至《大學》在胸，則見人之言之思皆當然者，不做外面話頭看。然"正經亦不用"之說終須慎之，朱子亦不能不有"倒了六經"之憂也。

條一一九

《大學》"在明明德"一句，須常常提醒在這裏，他日長進處在這裏。（節自《語類》卷一一"學五·讀書法下"，條一九，賜録）

釋：柟常說亦如此。

商正："常常提醒"應前一"明"字，"在這裏"指"明德"而言，如"在新民""在止於至善"，皆是"他日長進處"，然皆只是這個之長進，皆只長進在此處，蓋非閑言語，一字一照應。參見條五。

條一二〇

《大學》是聖門最初用工處，格物又是《大學》最初用工處。然格物是夢覺關，格得來是覺，格不得是夢。誠意是善惡關。誠得來是善，誠不得是惡。過得此二關，上面工夫卻一節易如一節了，到得平天下處尚有些工夫，只爲天下闊，須著如此點檢。（節自《文集》卷五八，《答宋深之》之三；及《語類》卷一五"大學二·經下"，"論格物、致知、誠意是學者之關"，條八五，夔孫錄。條中小字依全書本，乃文中夾註）

釋：次第本如此。

商正：覺所見皆是，夢所見皆似是而非。是者至善，乃一切善之所以爲善；誠意之所謂善惡，善是善之，惡是不以善善之。"明德"二字，著落在一個"覺"字上；自"誠"而下，乃是善之、明之之事。

條一二一

致知、誠意，此是《大學》一篇樞紐，乃生死路頭、人之所以與禽獸異處。若過得這關子，其他事皆可爲也。

釋：《中庸》《語》《孟》皆同此意。

商正：覺即生，夢即死；善即生，惡即死。覺得善之所以爲善，則《中庸》《語》《孟》所言，皆所當爲而在所可爲。

條一二二

物未格、知未至，縱有善，亦不過是不善中之善；到得物格、知至，或有不善，亦只是善中未善處。（節自《語類》卷一五"大學二·經下"，"論格物、致知、誠意是學者之關"，條八四，伯羽錄；又，條八七，道夫錄）

釋：明白可作。

商正："不善中之善"，世俗計較之所謂善而已；"善中未善處"，蓋已天下歸仁焉，而猶有些子須非禮勿視聽言動處也。

條一二三

正卿問："《大學傳》正心、修身，莫有淺深否？"

先生曰："正心是就心上說，修身是就應事接物上說。"（節自

《語類》卷一六"大學三·傳八章釋修身齊家"，條五，恪錄）

　　釋：次第亦是如此。

　　商正：就心上說是體，應事接物是用，不可概以淺深論之。體有淺深，用亦自有淺深。

條一二四

《大學》，"正心"章已說盡了，至"修身"章又從頭說起，至"齊家治國"章又依前說教他治①。蓋是要得節節去照顧②。（節自《語類》卷一六"大學三·傳八章釋修身齊家"，條二九，夔孫錄）

　　釋："照顧"字，只與"照應""照驗"字同，皆從明德上來。

　　商正：皆不外乎格致誠正之道理。以三綱領言之，謂都從明德上來，亦是。

條一二五

先生語吳仁父曰："熹《語孟集注》，添一字不得，減一字不得。"又記③曰："不多一個字，不少一個字。"（節自《語類》卷一九"論語一·語孟綱領"，"集注"，條五九，節錄）

　　釋：此恐非朱夫子之言。

　　商正：此恐不礙其為朱夫子之言。蓋既自信若此，而其所以制作之意，亦必常以此自期也。添減不得，不惟無剩無餘，其所已言亦無一為添減所成，其所以立言之道，達而已矣。《語類》此條以下，又曰"如秤上稱來無異，不高些，不低些""逐字稱等，不教些子偏"等等，可見非學者誤記，必朱子自信之言也。

條一二六

王之充問："讀書未見得切，見之事方切。"

　　先生曰："不然。《論語》一教人學，便是孝弟求仁，便戒人巧言令色，便是三省，可謂甚切！"（節自《語類》卷一九"論語一·

---

　　① "治"，全書本無此字，注謂朝鮮本有。
　　② "顧"，全書本作"管"。
　　③ "記"，全書本無此字。

語孟綱領"，"讀《論語》"，條四五，榦録）

釋：此可教子充之務實矣。

商正：參見條八七。以讀書爲見不切，只是將聖賢經歷看得閒了。讀書不切，臨事切則切矣，不免隨事去了。

條一二七

孔門答問，曾子聞得底話，顏子未必與聞；顏子聞得底話，子貢未必與聞。今卻合在《論語》一書，後世學者，豈不幸事！但患自家不去用心。（《語類》卷一九"論語一·語孟綱領"，"讀《論語》"，條三五，儒用録）

釋：顏、曾只聞己所聞，便能行其所聞；後學聞雖多，卻少個"行"字。

商正：《論語》編者功大。後世學者讀《論語》，要如當初顏、曾、子貢面聆聖師之教。

條一二八

孟子許多論氣，只在"集義所生者"一句上。（《語類》卷五二"孟子二·公孫丑上之上"，"問夫子加齊之卿相章"，條一二八，去偽録）

釋：才集義，便是變化氣質，其氣自能配義與道矣。故集義即生長浩然氣之根苗也。

商正：孟子論氣亦多，謂"只在此一句上"，乃用"詩三百一言以蔽之"之法，謂此句最見其精彩也。"其爲氣也，配義與道"，非謂"其氣自能配"，須是去做得其配如此。"根苗"二字亦可刪，蓋花果、莖幹皆在此也。

條一二九

楊至之問："'中'含二義：有未發之中，有隨時之中。"

曰："《中庸》一書，本只是隨時之中，然其所以有隨時之中者，是緣有那未發之中在裏。"（節自《語類》卷六二"中庸一·綱領"，"論名篇之義"，條八，方子録）

釋：楊說頗支離，但"隨時"字非小可，"可與權"者能之；不然，便同流合污。

商正：不是有兩個"中"，以其隨時而中，推之可知未發之中在焉。不能推之，但見其隨時而中，神而怪之者有矣夫。

條一三〇

《詩小序》，漢儒所作，有可信處絶少。《大序》好處多，然亦有不滿人意處。（節自《語類》卷八〇"詩一‧綱領"，"論風雅頌"，條一〇，去僞録）

釋：此說恐太信己，不信古。

商正：以理推之不爲過，然於曲折處，又須體而諒之。不知涇野先生說《詩》如何？

條一三一

問《詩傳》葉韻。曰："古人文自是有葉。今泉州有《詩譜》、紹興府有《韻譜》，皆吳才老做；陸德明《釋文》中亦有此類甚多。"（節自《語類》卷八〇"詩一‧綱領"，"論《詩》韻"，條四八，儒用；等等）

釋：古人以韻就意，故用葉；後人乃是以意就韻，故韻雖葉，而非詩。

商正：韻就意，韻爲意用；意就韻，韻實用不得意，以至本末倒置。然其葉也，韻就意者十九，意就韻者亦未必不有十一之巧而獲也。

條一三二

南軒《精義》是意外說，卻不曾說得《詩》中本意。惟上蔡說"須先識得六義體面，而諷詠以得之"，此卻是會讀《詩》。（參見卷八〇"詩一‧綱領"，條二三，賀孫録；"論讀《詩》"，條一九，個録；卷八一"詩二‧抑"，條三，淳録；卷一一七"朱子十四‧訓門人五"，"訓嘗"，條二三）

釋：六義體面固要識得，尤莫如先識得"思無邪"。

商正："意外說"是強說，"本意"則惟"諷詠以得之"。得者，得其"思無邪"之義也。朱子正惟以學者據此一句盡廢三百篇之爲憂，先識六義，則知《詩經》大致體例，然後循以入之，其得"思無邪"者得其大；不然，亦可於諷詠吟誦之際，涵養其情性之平和也。

條一三三

看《二典》之書，堯、舜所以卷舒作用，直如此熟！（節自《語類》卷九四"周子之書·通書·志學"，條二，德明錄）

釋：不是熟於卷舒作用，蓋有安安溫恭之德，自然政化流行，不能自已，如天地於穆，至誠自然，日往月來，陽舒陰慘，未嘗容一意也。

商正："所以"二字重要，熟是熟此。然堯舜性之，又不是學來，此見聖賢氣象也。

條一三四

《尚書》孔安國傳，是魏晉間人所作，托安國爲名，與毛公《詩傳》大段不同。《孔叢》强解將去①，伯恭卻是傷於巧。（節自《語類》卷七八"尚書一·綱領"，"論孔《序》"，條二九，廣錄；及"諸家解"，條五三，道夫錄）

釋：《詩》《書》序傳，舊人得者還多。

商正：然亦不敢必其非漢魏以下人所作。

條一三五

學禮，先看《儀禮》。《儀禮》是全書，其他皆是講說。（節自《語類》卷八七"禮四·小戴禮"，"總論"，條四，卓錄）

釋：故《儀禮》爲經，《禮記》爲傳。

商正：所謂"全書"者，以其綱領節目之全也。講說則各發其義。

條一三六

熹向定婚禮，親迎用温公，入門以後則從伊川，大概如此。（節自《語類》卷八九"禮六·冠昏喪"，"總論"，條四，賀孫錄。參見

---

① 如《語類》卷七八"綱領"條三三、條三五等，朱子疑《孔叢》作者僞作《孔傳》《書大序》等，卻不曰孔叢解《孔傳》。

"昏"，條三，閎祖録；條四，淳録)

　　釋：知此，便可求用四代禮樂之意。

　　商正：亦其具體而微之一形態而已矣。

條一三七

　　今所集《儀禮》①，也只是略存古之制度，使後之人自然減殺、求其可行者而已。(節自《語類》卷八四"禮一·論修禮書"，條二，偶録)

　　釋：《儀禮》雖止十七篇，然於禮之腔廓已定，用之而斟酌損益，繫乎人耳。雖溺而不知變，與背而不知循，皆非也。

　　商正：若於古之時能行得十七篇一概而無遺，乃可於今之時行而無非其所當行也。

條一三八

　　《周禮》一書，周公所以立下許多條貫，皆是從廣大心中流出。(節自《語類》卷三三"論語十五·雍也篇四"，"子貢曰如有博施於民章"，條三三，人傑録)

　　釋：《周禮》直使無一物不得其所，故其書無一言而非仁也。爲政若得其意，不必盡擬其條貫矣。

　　商正：此用程子"有《關雎》《麟趾》之意，然後可以行《周官》之法度"之意。《周禮》蓋周公聖德之書也。

條一三九

　　《周禮》一書，聖人姑爲一代之法爾。到不可用處，聖人須別有權②變之道。(節自《語類》卷八六"禮三·周禮"，"總論"，條一〇，去偽録)

　　釋：程子云："若生民之理有窮，雖聖王之法可改。"讀《周禮》，當識其意可也。

　　商正：所以立一代之法，與其權變之道，亦非二法。識《周禮》

---

　　①　"儀禮"，全書本作"禮書"。

　　②　"權"，全書本作"通"。

之意，亦當於其條貫上識之，別處尋摸不來。

條一四〇

先生因與朋友言及《易》，曰："《易》非學者之急務也。熹平生費些精神理會《易》與《詩》，論其得力，未若《語》《孟》之多也。"（節自《語類》卷一〇四"朱子一・自論爲學工夫"，"讀書"，條一一，壯祖錄）

釋：《語》《孟》從《易》中流出。

商正：以見處論，謂《易》從《語》《孟》中流出亦可，所以有先後緩急之序如此。參見條一一四。

條一四一

伏羲易自是伏羲易，文王易自是文王易，孔子易自是孔子易。（節自《語類》卷六七"易三・綱領下"，"三聖易"，條三，德明錄）

釋：恐只是一易。

商正：亦是一易，亦各自是一易。謂是一易，則天道自然如此，伏羲亦何嘗有所造作？謂各自是一易，伏羲固爲初辟，然不得伏羲，文王亦自作得易，不得伏羲、文王，孔子亦自作得易。惟是既有伏羲之易，文王易乃從伏羲易中出落出來，孔子易乃從伏羲、文王易中出落出來，不別爲述作，此所以爲述而不作也。朱子所以言此，非以論易，以見聖人之心如此。

條一四二

伏羲畫卦，止有奇耦①之畫，何嘗有許多說話？文王作繇辭、周公作爻辭，亦是爲占筮設。到孔子，方說從義理去。（節自《語類》卷六六"易二・綱領上之下"，"卜筮"，條八，廣錄）

釋：自羲至孔，恐只是一個義理。

商正：雖只是一個義理，然伏羲之畫極其古簡，文王、周公神道設教，必至於孔子，義理方從明白處說。此亦古人人心不同，上古簡樸誠懇，文王、周公承殷之弊而人民往往易爲淫祀所惑，孔子雖當禮

_____

① "耦"，全書本作"偶"。

崩樂壞之世，自是有文武周公遺教，人民亦未嘗不樂於受仁義禮樂之化也。且孔子不得其位，所以造爲君子之儒一党以任天下之責，君子之儒，義理之儒也。皆有世道人心所不得不然。

條一四三

《周禮》言："三易經卦皆八，其別皆六十有四。"便見不是文王漸畫。（節自《語類》卷六五"易一·綱領上之上"，"伏羲卦畫先天圖"，條三〇，銖錄）

釋：《繫辭》取豫、取夬等，亦是如此說。

商正：文王蓋有所繼承也。所謂文王畫卦，非畫而成卦，乃畫以見易之道也。

條一四四

程先生《易傳》，義理精、字數足，無一毫欠缺；只是於本義不相合。《易》本是卜筮之書，程先生只說得一理。（節自《語類》卷六七"易三·綱領下"，"程子易傳"，條一〇）

釋：此恐程子得者還多。

商正：如孔子雖作《易傳》、"說從義理去"，便不廢了象數。然謂程子之易"於本義不相合"，不到得條一三二所謂"意外說"地步，似也無須爲程子爭。既"於本義不相合"，乃作《易本義》，於程子蓋亦取繼承補充之用心矣。

條一四五

橫渠云："《易》爲君子謀，不爲小人謀。"極好！（參見卷六七"易三·綱領下"，"論易明人事"，條四，廣錄；卷七〇"易六·小畜"，條一，淵錄）

釋：恐亦爲小人，如拔茅包承等。

商正：以道言之，易大無外，小人亦豈能外？以君子、小人之心地而言，惟君子，乃足以盡易道、可以得易之利，不利而害有不避；小人用易，投機取巧，唯利是圖，是亦何與乎易哉！

條一四六

《春秋》本是明道正誼之書，今人只較齊、晉伯業優劣，反成謀

利，大義都晦了！且如今人做義，只做得齊威、晉文優劣論。（《語類》卷八三"春秋·經傳附"，條六五，淳録）

釋：道誼在齊桓、晉文上論，亦自見得到。

商正："如今人做義"，當有確指。惟是可以見者不見，枉了一部《春秋》。孔子豈不"在齊桓、晉文上論"？然豈至於"只較齊、晉伯業優劣"？後人之失，無可諱也。

條一四七

看《春秋》甚難，須是有當時魯春秋來看，見得聖人取舍處，方始知得事實。然那得有此！

釋：大旨亦有在字字上見者。

商正：非曰無魯春秋則聖人之《春秋》不可讀，乃欲明其大旨，事實之類得爲其一助也。若得魯春秋，聖人所以制作之義與例尤其顯然；"然那得有此"，此如聖人"吾猶及史之闕文"及"文獻不足故也"之意。

條一四八

看《春秋》，且須看得一部《左傳》首尾意思通貫，方能略見聖人筆削與當時事之大意。（《語類》卷八三"春秋·綱領"，"看《春秋》法"，條一七，時舉録）

釋：此便是善看《春秋》者。

商正：以《左傳》聊補不見魯春秋之遺憾，亦惟取其事實而已矣。

條一四九

問："孔子當衰周時，可以有爲否？"

曰："聖人無有不可爲之事，只恐權柄不入手。"

問："不知聖人有不可爲之時否？"

曰："便是聖人無不可爲之時。若時節變了，聖人又自處之不同。"（節自《語類》卷九三"孔孟周程張子"，條九，廣録）

釋：無不可爲之事者，聖人之能；有不可爲之時者，聖人之命。

商正：注意"便是"二字。事在時中，時者事之時。惟是無不可爲之事，所以無不可爲之時也；不然，終須有不可爲之事，或其所欲爲者竟出於固必，聖人豈如此哉！問者蓋以孔子當衰周時實無所爲，故有此問，此若《論語》或者"子奚不爲政"之疑也。朱子答曰：若惟彼之所謂有爲，則須權柄在手，如三代禪讓之類事情發生；然"時節變了，聖人又自處之不同"，蓋"是亦爲政也，奚其爲爲政"，聖人不同之大作爲，其可忽乎？此非信之篤、見之真，其言不能感人如斯！可爲與否，君子且論義不論命，況聖人之命隨義轉乎？參見《語類》卷一〇八，條二七，燾録曰："聖人固視天下無不可爲之時，然勢不到他做，亦做不得。"

條一五〇

《左氏》敘至韓、魏、趙殺智伯事，去孔子六七十年，決非丘明。（節自《語類》卷八三"春秋·經"，條八，義剛録）

釋：敘至韓、魏、趙者，左氏之徒補之。

商正：此所以惟取其於事實之有佐也。

條一五一

《左氏》一部書，文章浮艷，更無事實。蓋周衰時，自有一等迂闊人，觀《國語》之文，可見周之衰也。（節自《語類》卷八三"春秋·經"，"襄十四年"，條四六，人傑録）

釋：文盛則道微。

商正：此"事實"乃取文理相合之意，與條一四七者不同。浮艷獵奇，迂闊怪誕，蓋多素隱行怪，德行之士匿其迹矣。

條一五二

"《孝經》一書文字不多，先生何故不爲理會過？"

曰："此亦難說。此書只前面一段是曾子聞於孔子者，後面皆是後人綴緝而成。程沙隨說，向時汪端明亦嘗疑此書是後人僞爲者。"（節自《語類》卷八二"孝經"，條二，廣録）

釋：《孝經》多是孔曾問答、以訓幼少者之意，故引《詩》段落明白，使其易讀，亦不可疑。

商正：只前面一段便有足取，然統名之曰"經"實不能使人不疑，置諸四十九篇之列則可矣。引《詩》如此，似不能作不可疑之證。

條一五三

《家語》記得不純，卻是當時書。《孔叢子》是後來白①撰出。（《語類》卷一三七"戰國漢唐諸子"，條一，道夫録）

釋：其流之近，則爲《家語》；其流之遠，則爲《孔叢》。言語簡繁，時世之自然也。

商正：惟是不敢必其果爲一源同流。純與不純，亦非自言語論之也。

條一五四

文中子《中說》被人亂了，其他好處甚多，大過《法言》。（節自《語類》卷一三七"戰國漢唐諸子"，"文中子"，條四五，揚録）

釋：亂了處只是擬比太多。率薛收、姚義之筆，其聞於文中子者之至義固存也。

商正：亦在乎荀揚醇疵之間。如自《家語》而下，連《法言》《中說》等卻可以做一等流脈視之。

條一五五

《七書》所載唐太宗、李衛公問答，乃阮逸僞書。文中子《元經》、關子明《易》，皆逸所作。（《語類》卷一三八"雜類"，條八，揚録）

釋：其初不可謂無傳。若皆出於逸之僞，恐無據。

條一五六

解書難得分曉。趙岐《孟子》，拙而不明；王弼《周易》，巧而不明。（《語類》卷五一"孟子一·題辭"，條二）

釋：岐、弼身非孔孟，安得其言明？

商正：此非求全責備於岐、弼，乃感慨事情之不易也。然而巧拙

---

① 原作"白白"，依全書本刪去一"白"字。

若反，其不明則一，則其所以不明者，非以其不免有意於巧拙乎？其所以身非孔孟，非以其不免有心於此解書之事乎？如孔身非禹，可以無間；孟身非孔，願私淑艾。其清楚明白，原非決於身是之與否也。

條一五七

太史公《樂書》，說那許多制度分寸極好。此必有古書可考，未必是他自說的。

釋：蓋古來相傳授者亦有之，如《內經》亦然。

商正：然未經聖人手，是又一般傳承。

條一五八

問看史。曰："亦草率不得。須當看人物是如何、當時治體是如何、國勢是如何，皆當仔細。上蔡說：明道看史，逐行看過，不蹉①一字。"（節自《語類》卷九四"周子之書·通書"，"動靜"，條五，寓錄）

釋：不蹉處，只是心存。

商正：程子曰："某寫字時甚敬，非是要字好，只此是學。"寫字如此，讀史亦如此。學問到處，事情無一許其草率蹉過。

條一五九

讀《通鑒》，且將全書來②熟看，卻去看《綱目》發明，卻盡好議論也。

釋：《通鑒》仿《左傳》作，《綱目》仿《春秋經》作，然比之未合處及仿之未至處，豈惟"盡好議論也"？

商正：此非主張"盡好議論"，乃欲約束閒議論也。謂《綱目》學《春秋》而作，極是；然若《通鑒》仿《左傳》，可以先傳而後經乎？

條一六〇

溫公《通鑒》以魏爲主，其理都錯。熹所作《綱目》以蜀爲主。

---

① "蹉"，全書本作"差"。
② 原作"未"，依四庫全書本改。《朱子讀書法》"全書來"作"全本"，亦通。

（節自《語類》卷一〇五“朱子二·論自注書”，“通鑒綱目”，條三）

釋：以蜀爲主，固是大義，若主之太過，反是掩實成虛，如攻伐書“入寇”之類。

商正：既是大義，無所不用其極，豈有主之太過者？既爲主，不書“入寇”，何以見其爲主？若書“攻伐”，則無主矣。如《春秋》魯爲主，有使則書“來”，以見其主也。然若以魏爲主，亦可以有說，則使中國免於爲被髮左袵，“如其仁，如其仁”，則以齊桓、晉文視之，非以當王道、天理也。

條一六一

溫公之言如桑麻穀粟，且如《稽古錄》，極好看！常思量教太子、諸王，恐《通鑒》難看，且看一部《稽古錄》。人家子弟若先看得此，便是一部古今在肚裏。（《語類》卷一三四“歷代一”，“歷代史”，條三五，學蒙録）

釋：史文簡殺太過，雖老儒亦難讀，況子弟小兒乎！

商正：退《通鑒》也。

條一六二

《唐鑒》意正有疏處。孫之翰《唐論》精練，說利害如身①親歷之，但理不及《唐》。（《語類》卷一三四“歷代一”，“歷代史”，條四七，閎祖録）

釋：《唐鑒》終在大處說。

商正：大無過乎理，精於理者自不疏。

條一六三

胡侍郎《讀史管見》，其爲文字與所見處甚好；到看②他自做處，全相反。（節自《語類》卷一四“大學一·經上”，條二〇，卓録）

釋：初只是以意料想也。

---

① 全書本“身”後有“處”字。
② “看”，全書本無此字。

條一六四

《離騷》初無奇字，只恁說將去，自是好。後來如魯直恁地著氣力做，只是不好。（節自《語類》卷一三九"論文上"，"楚詞"，條七，方子錄）

釋：不是實有的，文字自要妝點。

商正：屈子亦非後世文人祖，襟懷自磊落。

條一六五

古賦須熟看屈、宋、韓、柳所作，乃有進步處。入本朝來，騷學殆絕，秦、黃、晁、張之徒不足學也。（《語類》卷一三九"論文上"，"楚詞"，條八，雉錄）

釋：此意馳逐去，終未免害學。

商正：才氣之類。

條一六六

漢初，賈誼之文質實，董仲舒之文緩弱。（節自《語類》卷一三九"論文上"，"漢文"，條一一，人傑錄）

釋：以質實、緩弱論董、賈文，卻恐往字句上論了，恐亦害學。

商正：論其文，固如此；至於其見地，終別有論。亦見二子者非有意於文也。

條一六七

《素問》語言深；《靈樞》淺，較易看①。（《語類》卷一三八"雜類"，條一〇，振錄）

釋：二書恐亦古之遺意，不當以文字看也。

條一六八

先生方修《韓文考異》，而學者至。因曰："韓退之議論正、規模闊大，然不如柳子厚較精密，如《辨鶡冠子》，及說列子在莊子前，及《非＜國語＞》之類，辨得皆是。"（節自《語類》卷一三九"論文上"，"韓柳"，條二一，義剛錄）

———————————

① "看"，全書本無此字。

釋：之二子皆恐陷於文，孔門四教之文恐不如是。

商正：以孔門四教之文衡之，固不如是；然亦不遺其有議論近道，及一言之是、一見之得而有助於廓清者也。

條一六九

韓退之以下，歐、蘇諸公議論，不過是主於文詞。（節自《語類》卷一三七"戰國漢唐諸子"，"韓子"，條八〇，木之錄）

釋：並韓子亦恐有主詞處。

商正：朱子即兼韓子言之。

條一七〇

古詩須看西晉以前，如樂府諸作皆佳。（節自《語類》卷一四〇"論文下"，條四，德明錄）

釋：詩自西晉以前，雅頌亡，猶有風處故耳。

商正：亦有"風骨"之"風"義。參下條可見。

條一七一

齊梁間人詩，讀之使人四肢皆懶慢不收拾。（《語類》卷一四〇"論文下"，條九）

釋：世道之危亂全繫此。

條一七二

作詩先用看李、杜，如士人治本經然。本既立，次第方可看蘇、黃以次諸家詩。（《語類》卷一四〇"論文下"，條七二，廣錄）

釋：看李、杜，不如蘇武、韋孟，尤不失放心。蘇、黃諸公，勿治可也。

商正：若詩人必與士人分其途、殊其業，則亦以毋自亂其本末忠告之也。

條一七三

李太白非無法度，乃從容於法度之中，蓋聖於詩者也。（節自《語類》卷一四〇"論文下"，條一四，方子錄）

釋：此語恐喪初學之志。

商正：人慣以散漫無法度視太白，則告以法度規矩之義未嘗不在。惟亦僅許其詩之法度一格一路而已矣，"聖於詩者"，如孟子之言"聖之清者""聖之任者"也。

條一七四

道間人多攜詩文求跋尾①。熹以爲：人之所以與天地日月相爲長久者，元不在此。（《語類》卷一〇七"朱子四·内任"，"雜記言行"，條三〇，可學録）

釋：夫子此語，極使人能立志。

商正：朱子跋尾之作實多，每寓此條之義。涇野先生上條以"恐喪初學之志"論之，此條復作此語，乃欲稍挽回之，可見不無戰兢惶恐之意。

條一七五

因論文，曰："作文字，須是靠實説得有條理，乃好；不可架空纖②巧。大率要七分實，只二三分文。"（節自《語類》卷一三九"論文上"，"論作文"，條一一〇，時舉録）

釋：文處亦是實，乃真文也。

商正：倘如此，子夏"雖曰未學，吾必謂之學"，勝於夫子"行有餘力，則以學文"矣。

條一七六

歐公文雖平淡，其中卻自美麗有好處，有不可及處，卻不是闒冗③無意思。（節自《語類》卷一三九"論文上"，"國朝文"，條六五，道夫録）

釋：終是陷於詞章。

商正：只肯平淡，便有據實説出的意思。

條一七七

自三蘇文出，學者始日趨於巧。（節自《語類》卷一三九"論文

---

① "攜詩文求跋尾"，全書本作"來求詩與跋"。
② "纖"，全書本作"細"。
③ "冗"，全書本作"茸"。

上”，“國朝文”，條五四，廣録）

釋：文士趨巧，自《左傳》《國語》以來然矣，三蘇又其甚耳。

商正：亦有中其時病，不幸不免於其巧者，亦有幸其巧者，此所以爲不同也。

條一七八

歐公文字大綱好處多，晚年筆力亦衰。曾南豐文議論平正，耐點檢。李泰伯文亦明白好看。（節自《語類》卷一三〇“本朝四·自熙寧至靖康用人”，“三蘇及門人”，條九五，木之録）

商正：此皆當時雖不免於文詞而不甚以作文爲意者。平正、明白者反而不言其衰，知此間實有德文相勝之道也。

條一七九

歐公言：“作文有三處好思量：枕上，路上，廁上。”他只是做文字，尚如此，況求道乎！（節自《語類》卷一〇“學四·讀書法上”，條七一，義剛録）

釋：此三處，可以占歐子制辭之心矣。

商正：朱子卻取其可以譬於道者。

條一八〇

文章到歐、曾、蘇，道理到二程，方是暢。（節自《語類》卷一三九“論文上”，“國朝文”，條五三）

釋：文章有道理，方是暢。

商正：不妨各暢其暢，“乃所願，則學孔子”。

條一八一

劉子澄言：“本朝只有四篇文字好：《太極圖》《西銘》《易傳序》《春秋傳序》。”（節自《語類》卷一三九“論文上”，“國朝文”，條四二）

釋：此亦據文字格體而言，並四篇原意亦失之矣。

商正：子澄一言之美，朱子故述之以示不忘。朱子亦嘗曰：“自孟子已後，方見有此兩篇文章（指《太極》《西銘》）。”（《語類》卷九四“周子之書·太極圖”，條一〇八）然自條一六四至上條，涇野每以文字之事爲諱，峻切之意並及於朱子，乃將此條歸諸以上諸條連看，以下條始又論學論理，故其論之如此也。然此條實論學語，謂限於文字格體，豈其然哉？

條一八二

黃直卿云："《通書》便可上接《語》《孟》。"

曰："比《語》《孟》較深①。《語》《孟》說得較闊。"（《語類》卷九四"周子之書·通書"，總論，條三，方子錄）

釋：《通書》便有要立言意；《語》《孟》隨人隨事發，自然熟也。

商正：以《通書》接《易》《庸》，或則可也。深幽微妙，讀者或失於鑿；闊大自然，深者得其深，淺者得其淺。

條一八三

問："伊川謂：'《西銘》乃《原道》之祖。'如何？"

曰："《西銘》更從上面說來。《原道》言'率性之謂道'，《西銘》連'天命之謂性'說了。"（節自《語類》卷九六"程子之書二"，"《近思錄》第十四卷"，條七七，道夫錄）

釋：程子謂"《西銘》，《原道》之祖"，恐不止連天命之性說之也。

商正：不是"連天命之性說之"，是連"'率性之謂道'更上面之'天命之謂性'說來"，"率性之謂道"也在其中，氣質之性也在其中。程子之意，固有在於辨二者之精粗，然若《原道》更能於上面見得的確，則其粗者自不粗矣。"上面"便是"祖"之意，人之精神，皆自祖來。

條一八四

《正蒙》是盡窮萬物之理。（節自《語類》卷一八"大學五·或問下·傳五章"，"近世大儒有爲格物致知之說一段"，條九，德明錄）

---

① "深"，全書本作"分曉精深，結構得密"。

釋：須近取諸身好。

商正：近取諸身，到得大時，便並萬物之理而盡之。朱子亦以張子之志而言之也。

條一八五

《定性書》，此篇大綱，只在"廓然而大公，物來而順應"兩句。（節自《語類》卷九五"程子之書一"，"《近思錄》第二卷"，條一一二，淳錄）

釋：初學要勉力求至於此。遽以是爲當，是猶未能立而求行也。

商正：遽自承以此固不可，然常懷此十字之意，則亦可以漸其有養矣。

條一八六

《顏子所好何學論》，此是程子二十歲時已做得文字如此了，便是已知爲學之本。（節自《語類》卷三〇"論語十二·雍也篇一"，"哀公問弟子章"，條四一，時舉錄）

釋：顏子後，如黃叔度、程明道，皆天生來好，故入道便易。人當先化氣質可。

商正：此篇伊川作。橫渠曰："二程從十四、五時，便銳然欲學聖人。"至此亦五、六年矣。志乎聖賢，便入聖賢所示之途轍。

條一八七

因論《動箴》，先生曰："諸公且道那句是緊要？"

道夫曰："'順理則裕'，莫是緊要否？"

曰："更連'從欲惟危'兩句。這是生死路頭！"（節自《語類》卷四一"論語二十三·顏淵篇上"，"顏淵問仁章"，條八三，道夫錄）

商正："順理則裕，從欲惟危"，即"人心惟危，道心惟微"之義，一生一死、一安一危，對言警切。"生死路頭"，參見條一二〇、條一二一。

條一八八

今看了《近思錄》，看別經書，須將《遺書》兼看。蓋他一人是

一人①病痛，故程先生說得各各自有精采。（節自《語類》卷九五
"程子之書一"，條一二三，道夫錄）

釋：程子多得《論語》之意，言率因人而發。

商正：《近思錄》之作，本既爲《四書》、五經之階梯書，亦爲
周張二程"四君子之全書"之入門書，階梯、入門，皆公共路徑，
然後雖蹊徑各別、進境有差，而趣向不殊；然若遂囿乎此，則孤其作
意矣。

條一八九

伊川見朱光庭②所編語錄，云："某在，何必讀此？"若伊川不
在，則何可不讀？（節自《語類》卷九七"程子之書三"，"論《語
錄》"，條一，謙錄）

釋：此亦近"予欲無言"之意。

商正："某在，何必讀此"，來聽於吾言、觀於吾行以從事於學
可也。伊川之意，恐不到得聖人"予欲無言"地步。如"子張書諸
紳"，夫子即不戒之；惟若"'不忮不求，何用不臧'，子路終身誦
之"，夫子則告以"是道也，何足以臧"，伊川之意或近於此。所謂
"伊川不在"，於後之生者，固曰不在；然雖及門弟子，或經歷年歲
而後見，或一見之後至於終生不得復見，遠在天涯，散在四方，不親
師面，恐亦得曰不在，若此，語錄之類，亦何可不錄而讀之，以增嚮
往，以學以習乎？則編語錄者之心，豈不大爲可諒？而其爲後學傳典
範，其功終在不磨。

條一九〇

上蔡多說過了。龜山巧，又別是一般，巧得又不好。范諫議說得
不巧，然亦好。和靖又忒不好③，然意思好。（《語類》卷一〇一"程
子門人·總論"，條六，振錄）

---

① "人"，全書本作"個"。
② 原作"廷"，見卷下條七七作"庭"。此統一作"庭"。
③ "好"，全書本作"巧"。

釋：只意思好，不須用巧也。

商正："又別是一般"，又別是一般過了也。或過於巧，見得不好；或不及於巧，反不曾掩得其好。

條一九一

呂與叔文集煞有好處，他文字極是實，說得好處，如千兵萬馬，飽滿伉壯。上蔡雖有過當處，亦自是說得透。龜山文字卻怯弱，似是合下會得易。（節自《語類》卷一〇一"程子門人·總論"，條五，閎祖録）

釋：只看入道處，其言語不必拘同也。

商正：非是要拘同言語，蓋可以占驗其道理之受用也。理直氣壯，言語便實；須用意足之，則不免有過，其透徹處也得益於其善說；會得易，未入骨血，看得似恍似惚，說得便怯弱。

條一九二

范浚《心銘》，他自見得到，說得此件物事如此好！（節自《語類》卷五九"孟子九·告子上"，"公都子問鈞是人也章"，條九，廣録）

釋：近約禮之旨。

商正：朱子重視范氏《心箴》，於《孟子集注》引之。"此件物事"，指心也。然據《語類》卷五九，或問"范曾從誰學"，朱子答之，所以言此，"他自見得到"乃對"不曾從人"而言，故其下又曰："但見他說得好，故取之。"問者曰："似恁說話，人也多說得到。"朱子曰："正爲少見有人能說得如此者，此意蓋有在也。"可知"他自見得到"意爲范氏之學師承不明，或出於自得，非指其見得"此件物事"本體分明也，即其未嘗真實見得，只說得如此好，亦足以取之，蓋朱子之用意豈僅在此一篇也哉？

條一九三

龜山文字議論，如手捉一物正緊，忽墜地。此由其氣弱。（《語類》卷一〇一"程子門人·楊中立"，條三）

釋：此卻以文論也。

商正：此乃以氣論也。氣弱，則擔荷不力，非不知有此物，然張弛不由己，忽爾縱舍釋放；亦以道在外，不得其力以繼之。如"文武之道，不墜於地"，絕大擔承可見，而又"一張一弛，文武之道也"，綿綿不斷，與此絕相反。

條一九四

李復《潏水集》說："浩然之氣，只是要仰不愧、俯不怍，便自然無怯懼。"其言雖粗，卻盡此章之意。信州刊行。（節自《語類》卷五二"孟子二·公孫丑上之上"，"問夫子加齊之卿相章"，條七九，閎祖錄）

釋：此須平日集義功深，安得俯仰無愧怍、善發浩然之旨？

商正：此所以朱子以"粗"論之也。前者兩言龜山"怯弱""氣弱"，適得以此方下對治。涇野"須"字，疑當作"非"。

條一九五

康節之學，其骨髓在《皇極經世》，其花草便是詩。（節自《語類》卷一〇〇"邵子之書"，條五六，道夫錄）

釋：康節自成片段於其心，亦無愧怍，但不是《論語》源流。

商正：此其無愧怍，與上條由浩然之氣而無所愧怍者不同，譬之如告子之不動心，與孟子所以能不動心者之不同也。

條一九六

《潛虛》只是"吉凶臧否平，王相休囚死"。（《語類》卷六七"易三·綱領下"，"論後世易象"，條一三，閎祖錄）

釋：《易》原不如是，失卻君子行四德意。

商正：象數而又其末者也。

條一九七

季通《律書》分明是好，卻不是臆說，自有按據。（《語類》卷九二"樂"，條四四，道夫錄）

釋：馬遷《律歷志》亦如是，蓋自古必有傳授之者，季通益能發明之耳。然而樂之實本不在是，學者不必溺此。

商正：謂樂之實本不在是，則容使後人逞臆。倘或謂禮之實亦本不在是，則三代不得爲按據否？

條一九八

南軒《語》《孟》，熹嘗說他這文字不好看。蓋解經不必做文字，止合解釋得文義通，則理自明、意自足。（節自《語類》卷一〇三“胡氏門人·張敬夫”，條一七，榦録）

釋：理明意足，俗解亦好，文字亦好。

商正：理者經之理，意者我之意，我之意惟經之理是足，則無復以做文字爲也。做文字者理外求意、理外求理，終必失其理矣。此條，朱子更有語曰：“經之於理，亦猶傳之於經。傳，所以解經也，既通其經，則傳亦可無；經，所以明理也，若曉得理，則經雖無亦可。”其意重大，特補於此。

條一九九

東萊教人作文當看《獲麟解》，也是其間多曲折。熹舊最愛看陳無已文，他文字也多曲折。（節自《語類》卷一三九“論文上”，“論作文”，條一二〇，道夫録）

釋：此等論，亦快害學者。

商正：曲折盡意。

條二〇〇

先生言：“科舉時文之弊，後生才把起書來讀，便先要去討新奇意思，准擬作時文用。下梢①弄得熟了，到做官或立朝，雖於朝廷大典禮，也則胡亂捻合出來用。不知被理會得者一拶，則百雜碎矣。”（節自《語類》卷一〇“學四·讀書法上”，條九七，賀孫録）

釋：時文之弊，如此之甚乎！

商正：心地見識人材之養成，全不得賴此。

---

① 原作“稍”，依全書本徑改作“梢”。

卷之二

（凡一百五十七條）

條一

太極，理也；動靜，氣也。氣行則理亦行，二者常相依，而未嘗相離也。（節自《語類》卷九四"周子之書"，"太極圖"，條五〇，銖録）

釋：以太極爲理、動靜爲氣，恐涉支離，非周子本義。

商正：太極固是理。"氣行"，氣有動靜；"理亦行"，則理亦有動靜。須曰動靜者氣也，所以動靜者理也，所以動靜者隨其動靜而爲動靜，乃是。然既曰"相依而不相離"，則無涉乎支離矣。《語類》此條繼謂："太極猶人，動靜猶馬：馬所以載人，人所以乘馬；馬之一出一入，人亦與之一出一入。"即明儒曹月川以"死人騎活馬"所攻之譬。

條二

太極生陰陽，理生氣也。陰陽既生，則太極在其中，理復在氣之內也。

釋：說氣有理，是；說理生氣，恐未穩。

商正：說不得理生氣，則不知理爲天地之本、萬物之宗也。

條三

問："昨謂'未有天地之先，必是先有理'，如何？"

曰："未有天地之先，畢竟也只是理。有理便有這天地，有理便有氣，流行發育萬物。"（節自《語類》卷一"理氣上·太極天地上"，條二，淳録）

釋：理在天地及氣流行之先，恐未然。畢竟是氣即理也。

商正：明儒連羅整庵、呂涇野等，不論守朱子學者，抑或爭朱子學者，於此關皆勘不破，皆疑朱子於此處爲不瑩。理在天地先，無礙於氣即理、理即氣。惟在天地萬物流行變化之先，理乃得以爲理也；

惟氣即理、理即氣，理乃得以爲此天地萬物之理也。

條四

"一陰一陽之謂道。"陰陽是氣不是道，所以爲陰陽者乃道也。（節自《語類》卷七四"易十·上繫上"，"第五章"條二，驤録）

釋：此恐依夫子《易》中之說是。

商正：此說正與夫子《易》中之說不異，爲善發明而大有功者。

條五

論天地有心無心，曰："若果無心，則須牛生出馬、桃樹上發李花，他又卻自定。程子曰：'以主宰謂之帝。'心便是他主宰處。所以謂'天地以生物爲心'，天地別無勾當，只是以生物爲心。"（節自《語類》卷一"理氣上·太極天地上"，條一八，道夫録）

釋：天地所到處，便可見他的心事。

商正：謂"天地所到處"，不好。天地何所不在？無須到。天地之心亦何所不見？只有分明與否，與人會得會不得而已。如萬物衍生、草木花發，是特分明時；如牛不生馬、桃樹不發李花，是人一向見慣而未深加理會處。主宰不是一時有主宰、一時無主宰；無時不主宰也，故生生之意從不斷絶。

條六

橫渠說："天左旋，日月亦左旋，日月行得遲，故恰似右行。"看來說得極是，只恐人不曉。（節自《語類》卷二"理氣下·天地下"，條一六及參取他條，僩録）

釋：橫渠之說，亦非杜撰。夫子嘗曰："天與水違行，故水東流。"則天之西行可知。此便是陰陽往來、晝夜更代之理。

商正：所引夫子語，出自《易》之訟卦。後世尚杜撰，以說之新者爲貴。

條七

或疑百川赴海而海不溢。曰："蓋是乾了。有見海中作旋窩，水皆注入去者。"（節自《語類》卷二"理氣下·天地下"，條七六，方子録，文字有異同）

釋：若海溢，則水必不西出。可以占天運矣。

商正：西出之水，便是東流之水。惟謂注入竇中去，卻是一種溢出之狀，非足以言運行也。涇野似將“乾”作“乾坤”之“乾”讀，故曰天運云云。

條八

天地是體，鬼神是用。鬼神只是陰陽二氣往來屈伸。如，春、夏是神，秋、冬是鬼；晝是神，夜是鬼；息底是神，消底是鬼；生是神，死是鬼；鼻息，呼是神，吸是鬼；語是神，默是鬼。（節自《語類》卷六八“易四‧乾上”，“《易傳》語”，條一七，義剛錄）

釋：解此，千神百鬼皆可通矣。故學必精義入神可。

商正：只是一個陰陽，天地其定位也，又自其間屈伸往來、不可方物，其作用不已者如此。

條九

魂者氣之神，魄者體之神。《淮南子》注謂：“魂，陽神也；魄，陰神也。”此語說得好。（同上）

釋：觀語默，亦可見鬼神。

商正：氣陽體陰，其精皆神。

條一〇

人之能思慮計畫者，魂之為也；能記憶辨別者，魄之為也。（《語類》卷三“鬼神”，條三四，偶錄）

釋：即“圓者動，方者靜”之意。

商正：皆智之屬，而於其中猶可以分陰陽。思慮計畫，謀在事先，陽也；記憶辨別，料判在後，陰也。

條一一

寤寐者，心之動靜也；有思、無思者，又動中之動靜也；有夢、無夢者，又靜中之動靜也。但寤陽而寐陰、寤清而寐濁、寤有主而寐無主，故寂然感通之妙，必於寤而言之。（《語類》卷一四〇“拾遺”，條六；又，文集卷五七，《答陳安卿》之一）

釋：即寤可以觀神，即寐可以觀鬼。

商正：寂然感通，必於寤言，是主動也。何思何慮、主靜立人極，則靜者動之本；夢見周公，則動者靜之幾。如莊生曰聖人無夢，則主之以靜中之靜，凡有夢皆虛、凡有動皆妄，則有寂然而無感通矣。

條一二

陳舉謝氏"歸根"之說。先生曰："'歸根'本是老氏語，畢竟無歸。如這花落，便無了，豈是歸去那裏，明年復來這枝上？"

問："人死時，這知覺便散否？"

曰："不是散，是盡了。氣盡則知覺亦盡。"（節自《語類》卷六三"中庸二·第十六章"，"章句"，條三〇，淳錄）

釋：以此知老、佛歸根、輪回之說皆非。

商正：曰歸，則似有個不滅之形體；然雖曰無歸，卻始終爲"天地之塞吾其體"。曰散，則有以知覺爲祟者；然雖曰盡，形既生、神發知，其聚又靈。

條一三

陳復①之問："祖宗是天地間一個統氣，因子孫祭享而聚散？"

曰："這便是上蔡所謂'要有便有，要無便無'。子孫這身在此，祖宗之氣便在此，他是有個血脈通貫，所以'神不歆非類，民不祀非族'。"（節自《語類》卷三"鬼神"，條五六，義剛錄，淳錄同）

釋：只是心感應。

商正：此感則彼應，彼感則此應，以其爲一氣也。然只可以言氣，不可以言心。言心，似神之來格又以其知覺矣。

條一四

先生曰："有天地之性，有氣質之性。天地之性，則太極本然之妙，萬殊之一本者也；氣質之性，則二氣交運而生，一本而萬殊者也。"

釋：無氣質，則無天地之性。氣質靈聚處，便是天地之性。

---

① "復"，全書本作"後"。

商正：由其不契於理在氣先之旨，故其不得不作此"無氣質，則無天地之性"之語，程張論性大旨因晦。至於"氣質靈聚處"，不但非天地之性，並氣質之性亦不足言矣。此等處，乃涇野所失尤大者也！

條一五

伊川先生說話，如"性即理也"一語，直自孔子後，惟是伊川說得盡。這一句，便是千萬世說性之根基。（節自《語類》卷九三"孔孟周程張子"，條六七，賀孫録）

釋：伊川說"性即理"固盡，然性又離氣說不得。

商正：此疑慮得不是。伊川、朱子何嘗要離氣說性！"性相近也，習相遠也"，即氣言之也，孟子以下，學者亦何不往往嘗試言之？然以氣爲性者蓋多有之；"形而上者謂之道""繼之者善也，成之者性也"，直指本體，不雜不染，其間尚有"孟子道性善"一句，它則莫或聞矣。此朱子所以竭力表彰，惟恐其義稍爲忽略，又何更如此周防遮攔乎！

條一六

"才說性，便已不是性也"，蓋才說性時，便是兼氣質而言矣。"'人生而靜'以上不容說"，蓋只說得個天道，下"性"字不得，所以子貢曰："夫子之言性與天道，不可得而聞也。"（節自《語類》卷九五，條五三，個録）

釋：此可見性自氣稟而有。蓋氣即人之成形，其靈湛結聚處爲心；心之所生者，善處即性。

商正：此解明道先生"性即氣，氣即性"（《遺書》卷一，條五六）之說也。必言之，"人生而靜"以上、以下皆不容說：以上"只說得個天道，下'性'字不得"；以下"才說性時，便是兼氣質而言"，雖可以下"性"字，性之義卻雜乎氣質而難見矣。然謂性自有氣稟而得言，可；謂性自氣稟而始有，不可，性之所以爲性者決於氣稟之前既已定之。謂人之形，氣也，可；謂氣即人之成形，不可，人之形散，不亦氣乎？謂靈湛結聚爲心，自已與條一四以爲天地之性處不同矣。謂"心之所生者，善處即性"尤乖：所生爲果，性與善，皆爲本、爲因，倒因爲果已非其是；且"心之所生者"，豈不有善又有惡？以善者爲性則性爲有外，以惡者不爲性則如明道先生"善固性也，然惡亦不可不謂之性也"者何？

條一七

天命之性若無氣質，卻無安頓處。（節自《語類》卷四"性理一·人物之性氣質之性"，條四四，賀孫録）

釋：此卻明白。

商正：以爲明白者未必真明白。天命之性只是安頓、寄寓於氣質，決非取決於氣質以有無之。參見《語類》本卷條四七"性非氣質則無所寄"、條四八"天命之性非氣質則無所寓"等語。

條一八

論天地之性，則專指理而言；論氣質之性，則以理與氣雜而言之。（節自《語類》卷四"性理一·人物之性氣質之性"，條四六）

釋：此卻未然，恐涉支離。

商正：朱子之言確然鑿然。程子之言曰，"論性不論氣""論氣不論性"及"二之"如何如何，必如朱子言，論性復論氣，明且備矣；此之爲支離，其以"不明""不備"乃至"二之"之"不是"者爲不支離必矣。蓋一言而失其泰半者，此也！

條一九

人性雖同，氣稟①不能無偏重。唯陰陽合德、五行②全備，所以中正而爲聖人也。（節自《語類》卷四"性理一·人物之性氣質之性"，條七三，閔祖録）

釋：此亦可觀性善。

商正：性善之義，在"人性雖同"一句上。合德、全備，至於無所偏重，蓋"天縱之將聖"也。

———————————

① "氣稟"，全書本作"稟氣"。
② "行"，全書本作"性"。

條二〇

問："孔子曰'性相近'，孟子曰'性善'？"

先生曰："孟子論性，指本然之理而言，理無不善；夫子言性，就人生氣稟而言，不能無差，故曰'性相近'。然人能因其相近而復其初，本然之理人皆有之，何嘗不善？所謂'上智與下愚不移'者，以其困而不學，故不可移；若勉强盡力，豈有不可移之理！"

釋：孟子之言性者，本於"性相近"之言。蓋天地間除是上智、下愚移不得，其餘性皆相近、可習而至，可以見性善也。夫上智、下愚，數百年之內、千萬人之中，止一二人耳；若相近之性，無人不然，故曰性善。

商正：謂"性善"不背於"性相近"之言，抑亦可矣；然謂本之，則當曰"性相近"之言乃本於"性善"之意。卷一條一八三，謂《西銘》乃《原道》之祖，亦此意也。孟子道性善，倘除得上智一人、下愚一人爲不然，則性不得其善矣。謂其餘性皆相近、可習而至，終是不到得絶同，蓋或見得其性有仿佛約略之善，而不見其爲根本純一之善矣。若是解上智、下愚及中人上下之近似者，其論性也，亦必歸諸性三品乃至於紛繁雜多之論，孔孟程朱論性之大義或幾乎息！

條二一

韓愈《原性》本自好，但言三品處欠個"氣"字。孟子論性善，下頭也少一"氣"字，所以起後儒紛紛之論。（節自《語類》卷四"性理一‧人物之性氣質之性"，條六六，砥錄）

釋：無氣難說性。三品之言，因上智下愚而生，然不知夫子立言之意，本爲性善也。

商正：韓子言三品而欠個"氣"字，原來說得都是氣，緣見有不明，不能爽性說破；孟子性善少個"氣"字，卻是急於揭此大本大原，後面一段說氣題目故闕略之。涇野若果以爲上智下愚立言之意本爲性善，則上條當不至以爲須除了上智下愚以見性善也。

條二二

問性。曰："程子言：'論性不論氣，不備；論氣不論性，不明。'張子言：'形而後有氣質之性，善反之，則天地之性存焉。故氣質之性，君子有弗性者焉。'自古論性，至程、張方始明備。"

釋：性即氣之靈明精粹處，由心而生者也。支離言之皆未然。

商正：或以性歸諸氣，或以歸諸心，其實爲一途。其所以論此明且備者，亦不異其口徑，皆以支離譖之矣。

條二三

亞①夫問："氣質之說，起②於何人？"

先生曰："此起於張、程。熹以爲極有功於聖門、有補於後學，讀之使人深有感於張、程，前此未曾有人說到此。韓退之說三品，孟子說性善，荀子說性惡，揚子又說性善惡混。使張、程之說早出，則諸子之說泯矣。"（節自《語類》卷四"性理一·人物之性氣質之性"，條六四，時舉錄）

釋：程、張說性，雖比諸子明白，然恐還不是孔孟說性之初意。

商正：若然，不知程、張更向何處討明白？朱子語中"孟子說性善"五字，或衍。

條二四

心，譬水也；性，水之理也。性所以立乎水之靜，情所以行乎水之動，欲則水之流而至於氾濫也；才者，水之氣力所以能流者，然其流有急有緩，則是才之不同。（節自《語類》卷五"性理二·性情心意等名義"，"兼論才"，條九二，砥錄）

釋：心譬如一池，水之中央澄湛處，其靈覺皆自心中起者，性也。

商正：譬如一池，池之理爲性；譬如一池之水，水之理爲性。心中有理，心不可以造理；澄湛靈覺只是心，不是理。若以中央澄湛處爲性，是四邊黯淡處在性之外，天下將有無性之物矣。此蓋與條一四、條一六、條二〇、條二二等處同病。

---

① "亞"，全書本作"道"。
② "起"，全書本作"始"。

條二五

道夫問"性出於天,才出於氣"。曰:"性是形而上者,氣是形而下者。形而上者全是天理,形而下者只是那查滓。至於形,又是查滓至濁者也。"(節自《語類》卷五"性理二·性情心意等名義","兼論才",條九四,道夫錄)

釋:此天與氣爲二,則才與性又二物矣。亦未然。

商正:說是二,亦是二,蓋形而上者不雜乎形而下者也。然而到底不二,知理之所以爲理、性之所以爲性,則知雖理在氣先與天地之性之說,決非主張有二於氣與才者矣。

條二六

潘時舉問:"'持其志,無暴其氣'處,古人在車聞鸞和、行則有①佩玉,凡此皆所以'無暴其氣'。今人既無此,不知如何而爲'無暴'?"

先生曰:"凡人多動作、多笑語、做力所不及底事,皆是暴其氣。今學者須事事節約、莫教過當,此便是養氣之道也。"(節自《語類》卷五二"孟子二·公孫丑上之上","問夫子加齊之卿相章",條三九,時舉錄)

釋:雖"無暴其氣",亦須用志。

商正:"志動氣者十九,氣動志者十一。"朱子此言,蓋欲收十一之功也。十一、十九,至極合做一個身心受用,做卻須兩邊各下手做去。"無暴其氣",惟謹慎收斂,勿逞勿縱。

條二七

鄭昭先問夜氣、平旦之氣。曰:"這一段,其所主卻在心。熹嘗謂:只有程先生曰'夜氣之所存者,良知也,良能也',諸家解注,惟此說爲當。"(節自《語類》卷五九"孟子九·告子上","牛山之木章",條一六,道夫錄)

釋:人欲煩擾後,亦一歇,便見夜氣之美。

———————————

① "有",全書本作"鳴"。

商正：待得人欲自歇，豈爲有志！夜氣須是自去存它，良知良能須是自去發它，便足以勝人欲。

條二八

吳知先問：“何以養得平旦之氣到終日常恁地清？”

曰：“如何養得他？即是操存得個心，使不爲事物所撓動，故雖終日，也似平旦；雖事物恁地煩撓，此氣自清。”

釋：只是心作主得，所謂“定而後能靜”也。

商正：只一個“操則存”爲要訣，一時操則一時存，常常操則常常存，終日與否也在此，清與否也在此，則終日常似平旦、四時常如春天也。謂“定而後能靜”，“靜而後能安”之意也兼在此。

條二九

浩然之氣，孔子有兩句說盡了，曰：“内省不疚，夫何憂何懼！”（《語類》卷五二“孟子二·公孫丑上之上”，“問夫子加齊之卿相章”，條七一，個録）

釋：故集義則生此氣。

商正：好仁，惡不仁；集義，不犯不義。參見卷一條一九四，彼言曰粗，可較此而觀，然其所得者大，故可取。

條三〇

竇文卿問：“心中湛然清明，與天地相流通，此是仁否？”

先生曰：“湛然清明時，此固是仁義禮智統會處。今人說仁，都是把做空洞底物看，卻不得！”（節自《語類》卷五九“孟子九·告子上”，“仁人心也章”，條三三，德明録）

釋：湛然清明時，可觀仁。

商正：涇野前數以湛然清明爲性，得此可以知其謬矣。湛然清明不是仁，是個仁義禮智之性之“統會處”。“統之有宗，會之有元”，其惟心乎？離心言仁則仁空，然非以心爲仁也；使之湛然清明，毋使之昏惑黯淡，則仁道彰，然非以湛然清明者爲仁也。湛然清明觀仁可，如萬紫千紅觀仁、源頭活水觀仁、雞雛驢鳴觀仁、鳶飛魚躍觀仁皆可，然謂紅紫、流水等爲仁，或以爲仁者必生於此類，可乎？

條三一

天地以生物爲心，人中間包得許多生氣，自是惻隱。（節自《語類》卷五三"孟子三·公孫丑上之下"，"人皆有不忍人之心章"，條五，夔孫録）

釋：仁爲萬善之長，故"仁者，人也"，人而不仁，生意息矣。

商正：人心即天心，惻隱者人，所以能惻隱者天。程子曰："良知良能，皆無所由，乃出於天，不繫於人。"

條三二

學者須是求仁。所謂求仁者，不放此心。聖人亦只教人求仁。蓋仁義禮智四者，仁足以包之。若是存得仁，自然頭頭做著，不用逐事安排。故曰："苟志於仁矣，無惡也。"（節自《語類》卷六"性理三·仁義禮智等名義"，"仁義禮智"，條八二，方子録）

釋：仁若存得了，就與天地同體，觸處生意流行矣。

商正：仁是一個全體，心亦須全體在焉，然後仁自心出，"由仁義行"；不然，頭頭做著、逐事安排，乃"行仁義"者，不足以盡求仁之義也。

條三三

問"人而不仁，如禮樂何"。曰："不仁，便都恁地麻木了，都不知痛癢，雖禮樂恁地好，也不奈何。"（參見《語類》卷二五"論語七·八佾"，"人而不仁如禮何章"，條二等）

釋：禮樂本是仁作。

商正：制禮作樂以其仁，遵行禮樂亦須同一其仁矣。不仁而行禮樂者有之，後世所謂"禮教殺人"，非禮樂可以殺人也，不仁則人道息。

條三四

周莊仲①問："好仁、惡不仁，還有優劣否？"

先生曰："略有之。好仁者，自是有一般人資稟②較寬和温厚；

---

① 全書本無周莊仲之名，亦失録者名。
② "質"，全書本作"稟"。

惡不仁者，自是有一般人資稟較剛果決烈①。然而皆可謂之成德。"
（節自《語類》卷二六"論語八·里仁篇上"，"我未見好仁者章"，
條四）

釋：此恐只是一般。蓋能好仁，必惡不仁；能惡不仁，必好仁。
故夫子單言用力於仁。

商正：自資稟言，與自成德言，似稍不同：自資稟言，寬厚者易
於好仁，然後知不仁之真可惡也，剛決者易於惡不仁，然後知仁之真
可好也；自成德言，則好仁自然惡不仁，惡不仁也好仁亦自然在其
中。故曰略有差別，然亦不必大段言其優劣，人可以各因其資稟之長
短而皆入乎此成德之途也。

條三五

禮是仁之藏，智是義之藏。（節自《語類》卷六"性理三·仁義
禮智等名義"，"仁義禮智"，條一四四，燾錄）

釋：三百三千無非仁；剖判是非，義在其中矣。

商正：《語類》此條，朱子之語乃作"禮者仁之發，智者義之
藏"。如本卷條七七謂"禮便是宣著發揮底意思"，況之以條七五
"夏則生意之長也"，則禮說"藏"不得。三百三千固無非仁也，然
節文儀則乃其盛大鮮明也。

條三六

人多說性方說心，熹看來，當先說心。古人制字，亦只先制得個
"心"字，"性"與"情"皆從心。（節自《語類》卷五"性理二·
性情心意等名義"，條六六）

釋：性從心生，情從心動。

商正：《語類》此條下數語說得最為分明："以人之生言之，固
是先得這道理；然才生這許多道理，卻都具在心裏……蓋性即心之
理，情即性之用。今先說一個心，便教人識得個情性底總腦，教人知
得個道理存著處；若先說性，卻似性中別有一個心。"先說心、方說

---

① "烈"，全書本作"裂"。當作"烈"。

性，性乃可以有著落、有統會，心乃可以不外鑠、有體驗；若先說性、方說心，易流於性外說心、心外覓性，即條三〇所謂作"空洞底物看"。然亦不是截然不可先說性、方說心，如《語類》卷一〇五，"《孟子要指》"條四即曰："思惟這個，先從性看，看得這個物事破了，然後看入裏面去，終不甚費力。"本體終歸不是心，而是性，惟不得將性作個空空漠漠、別有所在的物事看；先說心，卻是有個入處。涇野謂"性從心生"，不是。所謂"性即心之理，情即性之用"，性由心著，性動爲情。

條三七

仁義禮智，性也；惻隱四端，情也；包性情者，心也。故橫渠曰："心，統性情者也。"孟子亦曰"仁義禮智根於心"，又曰"惻隱之心""羞惡之心"，以此見心實統此性情也。（參見《語類》卷五條六五至條六九、卷五三"人皆有不忍人之心章"條二八至三八條等）

釋：收放心者，因性情之蕩也。

商正：統者，主宰之義。所以言此主宰之義者，"包"亦是主宰，"根"亦是主宰，不如"統"字說得分明淨盡。

條三八

學者吃緊是理會這一個心。那紙上說底，全靠不得。（節自《語類》卷九"學三·論知行"，條二七）

釋：亦有取紙上說底理會了心者。故苟有事於心，無處非理會之地。

商正：不耽於紙上說，紙上說者亦皆出於前人心地，僅作紙上觀則虛。參見卷一條八七、條八八、條九三等。理會得個心，則性情都在。

條三九

志是心之所向①，意又是志之支腳。橫渠云："志公而意私。"情是心之發動處，志、意皆屬之情。（節自《語類》卷五"性理二·性

---

① "向"，全書本作"之"。

情心意等名義”，“兼論志”，條八九，偶録）

商正：“情是心之發動處”乃涇野據己意所添，《語録》此條，朱子則曰“情是意底骨子”“情是心之用”。又，該卷雖條六八曰“心所發爲情”、條七一曰“心之已動爲情”，然條八二尤曰“情是性之發”、條五五亦曰“情者性之動”。似此直謂“情是心之發動處”，恐不是，何況情亦非“動處”，乃一“動底”之性所“動出來”者。

條四〇

問九容、九思。曰：“即此便是涵①養本原。這裏不是涵養，更將②甚物③涵養！”（節自《語類》卷八七“禮四・小戴禮”，“玉藻”，條三）

釋：涵養雖離此究不得，必須協於克一。

商正：其容其思，皆關本原，一邊輕忽不得，直下皆須養。

條四一

論敬之與誠，曰：“敬是執持之意，誠是真實之名。敬則自始到終皆須著力；誠須是物格知至，然後意思念慮自是真實，強安排不得也。”

釋：雖敬，亦須先要知味，方肯敬。

商正：格物致知，離敬不得；物格知至，意自誠、心自正，所謂誠也。執持是工夫之名，真實是理之名。尋常都將“誠”字作“敬”字說了，說得較低。然謂敬須先知味，敬不是敬其所知而已，惟敬可以知味。

條四二

楊子順④問：“周先生云：‘一者，無欲也。’比伊川‘主一之謂敬’，如何？”

---

①　此下兩“涵”字，全書本皆作“存”。
②　“將”，全書本作“於”。
③　“物”，全書本作“處”。
④　全書本無楊子順名，亦失録者名。

曰："'無欲'與'敬','敬'① 字分外②分明。要之，持敬頗似費力，不如無欲撇③脫。"（節自《語類》卷九四"周子之書·通書","聖學"，條一）

釋：無欲固是好，怎能便無欲？其先須有功。

商正：孟子言寡欲，亦先其難也。初學須占卻費力一邊，不去占撇脫一邊。然主一言敬，到得一時卻是誠，誠自無欲，只有一個天理到處流行。

條四三

漢儒"反經合道"之語，卻說得"經""權"兩字分曉。但他說權，遂謂反了經，一向流於變詐爲權④，則非矣。（節自《語類》卷三七"論語十九·子罕篇下"，條一三，義剛錄）

釋：權能合道，雖反經，亦不妨。漢儒將亦有所受。

商正：反經而能合道，則權矣，然後知經之所以爲經。未有不由乎經而竟可以行權者，未有必止於反經而得自以爲行權者。權者處處正大光明，一味變詐逢迎於機會者與此無一毫之相似。涇野屢爲漢儒作此辯說，如卷一條一三〇、條一三四、條一五七、條一六七、條一九七等，或謂其有受，或謂其有得，此下一"將"字，知其亦非實有根據，乃推測言之也，然見其或有合會漢宋之意。

條四四

問"致"字之義。曰："而今略略地中和，也喚作'中和'。'致'字是要得十分中、十分和。"（節自《語類》卷六二"中庸一·第一章"，"致中和"，條一〇〇，夔孫錄）

釋："致"如世人言"致產""致位"之"致"，言積累至其極，而爲己所有也。

商正：所謂"略略地中和"，只是略能思慮些中和之事、略能與

---

① "敬"，全書本作"二"。
② 全書本無"分外"二字。
③ 原作"瞥"，依全書本逕改作"撇"。
④ 全書本無"爲權"二字。

人說些中和而已。然所謂"致中和"，有一分知得不盡、有一分行得不盡，便不是。將以位天地、育萬物，豈容稍緩忽！"致知"之"致"亦如此，致知欲其知至，止於至善之義在其中。

條四五

問："性分、命分何以別?"

先生曰："性分是以理言之，命分是兼氣言之。命分有多寡、厚薄之不同；若性分，則又都一般，此理，聖愚賢否皆同。"（《語類》卷四"性理一‧人物之性氣質之性"，"兼言命"，條八九，淳錄）

釋：性分若不兼氣說，從何處得來?

商正："天命之謂性"，便言其所從來；惟其命，則命於氣也。若性分即兼氣言，以氣稟之差，將何處得有個一致而絕同的道理?

條四六

問存心、養性先後。曰："當先存心，而後養性。養者，養而勿害①之謂。性不可言存。"（卷六〇"孟子十‧盡心上"，條三七）

釋：存心、養性，恐不可分先後。才存心，便可養性。性亦可言存，"成性存存"是也。

商正：先存心而後養性，與條三六所謂先說心而後說性之意一致，心有不存者，養性已非其事矣。曰"才存心，便可養性"，已分先後。性無不存，故不言存，有養之、害之之不同。"成性存存"，適不以"存"言性，乃言存物也。能養性，則存心之功大；能知性，則盡心之功成。

條四七

問"命"字之義。曰："'命'謂天之賦②與，所謂'天令之謂命'。然有以氣言者，厚薄、清濁之不同；有以理言者，謂仁義禮智之性。性③者，皆天所賦與，故皆曰命。"（節自《語類》卷六一

---

① "害"，全書本作"失"。
② 此條兩"賦"字，全書本皆作"付"。
③ "性"，全書本作"二"。

"孟子十一·盡心下"，"口之於味也章"，條一二，銖録）

釋：若有此二說，與子思之言不合。

商正：《中庸》特言其一義，若必以爲全，則子思與夫子之所謂"命矣夫，命矣夫"、子夏之所謂"生死有命，富貴在天"之言卻又不合矣。

條四八

聖人之道，有高遠處，有平實處。（《語類》卷八"學二·總論爲學之方"，條四，道夫録）

釋：雖高遠處皆平實。

商正：雖平實處皆高遠。平實言其爲日用常行之道，高遠言其極人道之致而爲人之所難能也。

條四九

聖賢兢兢業業，一日二日萬幾，戰戰兢兢，至死而後知免。只是大化恁地流行，只得隨他恁地。（節自《語類》卷一一六"朱子十三·訓門人四"，"訓夔孫"，條三〇。參見卷九四"周子之書·太極圖"，條一一一，義剛録）

釋：只兢業至死不已，便是無欲間斷如逝川也。

商正：德若是其健，行若是其謹，則其於命也，必若是其安。

條五〇

聖人只是常欲扶竪這個道理教他撐天拄地。（節自《語類》卷一七"大學四·或問上·經一章"，"此篇所謂在明明德一段"條一四，文蔚録；參見卷一三，條六〇，卓録）

釋：全其天地所以付與我者以及於人，便是能撐拄天地。除是仁人孝子可。

商正：天地豈不全賴這個道理以爲撐拄？不得聖人扶持，恐早倒了天地。此見"爲天地立心"之義。

條五一

聖人千言萬語，只是要知得、守得。（《語類》卷九"學三·論知行"，條七，節録）

釋：了此，何須多言！

商正：知得守得到底，便至聖賢地步。此又見“爲生民立命”之義。

條五二

問：“‘必有《關雎》《麟趾》之意，然後可以行《周官》之法度。’何也？”

曰：“須是自閨門衽席之微，積累到薰蒸洋溢，天下無一民一物不被其化，然後可以行《周官》之法度；不然，則爲王莽矣！”（節自《語類》卷九六“程子之書二”，“《近思録》第八卷”，條六五，淳録）

釋：既無一民一物不化，何消又用《周官》法度？大抵《關雎》先而法則次之；不然，“徒善不能以自行”。

商正：“《關雎》先而法則次之”，則《關雎》亦爲一法矣！程子之意不然，謂“必有《關雎》《麟趾》之意，然後可以行《周官》之法度”，不謂“先行《關雎》《麟趾》而後行《周官》之法度”，豈不明乎？《關雎》《麟趾》之意蓋有身有家者在所必有，而《周官》之法度則可以不行，亦非人皆得以行之者也；必惟積累盛大、人服其化者出，然後行《周官》之法度乃其事也。不然，所謂《周官》法度也者，雖成自周公手，其不將爲一切僞冒篡逆者之藉助乎？程朱此意，固亦不無“徒善不能以自行”之義，要之卻尤在於說“徒法不足以爲政”一面也。《語類》此條末又曰：“後世論治，皆欠此一意。”確然！

條五三

楊至說①：王詹事守泉，初到任，會七邑宰，勸酒，歷告以愛民之意，出一絶以示之，云：“九重天子愛民深，令尹宜懷惻隱②心。今日黃堂一杯酒，使君端爲庶民斟。”邑宰皆爲感動。（節自《語類》

---

①　全書本無此三字。
②　“隱”，全書本作“怛”。

卷一三二"本朝六·中興至今日人物下"，條五〇，時舉錄）

釋：有如此詩，又本之以德，豈惟可使七宰感動哉！

商正：有此意，而後以法度行其政，民將心悅而誠服。

條五四

熹嘗謂：今做監司不如做州郡，做州郡不如做一邑，事體卻由自家。監司雖大於州、州雖大於邑，然事都被他下面做翻了，上面如何整頓！（《語類》卷一一二"朱子九·論官"，條三四，道夫錄）

釋：若用心為民，大亦可，小亦可；不然，大固不可，小尤不可。

商正：此非言為政者之用心，乃言制度之掣肘也。如《周官》之法度大，然小處、根基處若壞，欲其政之良也幾希。

條五五

運使本是愛民之官，今以①督辦財賦，反成殘民之職。提刑本是仁民之官，今以經總製錢，反成不仁之具。（《語類》卷一二八"本朝二·法制"，條五一，淳錄）

釋：但有濟民之心，仁愛便能行乎其間。

商正：官職本為愛民、仁民設，一變而惟行其殘民、不仁之事，則先王分官設職之意孤矣。曰"職"曰"具"，可見亦未必甘心蛻變，乃不由自主，則此殘民、不仁之大罪，更有當任其咎者，在上之索取無度，乃用此聚斂剝刻之臣，政府皆成其私器矣。上條與此條，如"用心為民""濟民之心"云云，涇野之言如此，甚見其闊於事情，豈如朱子之鞭辟入裏哉！

條五六

為政必有規矩，使奸民猾吏不得行其私，然後刑罰可省、賦斂可薄。所謂以寬為本、體仁長人，孰有②大於此者乎！（節自《文集》卷四五，《答廖子晦》之一四）

---

① 原作"人"，依全書本徑改作"以"。

② "有"字依全書本補。

釋：善法兼濟可。

商正：惟知省刑罰、薄賦斂之爲寬仁，而不知法度規矩乃爲寬仁之本者，使其一旦爲政長民，必自行乎無規矩之地，然後刁滑橫行而無以制，民終身受其害，是罔民也，是縱害虐民也，其於寬仁也何有！

條五七

王季海當國時，好出人罪，以積陰德。熹嘗謂：雖堯舜之仁，亦只是“罪疑惟輕”而已，豈有不疑而强欲輕之乎！（節自《語類》卷七八“尚書一‧大禹謨”，條一二，人傑以及廣錄）

釋：縱惡人以戕良善，陰德安在！季海出人，亦是爲己之私心。

商正：罰當其罪，天理固然；“罪疑惟輕”，則行權也。假公以濟私，仁政之罪人。

條五八

問：“若經世一事，向使先生見用，其將何先？”

曰：“只是隨時。”

問：“今法亦有弊而當更者？”

曰：“亦只是就其中整理。”（節自《語類》卷一〇八“朱子五‧論治道”，條七〇，德明錄）

釋：就中整理，便是經濟手段。

商正：非大可爲之際，但隨時救濟，更革得其中甚害且急者，變化須有時。

條五九

爲政如無大利害，不必議更張。議更張，則所更之事未成，必閧然成擾，卒未已也。（節自《語類》卷一〇八“朱子五‧論治道”，條六七，人傑錄）

釋：此“巳日乃革之”之意。若更張者，不是徼利，便是好名。

商正：爲政只宜秉持爲國家人民興利除害之心，除是其政適爲大害，則須先予以更張，其餘則以更張而施其害，仁政之敵也。與上條關聯看。

條六〇

陳安卿問："律起何時？"

曰："律是從古來底，逐代相承修過，今也無理會了。但是而今那《刑統》便是古律，下面注底便是周世宗造。"（節自《語類》卷七九"尚書二·呂刑"，條三，義剛錄）

釋：自堯舜設士以來即有律，如五刑、五流、鞭撲、金贖，萬世不能改也，但逐代有增益耳。惟仁主能損律，漢高之三章是。

商正：漢高三章，恐亦是因秦之弊而一時權宜之，到漢建政，須更全之。若便以一"損"字論其仁，則堯舜設律，豈其不仁乎？

條六一

當官勿避事，亦勿侵事。（《語類》卷一三"學七·力行"，"論仕"目，條一六六，升卿錄）

釋：若不避事，盡有事干，奚暇侵事？侵事者，反避事也。

商正：無不侵事之心，不免亂政擾民，如何與民休息？欲勿避事以動則得宜，須勿侵事而先得其靜本。勿侵事者，乃一大勿避事也。

條六二

自古救荒只有兩策：第一是感召和氣以致豐穰，其次只有儲蓄之計。若待他饑餓時理會，更有何策！（節自《語類》卷一〇六"朱子三·外任"，"浙東"，條一，自修錄）

釋：感召和氣，固無荒可救；若儲蓄，亦是備荒事。救荒是無前二者，方可云"救"，恐亦有策。

商正："聽訟，吾猶人也；必也，使無訟乎！"糧荒惟是政荒，臨時求救之之策，亦其末矣。

條六三

直卿言："辛幼安帥湖南，賑濟榜文只用八字：'劫禾者斬，閉糴者配。'"

先生曰："這便是他有才。此八字若做兩榜，便亂道。"又曰："要之，只是粗法。"（《語類》卷一一一"朱子八·論民"，"賑民"，條一七，道夫錄）

釋：不求劫禾之故，而斬劫禾之人，雖謂之不酷，吾不信也。

商正：涇野此言，卻是將八字做兩榜看也。且救荒緊迫，上條既不許朱子言備荒以前事，此條卻言求故，故何用此時求哉？倘不幸遇荒年，吾從辛稼軒，不從呂涇野矣！稼軒不暇求故，開糶糴之市，以通有無、以紓緩急，且俟禾之熟矣，有此而猶劫禾者則斬之；劫禾不過圖濟一時，須禾之熟，則活人多矣，無求劫禾之故，惟佐以可須之道，有此而閉糴使勢不可須者則配之。榜於明文，公之於衆，曰斬曰配，是爲不斬不配，奚其爲酷？稼軒八字，實合於上條朱子救荒兩策，不劫禾以致豐穰，不閉糴以般運通輸其所儲蓄，朱子故是之。然朱子兩策欲行於平時，稼軒八字卻是急時用緩法，以才不以學，或非其機會，故又以粗論之也。

條六四

黃直卿言：“廖子晦作宰，不廷①參，當時忤了上位。但此一節最可服。”

先生曰：“廷參固不是；然待上位來爭到這裏，也不是。”（《語類》卷一一三“朱子十·訓門人一”，“訓德明”，條一九，義剛録）

釋：不待爭到爲不是；若有舊規而不廷參，恐亦不是。

商正：“廷參固不是”，論其禮也；“待上位來爭到這裏，也不是”，論其時也。若不能於平時極論其非禮而明以去之，事到臨頭，恐亦只得依當時之法暫而行之也；人來時乃爭，自已失禮。涇野前語，失朱子本意；後語，雖舊規非禮，平日卻亦不許爭也。

條六五

今朝士見宰相，只是客禮；見監司、郡守，如何卻降階？（節自《語類》卷九一“禮八·雜儀”，條三七，德明録）

釋：內外之體，自昔爲然。朝士近天子，宰相得以行其讓；郡守遠王畿，監司得以立其體。

商正：降階如上條之廷參等，皆有奴視卑使其下之意也，尊卑之

───────────

① “廷”，全書本作“庭”。

禮不然。涇野以謂"内外之體，自昔皆然"，須別有古今之制以
爲證。

條六六

先生歎息曰："今日不能制民之産，已自不是；民自去買田，又
更收牙稅，是甚說話！古人禁人聚飲，今卻張官置吏，惟恐人不來
飲。如此，卻何以責人謙①遜！"（節自《語類》卷二六"論語八·
里仁篇上"，"能以禮讓爲國章"，條六，義剛録）

釋：此意行，可以觀先王之仁其民，如之何不家給人足也？

商正：制産省費，仁政其施；巧取豪奪，乃魚肉其民也。

條六七

朋友言：某官失了稅簿。先生曰："此豈可失了？此是根本！無
這個，後如何稽考？所以周公②建官，便皆要那史。所謂史，便③是
掌管那簿底。"（《語類》卷一一一"朱子八·論民"，"取民"，條
八，義剛録）

釋：後世内而大小九卿，皆設司務、典簿等官；外而省府州縣，
皆設經歷、簿史等官。其意深矣！

商正：稽虚實、考功過，前較後量，皆須依此，政乃有准。

條六八

先生曰："熹在同安時，每點追稅，必先期曉示。以一幅紙截三
片，作小榜子徧貼，云：'本廳取幾日點追某鄉分稅，仰人戶知悉。'
只如此，到限納者紛然。只是一個信而已。"（節自《語類》卷一〇
六"朱子三·外任"，"同安主簿"，條二，時舉録）

釋：先生信在言前，故言出而人從。

商正：信之義大矣哉！以一縣之稅事驗之，知其可以施於國，但
惟存心於民者能之。

---

① 原作"廉"，依全書本徑改作"謙"。
② "公"，全書本作"官"。
③ 原作"須"，依全書本徑改作"便"。

條六九

陳安卿問："橫渠復井田之說，如何？"

先生曰："這個事，熹皆不曾敢深考。而今只是差役，尚有萬千難行處，莫道要奪他田，他豈肯！"（節自《語類》卷九八"張子之書一"，條一二二，義剛錄）

釋：只就差役中自有一樣，井田法不待區盡。又橫渠說必須乘時。

商正：上下離心，皆以私利自守，故難期之以遠。參見條五九。

條七〇

先生論兵，曰："今日朝廷盡力養兵，而兵常有不足之患。自兵、農既分之後，其所費，卻是無日不用兵也。"（《語類》卷一一〇"朱子七·論兵"，條一六，時舉錄）

釋：政在養農，便省養兵；農不足，則兵有餘。

商正：兵、農雖分，不必相為累。兵不虞其多，虞其不精；不精則唯恃其多，多則疲農糜政矣。

條七一

人言"仁不可以主兵，義不可以主財"。熹謂：惟仁可以主兵、義可以主財。（《語類》卷一三八"雜類"，條一一四，道夫錄）

釋：夫子探本之言。

商正：詭兵不足於仁，正兵則惟仁而後可；貪財不足於義，廉財則惟義而後可。

條七二

屯田，須是分而屯之。統帥屯甚州、總司屯甚州、漕司屯甚州，上面即以戶部尚書為屯田使，使各考其所屯之多少以為殿最，則無不可行者。今則不然，每欲行一文字，則經由數司簽押，各相牽制，事何由成？（《語類》卷一一〇"朱子七·論兵"，"屯田"，條二一，道夫錄）

釋：大抵只要人存，管屯與天畯亦同。治得民田，便治得屯田。

商正：屯田蓋欲矯兵農相分之弊；分屯則所屯者廣，固邊之利為大。牽制之過，事無可行，屯田如此，如欲復井田者亦不免也。總以簡政疏節爲宜。

條七三

朱浣問選擇將帥之術。曰："當無事之時，欲識得將，須是具大眼力，如蕭何識韓信，方得。國家中興，張、韓、劉、岳突然而出，豈平時諸公所嘗識者？"（節自《語類》卷一一〇"朱子七·論兵"，"擇將帥"，條二三，道夫錄）

釋：素有爲天下得人之心者，眼力方高。

商正：自其危難中崛起，識之不難；無事之時，須觀其落落大節，不拘一格。

條七四

監司薦人，後犯贓罪，須與鐫三五資，方始得他痛。今都不損他一毫！（節自《語類》卷一一二"朱子九·論官"，條二四，道夫錄）

釋：此在用監司者已非其人，故上下內外相恕也。

商正：無關痛癢，不用得心。

條七五

今天下事，只礙個失人情，便都做①不得。蓋事理只有一個是非，今朝廷之上不能②辨別這③是非，如宰相固不欲逆上意，上亦不欲忤宰相意，今聚天下之不敢言是非者在朝廷，又擇其不敢言之甚者爲台諫，習以成風，如何做得事！（節自《語類》卷一一一"朱子八·論民"，條三，人傑錄）

釋：晚宋削弱根本如此，可不畏乎！

商正：徇順人情者，罔顧是非；罔顧是非者，終失人情。是非者，絕大之人情也。

條七六

如今未論人會學，吃緊自無人會教。所以明道先生欲得招致天下

---

① "做"，全書本作"使"。
② "能"，全書本作"敢"。
③ "這"，全書本無。

名儒，使講明教人之方；其德行最高者留以爲太學師，卻以次分佈天下，令教學者。須是如此，然後學校方成次第也。（節自《語類》卷四三"論語二十五·子路篇"，"子適衛章"，條一，時舉錄）

　　釋：此治化之本。

　　商正："言有教，動有法"，劃爲條程，振興師道自此始。

條七七

　　自古聖賢，自堯舜以來便說個"敬"字。孔子曰："修己以敬。"此是最緊要處！（節自《語類》卷二一"論語三·學而篇中"，"道千乘之國章"，條八，佪錄）

　　釋：蘇子瞻譏朱光庭"何時打破這個'敬'字"，則堯舜至孔子皆非矣。

　　商正：參見條四一、條四二等。雖至於堯、舜、孔子，闕個"敬"字不得。譏者其意，不在"薄湯武而非周孔"乎？

條七八

　　問"夫子溫良恭儉讓"。先生曰："最是要看得此五字是如何氣象，深體之於我，則見得聖人有不求人而人自即之底意思。今人自請舉以往，並是求人；雖做到宰相地位，也是恁地。"（節自《語類》卷二二"論語四·學而篇下"，"夫子至於是邦章"，條一一，時舉錄）

　　釋：以後世自請舉字發揮夫子五字，更明切。

　　商正：仁義自足，益熟則人益親；名利之心有不盡，則始終俯仰於人也。

條七九

　　仁、智①雖一，然世間人品所得自有不同：顏子、曾子，得仁之深者也；子夏、子貢，得智之深者也。如程門之尹氏則仁勝，上蔡則智勝。（《語類》卷二六"論語八·里仁篇上"，"不仁者不可以久處約章"，條八，升卿錄）

---

　　①　此條三"智"字，全書本皆作"知"。

釋：終是仁可以兼智。

商正：仁且智，其惟聖乎，渾然而具體。其下得之有深淺：得仁深者蓋有如愚之資、有魯之質，得智深者用日月一至焉；偏勝則得亦尚淺，如仁勝則不能勝其愚魯，智勝則巧詞利辯時或爲礙，然智勝流弊多。

條八〇

學者須要有廉隅牆壁，便可擔負得大事去。如子路，世間病痛都沒了。（節自《語類》卷一三"學七・力行"，"雜論立心處事"，條一二二，升卿録）

釋：只是一忠信故。

商正：自守堅固，然後可以仁義自任。

條八一

蔡行夫問顏子"不遷怒，不貳過"。先生曰："此是顏子好學之符驗如此，卻不是只學此二事。顏子學處，專在非禮勿視聽言動上。"（節自《語類》卷三〇"論語十二・雍也篇一"，"哀公問弟子章"，條一二，時舉録）

釋：二事皆在四句上做，恐不可小二事也。

商正：符驗豈小之哉！四句卻是入處，得此處之實，則不把著二事徒然擬議想像也。如不違如愚亦是一種之驗，學顏者，須著力在"退而省其私，亦足以發"，日常無一言一行不發明其所聞也。

條八二

黃直卿問："程子云：'曾點、漆雕開已見大意。'如何？"

曰："開更密似點，點①更規模大。開尤縝密。"（《語類》卷二八"論語十・公冶長上"，"子使漆雕開仕章"，條二三，道夫録）

釋：此卻是自二子象貌上看，畢竟詠與信處，有個著落。

商正：皆見大意也。密則實，實則後繼得力；一味大，卻疏，受用不著。

---

① 依全書本補一"點"字。

條八三

林學蒙正卿問："曾點隻從高處見破，卻不是次第做工夫來？"

先生曰："熹以爲與莊子之徒相似。"（節自《語類》卷四〇"論語二十二·先進篇下"，"子路曾皙冉有公西華侍坐章"，條二二，恪錄）

釋：點之學，流而爲周。故夫子因其言志，始與而終抑。

商正：無次第，卻終說得聖人之道一般好處，非叛於道者。如莊生，得謂"見大意"否？得謂"吾與周也"否？恐須爲曾點爭一爭。

條八四

曾子與曾點，父子之學自相反：一是從下做到，一是從上見得。（節自《語類》卷一一七"朱子十四·訓門人五"，"訓淳"，條四六。參見卷四〇"論語二十二·先進篇下"，"子路曾皙冉有公西華侍坐章"，條四二，廣錄；又，卷二八"論語十·公冶長上"，"子使漆雕開仕章"，條二八，賜錄；等等。）

釋：此便是參克肖之善，雖非"蓋前之愆"，亦類"喻父於道"矣。

商正：資稟原相反，其父到頭終依氣，其子氣融於學。善繼善述，曾氏有子。

條八五

或問曾子三省。先生曰："此是他自見得身分上一個欠闕處，卻將三者日省之。若今人欠闕處多，卻自不曾知得。"（《語類》卷二一"論語三·學而篇中"，"曾子曰吾日三省吾身章"，條五，恪錄）

釋：曾子自知所不足者，此三事，人之爲功。當取其意、省其病，不可泥其事。

商正："知"字工夫闊，"省"字工夫深。欠缺多，用知盡去得，到幾無剩餘卻用省，更入乎密；欠缺多，自欺以不知，卻掉之以三省，曾子工夫一何輕之若此哉！

條八六

自孔子之後，得聖人之心者，惟曾子、子思、孟子而已。（節自

《語類》卷九三"孔孟周程張子"，條四一，僩錄）

　　釋：曾子傳之真，故思、孟皆得其道、少偏倚；如子夏、商瞿輩，其徒便支離矣。

　　商正：道得其人而傳，不在多。謂"得聖人之心"者有其方，得聖人之道而已矣。

條八七

　　問："孟子亦戰國習氣否？"

　　曰："三代人物，自是一般氣象；春秋人物，又是一般氣象；戰國人物，又是一般氣象。"（節自《語類》卷九六"程子之書二"，"第十四卷"，條七六，淳錄）

　　釋：若孔孟，自是超出風氣之外。

　　商正：孔孟固與三代人物不異，然亦各因其時之病而救藥之。天道豈其遺棄春秋、戰國之人也哉？

條八八

　　孟子、莊子文章皆好。列子在前，便有迂僻處；左氏亦然，皆好高而少事實。（《語類》卷一二五"老氏·莊列"，條一，人傑錄）

　　釋：以孟子同莊、列文字並論，恐失之雜。

　　商正：孟子既與乎道統，雖論以文章，無虞其輕與雜矣。此只是作兩面觀：左氏好高鮮實之病，儒門得孟子一掃之，而歸乎親切著實；列子迂曲怪僻之病，異端得莊子亦大改之，變而爲搖曳暢達。內外竟不約而同其趣若此，上條所謂戰國氣象者因以成。

條八九

　　先生曰："《左傳》《國語》，惟是周室一種士大夫說得道理大故細密，這便是文、武、周、召在王國立學校，教得人恁地。惟是周室人會恁地說。"（節自《語類》卷八三"春秋·綱領"，"兼論《國語》"，條二六，義剛錄）

　　釋：文武周召，初意豈爲是說哉？

　　商正：學校之政，其流或爲文弱之弊。此亦爲所謂春秋風氣者做一溯源之論也。

條九〇

唐子西云："自漢而下，惟有個子房、孔明耳。而子房尚黃老，孔明喜申韓。"也說得好。子房分明是得老子之術，其處己、謀人皆是；孔明手寫申韓之書以授後主，而治國以嚴，皆此意也。（節自《語類》卷一三五"歷代二"，條一八，道夫錄）

釋：張、葛學雖不同，用亦相似。

商正：黃老一轉爲申韓，已有前鑒。孔明尚儒家，而教後主以申韓，蓋所謂漢家雜霸王道，或欲蜀能承此家法也。

條九一

子房事業都是黃老，凡事放退一步，若不得那些清高之意來緣飾遮蓋，則其從衡詭譎，殆與陳平輩一律爾。（節自《語類》卷一三五"歷代二"，條一九，廣錄）

釋：子房之志忠貞，其詭譎，智也。

商正：智豈必爲詭譎也哉？以其志終不能大公而無私，所以累其智以至此也。詭譎爲智，一如變詐爲權（參見條四三），皆大非也！

條九二

召平高於四皓。（節自《語類》卷一三五"歷代二"，條二六，廣錄）

釋：四皓定一儲，亦何貶於平？

商正：非以功論也。

條九三

董仲舒所立甚高。後世之所以不如古人者，以道義、功利關不透耳。（節自《語類》卷一三七"戰國漢唐諸子"，"董子"，條三三）

釋：孔門去富貴、處貧賤，義正如此。

商正：孔門不去富貴、處貧賤，孔門惟義適從，富貴、貧賤不縈於心。董子所立，見於"正其義不謀其利，明其道不計其功"一語。道義、功利關，參見卷一條一二〇、條一二一等。

條九四

問諸葛孔明出處。曰："曹操自①是賊，既不可從；孫權又是兩間底；劉表、劉璋之徒又了不得。只有蜀先主，名分正、可與有爲，故止得從之也。"（節自《語類》卷一三六"歷代三"，條九，時舉錄）

釋：孔明出處固甚正，但作用不似伊、周。

商正："名分正"，對曹、孫而言；"可與有爲"，對二劉而言。此是出處大節，故舉而言之。此論出處，非論作用。以孔明才志，若當湯、武之聖，其作用之於伊、周或不似而幾，其不果然，則命也。曰"止得從之"，蓋寓此意焉。

條九五

"武侯有王佐之心，道則未盡。"自比管、樂，非謙。（節自《語類》卷一三六"歷代三"，條八，揚錄；等等。）

釋：此亦善說武侯。

商正：惟道盡者可以佐王事；其餘稍假以力，即流於霸。"有王佐之心"，程子語。

條九六

問："老子之道，曹參、文帝用之皆有效，何故以王、謝之力量反做不成？"

先生曰："王導、謝安又何曾得老子妙處？然謝安又勝王導。石林說：'王導只是隨波逐流底人；謝安卻較有建立，也煞有心於中原。'此說也是。但謝安也被這清虛絆了，都做不得。"（節自《語類》卷一三六"歷代三"，條三二，義剛錄）

釋：曹參、文帝恐非專學老子。王、謝若得老子妙處，當又如何？

商正：曹參、文帝當天下大弊之余，專用無爲之道，雖居簡行簡，尚得其簡；王、謝當中國淪陷之際，須力主進取、亟圖恢復，若得老子妙處，則知非行老子之道之時矣，然習老莊而得其清虛之唾餘，以掩飾其軟弱無所作爲，亦將爲老氏累也，老氏豈果爲黜抑中國

---

① 原作"既"，依全書本徑改作"自"。

而縱容夷狄之道哉！問者以有效與否爲問，朱子不暇辯其是否盡爲老子之道，其意豈真有在於老子之妙處乎！

條九七

周世宗天資高，於人才中尋得個王樸來用，不數年間，做了許多事業。（節自《語類》卷一三六"歷代三"，條八一，廣錄）

釋：只是無《關雎》《麟趾》之意，便弱。

商正：亦且不必説向《關雎》《麟趾》之意，但肯做事情、知人才之可貴，亦無須甚英傑大才，便有可爲。

條九八

淵明所説者莊老，然卻簡古。堯夫辭極卑，道理極①密。（《語類》卷一三六"歷代三"，條三六，升卿錄）

釋：陶、邵亦可謂見大意。

商正：雖其學非由乎正，至能"精義入神"，亦各有所得。然觀涇野之意，皆將以"見大意"許此一路人格也，其如曾點何！

條九九

仲舒本領純正。文中子論治體處，高似仲舒而本領不及，爽似仲舒而純不及。（節自《語類》卷一三七"戰國漢唐諸子"，"論荀揚王韓及諸子"，條二〇，木之錄）

釋：文中子本亦自好，其不純處，學者誤入之言也。

商正：本領純正則自高爽。才欲高爽，便有出世意，與論治體本意有乖；至本領純正有失，則所失大矣。

條一〇〇

義剛曰："韓公雖有心學問，但於利欲②之念甚重。"

先生曰："他也是不曾去做工夫。他於外面皮殼子上都見得，只是不曾向裏面省察，不曾就身上細密做工夫。"（節自《語類》卷一三七"戰國漢唐諸子"，"韓子"，條七二，義剛錄）

---

① "極"，全書本作"卻"。
② "欲"，全書本作"禄"。

釋：韓子只是好文甚，故其道微。

商正：有學者之志，便須求親身受用。參見卷一條八九、條一〇九、本卷條三八等。

條一〇一

道夫問："伊川於毛公，不知何所主而取之？"

曰："程子不知何所見而然。嘗考之《詩傳》，其緊要處有數處，如《關雎》所謂'夫婦有別則父子親，父子親則君臣敬，君臣敬則朝廷正，朝廷正則王化成'，要之亦不多見，只是其氣象大概好。"（節自《語類》卷九六"程子之書二"，"第十四卷"，條七七，道夫錄）

釋：毛萇有聞之士。

商正：此程子所謂"解經不妨不同，但緊要處不可不同"之意，不取其有聞與否，取其理正，吻合教化大旨。

條一〇二

鄭康成也可謂大儒，他考禮名數，大故有功，事事都理會得。如漢律令，亦皆有注，盡有精力。又曰："東漢風俗①，諸儒煞好！盧植也好。"（《語類》卷八七"禮四・小戴禮"，"總論"，條九，淳錄、義剛錄）

釋：以康成爲大儒，恐非夫子所謂君子儒。若盧植，又有得其大者意。

商正：卷一條一〇五，涇野不許朱子所謂"名數制度之類，略知之便得"，此處卻疑康成不爲君子儒。康成恐亦可謂以名數制度而大者，保存文獻爲有功，不但爲風俗之中人而已，適有以養成一代之風俗也。"魯無君子者，斯焉取斯？"

條一〇三

問本朝人物。曰："韓、范規模大，又粗了；温公差細密，又小。"

砥曰："看本朝諸公，如范文正差勝否？"

曰："畢竟許多人物都不似聖賢地位，粗處又粗，細處又細。"

---

① "風俗"二字，全書本無。

釋：粗，只是不可放過者放過；細，是可放過者不放過。

商正：粗若狂，細若狷，“不得中行而與之”，開闢之功，端賴前者，繼後者乃可以加精。

條一〇四

問：“東坡、韓公如何？”

先生曰：“平正不及韓公。東坡說得高妙處，只是說佛，其他處又皆粗。”

又問：“歐公如何？”

先生曰：“淺。”久之，又曰：“大概皆以文人自立。”（節自《語類》卷一三〇“本朝四·自熙寧至靖康用人”，條七九，義剛録）

釋：既是文人自立，良是可勿論其粗淺矣。

商正：勿論其粗淺，或將以文人當學者，是將啟小人儒之歸矣。

條一〇五

蕫卿問荊公與坡公之學。曰：“二公之學皆不正，但東坡之德行那裏得似荊公！東坡初年若得用，未必其患不甚於荊公；但東坡後來見得荊公狼狽，所以都自改了。”（節自《語類》卷一三〇“本朝四·自熙寧至靖康用人”，條一九，道夫録）

釋：謂荊公有德行，恐誤看也。古之三德、六德者，皆有用而無害。

商正：由其學之不正，雖改，改過為不及，終不得為改正也，到底皆為功利而有顯隱之別而已矣。若荊公，亦自不得謂其全無德行，至以古之至德衡之則無也。

條一〇六

立之說：“‘君子和而不同’，如溫公與范蜀公議論不相下之類。不知‘小人同而不和’，卻如誰之類？”

先生曰：“一①如呂吉甫及②王荊公是也。”（節自《語類》卷四三“論語二十五·子路篇”，“君子和而不同章”，條二，時舉録）

---

① “一”，全書本無此字。
② “及”，全書本無此字。

條一〇七

陳了翁平生於取捨處看得極分明，從此有人。凡作文字，多好言此理。（節自《語類》卷一三〇"本朝四·自熙寧至靖康用人"，條一二四）

釋：了翁有志於仁。

商正：如此，方不是虛文字。

條一〇八

問："東萊之學如何？"

曰："合陳君舉、陳同父二人之學問而一之。"

釋：此恐是先生未友伯恭之前語。君舉之考究、同父之利欲，伯恭未必然也。

商正：朱子、東萊締交甚早，《語類》少有所謂未友前所錄。此或自金華之學流弊而言，博求之學，分而流爲考究與功利也。

條一〇九

撫學有首無尾，婺學有尾無首；禪學首尾皆無，只是與人說。（《語類》卷一二四"陸氏"，條六五，泳錄）

條一一〇

江西之學只是禪，浙學卻專是功利。（節自《語類》卷一二三"陳君舉"，條二六）

條一一一

浙間有一種學，又是得江西之緒餘，只管教人合眼端坐，要有所見，然後謂之悟。此大可笑！（節自《語類》卷一二一"朱子十八·訓門人九"，條六七，學蒙錄）

條一一二

陸子靜說良知良能、擴充四端之類，不可謂之不是；然求本而遺末，其弊至於合理會底事都理會不得，遇事無所依據。（節自卷一二四"陸氏"，條一三，人傑錄）

釋：子靜遺害不小。

商正：求本遺末、離棄事情已是禪；至其說良知良能、擴充四端之類，若非掩飾，則並儒家正學而與之禪化，害實深矣。

條一一三

問："伊川因何而見道？"

曰："他說求之六經而得，但他是於濂溪處見得個大道理占地位了。"（節自《語類》卷六七"易三·綱領下"，"程子易傳"，條二一，德輔錄）

釋：濂溪是他的指點，六經是他自尋得。

商正：先立其大，還須自見得。

條一一四

伊川《好學論》，十八時作。明道十四五便學聖人，二十及第出去做官，一向長進，《定性書》是二十二三時作，是時遊山許多詩甚好。（《語類》卷九三"孔孟周程張子"，"程子"，條六二，義剛錄）

釋：固是天資好，亦是起初不曾錯用得功。

條一一五

義剛曰："前輩也多是背處做幾年，方成。"

先生曰："也有不恁地底。如明道，自是①二十歲及第，一向出來做官，自恁地便好了。"（節自《語類》卷一一"讀書法下"，"讀史"，條一四五，義剛錄）

釋：義剛背地做工，只是爲記誦文辭之學耳。

商正：似也不消得如此推測義剛。又，明道也說自己一向下工夫，其謂學者曰："賢看顯如此，顯煞用工夫！"（見朱子《伊洛淵源錄》卷三《明道先生》"遺事"條二）惟其純亦不已，於此學乃有開必先也。

條一一六

若天資大段高，則學明道；若不及明道，則且學伊川、橫渠。（節自《語類》卷一一五"朱子十二·訓門人三"，"訓節"，條五一）

釋：雖天資高者，亦當自嚴毅方正入。

商正：欲學者知學明道之難，而以學伊川、橫渠爲無弊，及其至

---

① "是"，全書本無此字。

也，則一而已。故曰"且學"，非終二之也。如明道以其天資，亦終不爲曾點也。

條一一七

問："明道可比顏子，伊川可比孟子否？"

曰："明道可比顏子。孟子才高，恐伊川未到孟子處；然伊川收束檢制處，孟子卻不能到。"（《語類》卷九三"孔孟周程張子"，"程子"，條六三，輝録）

釋：孟子比伊川，終是大且熟也。

商正：顏子、明道，熟而幾於化矣。孟子、伊川大也，然曰才高，稍依得個"才"字；曰收束檢制，稍見得緊用力處，此時尚各有勝場，惟可如上條之所言，才不如孟子之高者，且學伊川檢束之實。

條一一八

橫渠說做工夫處，更精切似二程。（節自《語類》卷一一三"朱子十·訓門人一"，"訓廣"，條二四）

釋：亦有不似伊川之近處。

商正：非依天資，"先難而後獲"，故知其艱苦之所在。

條一一九

而今看文字，古聖賢說底不差。近世文字，惟程先生、張先生、康節說底不差；至如門人之說，便有病。（節自《語類》卷一〇五"朱子二·論自注書"，"中庸輯略"，義剛録）

釋：從行過處說便不差。

商正："先行其言而後從之"者是，然康節或不到此，程張門人有見便有差處，此承學爲難也。

條一二〇

看道理不可不仔細！程門高弟，如謝上蔡、遊定夫、楊龜山輩，下梢①皆入禪學去。（節自《語類》卷一〇一"程子門人·總論"，條八，義剛録）

---

①　原作"稍"，依全書本徑改作"梢"。

釋：如尹彥明卻立得定，真子路之亞也。

商正：不細心處，皆成流弊。

條一二一

范淳夫純粹，精神短，雖知尊敬程子，而於講學處欠闕。（節自《語類》卷一三〇“本朝四・自熙寧至靖康用人”，條四五，道夫録）

釋：既精神短、講學欠闕，又焉得純粹？恐只是資質溫厚耳。

商正：尊敬程子，可見知此道有在焉，非如彼溫厚者之待人，人人皆溫厚之而無以顯別也。然徒敬而不知何以真從之學，緣是亦看得道理不仔細。欲其深密，惟賴講學之力。

條一二二

先生曰：“尹和靖從伊川半年後，方得見《西銘》《大學》。不知那半年是在做甚麽？想見只是且教他聽說話。”

曾光祖云：“也是初入其門、未知次第，驟將與他看未得。”

先生曰：“豈不是如此？”（節自《語類》卷九五“程子之書一”，條一七五，義剛録）

釋：只觀公明宣三年讀書，便見彥明事。

商正：那半年，亦須觀其無棄德而可以大受。如和靖質魯，亦須俟其漸漸化去鄙吝。亦是《西銘》《大學》之爲學也要求如此。

條一二三

龜山只要閒散，卻好讀書。如尹和靖，便不讀書。（節自《語類》卷一一三“朱子十・訓門人一”，“訓德明”，條一三）

釋：此恐誤看尹子。尹子真讀書者也。

商正：如條一二〇論以子路之亞，恐亦不無“何必讀書”之失；不然，程門文獻，將賴以傳，何必其他哉？

條一二四

論及龜山，曰：“將樂人性急粗率，龜山卻恁寬平，此是閑出；然其粗率處，依舊有風土在。”（節自《語類》卷一〇一“程子門人・楊中立”，條八，義剛録）

釋：直是孔孟周程出乎風土外矣。

商正：閑能治急躁，不能治粗疏。涇野之論，參見條八七。

條一二五

文定從龜山求書見上蔡，畢竟文定之學後來得於上蔡者爲多。
（節自《語類》卷一〇一"程子門人·胡康侯"，條四四，卓錄）

釋：後學多好就己之資質從師，故其所得不如古。

商正：鄉士、國士各求其類，然非天下之士，不能盡師友之義
也。以資質求師，求相與而已，非求益也。當求能矯其資質之弊者。

條一二六

遊定夫亦推①王氏學。當時王氏學盛行，熏炙得甚廣。（節自
《語類》卷九七"程子之書三"，條一〇九，銖錄）

釋：定夫亦好新奇，自程門出，而猶爲王氏惑，況其他乎？

商正：能卓爾超乎時流者蓋鮮。

條一二七

呂與叔惜乎壽不永！如天假之年，必所見又別。程子稱其深潛縝
密。熹若只如呂年，亦不見得到此田地矣。（節自《語類》卷一〇一
"程子門人·呂與叔"，條一，友仁錄）

釋：與叔見得卻真，下手便先克己。

商正：深潛縝密，早得力於橫渠之精切，而後勁爲大。

條一二八

羅仲素先生嚴毅清苦，殊可畏！（《語類》卷一〇二"楊氏門
人·羅仲素"，條一，道夫錄）

釋：只清苦，便是實學。

商正：嚴毅堅志，清苦寡欲。

條一二九

李延平先生初間也是豪邁底人，到後來也是磨琢之功。在鄉，
若②不異於常人。"終日無疾言遽色"，李先生真個是如此。（節自《語

---

① 全書本補作"推"，而謂"緣它夾雜王氏學"。
② "若"字依全書本補。

類》卷一〇三"羅氏門人·李願中"，條四，賀孫録；條七，道夫録）

　　釋：延平求仁之功切。

　　商正：涵養到極，資稟全銷鑠，只是一團和氣，有道者氣象乃如此！

條一三〇

問延平先生言行。曰："他卻不曾著書，充養得極好。凡爲學，也只是恁地涵養將去，初無異義。只是先生晬面盎背，自然不可及。"（《語類》卷一〇三"羅氏門人·李願中"，條三，驤録）

　　釋：有所得者，文字自寡。

　　商正：涵養是爲學正當工夫，得其壽者收其功，不可必。然以文字多寡論得之與否，不是。"予欲無言"，卻有"夫子之文章"可得而聞，亦有"言終日"者與人講也。

條一三一

明道教人静坐，李先生亦教人静坐。看來須是静坐，始能收檢①。（節自《語類》卷一二"學六·持守"，"論静"目，條一三七，佐録）

　　釋：静坐固好，然不可一向溺著，亦有弊，故夫子褻裘短右袂。

　　商正：朱子亦不主溺於静坐。參見卷一條六〇。

條一三二

敬夫最不可得，聽得②説話，便肯改。（節自《語類》卷一〇三"胡氏門人·張敬夫"，條一六，大雅録）

　　釋：只此便喜聞過矣。

　　商正：爽利明快。

條一三三

南軒見識純粹、踐行誠實，使人望而敬畏之，熹不及也。（節自《語類》卷四一"論語二十三·顏淵篇上·顏淵問仁章"，條四三，祖道録）

---

　　①　"檢"，全書本作"斂"。

　　②　"得"，全書本作"人"。

釋：朱夫子遜友如此，安得不至於道！

商正：樂善好義。

條一三四

南軒疾革，定叟求教，南軒曰："朝廷官爵，莫愛他底。"一朋友在左右扶掖求教，南軒力疾，謂之曰："蟬蛻人欲之私，春融天理之妙。"語訖而逝。

釋：即此可以觀易簀、結纓之象矣。

商正：畢生心地之寫照，所以告人者乃如此。

條一三五

熹舊時亦要無所不學，禪、道、文章、楚辭、詩、兵法，事事要學。一日，忽思之，曰："且慢！我只一個①渾身，如何兼得許多！"自此逐時去了。（節自《語類》卷一〇四"朱子一·自論爲學工夫"，"論傳授"，條四〇，揚錄）

釋：此等亦快。有根子斬不盡，便被他終身纏繞。

商正：約之以禮。

條一三六

熹當初講學，也豈意到這裏？幸而天假之年，見得許多道理在這裏。今年便覺勝似去年，去年便覺勝似前年。（《語類》卷一〇四"朱子一·自論爲學工夫"，"論傳授"，條五〇，夔孫錄）

釋：勝處當求未知是甚的物事，亦似志學、立、不惑邪。

商正：無所意必，有進無止之象如此。

條一三七

季通理會樂律大段有心力，看得許多書，也是見成文字，如《史記·律歷書》，自無人看到這裏。他近日又成一《律要》，盡合古法。（節自《語類》卷九二"樂"，條四六，賀孫錄）

釋：看器數，只是不泥便好，蓋其大本元不在是也。亡其本而專攻乎末，雖古律，亦無益。

---

① 原作"個一"，依全書本徑改作"一個"。

商正：博通之極，便合於古。

條一三八

或勞先生人事之繁。先生曰："大凡事只得奈煩做將去，才起厭心便不得！"（《語類》卷一〇七"朱子四·内任"，"雜記言行"，條一三，道夫録）

商正：參見條六一等。

條一三九

先生修書，語人曰："熹便是被這事苦。因思：若不如此用心，便不是自强不息了。"（節自《語類》卷一一九"朱子十六·訓門人七"，"訓揚"，條八，夔孫録、義剛録）

釋：若被這事苦，便起厭心了。大抵不要緊俗事，亦須使之不近身來，方有立處。

商正：參見卷一條二〇。由苦而生厭者固有之，然由苦而後甘者亦有之。《語類》朱子本意，經此節録後已有大改，不可不察。

條一四〇

有一朋友微諷先生云："先生有'天生德於予'底意思，卻無'微服過宋'之意。"

先生云："熹又不曾上書自辨，又不曾作詩謗訕，只是與朋友講習古書、說這道理。更不教做，卻做何事！"（節自《語類》卷一〇七"朱子四·内任"，"丙辰後"，條七，人傑録）

釋：雖爲其所當爲，外議亦可省察，故曰"知風之自"。

商正："天生德於予"，自是此等氣象！

條一四一

問："楊墨之道與佛老如何？"

曰："楊朱即老子弟子。人言孟子不闢老氏，不知闢楊，則老莊在其中矣。"（節自《語類》卷一二六"釋氏"，"論釋氏亦出楊墨"，條二，時舉録）

條一四二

莊周、列禦寇亦似這曾點底意思，他也不是專學老子，吾儒書他也看來，不知如何，被他瞥①見這物事，便放浪去了。而今禪學也是恁地。（節自《語類》卷一一七"朱子十四·訓門人五"，"訓淳"，條四六）

釋：索隱行怪，後世有述，可知存心爲學矣。

商正：只是這一個物事，或得之以樂陶，或得之以縱恣，此所以學分内外也。

條一四三

莊子如說"《易》以道陰陽，《春秋》以道名分"，甚善！（節自《語類》卷一二五"老氏·老莊"，條二，賀孫錄）

釋：《易》道仁義，不止陰陽。《春秋》多貴王賤伯。

商正：仁義不外陰陽，王伯一大名分。又《語類》此條尚有"莊周是個大秀才……（此兩句）直是似快刀利斧劈截將去，字字有著落"，而惜其"只是不肯學孔子"之語，可參見。

條一四四

《老子》中有仙意。（《語類》卷一二五"老氏·老子"，條一二）

釋：此恐非朱子之語；審有之，非所以教後學也。

商正：後世神仙之說源自老氏，則辟佛老亦得用於此。

條一四五

老子之學，魂常養魄，故不耗散而水火交。

釋：此解與上"仙意"之語，亦恐非所以立教。

商正：正學明，則不事乎其他，而可以一一窺破其隙。

條一四六

因說《參同契》，曰："他之法，只是以神運此精氣，結而爲丹。其說甚異。"（節自《語類》卷一二五"老氏·參同契"，條二，個錄）

釋：此與說老子魂養魄之意同。

條一四七

自漢以來，專用黃老；東晉時佛法漸盛，大率卻祖老莊；迨達磨

---

① "瞥"，全書本作"繂"。

入中國，然後一切掃蕩、直指人心，而諸子百家一切俱廢。（節自《語類》卷一二六"釋氏"，"論釋氏出於莊老"，條七，廣錄）

釋：惟正道無人主張，故異端自熾。文武成康時，尋個佛，那得來！

商正：自黃老反對正道，其貽害並及乎其身。

條一四八

問："昔見《遺書》云：'釋氏於"敬以直內"則有之，"義以方外"則未也。'道夫於此未安。"

先生笑曰："前日童蜚卿正論此，以爲釋氏大本與吾儒同，只是其末異。熹與之言：'正是大本不同！'"（節自《語類》卷一二六"釋氏"，"論佛經"，條七五，道夫錄）

釋：大本不同良是。若謂佛有"敬以直內"，恐誤記也。

商正：釋氏欲"敬以直內"而非，不欲"義以方外"而果無其義矣。

條一四九

佛說萬理俱空，吾儒說萬理俱實。（節自《語類》卷一七"大學四·或問上·經一章"，"此篇所謂在明明德一段"，條一五，德明錄）

商正：此所以見大本不同也。

條一五〇

佛經中惟《楞嚴咒①》說得最巧。（節自《語類》卷一二六"釋氏"，"釋氏出於莊老"，條七，廣錄）

釋：於異端，但取其言，便遺害。

商正：說愈巧，惑人愈深，彼說中所最須禁防者也。

條一五一

當初佛學只是說，無存養底工夫。至唐，六祖始教人存養工夫。（節自《語類》卷一二六"釋氏"，"闢佛"，條一三四，義剛錄）

釋：六祖存養者，不是吾儒存養。

---

① "咒"，全書本作"經"。

商正：彼之存養工夫，蓋有陰襲之於吾儒者也。

條一五二

歐公常言："老氏貪生，釋氏畏死。"其說亦好！氣聚則生，氣散則滅，順之而已；釋老則皆悖之者也。（節自《語類》卷一二六"釋氏"，"雜論釋老同異"，條一三，廣錄）

釋：歐言極明白，果與"夕死可矣""罔生以免"以及"夭壽不貳"者異矣。

商正：貪生畏死，所以爲天地之妖孽。

條一五三

聖門只說"爲仁"，不曾說"知仁"。上蔡一變而爲張子韶，上蔡所不敢衝突者，張子韶出來，盡衝突了。近年陸子靜又衝突，出張子韶之上。（節自《語類》卷二〇"論語二·學而篇上"，"有子曰其爲人也孝弟章"，條七一，方子錄）

釋：程子云："學者於異端，當如淫聲美色以遠之。"上蔡卻忘了，故遺下張、陸。

商正：知而不爲者有之，皆率仁義而入乎歧途者也。

條一五四

遊、楊、謝三君子初皆學禪，後來余習猶在，故學之者多流於禪。遊先生大是禪學！（《語類》卷一〇一"程子門人·總論"，條九，德明錄）

釋：惟尹氏之學，有功於程門多。

商正：志正學而有懈，則爲他說所乘。

條一五五

大抵學問須是警省。且如瑞岩和尚每日常自問："主人翁惺惺否?"又自答曰："惺惺。"今時學者卻不能如此。（《語類》卷一二"學六·持守"，條一五，文蔚錄）

釋：才取瑞岩，便有流弊。

商正：此亦慨此學者反不若彼禪者之能猛省也。《語類》卷一二六，條四九，或以瑞岩"主人翁惺惺著"與謝上蔡"常惺惺法"之同異爲問，朱子答曰："'惺惺'字則同，所做工夫則異，豈可同日而語！"（友仁録）又，卷一七，"經一章·或問吾子以爲大人之學一段"，條一六，朱子曰："其喚醒此心則同，而其爲道則異。"（僴録）皆可參見。

條一五六

熹向與子靜說話，子靜以爲意見。熹曰："邪意見不可有，正意見不可無。"（節自《語類》卷一二四"陸氏"，條二一，節録）

釋：陸氏終近禪。

商正：學者大要在於辨別正邪，意與見，乃所以向背趨避之也。正邪非意見，乃定理；然必欲摒除意見，則無以持正袪邪矣。惟流連知見者，多以意見爲可諱。

條一五七

時舉問孟子好辯。曰："當時如縱橫、刑名之徒，卻不管他，蓋他只壞得個粗底。若楊墨，則害了人心，須著與之辯①也。"（節自《語類》卷五五"孟子五·滕文公下"，"公都子問好辯章"，條五，時舉録）

釋：粗者，易明易止；深者，難曉難過。

商正：雖不得已而好辯，亦非枉用其力，明乎本末緩急，方得爲知言善辯者也。

---

① 原作"辨"，依全書本徑改作"辯"。

淮雲問答

陸桴亭　原著　　陳碻庵　輯　　　王明華　等點校

點校說明

一、底本。據《叢書集成續編》第四十一册（新文豐）所收《小石山房叢書》本點讀。

二、條目及分段。《淮雲問答》共三十一條，《續編》共十七條，條前皆標明"問答"及條目數。段落皆依原本，惟前編"問答十二"，以意分作六段。

三、注釋。碻庵"評曰"，小一號字體。腳注以指明宋五子書爲主，以便讀者知其所自來。北宋四子書，用中華書局"理學叢書"本。朱子書，除《朱子語類》用"理學叢書"本，其餘皆用《朱子全書》本。

四、標點及評釋。乙未、丙申年，"欽明書院"公衆號"高山景行"欄目，曾就前編三十一條，推出過十九期點校及附答。本次於前編標點，乃在此基礎上修訂，而當日所作附答，以"評釋"置於其後。不僅答問者所問，亦對碻庵諸君所答，加以分析評論，故以"評釋"名之。當日所答諸人共八位：趙玫（條二十四、二十五）、李秋莎（條八、十一、十二、十五、十八、十九）、王明華（條二、十三、十四、二十六、二十七）、李任之（條一、三、四）、莫天成

（條七、八、二十一、二十二）、閆雷雷（條二十、二十三、二十八、二十九）、王羿龍（條九、十、十五、十六、十七、三十、三十一）、吳婕（條五、六）。當日所答，李秋莎、莫天成共答條八，李秋莎、王羿龍共答條十五。條二所附丁老師之言，乃公衆號評論區所言，今亦錄爲評釋。今定本所錄評釋，削除當日所答七條，其餘皆全錄之。評釋由王明華潤色，時有改字、重組、刪削等，如有於原文錯會處，還望諸友讀之而海涵。另，附答於正文，縮進兩格，評釋於附答，又縮進兩格，且以楷體錄入。評釋中引文，爲便平順曉暢，刪去其出處，亦不另加腳注。

　　五、點校者。點校工作由王明華獨立完成。感謝高山景行組成員之支持。

戊戌年十一月初八

淮雲問答自序

　　嗟乎！程朱没，斯道之不明也，五百年矣！明興以來，言理學者不一家，觀其論著，皆繆戾舛錯，竊異端之緒餘，非徒無以明，抑又害之。能通體適用，唱率天下，靡然者，向風者，莫如王文成。然《傳習錄》所載，醇疵半焉，何哉？文成天資高穎，見道蚤，又長於論辨，未免立教遽，無賢師良友相與講求而討習之。夫一人登堂，圜橋聚聽，欲其有叩即鳴，聲響相答，非平居論列天理貫通，安能曲當？故愚嘗謂：以文成之才之學，使得遇同志摩切者數年，然後出而大明吾道，表正源流，功必不讓孟子。甚矣，爲學之功急資講論也！

　　吾黨之從事斯道也，實始於丁丑之春。維時倡之者重威，同之者獨聖傳、虞九及予耳。寥寥三四人，寡偶少徒，然朝夕晤言所論者，即皆先聖賢修己治人之事，及《四書》《五經》《性理》諸書之大義，務期窺見全指，無纖微疑惑而後即安。故每一考詢，輒精思極論，亹亹累日，往往流連予舍，繼之以同榻告語，終夜不寐，猶若有餘憾者。至客歲戊寅，良友漸廣，時則有蕃侯、玉汝、升士、登善，偕聖傳、重威、虞九及予，計得八人。同方協志，考德問業，旬必一會，會必講書，研精覃思，無微不顯，或行聽受，或受質疑，嗣是以後，蓋相與切磋不倦焉。夫講論之有功於學，固也；然而形之如口，不如形之於筆之尤善。形之於口者，其言之是與非，可得而見也，然未免通其意而畧其文。形之於筆，則雖有一言一字之疵足以害道，良友即得指摘而教正之，此今夏六月中所以有"淮雲問答"之舉也。

淮雲爲北郊禪室，離城一二里，去予舍最近。野徑幽曠，風致清適，足爲吾黨講道之所。是日諸君子中，惟升士以子疾不至，其至者則有七人。乃各出其心中疑義，條寫問難，約有數十。予方惴惴然不得當是懼，旁顧諸君子，皆見理明快，興酣筆落，手足舞蹈，天機暢發，不自知其樂之何從也。時重威謂予曰："昔明道、橫渠在興國寺講道甚樂，明道乃曰：'未知往日斯地，曾有甚人言及斯事'，吾輩今日之舉，幾爲過之矣。"已而未晡，諸君子先後告成，遂同几諷誦，各言所見，爲之審異同，較可否。諸君子皆虛懷善受，不執己說，期歸於正，有足多者，用是彙而錄之，遂成帙焉。予於誦讀之餘，時取三復，雖互有得失，而中道者殆十之七八矣。

蕃侯信道甚篤，心懷浩浩，每涉筆即劃然中解，如尊聞行知之對、巧力聖智之論，非中有實得，不得直截若是。聖傳深思靜氣，學力日進，雖論事或有未當，而嚴儒釋之分、辨敬怠之學，精矣密矣。玉汝所對，微存間隔，至其詳論未發謂"此事既去，彼物將來"，洞見精切，直可補先儒之所未逮。重威躬行力久，大義貫通，其於昌邑之議、桃應之問，發忠孝之指，扶正人倫，《春秋綱目》輔翼之功，一人而已。虞九天資雅重，致知差未及，而論朱子之配享，獨謂不必，亦足見吾黨爲學無雷同附和之習。登善虛懷好善，究心經術，雖未詣深遠，而格物致知之說，發明之功亦大。予識見疏陋，學問淺劣，卑之無甚高論，至於中和之答，自謂稍稍近之，諸君子亦若有取焉。

夫以諸君子之從事斯道也，不越二三年，而觀其所得，往往見道之精微，予亦幸承其後，得無大悖於聖人之教，此亦大可幸矣。吾聞之，"游於聖人之門者難爲言。"昔者朱子集諸儒之大成，明大道之指歸，其言之當者，既爲之區別，以悉取其所長，至或識見小偏，亦必研窮剖晰，而不没其所短。雖錙銖毫髮，經其辨論，皆可稱量，倘吾輩執灑掃於朱夫子之門，而折衷其間，孰淺孰深，何去何從，斯亦天下之至樂也，而今安可得耶！嗟乎！日月逝於上，精神衰於下，時之治亂，人之聚散，皆不可知。吾輩既竊窺五百歲之絶學，雖恨不獲見正於古人，而幸有同志相與講習以相益，使猶然悠悠歲月，終其身無成，其得罪聖人也已甚矣。予是以三復斯集，不勝其幸，而又凜凜以爲懼也。己卯孟冬陳瑚識。

問答一

問：權之衡物，鏡之鑑物，心之度物，一也。顧太山之高，可衡其輕重乎？千里之遠，可鑑其毫末乎？六合之外，可度其事理乎？苟但論其力之所能舉，明之所能照，知覺之所能及者而已，則君子之於道，不幾有窮乎？

答曰：君子之道猶天然，天豈有窮乎？然幽谷之內，雨露亦有未及施，日月亦有未及照者，此亦出於理勢之自然也。吾輩爲學，於近裏著己①之地，尚未能實實用功，實有得力，而使虛談天地之外，徒見其爲惘惘而已！且聖人與及門言學，亦但言切實之理、有益於身心者，況吾輩乎！故泰山不能量其重，不聞以此爲衡之未平也；千里不能照其遠，不聞以此爲鑑之未明也；然則六合之外，存而不論可也。

附重威答：重威，姓陸，名世儀，別號桴亭，私謚尊道先生。

君子之於道也，知其所當知，不知其所不當知。知其所當知，道也。不知其所不當知，亦道也。豈惟六合之外，即跬步之間有

---

① 明道先生曰："學只要鞭辟一作約。近裏，著己而已，故'切問而近思'，則'仁在其中矣'。"（《二程遺書》卷十一，條一七一，頁132）

不能知者矣。孔子曰：吾不如老農、老圃也。①

又：

六合之外不必知，舍虛而務實也；老農、老圃之不必知，舍小而務大也。

又：

權與鏡雖可借喻，然天下之物，惟心最靈。天下之事只是一箇實理，實理只是一箇誠，"至誠之道，可以前知"②，何論遠近！故聖人在上，四海之大，萬民之衆，莫不知其險夷、厚薄、愛憎、去就之情，其大經大法，因革損益，坐之一堂而天下之事皆理矣。拘拘於遠近形迹之間以論道，不亦陋乎！且君子之道，愚不肖可以與知與能，雖聖人有所不知、所不能。可以與知與能者，中庸之理也；有所不知、不能者，不必求知能者也。③ 此非君子之窮於道，正見道之無窮處。惟道無窮，故學亦無窮，所以我儒之學，以達天爲量，而求盡之功終無已時。知此然後可以論道。

附登善答：登善，姓王，名發祥，別號長源。

君子於學，妙於自有本領。有本領而參以時宜，則力何所不舉，明何所不照，知覺何所不及，安有窮於道之時？若太山之高、千里之遠、六合之外，有所不必論，且亦不暇論也。

附任之評釋：任之，姓李，名毅。

道理唯一，而道體無窮。道理唯一，是以"天地之道，可一言而盡也"；道體無窮，是以"及其至也，雖聖人亦有所不知、不能焉"。唯一之理，必爲無窮之體，所謂"至誠無息""其爲物不二，則其生物不測"是也。君子知無窮之本於唯一，故雖"逝者如斯""猶有所憾"而不以爲殆已；知唯一之必爲無窮，故"學而不厭""發憤忘食"而不知老之將至，桴亭所謂"惟道無

---

① 《論語·子路》章四。
② 《中庸》第二十四章。
③ 《中庸》第十二章。

窮，故學亦無窮，所以我儒之學，以達天爲量，而求進之功終無已時”是也。又，唯一之爲無窮，必有本末、終始、先後。《大學》：“物有本末，事有終始，知所先後，則近道矣。”不知先後者，不足以論道矣！知所先後，則君子之學，有緩急之序，孟子所謂“智者無不知也，當務之爲急”是也。桴亭云“知其所當知，不知其所不當知”，若謂“急其本而緩其末”則更恰切，蓋道體中實無所謂“不當知”之事也。

問答二

問：荀子言“養心莫善於誠”①，孟子言“養心莫善於寡欲”②，事同旨異，其理安歸？

答曰：誠字是徹始徹終功夫。《大學》曰：“欲正其心者，先誠其意”，只無妄語、無自欺，久之自有天理流行之妙，不必有意養心而心有無不養之樂。弟力行數年，覺有其驗。荀、孟之言，先儒已辨其差。③弟之愚見，不以人廢言，荀言亦未可棄也。

附重威答：

養心只是收放心工夫。凡人放心，都是人欲牽纏將去。寡欲便牽纏處少，心易操存，此“養心莫善於寡欲”之旨也。人欲日去，天理日來，方可言誠。荀子看誠字太粗淺，把作養心起手工夫，未免鶻突。

附登善答：

---

① 《荀子·不苟》。

② 《孟子·盡心下》章三十五。

③ 二程云：“孟子言‘養心莫善於寡欲’，欲寡則心自誠。荀子言‘養心莫善於誠’，既誠矣，又何養？此已不識誠，又不知所以養。”（《東見錄》，條三十九，頁18）又，《外書》一條：“荀子曰：‘養心莫善於誠。’周茂叔謂：‘荀子元不識誠。’伯淳曰：‘既誠矣，心焉用養邪？荀子不知道。’”（《二程外書》卷二，條七十二，頁365）故“先儒已辨其差”，乃指周、程之批評。周、程師承關繫，雖不無疑竇處，然自此處觀之，亦甚爲明白矣！

既誠矣，復何事養？養心以至於誠，則可；"養心莫善於誠"，則不可。孟子之言得矣，操其要者，敬也。

附丁紀評釋：

大要所在，在識得誠之爲體。寡欲所以養心，寡欲養心初似別一件事，另起一頭去從事者，到頭來撞着便識誠。蓋其實不是兩事，一寡欲，便見誠之幾，養心之至，則莫非誠矣。識誠亦不往養心以外討。確庵謂無意養心而心自養，恐無是便宜。

附王明華評釋：

心是一個活物，夫子所謂"出入無時，莫知其嚮"者，故所謂"養心"云者，只論一個存與放耳。桴亭、登善以"收放心""操其要"言，確當無疑。確菴引《大學》論此，終非恰切，養心、正心須有別也。正心者，乃謂用心不失其正，如忿懥、恐懼等，皆"心之用"也。大抵確菴之意，乃是於"心之所發"上用功，久之亦或有所成就，然"寡欲"卻主於向內收斂，如程子云"所欲不必沉溺，只有所向便是欲"，故工夫路向亦有異也。

問答三

問：伊川云"性即理也"①，性與理之分在何處？性與理之合又在何處？

答曰：性與理之分者，以有天理、人心之分也；性與理之合者，以天理即在人心也。兼氣質而言之，則性不可即謂之理；若只言繼善之初，則性即可謂之理矣。

附登善答：

在天爲理，在人爲性，分也；性即爲理，合也。

---

① 《二程遺書》卷二十二上，條七十一，頁292。

問答四

問：《經》曰"必得其壽"①，似乎顏氏之子不宜夭折，盜跖之徒不應令終。抑曰只論其理，不必其實？注云"舜年百有十歲"②，則又似乎鑿矣？聖賢之言，豈欺我哉？

答詞亡。

附玉汝答：玉汝，姓夏，名有光。

顏氏夭折，盜跖令終，此論其變耳。若道其常，則"舜年百有十歲"，乃備理數之極③者也。

附任之評釋：

"只論其理，不必其實"，非也。道理當然，即"必得其壽"也，而所謂實，乃經驗中之事實。此理待人而後至於實，所謂"人能弘道"也。人不"必其實"，雖至實之理，亦將昧焉！見得顏子不宜夭折，則尊之養之、以我之弘道淑善世風，庶幾天地昭明而麒麟存；見得盜跖不應令終，則討之誅之、以我之一怒安定天下，庶幾天地正位而鬼魅除；見得大舜百有十歲，則歡欣鼓舞，更信天理之不可易、聖賢之不我欺也。

大舜高壽，固理之常也，然向非帝堯在上，宇內風清；善民在下，風俗淳厚，則"理數之極"，可得而盡現乎？故曰：人事盡處，天命方顯。又，顏子夭折、盜跖令終，固論其變也，然其時之人，可辭其咎乎？故吾於顏子事，見其時人群之不仁；於盜跖事，見其時人群之不義。不仁不義，天乎？人也！人而不仁，此理如何"必其實"？人而行仁，此理焉得"不必其實"？然則後世之人，其可不深以為戒，而人之居仁由義、遏惡揚善，又豈非

---

① 《中庸》第十七章。

② 《中庸》第十七章，朱子注。

③ 《管子·法法》："上無固植，下有疑心，國無常經，民力必竭，數也。"注云："數，理也。"理數，即道理也。所謂"理數之極"，即道理當然之極致。

"其理"之當然乎？故又曰：人事未盡，未足以論天命。

問答五

問：窮理、集義俱屬學者積累工夫。二者孰先？彼此分別又何如？①

答曰：窮理只是致知，集義只是力行。能知而后能行。然致知離不得力行，力行離不得致知。

附重威答：

窮理是求道工夫，集義是據德工夫。② 窮理然後能集義。③

附吳婕評釋：

格物猶窮理。窮究事物當然之理，而吾心之知亦至，所謂"才明彼，即曉此"也。程子言："在物爲理，處物爲義。"集義，即集吾心本有條理，裁制百行萬事，使一一中節者也。桴亭言"求道"，乃窮格物理而真知義理之所在，又言"據德"，乃處物中節而實得本然之心知，言簡意賅，道理明備也。

問答六

問：張子曰："'尊其所聞則高明，行其所知則光大'，凡理會未

---

① 堯卿問："窮理、集義孰先？"曰："窮理爲先。然亦不是截然有先後。"曰："窮是窮在物之理，集是集處物之義否？"曰："是。"（《朱子語類》卷九，條三十，頁152）

② "求道""據德"，本於《論語》。朱子解"志於道"，云"志者，心之所之之謂。道，則人倫日用之間所當行者也。知此而心必之焉，則所適者正，而無他岐之惑矣。"又解"據於德"云："據者，執守之意。德，則行道而有得於心者也。得之於心而守之不失，則終始惟一，而有日新之功矣。"由此，求道在於格物致知，而據德則須行其所知，故確庵分知行言之也。又，窮理近於道乎，而可求之如此？伊川曰："格物者，適道之始，欲思格物，則固已近道矣。是何也？以收其心而不放也。"（《二程遺書》卷二十五，條一，頁316）讀者由此致思，可以有得。

③ 亦見《思辨錄輯要》卷三，條十九。

實處，如空中立，終不曾蹈著實地。"① 尊所聞如何便高明？行所知如何便光大？實處何在？

答曰：高明以識見言，光大以氣象言。吾尊所聞，則温故可以知新，識見將有日益者矣。如顏子"無所不悅"而"聞一知十"，是何等高明！吾行所知，則粹然無入而不自得，氣象將有日進者矣。如孟子之"集義"而生"浩然之氣"也，何等光大！

附蕃侯答：蕃侯，姓錢，名□□。

學者要踏著實地，甚難言之，必於理義上窮究分明，無一毫走作，方是踏著實地。必能踏著實地，方能尊其所聞、行其所知。不然，尊者未必所宜尊，行者未必所宜行，如何便高明、便光大？尊所聞本乎德性者，無不高明；行所知合乎中庸者，無不光大。

附吳婕評釋：

自聖人言，識見自然高明，氣象自然光大，無不實者也。自學者言，所聞當本乎德性之知，所行又當行其所知。聞、行不本於義理，則淪爲一己之偏私，有意必固我之害，蕃侯"必於理義上窮究分明"，論實處最爲直截了當。若未能窮究得義理透徹，須是審求是非，無有推諉廢怠，方能日進於高明、光大。

問答七

問：朱子曰："讀書須是'徧布周滿'。"四字請下一注腳。

答詞亡。

附重威答：

"徧布周滿"，只是無滲漏。曰："如何便無滲漏？"曰："學、問、思、辨、行，步步著力，便無滲漏。"②

附莫天成評釋：

① 《經學理窟·義理》，條十三，頁272。"尊其所聞則高明，行其所知則光大"，出自《大戴禮記·曾子疾病第五十七》。

② 亦見《思辨錄輯要》卷四，條七。

　　問者於四字請注腳，其或指所讀之書而言，乃但見其汗牛充棟、畢生難窮，故不能無疑。然讀書所以明理盡心，原非以徧讀天下之書爲志也！故朱子此四字，本乃指讀書之人而言也。桴亭以"無滲漏"爲注腳，其意固不出四字外，然分明可見其所指，而其意又轉深密矣。至於"學、問、思、辨、行，步步著力"，則所以至於"無滲漏"之功夫也。觀此處往復之問答，可見諸君平日讀書之用心，蓋不尋得用力處不止也，此亦當爲吾人法。

　　又，朱子曰："讀書須是徧布周滿。某嘗以爲，寧詳毋畧，寧下毋高，寧拙毋巧，寧近毋遠。"此見朱子亦本已爲學者下一注腳：惟其能詳、下、拙、近，履下學之工夫，方能至於"徧布周滿"也。若直要畧、高、巧、遠，則但能想象得一"徧布周滿"之形似，於己畢竟無益。朱子之注腳，誠學者踏實做將去，而桴亭之注腳，則又見得其中戒慎意，二者實可相發也。

問答八

問：仁、義二字，如何分疏？

答詞亡。

附重威答：

統體太極是仁，物物太極是義；大德敦化是仁，小德川流是義。一貫是仁，隨處精察是義；未發是仁，已發是義。①

附李秋莎評釋：

仁義二字須著分疏，使其名義界脈分明，而後真知渾然一性中，條理燦然而萬物皆備也。仁，朱子謂之"心之德，愛之理"。觸著便覺，感著便動，藹然慈柔，如春之溫。苗之破土，浡然興之；心之萌蘗，其亦當然而不容已。無物不透，所以"仁剛"。義，朱子謂之

---

　　① 亦見《思辨錄輯要》卷二十八，條六十一。"隨處精察"，《思辨錄》作"隨事精察"。"隨事精察"，乃朱子《集注》語，桴亭宗之，並著力闡發之，參見《思辨錄輯要》卷二之條三十、條三十九，卷三之條一、條三、條二十六、條四十四、條四十八，卷七之條一、卷二十八之條七十八、條八十三，卷三十一之條二十七。

"心之制，事之宜"。在物爲理，處物爲義，截然方正，如秋之蕭。萬物消斂，各歸其止；心之斷制，一一中節而不可易。順理則裕，所以"義柔"。又，心不感物而動，則無從處物得宜，而行事之各得宜，又得以著仁之功。一如春生秋斂雖各有地頭，無春生則無秋斂。所以仁包得義，愛之理即本心之全德。然一萌蘗，則莫不各循其當行之路，一如苗已破土，爲桃爲李不相淆亂，各得斂其桃實李實。桴亭之答，宜識"理一分殊"之意，如"未發是仁，已發是義"，尤宜識"仁體義用"之微意，毋執滯其辭可也。

附莫天成評釋：

桴亭之分疏，蓋以仁爲體而義爲用，前二句自天理源頭處言，後二句自人之工夫性情言。朱子曰："仁固爲體，義固爲用。然仁義各有體用，各有動靜，自詳細驗之。"自"偏言之仁"言之，則仁爲惻隱之理，而義爲羞惡之理，其間亦自不可亂。另，桴亭又嘗謂："仁義一物也。義是逐條的仁，仁是囫圇的義。"則仁義雖分疏如此，又絕非是兩物也，此又不可不知者。

問答九

問：萬事根本於太極，太極卻在何處？

答詞亡。

附重威答：

太極即散見於萬事。[①]（言夏評曰："何等直截！不然幾認太極爲一物矣。"）

附王晜龍評釋：

朱子解太極曰："'上天之載，無聲無臭'，而實造化之樞紐，品彙之根柢也。"故太極者，無形象方所，非一事一物之謂，且其大無外，其小無內，不求乎日用彝倫之外焉。聖人曰"道不遠人"，亦此意也。是以曰"散見"者，以其可於萬事中得之，而不以其處於萬

---

① 亦見《思辨錄輯要》卷二十三，條三十。

事之中也。以“處”言之，便恐墮於形下，是以問“何處”者，不知太極也。

問答十

問：程子曰：“視聽、思慮、動作，皆天也。但其中要識得真與妄耳。”① 既云皆天，安得有妄？

答曰：“視聽、思慮、動作，皆天也”，此正合孟子性善之論。然天者何？理而已矣。人所爲有合理不合理之分，是以有真與妄之別。真者可謂之天理，妄者可謂之人欲而已矣。

附蕃侯答：

視聽、思慮、動作，固無不皆天。但爲人欲所蔽，便有真妄之分耳。如一動必有當然之理，便是天理；若不當動而動，便非天理，安得不謂之人欲？人欲便是妄。

問答十一

問：晦庵云：“三代而下，皆人欲而非天理。”② 豈三代以後，人之行事，無一合理處耶？且如漢文帝資稟純粹，如何斷以人欲？③

答詞亡。

附登善答：

三代以下，稱漢文、唐太宗爲明主矣。太宗固多駁雜誇張。孝文

---

① 《二程遺書》卷十一，條一五五，頁131。

② 朱子曰：“夫人只是這箇人，道只是這箇道，豈有三代、漢唐之別？但以儒者之學不傳，而堯、舜、禹、湯、文、武以來轉相授受之心不明於天下，故漢唐之君雖或不能無暗合之時，而其全體卻只在利欲上。此其所以堯、舜、三代自堯、舜、三代，漢祖、唐宗自漢祖、唐宗，終不能合而爲一也。”（《答陳同甫》）後儒概括朱子之答書語，即“三代而下，皆人欲而非天理”。

③ 問：“晦翁以‘三代而下，皆人欲而非天理’，且如漢文帝資稟純粹，如何斷以人欲？”答曰：“晦翁此言，止謂秦漢而下不曾有徹底理會學問人。其中好者，只是天資粹美，暗合聖賢，元不從學問中來。文帝是。若似此人主更從學問中徹底理會，便是湯、文以上人。”（陳器之《木鍾集》卷十）器之所答，較登善爲優。

雖多合理處，然和親匈奴、輕改肉刑、嫡妾並坐①，皆不得爲王道。
非王道，安得稱天理？

附李秋莎評釋：

朱子論天理人欲，有曰："人之一心，天理存，則人欲亡；人欲
勝，則天理滅，未有天理人欲夾雜者。"乃謂天理人欲不共戴天，自
心之本體地位言之也。又有曰："人只有箇天理人欲，此勝則彼退、
彼勝則此退，無中立不進退之理。"乃謂天理人欲此進彼退，自心之
發用分數言之也。

考朱子之答陳龍川，有曰："蓋天理人欲之並行，其或斷或續，
固宜如此。至若論其本然之妙，則惟有天理而無人欲。是以聖人之
教，必欲其盡去人欲而復全天理也。"則所謂"三代而下，皆人欲而
非天理"，乃"論其本然之妙"，非論發見處之"並行"。故問者問豈
無一合理處，登善答亦有不合理處，是仍入於問者之殼中，與朱子大
旨判不相契矣！

又，朱子曰："惟聖盡倫，惟王盡制，固非常人所及。然立心之
本，當以盡者爲法，而不當以不盡者爲準。"嗚呼！此可見朱子之心，
非以聖人之標準，盡責三代以後人，乃以爲志必志乎此。人之行事，
當盡心志見識而爲，即仍有過不及處，可謂"力不足"者也。然積
累久之，終須有到處。若一旦放緩，安其一二之合，肆其彼善於此之
論，則大本已失，豈足以知朱子！

《語類》："未知學問，此心渾爲人欲。既知學問，則天理自然發
見，而人欲漸漸消去者，固是好矣。然克得一層，又有一層。大者固
不可有，而纖微尤要密察。"可見，雖"資稟純粹"，若不知學問，
固多行事暗合天理，然實非其心明覺睿照，論其"本然之妙"，亦天
理失位而已，故仍可"斷以人欲"也。

---

① "和親匈奴"，見《史》《漢》之《匈奴列傳》。"輕改肉刑"，見《漢書·刑
法志》。"嫡妾並坐"，見《史》《漢》之《袁盎傳》。

問答十二

問：《中庸》言"致中和"，是就一時一事而推極之否？"致"字工夫如何用力？

答曰：人自天命之始，此中和之理，即已同具。赤子孩提之時，胸中不繫一物，即所謂中也；不學而能，愛親敬長，即所謂和也。

中和人人有之，但致之者少耳。必如《大學》所謂"心正意誠"，然後可謂之"致中和"，其工夫全在存養省察而已。注中"約之""精之"二義，不可不細玩。"約之"有漸漸收斂入內之意，"精之"有漸漸擴充向外之意。即如戒慎恐懼，何得偏擇所謂"不睹不聞"者而用功，只是持敬于己，不問其睹聞與否，步步存天理于胸中，然後漸漸收斂，直至夢寐所不及窺，精神所不及持，純是一團天理，此謂之"約之"，此謂之"致中"。"慎獨"，則先從"己所獨知之地"用力，然後推向外去，自一事一物以至萬事萬物，無不各當，絕無一毫人欲，此謂之"精之"，此謂之"致和"。

玩白文"大本"二字，如木之有根荄。欲培此根荄，即在萌芽時，不可不培養之是也。玩"達道"二字，如行之有路。欲從其遠，先從家庭出門，然後及於天下是也。

若然，則中有幾層，和亦有幾層乎？曰：非也。中和一耳，人所以致之者不同。譬如吾輩所記考德，其始記敬勝怠、怠勝敬耳；行之既久，然後覺其未盡也，乃分定數以晰之；既而講"三月不違"章，覺向之所謂敬者，直可謂之怠也，而後工夫漸有細密之路。知此，可明致中之義矣。且觀所記善過，其始未免逐事逐物而求之，尚有生苦未熟之意；既而覺善念一發、過念一發，即無有不知者，然尚難於擴充而遏抑也；至工夫稍進，覺善念不克而自生，惡念不除而自去，對人接物之間，漸覺自然。即人譏爲"道學"，吾無愧容，亦無杌隉不安①之意矣。知此，可明"致和"之義矣。

　　但人不從省察用功，而欲遽從存養下手，固未免有象山之失。使既從省察用功，而無存養之功，終有間斷處，無論"三月不違"，即日一至焉、月一至焉，尚難言之。且省察工夫，亦有得力於存養者。天理既熟，微帶人欲，便覺非我本心然，如人調攝元神，偶有小疾，易於驅除。如有省察而無存養，便似元神虧損，雖病至驅除，然朝驅夕至矣。然《大學》之所以誠意而後正心者，何也？此猶醫家所謂急則治其標也。蓋人自氣質物欲以後，目所見、耳所聞無非人欲，若欲用功而先存所謂天理者，天理安在？故先自遏人欲始。人欲遏，則天理自見，天理見，便可下存養工夫矣。此曾子"一貫"之悟得力於"三省"，孟子"不動心"之功得力於"集義"也。如國家之於敵人然，必先掃除使去，而後可固守封疆、團練兵革也。然敵人既去，而非固守封疆、團練軍士，則敵將復至。此愚見所以謂省察之功一覺有得，不可不急從事於存養也。

　　《大學》一書，爲初學入德之門，故先省察後存養。《中庸》一書，爲精微一貫之旨，故從源頭上說下，先存養次省察也。然則讀註中"無物不有"之義，則知和之不可不致矣；讀注中"無時不然"之義，則知中之不可不致矣；讀註中"體立而後用行"之義，則知戒慎恐懼不睹不聞之功，不可不急急從事矣！②

　　附李秋莎評釋：

　　確庵之答，自"人自天命之始"至"即所謂和也"，釋中和。自"中和人人有之"至"此謂之致和"，釋"致中和"。自"玩白文'大本'二字"至"然後及於天下是也"，釋大本達道。自"若然，則中有幾層"至"可明致和之義矣"，以友輩工夫之例，明中和雖一也，而致之工夫有漸。自"但人不從省察用功"至"不可不急從事

---

　　①　邦之杌隉，曰由一人。（《尚書·秦誓》）孔傳："杌隉，不安，言危也。一人所任用，國之傾危，曰由所任用不用賢。"

　　②　"無物不有，無時不然""體立而後用行"，見《中庸》第一章，朱子注。

於存養也"，釋存養省察工夫相須，然在初學者言，當自省察有得，而急用力於存養。自"《大學》一書"至"不可不急急從事矣"，釋《學》《庸》存養省察，其所以先後不同，而復本之於朱注，明中和不可不致，工夫不可不力也。答詞反復推明，足見於"致中和"，慎之重之，且論學本於躬行，辭意尤懇摯，末學後進，讀之動容！然推本於程朱，中心乃有未安，故亦竭其愚悃，約論以申恭敬也。

首段釋中和，衡之程朱，恐未穩也。朱子曰："衆人之心，莫不有未發之時，亦莫不有已發之時，不以老稚賢愚而有別也。但孟子所指赤子之心純一無僞者，乃因其發而後可見，若未發，則純一無僞，又不足以名之，而亦非獨赤子之心爲然矣。"中者狀性之體段，人皆有之，非獨赤子然，此其一。赤子孩提之時，絕少私欲蔽錮，謂之未遠於和可，既發則不可謂之中，此其二。"不學而能，愛親敬長"，孟子所謂"良能"也。以良能言和，既命名未當，亦嫌以此囿圖天下事，此其三。大概確庵所論，衡之於朱子，恐闕卻格致工夫也。

確庵云："蓋人自氣質物欲以後，目所見、耳所聞無非人欲，若欲用功而先存所謂天理者，天理安在？故先自遏人欲始。人欲遏，則天理自見，天理見，便可下存養工夫矣。"此句之病尤著。人若不別得天理人欲分明，而望遏人欲則天理自見，真確、得力與否未可知矣。中和之義未當，復闕格致工夫，故確庵釋"致"字，重"推致"而輕"極至"。然朱子解"致"字，以爲"推而極之"，蓋兼工夫、歸的二義，《或問》所謂"用力推致，而極其至"也。知推致必極其至，則工夫知止；知極至必由推致，則歸的著實矣。推致何施？必兼表裏而言之，動靜交養，無一時之失守、無一事之不然，而主靜則動有本。又，極至何在？必兼精粗而言之，理事雙該，極心氣之正順，極天下之位育，而言事則理在中。由此，致字工夫，固須就一時一事而推極之，乃有以至於"其守不失"而"無適不然"，然須以極至爲歸的而推致，庶免乎無統也。

問答十三

問：陽明先生以"無善無惡"爲性，後儒多宗之，看來實是微妙，但只與孔孟言性不合，其故何在？

答曰：性可言無惡，不可言無善。蓋善爲天理，惡爲人欲，謂人生而無人欲可也，謂人生而無天理可乎？則天命謂性，此句當作何解？且陽明以良知立教，實陰用孟子性善之指，而謂性爲"無善無惡"，未免推儒而入於禪矣。

附重威答：

此只是看差善字，以爲有形迹、有作爲，故説"無善無惡"。其實善只是天理，天理只是平常，有何形迹？有何作爲？故愚以爲不明性善的"善"字，須看未發謂中的"中"字。①

附聖傳答：聖傳，姓盛，名敬，別號寒溪。

陽明先生言性，從用上見得有善惡，看那性體是一箇精空的物字，其中善且不有，況乎有惡？此等談言議論所以不竭，後儒言理學，從未有將禪與儒一刀劈開，截然不相干涉者，做理學工夫多帶禪氣，誰不宗其説？② 孔子"踐形盡性"③，明明白白，見得性體如是。陽明畢竟無踐形盡性工夫。（言夏曰："吾輩諸友中，絶無一人畧帶禪學者，亦數百年來僅事。"）

附王明華評釋：

合觀三答，可發三問。一問"性體"爲實抑或爲空？聖傳謂陽

---

① 據《尊道先生年譜》，順治二年，桴亭年三十五，姚江史子虛過訪。桴亭《與張受先論學書》云："儀於陽明先生之《傳習録》，亦反覆之有年矣。每讀一語，未嘗不踴躍鼓舞，透心徹骨，而獨於'無善無惡'之旨，則至今有所未安。昨略叩之史先生，史先生不吝教之，而儀之未安者猶故也。"可見，自崇禎十一年，至於順治二年，桴亭於"無善無惡"，始終有所"未安"也。

② 此句不甚明晰，大意乃謂：此等言論所以不竭，乃由後儒之言理學，未將儒釋一刀兩斷，因此工夫多帶禪氣，如此誰又能不宗乎？

③ 孟子曰："形色，天性也；惟聖人，然後可以踐形。"（《孟子·盡心上》章三十八）

明"看那性體是一箇精空的物字"，故引出孟子"踐形盡性"説，以證性體爲實。碻庵亦謂"謂人生而無天理可乎？則天命謂性，此句當作何解"，故引《中庸》爲據，以駁空虛之論。合"天命謂性""踐形盡性"二者，見陽明未契思孟之旨。二問性善之"善"可以無乎？性若不善，良知之良何處來？大抵以"性體"爲空，其由在"看差善字"，只是"從用上見得有善惡"，如陽明所謂"有善有惡意之動"。碻庵云"善爲天理"，桴亭亦云"善只是天理"，則善惡非僅隨意動而出者，否則善惡亦將失其根由也。三問儒與禪可以相混乎？碻庵所謂"推儒入禪"，聖傳所謂"多帶禪氣"，皆指心學一系而言。諸友當日淮雲共學，絕無一人略染禪學，且主理學須將禪儒"一刀劈開"，太倉君子之志盡顯於此矣！

問答十四

問：顏子當亂世，居於陋巷，孔子賢之，孟子以爲顏子之時當然。乃孔子與顏子同時，而復周流求仕，其不同者何故？

答詞亡。

附玉汝答：

孔、顏同當亂世，何顏子獨宜居於陋巷？蓋以天下之任，既有孔子在前，顏子自當隱居以求志耳。

附聖傳答：

顏子與孔子實有不同處。孔子規模大，若得見用，不止救亂，直當做堯舜事業，豈能閉戶得！至於顏子，則是王佐之才，世用則出，不用則守。伊尹必待三聘，周流豈其所宜哉！

附重威答：

聖賢力量不同，故處時亦異。使孔子道力未優，固當如顏子之閉戶；使顏子道力既足，亦當如孔子之周流。然則顏子所以不求仕者，力量未如孔子，而又有孔子在前任行道之責故也。[1]（言夏曰：必如

---

[1] 亦見《思辨錄輯要》卷二十九，條十四。

此論，其義始全。）

附王明華評釋：

"道力"未優則閉戶，然閉戶非無所事爲，乃求至於優耳，但惜乎其早逝！既足則周流，然周流又非枉道事君，正欲行其道也，如不行則"歸與"！又，力量之足與不足，須有自知之明，故亦有"吾斯之未能信"也。

問答十五

問：格物致知，朱子與陽明之説如何？

答曰：格物致知是窮理工夫。注中云："物，猶事也。"此句切不可忘！忘此句，便認物爲天下之物，而有陽明一草一木之譏矣。[①]蓋人心本自有知，如人子本自知孝，然孝之事無盡，若非窮理，則有爲申生之孝[②]者矣；人臣本自知忠，然忠之事無盡，若非窮理，則有爲鬻拳之忠[③]者矣。此格物之功所以不可少也。蓋格物者，本欲窮究此理，使之明白於胸中，而以爲吾力行之地也。既窮究此理，亦非力行終不能進，則欲格致，自然與誠正修齊工夫相連而起，非待格致之功既盡，然後言誠正修齊之功也，惡得以格致爲馳騖於事物而失之於外乎？且格致時以身體之，以心驗之，然後有得，則格致之義亦可了然矣。陽明之解格致不作窮理看者，非也。觀之《中庸》，則先學問思辨，而後言篤行；觀之《論語》，則先知及，而後言仁守[④]；觀之《易經》，則先學聚問辨，而後言"仁以行之"[⑤]。此朱子之説所以不可易也。

附蕃侯答：

---

① "一草一木之譏"，見《傳習録》下，黃以方録。

② 大子曰："君非姬氏，居不安，食不飽。我辭，姬必有罪。君老矣，吾又不樂。"曰："子其行乎！"大子曰："君實不察其罪，被此名也以出，人誰納我？"十二月戊申，縊於新城。（《左傳・僖公四年》）橫渠云："無所逃而待烹，申生其恭也。"

③ 初，鬻拳強諫楚子，楚子弗從。臨之以兵，懼而從之。鬻拳曰："吾懼君以兵，罪莫大焉。"遂自刖也。（《左傳・莊公十八年》）鬻拳之忠，不可謂"愛君"也。

④ 《論語・衛靈公》章三十二。

⑤ "君子學以聚之，問以辯之，寬以居之，仁以行之。"（《易・乾卦・文言》）

在外之物，非内也；而所格之理實在吾心，非外也。物各具理，而我格其理，自誠意以至平天下，無不可能，豈得謂聖賢之學從末求本、由外及内哉？

附聖傳答：

夫人性中萬理皆備，只緣情欲漸染，爲其所蔽。此時若在胸中勉强求知，從何處下手？朱子故云："在即物而窮其理也。"夫窮事物者，吾心窮之也。窮得一事一物之理，則吾心實有一理。蓋理非從外得，事物之理即吾心固有之理，不過緣事物之理，而悟吾本心所有之理耳。彼馳鶩而無得者，不過徒然馳鶩於外，喚不得"即物窮理"，未可以此而疑朱子之説也。

附重威答：

朱注説："格物只是窮理二字。"陽明説："格物便多端。"今《傳習録》所載，有以"格其非心"爲説者①，有仍朱子之舊者。至於"致知"，則增一"良"字，以爲一貫之道盡在是矣。緣他把"致知"二字竟作"明德"二字看，不知"明明德"工夫合格致誠正修俱在裏面，致知只是明德一端，如何可混？且説箇"致良知"，雖是直截，終不該括，不如"窮理"穩當。問："何爲？"曰："天下事有可以不慮而知者，心性道德是也；有必待學而知者，名物度數是也。"因指天曰："假如只天文一事，亦儒者所當知。然其星辰次舍、七政運行，必觀書玫圖，然後明白，純靠良知致得去否？故窮理二字該得致良知，致良知三字該不得窮理。"②

附登善答：

格物致知，畢竟程朱之説爲無弊。孔子云："以思，無益，不如學也。"③學豈不是問禮、問官、刪詩、正樂等事？酌古之法，合今之宜，以心之靈，應物之理，豈不是格致？知得後，尚有昵私意、疏

---

① "以格其非心爲説"，見《傳習録》上，徐愛録。

② 亦見《思辨録輯要》卷三，條二十一。

③ 《論語·衛靈公》章三十。

精力而不得行者，故必誠意以行之。或曰："天下之物無盡，一生之
力有限，那格得盡？"是不然。吾人心性之學無假於外者，固不必求
知於外，隨照隨足。他若禮樂刑政、名物象數之類，必要參伍考訂、
反覆尋究，然大典章、大規模亦不過數十條而已，終身格之，豈有不
盡？他若草木鳥獸、紛賾百薮①，即有不知，不害其爲聖人。此所以
權輕重之序，而用力少、成功多也。吾輩之求知者，不過如此而已，
但明知故犯，或知得行不得，此病尤吾黨所易犯。誠意工夫，最爲吃
緊！若"致良知"之説非不是，然知孝即孝、知忠即忠，忠孝豈二
字可盡？將冬温夏清、拜下升②諸儀，竟置之不講乎？抑人皆生知，
不習而能乎？至於國家典故、古今物宜，豈可於静悟中得乎？恐無是
理也！是則其説之弊，直同於禪，斷非孔子"温故知新"之旨也。
至格物之説，以爲"格去物欲"。夫格去物欲，獨存天理，有不先知
其爲人欲、天理而格之存之乎？則是致知在前，而格物在後，《經》
當云"格物在致知"矣，可乎？不可乎？夫陽明之説，我未嘗深求，
亦不敢妄摘，但以向來所驗工夫，則斷斷以程朱爲正，而"致良知"
則茫無把柄也。或曰："天下自有聰明穎悟、不假讀書而通貫古今、
窮晰事物者。"然以吾等觀之，則不敢信也。

　　附李秋莎評釋：

　　致知在格物，朱子以爲盡吾心知，在於即物窮理，而陽明以爲致
吾心之良知，在於正意所在之事。觀《大學問》所云，陽明蓋欲絕
免求至善於外，而不知其本在吾心，故以務外爲支離決裂、錯雜紛紜
者也。然考程朱"才明彼即曉此""知之無不明、處之無不當"之
説，可知陽明之所疑，或應時弊而然，未足緣是疑程朱。

　　碻庵以爲，"物，猶事也"一句不可忘，忘則認之爲天下之物，
而不免陽明一草一木之譏。然《格致補傳》既明言"天下之物"，而
《或問》又謂"凡有聲色貌象而盈於天地之間者，皆物也"，而以

---

①　紛，雜亂也。賾，幽深也。薮，同藝。
②　疑此脱一"受"字，應爲"拜下升受"。

“身心性情之德”“人倫日用之常”“天地鬼神之變”“鳥獸草木之宜”等等當之矣。事者出於心之物，亦是物中之一耳，而所謂“物，猶事也”，乃明人之接物即成事，知物之當然即事之當爲而已。物豈得盡以事當之，而必諱言“天下之物”哉？碻庵既認格物作窮理，又必以事言者之，蓋欲爲朱子分說。然《經》舉物不舉事，正緣言事不免以心爲限，而師心自用，甚或認欲爲理。朱注云“猶事也”，乃見物我一理也，而吾心應物有節，乃能處事合宜也。又，桴亭以爲，學知之屬，非“致良知”可得，故云“致良知該不得窮理”。如此，似仍不免求至善於外之疑，未嘗直應正意所在事之弊也。氣稟人欲之拘蔽，倘不即物而窮其當然，亦何由正事之不正以歸於正，而絕免乎私意以致其良知哉？

問答十六

問：未發時之主一與已發時之主一有分否？

答曰：主一者，敬之謂也。動亦敬，靜亦敬，敬豈有分乎？故未發、已發有分，而戒慎恐懼與慎獨，“慎”字無分。但天理、人欲不可不辨，如陽明所謂“一心好貨”“一心好色”，不可謂之主一也。①

附重威答：

戒懼、慎獨，分兩之功也；敬字，合一之功也。知處要分明，行處要合一。

附玉汝答：

未發時之主一則涵養之分多，已發時之主一則省察之分多，二者迭相爲用，皆是敬裏工夫。

附蕃侯答：

未發、已發之主一，皆敬也。雖一念未起，與萬事紛紜之時，一敬而已矣。

---

① 《傳習錄》上，陸澄錄。

問答十七

問：誠、敬之別如何？

答曰：誠者，"真實無妄"①。敬者，"主一無適"②。譬如人之行路，止在一條路上不肯他適，此所謂敬也。實實在路上行走，不肯懶惰，此所謂誠也。究之，思誠工夫既到，則"至誠無息"，便是"緝熙敬止"；主敬工夫既到，則一敬立而萬善從之，心中自然充實，便是"至誠盡性"也。

附聖傳答：

誠者，心無偽妄。敬者，心無夾雜。無夾雜方能不偽妄，不偽妄方能無夾雜，二者相資。固不可即以誠爲敬，若離誠索敬，喚不得敬。

附重威答：

誠字著實，敬字精明。誠得精明即是敬，敬得著實即是誠。無不敬之誠，亦無不誠之敬。

問答十八

問："桃應"章，孟子之斷爲經，乃李延平謂"後世遇此等事，亦須變通"③，變通之法如何？若周世宗之詔④問，恐驕恣益甚，以人命爲戲矣，不可矣；竟置於法，又無此情此理；若效竊逃，恐宗社爲重，又不能脫然而去，將何以處之？

---

① 朱子曰："誠者，真實無妄之謂"，見《中庸》第十六章、第二十章。

② 伊川曰："所謂敬者，主一之謂敬。所謂一者，無適之謂一。"（《二程遺書》卷十五，條一七七，頁169）

③ 按：此乃朱子説，非延平説。《四書大全》桃應章所錄，於"朱子曰：'某嘗問李先生以此事，先生曰'"之後，將《答范伯崇》一段延平語（自"崩隳父子"至"此亦只是言聖人之心耳"），與《語類》一段朱子語（自"聖賢之心"至"其初便從權制去，則不可"）揉作一段，致使讀《大全》者，遂誤以爲乃延平語也。參見《四書大全校注》，頁1046，武漢大學出版社，2015。

④ 此處疑脱一"勿"字。詔，告也。

答曰：文公謂："母不可制，須制其侍御之人。"① 殺人之事未必一人自爲，不可不究其侍御之人也。然父如瞽瞍，有不繫於侍御，而一人自爲者，將奈何？曰：此已失之在前，則如周世宗之詔勿問，亦可。但當下哀痛之詔，極言吾不能盡諭親於道之事，使親受過，我之罪也。我得罪天下，不可以爲天下君，但念宗廟義重，勉治百姓，天下其盡言告我以事親之道。如此，庶幾父可免刑，而我亦得變通之道矣。

附蕃侯答：

孟子之斷，萬世之經也。若欲變通，則號泣以諫其父而感動之，嚴飭以整齊其下而豫防之。痛自刻責，以分其過；厚加贈恤，以慰其人。若周世宗之説，未爲盡善也。

附重威答：

孟子此章議論，是説箇常理之極。爲臣者必當公忠，爲子者必當全孝。使臣子皆存此心，則天下不患有難盡之忠孝矣。李延平變通之説，在周時，已自有議親、議貴之例矣；至於今，功臣殺人，尚得免死，家主無故打死家人，只問徒罪，況天子之父哉！萬一有之，恐懼以事父，哀矜以恤下，使天下諒我之心而已。

問答十九

問：大學、小學之殊。

答曰：小學已亡，其散見於經書者，朱子集之。然似散漫，不如《大學》之有次第，僅可備攷證而已。愚意欲將《小學》之實實可行者，分其節目次第，如《大學》相似，輯成一書，使子弟按法而行

---

① 先是，黄裳爲嘉王府翊善，善講説開導，上學頓進。一日，上皇宣諭曰："嘉王進學，皆卿之功。"裳再拜謝，因進曰："若欲進德脩業、追躡古先哲王，則須尋天下第一等人迺可。"上皇問爲誰？裳以熹對。彭龜年繼爲宮僚，因講魯莊公不能制其母云："母不可制，當制其侍御僕從。"上問曰："此誰之説？"對曰："朱熹之説。"自後每講，必問熹之説如何。蓋傾心已久，故即位首加迅召，皆出上意也。（《宋史全文》卷二十八，宋光宗）亦見王白田《年譜》，頁229，中華書局，1998。

之；其餘聖賢議論，另附一册，不必雜入其中，未知諸兄以爲然否？① 先儒以爲，無小學，則敬字可以盡之。② 然空空言一"敬"字，弟子輩豈能知之？恐必不可不予之以法也。

附重威答：

古者小學是教人規矩節目、名物度數，今其説雖散見於《少儀》《曲禮》諸篇，然不得見其全矣。文公《小學》雖佳，我亦以爲近於大學，而不便於童子句讀。③ 但文公曰：小學工夫已缺，須以敬字補之，甚妙！④ 然敬字但補得規矩節目，至於名物度數，須於格物中補之。蓋格物所以窮理也，窮理則名物度數俱詳矣。

附李秋莎評釋：

文公《小學》之書，乃教童蒙之教本，未必爲其課本也，故云"授之童蒙，資其講習"。又可使小學已闕者，切身理會以彌補之，則固與"子弟按法而行之""便於童子句讀"者若有隙矣。又，《語類》載："器遠前夜説：'敬當不得小學。'某看來，小學却未當得敬。敬已是包得小學。敬是徹上徹下工夫。雖做得聖人田地，也只放下這敬不得。"桴亭謂，敬但補得規矩節目，蓋指整齊嚴肅言，而徹上徹下之敬，則主一無適者也。主一無適之敬，行乎規矩節目之中，以固肌膚之會、筋骸之束而内外交養焉，則不虛矣！

① 確庵《聖學入門書》，撰有《小學日程》，即此處所提及乎？
② "先儒"乃指朱子，其所論極精密，見《大學或問》。
③ 陸桴亭曰："《小學》之書，文公所集備矣！然予以爲，古人之意，小學之設，是教人由之；大學之教，乃使人知之。今文公所集，多窮理之事，則近於《大學》；又，所集之語，多出《四書》《五經》，讀者以爲重複；且類引多古禮，不諧今俗；開卷多難字，不便童子。此小學所以多廢也。愚意，小兒五六歲時，語音未朗，未能便讀長句。竊欲彷明道之意，採擇《禮經》中之《曲禮》《幼儀》，參以近禮，斟酌古今，擇其可通行者編成一書，或三字，或五字，節爲韻語，務令易曉，名曰《節韻幼儀》，俾之即讀即教。如'頭容直'，即教之以端正頭項；'手容恭'，即教之以整齊手足。合下便教他知行並進，似於造就人材之法，更爲容易。"（《思辨録輯要》卷一，小學類，條二）
④ 陸桴亭曰："文公有言：'古有小學，今無小學，須以敬字補之。'此但可爲年長學道者言，若童子則可由不可知，定須教以前法。"（《思辨録輯要》卷一，條八）

問答二十

問：顏淵曰："願無伐善，無施勞。"吾輩平日有一心得，輒躍然欲爲同志道之。即用力禁制，不覺又發。雖公善之懷，恐是伐善、施勞之病。幸析言之。

答詞亡。

附蕃侯答：

吾輩未至顏子地位，有善可伐、有勞可施，此正學問相長處。吾輩原少不得此興致，兼不得"與人爲善"之樂；既至顏子地位，自當更進一步。若不能去伐善、施勞，豈能至化境？

附聖傳答：

吾輩與顏子不同。顏子是工夫進後，吾輩功力未進，心氣貴發露，若用力禁制，則後起之善端不發。更有說焉：吾輩即有心得，未敢遂執以爲是，不質之同志，則非者不覺。此亦是辨論工夫，説不上伐善、施勞。

附重威答：

只看本體如何。若有爲己之心，雖有得輒以語人，亦是問辨工夫，不害其爲公善；若有爲人之心，雖緘默不言，亦是矜己守殘，亦是驕心吝氣，不免爲伐善、施勞。

又：

無伐善、無施勞，工夫儘深細。凡見善、勞而有一毫欣喜自得者，皆施、伐也。而今學者且不必講，恐涉助長。到得後來工夫純熟，自無此病。問："何爲也？"①"'仁者安仁，智者利仁'，惟仁者生知安行，故于善、勞處只是自然而然，不見形迹；若智者便有一種欣喜愛慕、手舞足蹈光景也，是伐善、施勞。然此是長進工夫，恐用力克除，善機反爲阻遏。"曰："然則何云'工夫純熟，自無此病'？"曰："工夫久則愈真，真則愈澹，浮氣盡斂，一歸平實。不求無施、

---

① 此處疑缺一"曰"字。

伐，而施、伐自亡矣。"

附闾雷雷評釋：

三子所答，同處有三，一爲區分顔子地位與學者不同，又一爲肯定道出心得乃學問事，再一爲貴心氣發露、不主用力克除。然蕃侯、聖傳之答，終不及桴亭之精，何也？蕃侯以爲，道出心得，便是"有善可伐，有勞可施"，吾輩原少不得，更進一步後，方可説"去伐善施勞"。聖傳則以爲，道出心得，方能質之同志，以正其得失，乃是辨論工夫，"説不上伐善施勞"。桴亭乃謂，若有爲己之心，即便有得輒語人，不妨其爲公善，則蕃侯"有善可伐，有勞可施"不得與焉；若有爲人之心，只管緘默不語，也終是驕吝守殘，難免爲伐善施勞，則聖傳"説不上伐善施勞"亦非全面之論。以心意之公私，爲判斷之衡準，此桴亭之立論，精於二子之由也。

又，桴亭之再答，又從"仁者安仁，智者利仁"説，智者之欣喜愛慕雖是伐善施勞，然此實爲從利仁到安仁之必經之路，如此立論，又似與蕃侯同。或可反問曰：知者利仁若爲伐善施勞，此利仁中之"欣喜愛慕"，卻又何可免"驕心吝氣"也？大抵問題之要害，在道出心得之公事上，如何避免墮入私意，而問題之癥結，不在道出抑或不道，而在於如何道出，即道出時有無工夫。竊以爲，其正途在於，人於表達之時，對驕吝心之克除，且將克制著不説，當作輔助之手段。如講論之時，自覺大段欣喜，胸中氣機鼓動，則須待心意平復，方從容出以己見也。總之，伐善施勞終須克除之，不得以學者與顔子不同，認其爲顔子待治之病，甚且以爲未至而反需之也。

問答二十一

問：未發之中。

答詞亡。

附玉汝答：

釋氏之静寂與吾儒之未發，氣象雖同，實有毫釐千里之别。天下未有動而不静、静而不動者。今釋氏放棄人倫，專求静寂，其於動静二字，已絕其理矣！譬之草木枯槁之後，永無生理。吾儒合外內、兼人己，天理渾然，夜氣清明，論未發之大段如此。其實無物不有，無時不然，譬之視聽言動，此事既去，彼物將來，其間已有箇未發了。但自常人不能，必自戒慎恐懼者而後有此耳。《中庸》教人，正要如此，不然，何以爲天下之大本？

重威曰：吾兄論未發之中，云"無物不有，無時不然"，又云"此事既去，彼物將來，其間已有箇未發了"，可謂精妙之極！前弟與虞九兄論未發①，及與吾兄登善兄指岸草相發明時，意正如此。得兄再一發明此道，若揭日月矣！但謂未發"常人不能，必自戒懼慎獨者而後有此"，弟竊謂不然。喜怒哀樂之未發，性也，常人豈有無性者乎？②但常人有性而不能盡性，有未發而不能有中耳。然常人亦有偶合中和時節，但不能察識擴充以致之，聖人則能致中和，此其所以異也。

附莫天成評釋：

朱子注《中庸》未發之中，曰："喜怒哀樂，情也。其未發，則性也，無所偏倚，故謂之中。"蓋欲説"性"，"人生而靜"以上不容説，"感於物而動"者又非性；所謂"未發"，則恰指天命之性之當體具于心者而言之。此之所謂性，既已爲在心之性，即是心之本體，乃有體段可言。所謂"中"者，無所偏倚，程子謂中爲"狀性之體段"，則是以"中"形容之。此性之爲"未發"，不因人之聖愚而有所加損，亦不以情之發與否變易其體段，故實爲"無物不有，無時不然"。以上論"未發之中"，析言其名義如此。今觀玉汝與桴亭所答，則似不但言及作爲在中之性之"未發"，而更説及未發時節、聖庸之

_____

① 見《思辨錄輯要》卷七，條一。
② 陸桴亭曰："未發只是性，已發只是情。或言'小人無未發'者，非也。人豈有無性者乎？只是小人未發少，君子未發多，聖人則無事無時無未發矣。"（《思辨錄輯要》卷七，條九）又曰："先儒以爲常人無未發者，非也。整菴以爲人人有之而不知其多少者，亦非也。"（《思辨錄輯要》卷七，條十四）又曰："近時有講學者，以爲'人心無未發'，此不惟侮聖人之言，然亦大誤！予謂：人心刻刻有未發。若無未發，只一念糾纏，如何得喜怒哀樂虛明四應？"（《思辨錄輯要》卷七，條十八）

別，此則非"無物不有，無時不然"所能涵蓋，須再論之。

"未發"無時不有，而未發之時節，則對已發時節言。未發之時，心之本體一體自若，一性渾然，大本之體立也；已發之時，性在情之中，而爲"中節"之"節"，大本之用行也。就時節而言，未發已發，實不可安排。朱子曰："夫未發已發，日用之間，固有自然之機，不假人力。"蓋有感方發，而感又因乎外，非人之所能決定。然則若欲指陳其實，何者爲未發時節？碓庵《淮雲問答自序》云："'此事既去，彼物將來'，洞見精切，直可補先儒之所未逮。"桴亭亦以爲"精妙之極"。今觀玉汝之所言，實乃道出兩種未發，一則"夜氣清明"之時，一則"此事既去，彼物將來"之時。桴亭於他處，亦有言若此，如云："人有一日之未發，夜睡未夢之時也；有頃刻之未發，念慮轉接之際也。"夜睡未夢之時，固無念慮偏倚，然此時之心，或亦未可以主宰言，認此處作未發，或有争議。念慮轉接之際，則諸友皆所肯認，桴亭亦多所述及，如云："喜怒哀樂，已發也；喜怒哀樂中間都是未發。"又如，或問："如何是未發？"予問："子向我問未發時，先有成心相待否？"對曰："無。"予曰："此處便是未發。"情雖迭用，卻各有所止，彼此不相牽連，否則爲"遷怒"之類。如"子於是日哭，則不歌"，此哀樂固不相牽連，而"中間"有未發者存焉。此其爲未發時節，蓋亦可推想者也。然此一番指陳，非欲導人尋此時節而把捉之。才一尋求，便是已發也，此不難知之。然諸友力陳其實，其主旨何在？觀桴亭與虞九論未發，自道其爲學經歷，乃知其欲人之用功，不可有須臾之或息也。[1]

又：

玉汝謂未發爲"常人不能"，桴亭又以爲不然，其中須有辨。蓋玉汝以未發之中爲工夫所致，而非常人所能；桴亭則分離未發與中，以未發爲性而爲凡人所共有，中則爲工夫所致而非常人所能。以桴亭之言視之，則玉汝之言固未盡善者；然桴亭之言，分離未發與中，且但以"察識擴充"言致中和工夫，而不及涵養之敬，亦當未爲盡善也。蓋此爲諸友早年之論，而桴亭後亦有所修改。如云："未發只是性，已發只是情。或言小人無未發者，非也。人豈有無性者乎？只是小人未發少，君子未發多。聖人則無事無時無未發矣。"又云："先儒以爲常人無未發者，非也；整庵以爲人人有之，而不知其多少者，亦非也。"又如，問："既言未發是性，則豈小人性少，君子性多乎？"曰："君子率性，小人溺情。性非有多少也，欲動情勝而本體牿亡也，豈得無多少之異乎？"曰："既云牿亡，則謂小人無未發，亦無不可。"曰："雖云牿亡，未必全失。未全失，則豈無性體偶一呈露之時？"玉汝近此處之"先儒"，而桴亭前此則或近整庵，而此處轉以"多少"言，則不必分離而已自融洽也。人人皆有未發之中，此爲"無時不然"；然或有而不能存之，故有"多少"之別；惟聖人能無時不中，故"無事無時無未發"也。

此未發之多少，何以決定之？全在致中工夫。所謂致中，非獨繫於"未發時節"，而須無時不然，即"無時不涵養"也。然初學或仍覺其難以著手，是不知《中庸》之所謂"戒慎乎其所不睹"者，本涵一漸進之義在其中。如朱子曰："戒謹恐懼乎其所不睹不聞，是從見聞處戒謹恐懼到那不睹不聞處，這不睹不聞處是功夫盡頭。"又如《思辨錄》一條，問："如何用功，便有未發？"曰："戒慎恐懼，便有未發。此即致中工夫也。"曰："此處用功，無實落去處，初學下手甚難，如何？"曰："初學用功，只就有把捉處去做。只已發中節，便漸有未發。"問："如何便有未發？"曰："毋意毋必，便有未發。"故須以"不可須臾離"之心，而"就有把捉處去做"，則可漸致中也。

問答二十二

問：曾子、孟子之學，孰可效法？孟子質敏，曾子質鈍，學聖人者，亦以敏鈍爲難易否？①

答詞亡。

附聖傳答：

曾與孟相較，孟子才高，學不得，吾輩須學曾子。曾子誠篤，增一分敬，便有一分敬；克一分怠，便少一分怠。工夫無間斷，自能到一貫地位。吾輩學曾子，須學他誠篤無間斷處。學者做工夫，存不得一難易見。若曾子當日見以爲難，如何能傳道？

附重威答：

曾、孟之學，原無不同。學曾即所以學孟，學孟即所以學曾，何可分也？其不同處，只是敏鈍耳。然學道無關敏鈍，只看志之堅與不堅耳。

附登善答：

千古聖賢，心法皆同。曾子守約，孟子集義，二者何殊？但二賢畧見有不同者，則資性之異耳。鈍者入路之難，畢竟比敏者不同，而敏者所得，或不如魯者之深切。各有好處。

附莫天成評釋：

曾、孟之學，原其所自，皆"學孔子"而已。欲效法二賢，當先效其同者，如不本諸孔子，何以知當效者爲何？若但效得其氣性，斯亦何有於學哉！如聖傳謂當學曾子之"誠篤無間斷處"，此實亦爲孟子之所有者。

學聖人之學，自不當有敏鈍之見。夫質敏質鈍，豈得爲曾、孟之別？鈍之質未嘗礙於學，而敏之質亦未必成學，故桴亭"只看志之堅與不堅"，乃最爲直截！雖然，善學者如曾、孟，又善用其稟賦而變化之也。稟賦在人一定，有其短亦必有其長，善用者則能用其長而避其短。如曾子之鈍，用之於學問思辨，則所得細密深切，以至於學而成德。故立志固不拘拘於氣稟之如何，然爲學者又須自識其稟賦而善用之，甚且至於"變化氣質"也。

---

①　此條較曾、孟，大程嘗較顏、孟。明道云："孟子才高，學之無可依據。學者當學顏子，入聖人爲近，有用力處。明"（《東見錄》，條四十六，頁19）

問答二十三

問：求人譽我，固所切戒。人自來譽，何以處此？將舉一事，迫不能迫，雖事未及，亦欲一朝立就，果有濟於事否耶？我以道正人，人不能從，即從之，或作或輟，抑當怒之否耶？

答詞亡。

附聖傳答：

人來譽己，若所言當，固不爲譽；若所言不當，只淡然無言，致恭以謝之。至於躁急圖事，非有德者之所爲。即爲之，事亦不濟，即濟事，亦未必盡善。若夫以道正人，能從固好，不能從與從而不力，亦要看其人何如。苟真可教者，當再加婉轉開導之法，不然，則聽之而已，何用怒耶？數則疏①，聖門已言之矣。

附重威答：

若人無心之譽，我亦以無心處之；若有心之譽，此佞人也，當亟遠之。問："有心、無心何以辨？"曰："但胸中絕去好譽根子，譽至即察，無心、有心，自然立辨。"

附蕃侯答：

人自來譽，承之以謙，雖能者不可自以爲能。又要誠篤，毋得僞謙。若事幾未集，必不能濟事，何必欲速？至於以道正人，人不能即從，要看是何等人。應怒而不怒，非也；不應怒而怒，亦非也。權其輕重，盡其在我而已。

又：

吾輩學道，不從者少，作輟者多。意氣相期，互相勸勉，當毋以數疏爲戒，又豈宜有因數而疏者乎？夫以道正人而至於怒，其親我也至矣，是畏友也。夫友必有可畏，而後知其可親，是宜加意親之，猶恐有失，失而不獲聞其過，況敢疏乎？正人者亦各因其可怒者而怒之，則疏我者非以數而疏也，親我者將以數而愈親矣。其不因數而疏

---

① 子游曰："事君數，斯辱矣；朋友數，斯疏矣。"（《論語·里仁》章二十六）

者，無庸怒者也；其數而愈親者，未必不得力於怒也。然則怒亦教人之一術哉！能用其怒者，豈無令人不得不畏而愈覺其不得不親也？

附閆雷雷評釋：

人來譽己，當如何處置？聖傳認爲，若讚譽與實情相合，便不能算作是"譽"，如朱子曰："譽者，揚人之善而過其實。"然畢竟須作何反應？聖傳未能言明。聲聞過情，固應恭敬辭謝，而"固不爲譽"，則默然接受乎？枔亭則認爲，當觀讚譽者之用心。若人無心誇讚，或出於"與人爲善"，己當"無心處之"，然若人有心譽我，如巧言令色之人，己當遠此"佞人"。何以別此二者？當絕去胸中好譽根子！惟其能如此，不但譽至即能察，亦且能聞過遷善。好譽根子不除，無分於有心無心，則將不識巧言而沉醉之，而於"無心之譽"亦將耽戀不捨，非但辜負人之善意美言，己亦或落得無可譽之實。並觀二人答詞，雖皆於問題作兩分，然於"無心之譽"，未嘗詳答應對之方。不同之處在於，對待"有心之譽"，枔亭"遠佞人"之說，較聖傳爲激烈也。

又：

蕃侯"承之以謙"之答，最可想見，而"雖能者不可自以爲能"，亦可堪琢磨。"能者"究爲自我之評價，還是他人之稱讚？若爲前者，則人之讚譽，符合我之自知，然總須謙虛一番，或爲"謙受益"之後果計，又或因知謙之爲德，抑或如此方能更進取。不論出於何種原因，"雖能者不可自以爲能"，不免爲勸誡學者用工，而非自然之謙虛者也。[1] 若爲後者，則他人之讚譽，高於自我之評價，謙虛也便自然了。他人以我爲能，而我承之以謙，自不見其爲能，若將自己看低。然此種放低自己，非謂自知反不若他人真確，恰以謙辭爲其

_____

　　[1]　朱子《語類》一條，問："聖人凡謙詞，是聖人亦有意於爲謙，抑平時自不見其能，只是人見其爲謙耳？"曰："聖人也是那意思不恁地自滿。"淳舉東萊說："聖人無謙。本無限量，不曾滿。"曰："此說也略有些意思，然都把聖人做絕無此，也不得。聖人常有此般心在。如'勞而不伐，有功而不德'，分明是有功有勞，卻不曾伐。"如此，則聖人亦"有意於爲謙"，故人常見其自不滿也。

諦當之評，賦予真實而飽滿之內容。由此，自知與他評之高下，亦得以消解矣。如朱子曰："夫子固多謙辭，到得說'抑爲之不厭，誨人不倦'，公西華便識得。所以有'正唯弟子不能學也'之說，便說道聖人有不讓處。"

又：

聖傳作兩種區分，無論其人可教否，皆無怒之必要。其人不可教，若還要怒之，便是"事友數"了。聖傳引《論語》，乃謂訂正過失，已屬盡責者也，而若無所改悔，亦不應越界發怒。然可問：可不可教，如何判斷呢？若以爲可教之人，終只是"朽木不可雕"，此爲我之教法不當，抑或不免爲事友數？若以爲不可教之人，實爲可造之良才，不僅人無得遷善改過，我亦已犯意必之過也。蕃侯、聖傳一致處，在"要看是何等人"，然蕃侯所謂"當怒而怒"，與聖傳之"何用怒耶"不同。蕃侯詳言怒之必要，以怒爲"教人之一術"，此尤與聖傳之"溫婉開導"不同。

蕃侯認爲，學者之病，要在或作或輟，故須勉勵，而不必以數疏爲意。自被正之人觀之，人之正我、怒我，恰爲親我、重我，當親近此畏友也。細繹蕃侯之意，我以道正人，人若不能從，便應怒之矣。怒所帶來之後果，或以我爲畏友而親之，或因我之怒而疏。決意疏遠我之人，非由我之怒而疏，乃不明畏友之可貴，故可視作不可教者。由此可說，怒非事友之煩數，乃教人之一術也。若蕃侯之意果如上，則此種應對亦有疵。聖傳之說，須明如何區分可教與否，而蕃侯之說，則徑直以怒之方式別親疏（實則亦類似於可教與否），此何可免"事友數，斯疏矣"也？劈頭說個"正人者各因其可怒者而怒之"，難說他人於我之疏遠，與己之怒決無關繫，且如能知其人"無庸怒"，何不於頭領處便把住路頭呢？

問答二十四

問：聖門傳道，何以獨稱曾子？豈聖人真有微言秘旨，但以告曾子，而諸子不聞者與？且性與天道，子貢聞之，一貫之理，兩賢同告，何後之言傳道者不及子貢也？

答詞亡。

附重威答：

此吾儒之所以貴乎任也。子貢之學晚年大進，未必遜於曾子，然而無傳道者，未嘗爲萬世存心耳。曾子不作《大學》，不得子思，則與子貢同。吾儒安可不以萬世存心哉？

附趙玫評釋：

二人向道之心一也，然氣稟則有所不同。曾子誠實篤厚，其學專注於內，所守者約也，故能傳之久遠。子貢博聞多識，其人聰明才辯，有務外之病，故不及曾子也。聖人雖同告一貫，然在曾子“不待問而直告之”，與子貢“先發其疑而後告之”，須有分別也。又，二人所稟之性一也，然氣命則有所不齊。據錢賓四引《闕里文獻考》：“曾子年七十而卒。”自孔子歿後，曾子誠篤向學，至其卒年，大約經五十年。故自聞道以至於卒，曾子任道之年歲，似更長於子貢，所成就亦有不同也。

問答二十五

問：孟子“巧力聖智”之說。朱子云：“三子力有餘而巧不足。”陽明云：“三子固有力，亦有巧，巧力實非兩事。三子譬如射：一能步箭，一能馬箭，一能遠箭；他射得到，俱謂之力，中俱謂之巧。但步不能馬，馬不能遠，各有所長，便是才力分限有不同處；孔子則三者俱長。孔子之和，只到得惠而極；清，只到得夷而極；任，只到得尹而極。若謂‘三子力有餘而巧不足’，則其力反過孔子矣。”① 此亦似分明，亦似有理，然則朱子之說非與？

答詞亡。

附蕃侯答：

朱子之說確而當，陽明之說似而非。朱子但說三子“巧不足”，

---

① 《傳習錄》下，錢德洪錄。

原未嘗說全無巧。陽明謂三子"有力，亦有巧"，固是。至謂"巧力實非兩事"，則甚謬矣！但巧非力終拙，力非巧不濟①，孔子惟巧力俱全，故能造聖之極處，而得其時中。三子惟"力有餘"，故偏於清、任、和；惟"巧不足"，故未能睹其全體。三子若遇孔子，且當裁其有餘而補其不足，豈謂"三子力有餘而巧不足，其力反過孔子"乎？其過處正見其不足處。②

附趙玫評釋：

陽明之質疑有二，一則針對"巧不足"，謂三子皆具巧力，而巧力實非二事，只是才力分限不同，再則針對"力有餘"，謂若依朱子說，則三子之力反過孔子，故不可爲訓。蕃侯力辨之，謂"巧不足"非全無巧，而其力過處正其不足。此處便有三類人：巧力俱全，聖人是也；巧不足而力有餘，如惠、夷、尹；巧足以中而力不足，如顏子。朱子曰："若顏子之博於文而約以禮，竭其才而不能及，則金聲已備，而玉有未振，巧足以中，而力有未充者與？故以所至論之，則顏子不若三子之成；以所期言之，則三子不若顏子之大；以學之序而論之，則三子皆失其所當先，故行愈力而見愈偏，而顏子循序以進，則其所至未可量也，惜乎早死，而不及見其成耳。"可見，"巧足以中"乃爲學之首要，所見明則所行無偏，此所以格致先於誠正，知止而後能得也。即便如"巧非力終拙"，終於行不能遠，雖覺可歎可惜，然大本已立也。

問答二十六

問：晉孫盛作《晉春秋》，直書時事，桓溫見之，怒謂其子曰：

---

① 拙，拙樸無華。不濟，不成。"不濟"含二義，一爲不全備，一爲無變化。

② "其過處正見其不足處"，此何意也？即過猶不及之意。《遺書》一條，有人疑伊尹出處合於孔子"可以仕則仕、可以止則止"，不得爲"聖之時"，何也？曰："終是任底意思在。"（《二程遺書》卷三，條三十四，頁61）"任底意思在"，便是其過處，不損其有餘，難至乎時中也。

"枋頭誠爲失利，何至如尊君所言?① 自是關君門戶事。"其子遽拜謝，請改之。時盛年老，性方嚴，諸子乃號泣請改，盛怒不許。然則直書者正乎？請改者正乎？盛既怒不從諫，其子將何如乎？或謂盛有董狐、齊太史之風，信乎？且使盛爲史官，則爲盛者與其子者，又當何如乎？

附登善答：

孫盛《晉春秋》，私史也。私史褒貶，自有麟經遺□□□□微其旨，即欲直書其事，然當藏之名山，何故□□□□? 若盛爲史官，則董狐、南史之遺風固在，盛固當以身殉，子豈得以擅更耶！

附王明華評釋：

私史未必皆避禍遠災，與史官有甚大異者也。孟子云："孔子成《春秋》而亂臣賊子懼"，恐《春秋》亦未嘗"藏之名山"也。孫盛之修史，秉筆而直書，乃職分所在，宜《晉書》謂之"詞直而理正"。溫陰懷不臣之心久矣，觀盛書而怒，是亦知懼乎！

又，若爲史官，盛固當效董狐、南史遺風，以身殉之，且其子非但不得擅改，更應繼其志而述其事。然則何以如此？蓋因"史尚忠實"，而"官府民衆有不可信，則考之史官，證其詐僞，施以刑辟"，若"史而不信，早已自麗於所典之刑章，尚能審斷官民之欺僞乎?"（柳詒徵語）"自是關君門戶事"，滅族威嚇之言，然若史非忠信，早已自麗刑章，何待桓溫之刀也！亦見史官之重也。

問答二十七

問：霍光與廷臣定議廢昌邑，請于太后，使此時太后不許，光將若何？廷臣又將若何？

答詞亡。

附重威答：

---

① 此處據《晉書》所記，缺"若此史遂行"數字。

霍光之廢昌邑，絕無私心，然可謂"無私心"而未必"當理"
也。① 三代而下，如征誅、揖讓、放君等事，雖使聖人處此，亦不可
爲，亦必不爲。② 霍光愧處在於廢君，許不許不必論也。曰："然則
昌邑之昏亂竟聽之乎？"曰："慎於迎立之時，可矣。既迎立，恐不
得輒③廢。"

附蕃侯答：

霍光不學無術，其愧處，只在輕立昌邑。昌邑之昏亂日甚，不能
君天下，守社稷，豈能事太后乎？太后亦欲廢之久矣，但不能輕出諸
口耳。光既失之於前，已無可奈何，此時社稷爲重，君爲輕，光亦不
得不任變置之罪。況光學問不足而精忠有餘，廷臣無不推服，太后亦
當心許。且其輕立已愧，豈容再愧？其定議必有確中機宜④者矣，又
豈有不許者哉！

附王明華評釋：

一立一廢雖嫌輕率，做得事來"未必當理"，然彼時昭帝無嗣，
其餘武帝子孫，亦無可迎立也。故輕立昌邑之罪，光雖難辭其咎，然
若先立宣帝，則恐人心未易服，群議未易熄也。又，昌邑在位二十七
日，不君之事千餘件，霍光乃社稷大臣，似惟變置之而已，孟子所謂
"社稷次之，君爲輕"也。以霍光較伊尹，自遠不能及之，然以莽、

---

① 朱子曰："愚聞之師曰：'當理而無私心，則仁矣。'"（《四書章句集注》，頁
80，中華書局，1983）又曰："仁者，無私心而合天理之謂。"（《四書章句集注》，頁
342）此說發於李延平，甚有功也！又，朱子曰："同謂之仁者，以其皆無私而各當理
也。無私，故得心之體而無違；當理，故得心之用而不失，此其所以全心之德而謂之
仁與？"（《四書或問》，頁891，《朱子全書》第六冊，華東師範大學出版社，2010）
② 陸桴亭曰："無私心是體，合天理是用。既無私心，而又必合天理者，欲其內
外兼盡也。管仲之仁，合天理矣，不可謂無私心。霍光之忠，無私心矣，不可謂合天
理。聖人未至時中地位，無私合理四字尚未能盡。湯武之伐暴，伊尹之放君，以言乎
無私心則可矣，以言合天理則未也。要之，孔子當此，決不肯如此做。"（《思辨錄
輯要》卷二十八，條五十八）桴亭"必不爲""決不肯如此做"之說，未免有疵。參
見劉霞仙《思辨錄疑義》。
③ "輒"疑當作"輙"。
④ 機宜，時宜之意。

操視之，則猶有可觀者也。

問答二十八

問：陽明有言："心體上著不得一念留滯，如眼内著不得些子塵沙。"又曰："這一念不但私念，便好的念頭亦著不得，如眼中放些金玉屑，亦開不得。"① 其說然與？

答詞亡。

附蕃侯答：

此說雖是，而亦有不然者。學者初做工夫時，先要好的念頭多，日進一日，漸覺有著力處，到大段著力不得，然後可幾於化。神化之後，略無留滯，若有好的念頭，不可謂"大而化之"者矣。陽明之說，不可爲初學者道也。

附閆雷雷評釋：

從根本上來說，心體自是不容一念留滯。意念流連不去之害，程朱亦多有提防。如明道先生嘗因修橋尋長梁，後見林木之佳者，必生計度之心，故誡學者云："心不可有一事。"見一樹而心生計度，則此見已有偏頗，而心有不正焉，故朱子亦云："事如何不思？但事過則不留於心可也。"又，講《大學》"正心"章，於心有所忿懥、恐懼、好樂、憂患，朱子曰："或是事未來，而自家先有這箇期待底心；或事已應去了，又卻長留在胸中不能忘。"以此不正之心應事，則不免有差失也。明道計度之心、"有所忿懥"等念，最初或不無正當，然若留滯而不去，必將轉而爲私念也。更進一步，朱子云："看來非獨是這幾項如此，凡是先安排要怎地，便不得。如人立心要怎地嚴毅把捉，少間只管見這意思，到不消怎地處也怎地，便拘逼了。有人立心要怎地慈祥寬厚，少間只管見這意思，到不消怎地處也怎地，便流入於姑息苟且。"如此種種立心，或爲對治己病，亦是"好的念頭"，然終歸

① 《傳習錄》下，黃以方錄。

於偏私。又如《遺書》一條，問："人心所繫著之事，則夜見於夢。所著事善，夜夢見之者，莫不害否?"曰："雖是善事，心亦是動。凡事有朕兆入夢者，卻無害，捨此皆是妄動。"雖夢善事，亦意念留滯，心已屬妄動，而不免助長也。

又:

程朱對心之虛實，下語頗爲謹慎。如《外書》一條，因論持其志。先生曰："只這箇也是私。然學者不恁地不得。"朱子弟子問此條，朱子曰："此亦似涉於人爲。然程子之意，恐人走作，故又救之，曰：'學者不恁地不得。'"持志亦"好的念頭"，若只是人爲據守，也不外是私意。但"恐人走作"，又不得不如此，何也? 人心不容一物，非"一向全無"之，程子恐人放逸，將志字盡忘卻也。朱子曰："這說便是難。才說不容一物，卻又似一向全無相似。只是這許多好樂、恐懼、忿懥、憂患，只要從無處發出，不可先有在心下。""從無處發出"，則終須有存留，非盡除去之，如象山之"除意見"，即爲有此病。① 心下不容一物，實涉辨別異端。如《語類》一條，問："昨日先生說佛氏但願'空諸所有'，此固不是。然明道嘗說'胸中不可有一事'，如在試院推算康節數，明日問之，便已忘了。此意恐亦是'空諸所有'底意。"曰："此出《上蔡語錄》中，只是錄得它自意，無這般條貫。顏子'得一善則拳拳服膺而不失'，孟子'必有事焉而勿忘'，何嘗要人如此? 若是箇道理，須著存取。"陽明之說無所著落，以其道得不著一念，而遺卻存取此道理，終至於有廢學之虞也。

---

① 朱子曰："此三字誤天下學者! 自堯舜相傳至歷代聖賢書冊上並無此三字。某謂除去不好底意見則可，若好底意見，須是存留。如飢之思食，渴之思飲，合做底事思量去做，皆意見也。聖賢之學，如一條大路，甚次第分明。緣有'除意見'橫在心裏，便更不在做。如日間所行之事，想見只是不得已去做；才做，便要忘了，生怕有意見。所以目視霄漢，悠悠過日，下梢只成得箇狂妄! 今只理會除意見，安知除意見之心，又非所謂意見乎?"(《朱子語類》卷一二四，條二十三，頁2972)

問答二十九

問：汲黯矯制發粟①、陳湯矯制發兵②，事雖不同，矯制則一。使在一時，何以處此？

答詞亡。

附蕃侯答：

汲黯發粟、陳湯討狄，矯制一而事情異。蓋民飢不能一日待，冒罪爲之，事猶可褒；若兵乃利器，而郅支此時又未嘗犯邊爲患，雖有可誅之罪，請討未必不從。如邊將皆矯制，則提兵殄滅，又何所忌憚耶？③ 此斷斷不可！若湯者，廢其身、封其子可也。

言夏曰："竟廢，其子亦不必封。"

附閭雷雷評釋：

矯制本非常事，所以有此權變，則是若循經常，不免遷延機會，故爭議之重點，即在其利害得失。如汲黯矯制救民，不發倉則民將死矣，又如陳湯矯制發兵，不立斷則功難成矣，二者仿佛近似也。然此雖關乎利害，亦須觀其公私之別。汲黯雖救一地災民，此舉卻有普遍之意義，以其爲公義也。陳湯其人，雖不乏謀略膽識，然不免僥倖獲

---

① 河內失火，延燒千餘家，上使黯往視之。還報曰："家人失火，屋比延燒，不足憂也。臣過河南，河南貧人傷水旱萬餘家，或父子相食，臣謹以便宜，持節發河南倉粟以振貧民。臣請歸節，伏矯制之罪。"上賢而釋之，遷爲滎陽令。（《史記·汲鄭列傳第六十》）

② 延壽亦以爲然，欲奏請之。湯曰："國家與公卿議，大策非凡所見，事必不從。"延壽猶與不聽。會其久病，湯獨矯制發城郭諸國兵、車師戊己校尉屯田吏士。延壽聞之，驚起，欲止焉。湯怒，按劍叱延壽曰："大衆已集會，豎子欲沮衆邪？"延壽遂從之，部勒行陳，益置揚威、白虎合騎之校，漢兵胡兵合四萬餘人。延壽、湯上疏自劾奏矯制，陳言兵狀。（《漢書·傅常鄭甘陳段傳第四十》）

③ 蕃侯"何所忌憚"之論，與當時石顯、匡衡同。《漢書》載："既至，論功，石顯、匡衡以爲'延壽、湯擅興師矯制，幸得不誅，如復加爵土，則後奉使者爭欲乘危徼幸，生事於蠻夷，爲國招難，漸不可開。'"（《漢書·傅常鄭甘陳段傳第四十》）後劉向上疏認爲，二人畏服邊疆，瑕不掩瑜（"論大功者不錄小過，舉大美者不疵細瑕"），實應褒獎，以慰衆望，元帝從之。

勝，終究乃爲私利，又豈足以貴之！守常之法，更宜盡心也。

問答三十

問：陽明謂："心不可逐物。目要視時，心便逐在色上；耳要聽時，心便逐在聲上。如人君要選官，便坐在吏部；要調軍，便坐在兵部。豈惟失卻君體，六卿亦不得職。"① 然乎？否乎？

答詞亡。

附重威答：

心不可逐物，亦不可離物。② 君不當侵臣之職，亦不可不察臣之職。惟天縱之聖，可以生知安行，惟紹堯致治、得人任職之舜，可以無爲而恭己③。

問答三十一

問：宋高宗時，徽、欽在北，金人以和議愚宋，斷不可從矣。使金人下之令曰"爾不和，我當殺爾父兄"，如項羽之於漢帝，則將如

---

① 《傳習錄》上，陸澄錄。又問："孟子言心'出入無時'，如何？"曰："心本無出入，孟子只是據操舍言之。"伯溫又問："人有逐物，是心逐之否？"曰："心則無出入矣，逐物是欲。"（《二程遺書》卷二十二上，條九十七，頁297）"逐物"之論，發於伊川。又，陸澄問："主一之功，如讀書，則一心在讀書上；接客，則一心在接客上，可以爲主一乎？"曰："好色則一心在好色上，好貨則一心在好貨上，可以爲主一乎？是所謂逐物，非主一也。主一是專主一個天理。"（《傳習錄》上，陸澄錄。亦見薛侃錄）按：主一若爲一心在天理上，固可無逐物之患，然何可免離物之弊？

② 陸桴亭曰："程子以'主一無適'爲敬。朱子曰：'如讀書時只讀書，着衣時只着衣，身在這裏，心亦在這裏。'其義精矣！或有非之曰：'假如好色一心好色，好貨一心好貨，成甚主敬？只是主一箇理。'夫朱子之言，亦謂讀書、着衣之時，主讀書、着衣之理耳。不然，豈特好貨好色不可言主一，即讀書而讀非聖之書、着衣而着奇衰之服，又可言主一乎？然朱子之言雖主於理，而言下未曾説出，恐初學者認差。此特爲拈出，於朱子之言亦不爲無助。但當申明朱子之説，而不當闢朱子之説耳。"（《思辨錄輯要》卷二，居敬類，條五）按：所謂"恐學者認差"者，恐即"不可離物"之誡也。

③ 子曰："無爲而治者，其舜也與？夫何爲哉？恭己正南面而已矣。"（《論語·衛靈公》章四）

何而可以不悖于舜竊負而逃之義，如何而可以無罪於宗廟社稷？請聞其詳。

答詞亡。

附重威答：

設金人果有此舉，是窺朝廷有人無人也。朝廷有人，當下詔曰："醜虜犯順，二帝蒙塵，凡我神人，無不共憤。今復劫以大義，要我講和，明肆欺誣，謀我社稷。堂堂天朝，豈爲爾犬羊所愚！自今與汝虜約，若還我二帝，納貢稱臣，則休兵息民，姑赦爾罪；若仍前要挾，是欺我中國無人也。二帝在漠，被辱已極，雖生猶死。萬一犬羊肆毒，更致不諱①，朕當親帥六師，直擣漠北，窮天極地，不與醜虜俱生。"如此詔辭，則在我之理，絕無虧欠，且金人見朝廷有人，或送還二帝，亦未可知矣。

附蕃侯答：

若金人果以此說要挾求和，必責其先歸二帝，後定和議。不從，則當閉關謝絕，如吳王之嘗膽坐薪，時刻不忘復仇。俟我生聚教訓②，內治修舉，然後興師。信任張、韓、劉、岳輩③，而勿爲之牽制，終於仇可復，而二聖有必歸之理。此"仁智合一"④之事也。

附王羋龍評釋：

桴亭先生之言，是也。然"若還我二帝，納貢稱臣"云云，則不免書生之談。當是時也，黃屋蒙塵，中原丘墟，大江以北，已非我所有。雖有良將而乏精兵，即有謀臣而無明主，拒敵已屬不易，何有蘇、張之舌，帷幄之內而可以退千軍邪！三代以後，王道式微，國土

---

① 顏師古："不諱，言死不可復諱也。"

② 越十年生聚，而十年教訓，二十年之外，吳其爲沼乎！（《左傳·哀公元年》）杜預注："生民聚財，富而後教之。"

③ 指張俊、韓世忠、劉光世、岳飛，並稱"中興四將"。

④ 張子曰："仁智合一存乎聖。"（《正蒙·誠明篇》）王船山注："天德本合，徇其迹者或相妨也。聖人與時偕行，至仁非柔，大智非察，兼體仁智而無仁智之名。如舜好問好察，智也，隱惡揚善，仁也，合於一矣。"（《張子正蒙注》）不責先歸二帝，而受其要挾，乃"柔"而非仁；不知生聚教訓，而疑其大將，乃"察"而非智也。

之廣，雖毫厘之微，皆民之膏血所撼，萬不得輕也。

莫天成評曰：言"納貢稱臣"者，或嫌迂遠，然"還我二帝"，則舉國所當要求，雖草莽亦知之者，特高宗自私懦弱而不欲爲耳，如何是"書生之談"？"蘇、張之舌"云云，亦非桴亭之意。

王羿龍答曰："還我二帝，納貢稱臣"者，理固宜然；然醜虜聚嘯鳴鏑，汩没天常，豈我之一詔可遽還二帝耶？唯撫民濟世，厲兵秣馬，然後退可以苟延基業，以存尺土；進可以恢復中原，以迎二宗。"蘇、張之舌"云云，亦謂南渡以後，猶存先王正朔者，功不在書生，而在將士。以一詔而冀還二帝、納降款，非蘇、張而誰？是以爲迂闊。

莫天成又曰：以上所言，非不認同，惟桴亭所言，無羿龍所批評之意。使桴亭蠢不曉事至於如此，亦無可敬矣。"使金人下之令"如彼，本爲假設，則我之"當下詔"如此，與之相對而已。詔之所言，乃其所當爲者，非謂下個詔書，即可如何耳。

王羿龍答曰：桴亭誠不爲蘇、張。然以戰敗之國，自身難保，猶作此語與人，故殊難是之。

又：

此與土木堡之變、鄭芝龍勸降相似，姑試言之。正統十四年，英宗北狩，群臣殉國，六師亦折損殆盡。惟蒙忠肅于公，另擇君立，而後社稷可得而保，宗廟可得而續也。英宗之歸，亦賴此力。使從也先之要，則事同二宗，即不得反矣。桴亭言"或送還二帝，亦未可知"，或以此言之也。況以醜虜之資，絕信棄義，一可以二宗脅以和議，再則可以二宗脅以納款，三則可以盤踞中原、進窺江左；蓋把柄獨持，而貪慾不滿，但恃我投鼠忌器，所以再三爲害，是授人以柄之事也。

隆武二年，北兵犯順，鄭芝龍通欸，紹宗崩於汀州。先之，博雒遣郭必昌持書往招芝龍，延平王屢勸之未果，卒降。芝龍又屢以書諭撫，否則必見誅戮，延平復言："設有不幸，兒當縞素。"芝龍卒於辛丑十月見殺，親族之在京者并殁。降則有父而無君，不降則有忠而無孝，降耶？不降耶？竊謂芝豹、延平等再三勸諫，而芝龍一意孤行，自投虎口，事無可憫！延平勢不得已，雖芝龍之死，亦猶可諒也。故降固無君，而陷父於不義，亦無父也；不降似不孝，然自主其中，恰所以成其孝也。桴亭謂"更致不諱"云云，與延平不降之理同也。

莫天成評曰：竊以爲破除要挾，惟在自强。我自是"投鼠忌器"，"柄"也自在敵手，此毋庸諱言也；然自是不當議和，而應自强以復仇，則非彼之所能阻。君子可欺以其方，故彼或以此相要挾，然彼若見我之强，則"或送還二帝"，亦未可知也。然羿龍所言，説得"要挾"二字，全無成立之餘地，是可憂也。

王羿龍答曰：兄言"破除要挾，惟在自强"，甚是。然曰"我自是投鼠忌器，柄也自在敵手"，則或未必。北兵以我投鼠忌器，再三致脅而我從之，方是授人以柄也。髓食而味知，寸得則尺進，從其所脅，是以有限之源，而資其無疆之欲。此時當曰："天子遭劫，時運不濟，而我中國自有繼承者。爾雖挾天子，未可以令諸侯也。"故二帝之還，不惟我之强，猶在二帝非柄，於其無所用也。又，君子誠可欺以其方，但必不當爲之所欺也。虜恃我如此，故能欺之，然我已詳其所爲，安能懸君父於萬一？況"醜虜之資，絶信棄義"，史有可稽，自周至明，莫不如是！覆轍尚存，殷鑒未遠，欲求速達，反陷網罟，君子亦不能不用智也。

莫天成評曰：是否"另擇君立"，便"社稷可保"？宋高宗雖立，然社稷未復，二帝未歸也。桴亭"或送還二帝"之前提，在"朝廷有人"，似不在"另擇君立"。"朝廷有人"之説，可包含"另擇君立"，意思較之更廣大。

王羿龍答曰：保社稷、續宗廟，須先定其君，而於艱危之際，尤首重在令，所謂"名不正則言不順，言不順則事不成"也。無其君，則國無所主，令無所出，此其一也。敵脅我君，必持以要我，立君則正所以示有人，此其二也。故景帝立，則英宗不爲把柄，而瓦剌無器可恃。高宗繼統以來，内相李伯紀，外任宗汝霖，雖材不足復業，然存河山於半壁，延宗祧於一隅，使江南草木，百二年不染羶腥，孰謂無功？故徽、欽北狩而高宗承，孝睿蒙塵而景泰立，此皆示朝廷有人也。

　　莫天成評曰：竊以爲"不降"二字，説不盡"孝"。"不降"自是成其忠，亦是盡孝所當要求，然不可謂"不降"便能"成其孝"。明亡之仇，自當"不降"而求復仇，然父死之仇，乃"不降"後所添新仇，更當報復之以盡孝。不可謂前日之"不降"，便已"成其孝"也。成其孝，與盡孝相當，皆有完結之意，如"殺身成仁"之"成仁"。

　　王羿龍答曰："報讎以盡孝"，誠如兄言，然竊以爲，不降亦是孝。孝本而忠末，豈末存而本失？孝不孝間不容髮，絕無悠遊兩可！降既不孝，不降則非孝而何哉？此之謂"不降似不孝，而孝已在不降之中"矣。況延平之不降，則鄭氏尚存一脈孤忠，祖宗由之不昧，此孝何大焉，孰謂之不孝？成者，就也。聖人言"有殺身以成仁"，程子以爲"只是成就一箇是而已"。"成"謂"成就"，似不當曰"盡"，使爲盡之，豈必有志之士，聖人而已矣夫！

　　莫天成評曰：又，羿龍拈出"更致不諱"，似謂即使致不諱，我亦將不在意，也不妨我是孝，要挾於我無用也。然"更致不諱"一言，乃謂於不諱之事，莫要狂悖喪心以爲之，否則"朕當親帥六師，直擣漠北，窮天極地，不與醜虜俱生"也。此乃針鋒相對之反要挾，與羿龍所言不相似也。

　　王羿龍答曰：設不諱與否，與我無相干，是以孝之名，行不孝之實也。竊以爲，其意有二，一則我之不降，不繫於君父之生死，以此挾我無用也，一則事如不幸，則家讎國恨並集於此，惟不共此天，不同此土，勢無俱存。

淮雲問答續編

陳碻庵　輯　　王明華　等點校

問答一

問：孔子曰："仁遠乎哉？我欲仁，斯仁至矣。"則爲仁自是易事。至樊遲問，又曰："仁者，先難而後獲。"則爲仁又是難事。聖人之言，必非自相刺謬，幸有以明之。

答曰：仁道最大，以爲易最易，以爲難又最難，何也？正所謂"道不遠人"，夫婦可以知能，而聖人有所不能盡也。欲仁仁至，言乎夫婦可以知能也。聖門如顏子、仲弓、司馬牛之徒，其問仁，則聖人皆有以告知是也。仁之道大，言乎聖人之所不能盡也。聖門如顏子，僅謂之不遠仁，而他如仲由、求、赤之徒，則不與其仁是也。然瑚竊疑尊素兄所引"先難"句，未達"難"字義。言"先難"，但云"先其事之所難"①耳，非言仁之難也，猶所謂"克己須從難克處克將去"②也。

附重威答：

欲仁仁至就心說，先難後獲就力行說。欲仁仁至亦不易，先難後

① 朱子曰："先其事之所難，而後其效之所得，仁者之心也。"（《四書章句集注》，頁90，中華書局，1983）

② 《上蔡語錄》卷下，條三，《朱子全書外編》第三册，頁34，華東師範大學出版社，2010。

獲亦不難。細心體認，當自知之。

又：

問："欲仁至仁亦不易？"曰："'操則存，舍則亡'，豈非不易歟？"問："先難後獲亦不難？"曰："不計功，不謀利，則又何難矣！"

問答二

問：《中庸》二十三章注云："自其善端發見之偏，悉推致之，以各造其極。"固全在致曲。又云："曲無不致，則德無不實。"所謂誠之者，非耶？若爾，則形、著、動、變自應一齊俱足，何故又有差等？如所云"孟子明動未變，顏子動變未化"① 之類。有誠之後，似還有許多未盡之功，則將如何著力用工，到得化境與至誠爲一耶？幸細辨之。

答曰：文公云："曲無不致，則德無不實，而形、著、動、變之功自不能已。"則知有誠之後，已具聖人體段了，分明是孟子所謂"充實之謂美"也。此後畢竟還有功夫，然亦無甚等級，只是熟之而已。此其次序，正如《大學》知止節相似，非如自志學以至不踰矩也。若致曲二字，内則等級次第甚多。到有誠時，全體已具，不必止於致曲。到能化時，并無曲之可致矣。

附聖傳答：

致曲是散的，今日致得一曲，明日致得一曲。直到有誠，則已打成一片了，如云"德盛仁熟"。有誠者，已是有德，已是仁矣，但未盛未熟也。涵養漸深，則漸盛漸熟，以至極盛極熟，大《易》所云"過此以往，未之或知"也。此誠形以至於化之功候也。

此節文義，大約與聖經知止章相類。

附重威答：

---

① 朱子曰："孟子明則動矣，未變也；顏子動則變矣，未化也。"（《答張敬夫問目》，《晦庵先生朱文公文集》卷三十二，《朱子全書》第二十一册，頁1403）

"曲無不致，則德無不實"，猶孟子言"充實之謂美"，盡矣，但未至耳。蓋一曲亦有誠，一誠亦有形，然即謂之誠、形則不可，故朱子釋誠，必以"曲無不致，德無不實"爲言也。形、著、明，猶孟子言"充實而有光輝"之謂，步步俱有差等。"孟子明動未變，顏子動變未化"，誠確論也！到得化境，亦是誠到盡處，物自化之，猶《易》所言"飲食宴樂"，俟其自化，大段著力不得。① 至於用工之方，則一部《大學》也。

問答三

問：《中庸》注曰："曲，一偏也。"《論語》注曰："須從性偏難克處克將去。"既同謂之矣也②，一欲推極之，一欲克治之，敢問何說？

答曰：張子曰："形而後有氣質之性，善反之，則天地之性存焉。"《中庸》之所謂偏，言天地之性也。《論語》之所謂偏，言氣質之性也。天地之性不可不致，氣質之性不可不克，所以一言推極之、一言克治之也。然爲善之道，從其所近而爲之，去惡之道，從其所難而去之，此《大全》中所以有程子之論也。③ 蓋天地之性乘於氣質之性而後見，故質之厚者多近於仁，剛者多近於義。從近仁而致之，則

---

① 《周易·需卦·象傳》："雲上於天，需。君子以飲食宴樂。"伊川曰："君子觀雲上於天，需而爲雨之象，懷其道德，安以待時，飲食以養其氣體，宴樂以和其心志，所謂'居易以俟命'也。"（《周易程氏傳》）朱子曰："事之當需者，亦不容更有所爲，但飲食宴樂，俟其自至而已。一有所爲，則非需也。"（《周易本義》）

② "既同謂之矣也"，疑漏一"偏"字，似當作"既同謂之偏矣"。

③ 二程云："人自孩提，聖人之質已完，只先於偏勝處發。或仁，或義，或孝，或弟。"（《二程遺書》卷六，條二十一，頁81）有云："去氣偏處發，便是致曲，去性上修，便是直養。然同歸於誠。一，此章連'人自孩提'章下爲一章。"（《二程遺書》卷六，條二十八，頁82）合此二條，便是"程子之論"。《大全》有程子之論，非直引此二條，乃指朱文公之説。劉潛夫問"致曲"。曰："只爲氣質不同，故發見有偏。如至誠盡性，則全體著見。次於此者，未免爲氣質所隔。只如人氣質溫厚，其發見者必多是仁，仁多便侵卻那義底分數；氣質剛毅，其發見者必多是義，義多便侵卻那仁底分數。"（《朱子語類》卷六十四，頁1572。亦見《四書大全校注》，頁213～214，武漢大學出版社，2015）

仁之量可盡矣，從近義而致之，則義之量可盡矣。此亦入道之捷指，而惜其說之不全，何也？質之近於仁者，豈遂無義端之發？近於義者，豈遂無仁端之發？豈彼固欲其推致，而此則不必推致乎？若然，則夷近於清，止從清致之可矣，惠近於和，止從何①而致之可矣，毋乃有所未盡歟？此朱子所以有取程子之論，而《或問》復深辯之，以爲"當以事言，而不當以人言"也。② 以事言，則有當理、不當理之辨，而天地之性易見矣，是言致曲即可以該克己之義。若如程子之說，則言致曲又必言克己而後始全也。要之，文公□③中謂"悉推致，以各造其極"，玩"悉"與"各"之爲言，則亦精矣密矣。程子之論，亦在其中矣。

附虞九答：虞九，姓江，名士韶，別號藥園。

二偏字不同。《中庸》註偏字，是其天性之善處。《論語》註偏字，是其氣質之惡處。天性之善惟恐不足，故用擴充。氣質之惡惟恐有餘，故用克治。蓋天命之性本無不善，但有生之後漸漸泊没，所以不能得其全體，惟於一偏處發見出來。苟能因其端而推廣之，以造乎其極，則由小至大，從一至百，若火始然、泉始達，莫之能禦矣！所謂充其義理之性是也。至於氣質之偏處，即其惡私欲之來，莫不因吾之所近而入，其入之也易，則其去之也必難。苟不於此處著力，將有流而日甚者矣，故克己者必能如割至愛、如赴湯火，而後能絶去私欲，復還天理，所謂矯其氣質之性是也。學者不能擴充此善，則德業日衰，理必不能以勝欲，不

---

① "何"，當作"和"。

② 朱子曰："程子之言，大意如此，但其所論不詳，且以由基之射爲說，故有疑於專務推致其氣質之所偏厚，而無隨事用力、悉有衆善之意。"（《四書或問》，頁597，《朱子全書》第六册）《大全》於此下，復引《語類》一條。又問："程子説'致曲'云：'於偏勝處發。'似未安。如此，則專主一偏矣。"曰："此説甚可疑。須於事上論，不當於人上論。"（《朱子語類》卷六十四，頁1574。亦見《四書大全校注》，頁301，武漢大學出版社，2015）

③ 疑此處爲"注"字。

能克所難克，則病根日深，而性之所存者亦幾希矣！此二者義雖不同，而其理實有相因者矣。

附蕃侯答：

兩偏字各有不同。《中庸》致曲之偏，善端之發也。程子性偏之偏，氣稟之拘也。善端之發當知擴充，氣稟之拘當知裁正，豈不一欲推致之、一欲克治之也？

附聖傳答：

《中庸》注"曲，一偏也"，是善端發見之偏也。善端發見，自然該推極之。《論語》注"性偏難克處"，是氣質之病也。謂之克己，自然該克己治之。兩説不相悖也。

問答四

問：吾輩講貫切磋有日矣，相見諄勉，氣識稍定，退而居一室、接世務，即多搖奪，豈舍羣居遂無取益耶？謝上蔡語尹和靖曰："吾黨從程先生，言師行則，如日服烏頭，顏色鮮好。一旦烏頭力去，如之何？"[①] 豈索居冥學，先賢亦怵此耶？夫子謂"遯世不悔"，惟聖其能，而陳蔡之厄，致懷率野，賴顏子同心，欣然解頤。[②] 吾輩未能希聖，所談不及古今十之一，所行亦不及講論十之一，尚或思沾干祿，分藝[③]雕蟲。求工則妨道業，卻去又爲雞肋，

---

① 謝子見河南夫子，辭而歸。尹子送焉，問曰："何以教我？"謝子曰："吾徒朝夕從先生，見行則學，聞言則識。譬如有人服烏頭者，方其服也，顏色悅懌，一本作'澤'。筋力強盛。一旦烏頭力去，將如之何？"尹子反以告夫子，夫子曰："可謂益友矣。"（《上蔡語録》卷下，條四十四，《朱子全書外編》第三册，頁33）

② "致懷率野"，指聖人厄於陳蔡，知弟子有慍心，乃召由、賜及回，分別而問曰："《詩》云：'匪兕匪虎，率彼曠野。'吾道非耶？吾何爲於此？"顏子同心"，乃指顏子之答語，"不容然後見君子"云云。"欣然解頤"，指聞顏子之所答，"孔子欣然而笑"云云。見《史記·孔子世家》。

③ "協於分藝"，見《禮記·禮運》。鄭注曰："協，合也。言禮合於月之分，猶人之才也。"孔疏曰："協於分藝。協，合也，是日月之量也。藝，人之才也。言制禮以月爲量，合人才之長短也。"

心戰未決，於聖人出處之道，若何而合耶？

答曰：吾黨爲學，所以全恃良友者，以質柔之故也。良友輔
仁雖不可少，而獨居省察，全在自己，爲仁由己而由人乎哉！自
己用力，則遇良友之教，直如時雨，所謂"裁者培之"[1] 也。不
然，雖窮年累月講論不倦，究竟安能有成耶？向來以制義爲分外
事，甚厭棄之，近始覺有進。此本時制，且甚可以發抒性情，吾
輩竟以文爲詩教可也。先儒有言："吾人爲文，當於少年做好，到
後年富時，既不能長益，且無暇爲此。"誠至論也！至於利祿富
貴，則當浮雲視之而已。

附登善答：

類莫親於良友，樂莫大於辨論。然入談聖道而悅，出見紛華
而趨者，則志不立而中無得也。志立，斯有深造之勇，有得，斯
知世味之淺，則凡平日師友所嘗精辨者，以之讀書處事，無不當
也。不然，即日覿良朋而玲讕論，亦何異燕僻之士耶？若吾人束
髮受書，即思用世，而德不稱位，危辱隨之，聖賢以是有義命之
安。程子曰："科舉不患妨功，惟患奪志。"[2] 使孔子生於今日，
亦應科舉，然科舉豈足以累聖耶？吾儒惟有養志待時，處則盡孝，
仕則殫忠，或忘一身以救民，或達天機以避世，務爲真實氣量之
人而已。若夫詭遇取合世俗之事，君子不爲也。

附尊素答：尊素，姓曹，諱鈖，別號雪堂。

甚矣良朋切磋講貫之功，其益莫有大焉者矣！即以不肖某自
驗之，而知索居冥學之爲真可畏也！夫自未接諸兄以前，則其心
之鄙吝穢惡，固不可言矣。得見以後，遂欣欣乎有樂善之懷，斷
乎有趨善之志矣。及去館而之家，而其心遂稍有不同者，既將之
館，而其心又凜乎若良朋之在前，而步趨舉動俱若有束縛者，是

---

① 《中庸》第十七章。
② 《二程外書》卷十一，條六十，頁416。

即所謂烏頭之力也。古人以文會友，以友輔仁，豈無所爲而然哉？至於出處行藏之際，只存乎我之一心。吾儕今日問心辨性，不過是求正心術，以爲將來致君澤民地耳。不是丟下功業，別求所謂心性，求盡乎心性，蓋欲大乎其功業也。然而，奉時王之制，必欲借路雕蟲，亦只是我自做我文字而已，於心學又何所害？朱子曰"科舉非能累人，自是人累科舉"① 兩言，盡之矣。

附蕃侯答：

天下惟豪傑之士，雖無文王猶興，吾輩正恐少不得服烏頭也。子夏聖門高第，猶出見紛華而悅，入聞聖道而悅，若非日服大成② 烏頭，豈易遂有後日之肥也？③ 若夫聖人教人，原未嘗分道德、功名而二之。盡我道德之事，正是立其功名之實，若不足以立功名，又安成其爲道德乎？故徒務功名，則有妨於道德，道德未嘗妨功名也。如今日之講學，必有心得，見之於著作，便可傳世，出之爲經濟，便可安民。此處不爲徒處，出不爲徒出，出與處之所以合也。然則，吾輩若遺卻功名，即是道德之欠處，亦求其所謂合者而已。

附聖傳答：

"德業相勸，過失相規"④，朋友砥礪，爲道謀也。古人有力量者，脫去功名，覺得刀斬斧截，不復芥蒂。至於德業，既就出而道行於世，則始焉脫去者，究將大得也。惟其始能脫去，所以終能大得也。若云"思沾斗禄，分藝雕蟲"，則非吾輩期許之本意矣。抑獨有説焉：時王之制，以八股繩束人心，浮華之業大累

---

① 《朱子語類》卷十三，條一五七，頁246。

② "大成"，指聖人而言。

③ 子夏見曾子，曾子曰："何肥也？"對曰："戰勝故肥也。"曾子曰："何謂也？"子夏曰："吾入見先王之義則榮之，出見富貴之樂又榮之，兩者戰於胷中，未知勝負故癯。今先王之義勝，故肥。是以忘之難也，不在勝人，在自勝也，故曰'自勝之謂强'。"（《韓非子·喻老》）

④ 呂和叔《呂氏鄉約》："德業相勸，過失相規，禮俗相交，患難相恤。"

性體。若夫説理切實，論事質直，不以爲腐而嗤之，即以爲迂而笑之矣。人情可畏，大約如此！吾輩自行己志，窮理盡性，力行體道，在外之務需之聽之。爲己爲人，夫子之論學已明白矣，何敢忽焉！

附重威答：

吾輩講貫切磋，正謂動靜交修，出處咸當耳。觀上蔡烏頭之言，則知程門弟子後來多不能大，或者正坐專恃烏頭，闇修之學未力也。然烏頭亦不可少，只要好之，好之則烏頭自至，所謂"德不孤，必有鄰"。索居冥學，聖賢決不如此！至於出處之道，用行舍藏，聖有明訓。文章一事，特執見之贅耳。天下無道外之文，又何患雞肋之妨道業哉？然而難矣！

問答五

問："窮理盡性以至於命"，窮理不過是格致功夫，格物致知，如何便能盡性至命？《經》曰"惟天下至誠，爲能盡其性"，未知至誠之盡性，亦從窮理上著力否？

答曰：言性、言命、言道，一理而已矣。天下隨事隨物，而理在焉，大而天地，細而飛躍，物也理也；鉅而倫常，微而周折，事也理也；精而禮樂詩書，鄙而飲食居室，事物也理也。於此而不能明者，不知所謂道也，即不知所謂性、不知所謂命也。故有志於聖賢之大道，必非可以無因而悟者也。致知爲之始也，故或窮之天地古今之際，或窮之語言文字之間，或窮之日用倫常之事，或窮之飛潛動植之微。窮之者，所以盡"物物之太極"也。盡物物之太極者，即所以會"統體之太極"也。[①] 知至，則行可盡矣，盡性至命，其不由於窮理也哉？至於"天下至誠"，雖是説生知

---

① "蓋合而言之，萬物統體一太極也；分而言之，一物各具一太極也。"（朱子《太極圖説解》）

安行之聖人，然以舜之大聖而必曰"問察"、曰"執端"①，其不遺於窮理之學亦明矣。故知命者，其必自格物始。

附尊素答：

窮理止言擇善，盡性則兼明善誠身而言，朱子所謂"察之由之"② 也。但此言"至誠"，是生知安行，不假功夫。"察之"，如舜之明物察倫，"由之"，如舜之"由仁義"耳。③ 故至誠之盡性，不必在窮理上著力，而自能盡性。然究竟"仰觀俯察"④"好問好察"，至誠何嘗不窮理？

吾輩爲學止是窮理，亦不能盡性，是⑤擇善固執一齊下手始得。

附重威答：

古人"窮理"功夫，非徒知之，正以行之。格物致知，所以誠正修齊治平也。到得"盡性"時，便已知行兼盡，朱子所謂"察之由之，巨細精粗，無毫髮之不盡"者此耳。"至命"只是天人合一，如孔子"五十而知天命"是也。然未有不從格物致知始者，窮理如何不可盡性至命？

問答六

問：天命謂性時，人與物俱命於天，其所得於己者，同乎？

---

① 子曰："舜其大知也與！舜好問而好察邇言，隱惡而揚善，執其兩端，用其中於民，其斯以爲舜乎！"（《中庸》第六章）

② 《中庸》第二十二章，朱子注。

③ 孟子曰："舜明於庶物，察於人倫，由仁義行，非行仁義也。"（《孟子·離婁下》章十九）

④ 古者包犧氏之王天下也，仰則觀象於天，俯則觀法於地，觀鳥獸之文，與地之宜，近取諸身，遠取諸物，於是始畫八卦，以通神明之德，以類萬物之情。（《周易·繫辭下》）

⑤ "是"字疑當作"須"。

否耶? 朱子曰: "人與物, 理同而氣異。"① 乃物之知覺運動與人同, 而仁義禮智與人異, 則又似 "氣同而理異" 者, 何歟?

答曰: 理同氣異, 與②"大德敦化" 觀之也。氣同理異, 於 "小德川流" 觀之也。理出於一故同, 氣散爲萬故異。惟其氣異, 故所得之理亦異也。然則氣同者, 非真可謂之同也, 但可謂之相似耳。即如飲食男女, 此氣之爲之也, 若直言氣同, 則豈人與物於此遂無分別耶? 故僅可言相似耳, 不可言同。

問答七

問: 周公以后稷配天, 以文王配上帝。天與上帝, 如何分其配之也? 果來格來享乎? 果有所謂如神如人者乎?

答曰: 帝即天也, 非天之外別有所謂帝也。"萬物本乎天, 人本乎祖, 故冬至郊而以祖配之, 義取於始也。萬物成形於帝, 人成形於父, 故季秋享帝而以父配之, 義取於成也。"③ 此周家配天、配上帝之分也。"古者祭天, 掃地行事, 繭栗陶匏, 其禮甚簡。聖人以爲不足以盡其意之委曲, 故季秋復有大享之禮。天者, 尊之辭也。尊祖, 故郊以配天。上帝者, 親之辭也。禰親, 故明堂以配帝。尊尊而親親者, 周道也。周公禮以義起也。"④ 蓋以祖禰有尊親之分, 故有郊與明堂之異其祭。以祭之異, 故有天與上帝之異其稱也。豈以祖禰之異配而有取義於天與上帝之分也哉?

---

① 朱子曰: "論萬物之一原, 則理同而氣異; 觀萬物之異體, 則氣猶相近而理絕不同也。氣之異者, 粹駁之不齊; 理之異者, 偏全之或異。"(《答黃商伯》,《晦庵先生朱文公文集》卷四十六,《朱子全書》第二十二冊, 頁 2130)

② "與"字當作"於"。

③ 程伊川《禘說》, 見《河南程氏文集・遺文》,《二程集》, 頁 669~670。譚善心錄自《書程子禘說後》,《晦庵先生朱文公文集》卷八十三,《朱子全書》第二十四冊, 頁 3922~3923。

④ 陳止齋說, 見《詩集傳・我將》所引。

《詩》曰："我將我享，維羊維牛，維天其右之。"此宗祀文王以配上帝之樂歌也，而曰"維天"，則知上帝即天也。於尊后稷以配天之詩，而曰"貽我來年，帝命率育"，則知天即上帝也。其所以異其名者，猶一天而有蒼天、昊天、旻天、上天之稱也，豈真謂天果有異也哉？至於來格來享、如神如人，亦存乎我之一心而已矣。

問答八

問：孟子於齊、梁諸君，屢以"致王"爲説，且其"明堂勿毀"之言，更疑於無周者，其旨何居？

答曰：聖賢之心無私，一天而已矣。當戰國之時，周必不能有爲，此天也。齊、梁強大，可以致王，亦天也。"天者，理勢之當然也。"① 湯武之放伐，《易》謂之"應乎天"。孟子以湯武之事自任者也，故觀於役大役強之論②，可以知孟子順天之學矣。曰："如是，則凡強大者可以陵弱小，亦將諉之於天，毋乃使強者愈強、弱者愈弱耶？毋乃啟人以妄作之志耶？"曰："非也。天者，合理勢而言之，非去理而專言勢也。宋亡而元帝，以元有得天下之勢，亦有得天下之理也。六國滅而秦帝，然二世而亡，以秦雖有得天下之勢，而無得天下之理也。"曰："如子之言，則孔子當此，亦將使齊、梁之王耶？"曰："是又不然。孔子爲文王，必不爲湯武，此可以類推也。蓋聖人以天自處，次則聽天所命。以天自處者，吾行吾事而理自從，猶《易》之所謂'先天而天弗違'也。聽天所命者，見其理之如此則從之，猶《易》所謂'後天而奉天時'也。孔子、文王，以天自處者也。湯武、孟子，聽天所命者也。即使孔子生於齊、梁，而得位行道，恐亦當以尊周爲先。

---

① 《孟子·離婁上》章七，朱子注。

② 孟子曰："天下有道，小德役大德，小賢役大賢；天下無道，小役大，弱役強。斯二者天也，順天者存，逆天者亡。"（《孟子·離婁上》章七）

若孟子之意，則齊、梁直可致王，周天子而在，封以大國，賓之而不臣已耳。然此亦是天道合當如此，必以此議孟子者固非，即曲爲之解者亦非也。"

附虞九答：

戰國之時，天下大亂，有志平天下者，其所重必不在存周而在救民。苟有行王政而王者，孟子必出而爲伊周之事矣。且天下大事已在七國，寧使齊、梁有可王之機，衰周必無復興之理。擁戴微弱之邦，號爲服事，而使豪傑紛爭，萬姓塗炭，是勉存天子之虛名，而遺斯世以實禍也，豈聖賢之心乎？明堂之對，孟子欲行王道之極，借此以聳動之耳，豈暇爲周計，亦何必爲周計哉？詳於"君輕民貴"之旨者，可以知孟氏之心矣。

附尊素答：

君臣，天下之大義也。聖賢綱紀人倫，豈敢把第一件大事抹煞。然在猶知有君臣之際，則其義當顯然以明之，如孔子於齊桓、晉文之際，則做《春秋》是也。在全不知有君臣之義，則其義當隱然以存之，故孟子在齊宣、梁惠之時，則以致王爲言是也。夫孟子致王之言，似專切於救民，然尊周之意，未必不隱寄於其中，如與梁惠王言仁義，而曰"未有仁而遺其親，未有義而後其君"，則君臣之義在其中矣。俾梁君果能居仁由義，自然要尋出個仁義源頭，則尊君親上，當不待言而可知者。其與齊宣說不忍一牛，是擴充其惻隱之心也。夫四端同出一源，能惻隱則恭敬、辭讓、是非一齊俱到，安有真能愛其民而不能敬其君者也。此孟子雖不言尊王，而其意則未嘗離之以爲言也，所謂本原之論也。至明堂一說，更其尊周之顯然者。彼劈頭便說"王者之堂"，已凜乎悚以天王之大義矣。雖以行王政引之，然只說文王治岐，不說起武王，其心便可見，蓋以文王固戴殷而非滅殷者也。至他日問湯放桀、武王伐紂，而直對曰"聞誅一夫紂矣，未聞弑君也"，則聖賢心事，自是曉然於天下後世，何疑於致王之屢說乎？（言夏評

曰：雖未確當當日心事，而其議論自成一説，且大指亦足干城
名教。）

附蕃侯答：

聖賢之心，大約以救民爲主。春秋之世，天下猶知宗周。
戰國之時，天下不復知有周矣。孟子即欲尊周，勢必不能，使
當時齊、梁諸君能爲湯武，雖踐明堂而出政治，必有所以處周
者矣，亦奚不可？所以孔子之時只説一仁字以誨人，孟子之時
分出一義字以救世。要之，孔子必爲文王，孟子必爲湯武者
也。（言夏評曰：仁義原不可分析，不可道文王是仁，湯武
是義。）

附聖傳答：

孟子躬抱仁義，欲得齊、梁諸君用之而大行其道，此素志也。
周之勢至此，亦衰極矣，使諸君有能大用孟子者，行王政，興王
業，自當有善事周室之作用，不至如湯武之於桀紂也。明堂之對，
欲引動齊桓行仁政，豈無君之心哉？

附登善答：

聖賢之所以有用者，以其能達權也。聖賢欲救民而用世，則
必不爲小人之迂謹而喪功。戰國時，人□之禍極矣。有王者起，
發奮修德，輯列國之煽虐，救生民於塗炭，斯真聖賢所望而願事
者。如春秋時，周室尚稍能自立，然孔子愿聘，欲事齊、魯、宋、
衛諸君，豈真忘周哉？以此數國者，非王懿親，即其勳舊，一旦
乘權措政，奉諸君爲方伯，討貳扶衰，興滅繼絶，以襄天子，即
不幸共主屛弱，則視天所命，徐爲天下計耳。乃孟子時，則周室
愈微，而宗盟異姓諸名侯皆盡，又不能坐視世之淪夷，則起而圖
功，非大國之君足用爲善者，其誰與歸？即使文武之德未盡，
而明天子突興，然於修職奉供之道，未有損也。不然，使孟子而
貪利急功者，則當朝暮秦楚，爲縱橫言以求售。而孟子足不越齊、
梁、鄒、滕諸善國，豈非猶得孔子遺意哉？不察而以爲無王，亦

見其迂謹不知變也已。

附重威答：

愚嘗謂：孟子於此，有湯武作用。明堂勿毀，此聖賢公天下之心，即文王、武王"有德易興、無德易忘"① 之心也。文武豈以明堂私其子孫歟？況乎孟子王齊、梁，非獨天下人願之，即當時周天子亦願之。以天下之所同願，而立爲天子，封周爲賓，以比三恪②，固聖賢之大作用、萬世之公心也。後世不知此義，有利天下之心，而復牽於放伐之說，往往功業既就，而復飾禪讓之事以文之，如唐③、宋④之爲者，使儒者議其"得天下之正，不若漢高"，其以此也夫！

---

① 《史記·劉敬叔孫通列傳》。

② 顏師古注曰："恪，敬也。言待之加敬，亦如賓也。周以舜後并杞、宋爲三恪也。"（《漢書·王莽傳》）

③ 范祖禹曰："魏晉之君，欺孤蔑寡，以奪天位。考其實，無異於寒浞、王莽。王必欲效唐虞之文，後世因襲而莫之改，其君臣皆不以爲羞也。惟唐高祖知其出於諂諛者所爲，故繁文僞飾，有所不行，亦可謂不自欺者矣！然以兵取而必爲之文曰受禪於隋，是亦未免襲衰世之迹也。雖不能正其名，實如三代之王，而優於晉魏則遠矣。"（《唐鑒》）朱子《資治通鑒綱目》引此條，見《朱子全書》第十冊，頁2116。

④ 畢沅《續資治通鑒》："遂請匡胤詣崇元殿行禪代禮。召文武百僚，至晡，班定，翰林學士承旨新平陶穀，袖中出周帝禪詔，宣徽使高唐昝居潤，引匡胤就龍墀北面拜受。宰相掖升崇元殿，服衮冕，即皇帝位。群臣拜賀。奉周帝爲鄭王，符太後爲周太後，遷居西宮。詔定有天下之號曰宋，因所領節度州名也。"《發明》云："三代以後，得國之正，莫如漢高。誅無道秦，討逆賊羽，故《綱目》以'即皇帝位'書之，明其正也。自漢獻衰微，曹丕篡奪，浸淫至於晉、宋、五代，壞亂極矣！歷考舊史，往往以禪位爲文。嗚呼！自堯舜揖遜，傳於賢而不傳於子，禹傳於子而不傳於賢。然天與賢則與賢，天與子則與子，禹非自私而傳子，天與故耳。三代以降，抑何堯舜之多耶！是乃亂臣賊子，假此以欺天下，天下安可欺乎？《綱目》正名定罪，皆書稱'皇帝廢故主'，而畧無寬恕，其義自明。迨夫匡胤爲周□檢，受周厚恩，當主少國危之時，正宜盡心輔佐，以勤王室。雖有陳橋之變，必斷以大義，誅鉏叛卒，退居藩服，當如禹避舜之子於陽城，而謳歌訟獄之來歸，然後踐位，庶幾名正言順，而無叛逆之罪。夫何受命而出，因變而返，殊無辭避之意，遂居九五之尊，殆與朱全忠、石敬塘等耳。故《綱目》特書稱'皇帝廢周主'，以著其篡竊之罪。"（《通鑒綱目續編》）

問答九

問：《中庸》云："日月星辰繫焉。"日月星辰何物也？有質乎？無質乎？四者之繫於天乎？天之之所以繫四者乎？日何以精光射人？月何以有盈有虧？且日月何以常經於天？星何以有隕落？辰何以無定在？豈其繫有不同者乎？

答曰：天事不可求，言人事而已矣。若言天事，則不得不恃書本。然據書本之說，恐不足使人信，而適使人疑也。日月星辰，氣也，其無質固矣。既無質，則必無繫之者，此其理易曉。若夫日爲陽精，故其光射人，則陽之精何以偏聚而爲一物也？月既受日之光以爲明，則當全體皆明，何以有盈有虧？即以粉抹彈丸之說言之，則彈丸有質，故半粉而半可不粉。[①] 若月無質，則何以見其半、不見其半也？星之隕落，氣之散也，然及地則爲石，將於空中何時凝結乎？無星處皆謂之辰，故邵子以天之辰對地之土。[②]辰亦不過即天耳，猶土之即謂地也。而何以言天之所繫？乃云日月星辰也。若云三辰，則自當在星中論矣。此又愚之所未解也。意者日月星辰爲常語，而辰亦帶言之歟？要之，天事甚遠，恐雖至一貫之後，亦不能鑿然有據者也。

辰字竟作三辰看，以星之大者而言，星則以小者而言，似亦近之。

附登善答：

日月在天，以爲有質，則物之高者易墮，久者必弊，日月何以終古懸象，獨無此變？竊臆考之，而知是乃陰陽之精。蓋氣之所聚而成，而未必其有質也，何言之？於其魄而知之。日之將升將歿，月之朔後晦前，皆有魄可見，而視其氣之盛衰以爲明暗。

---

① "以粉抹彈丸之說"，乃沈括之論，見《夢溪筆談》卷七。

② 依康節之意，天之四象，日月星辰，而地之四象，水火土石。"少陰爲辰"，而"少柔爲土"，故二者爲"對"，見《皇極經世書》。

蓋光之在精魄者常神，其在質者常死。鏡之光、珠玉之光，在質者也，有物蒙之則暗，否則久而常明也。日月之光，在精魄者也，非物所可蒙，而自爲倏忽明暗者也。以故或一日一周天，或一月一天，天自率其氣之流行，而非必直有繫也。日之中暗而外影，則明月無光，借日爲光，故近日而弦，對日而望，所以盈虛不齊。沈括之論，朱子不能易也。① 星繁然在天，各象地上所有，其飛流隕落，亦視其氣之流行盛衰。若"恒星不見""星隕如雨"，紀於《春秋》者，孔子雖不著其事應，然觀列國篡弑，兵端之禍，誠古今大變！變將極，其精先降，未必不如是也。朱子釋北辰以爲"無星之地"②，而古註又以"心爲大辰、伐爲大辰"③ 者，則借文言星，而非星即辰也。雖衆星晝夜運動，則辰安得有定在。有定在者，其惟北辰乎！

問答十

問：學者莫先立志，故學者之志如射，須是認個把子。至功積力久，自然至於中的，學者之志亦猶是也。吾儕今日懇懇勤勤，朝乾夕惕，考德問業，講習討論，畢竟有個志願所在，請各自問要成得何等造詣，天下要成得何等世界，方是志願滿足。言之亦足以驗將來之人品、功業。昔人師弟朋友之間，往往以之相考質者，非無謂也。諸君子盍各言之。

---

① 朱子引沈括之論，見《楚辭集注》卷三，《朱子全書》第十九册，頁68。
② 安卿問北辰。曰："北辰是那中間無星處，這些子不動，是天之樞紐。北辰無星，緣是人要取此爲極，不可無箇記認，故就其傍列取一小星謂之極星。這是天之樞紐，如那門笋子樣。又似箇輪藏心，藏在外面動，這裏面心都不動。"義剛問："極星動不動？"曰："極星也動。只是它近那辰後，雖動而不覺。如那射糖盤子樣，那北辰便是中心樁子。極星便是近樁底點子，雖也隨那盤子轉，卻近那樁子，轉得不覺。今人以管去窺那極星，見其動來動去，只在管裏面，不動出去。"（《朱子語類》卷二十三，頁534~535）
③ 《春秋公羊傳》昭公十七年。

答曰：古人言志，每非妄言，須是實實見其心中所得與力所能爲。蓋《四書》中"志"字，如"志於道"及"志於學"，先儒解之每曰"志乎此，則念念在此而爲之不厭"①，故必如此然後可言志也。即如顏子謂無伐無施，真能無伐無施者也；子路言車裘與共，真能車裘與共者也；孔子言老安少懷，真能老安少懷者也，何嘗有一言之妄矣！曰：曾晳言志，言其力之所未及，而夫子與之，何也？曰：他資質高，實實見得如此，分明是老安少懷氣象，故夫子與之。蓋當時學者俱是自做工夫，三子不能見到，而曾點獨能見到，便是開闢之論，則亦實有心得，非妄語也。使今人言志，或無曾點之識見，而擷拾其語，或果有三子之學術，而言其所能爲，則夫子必與此而不與彼矣。吾輩生於聖賢之後，道理洞然在前，未能力而行之，而擷拾餘論以爲言，雖說得極大，總涉自欺，故瑚不敢言志。

先儒謂："志剛而意柔。"② 志主定向言，意主偶發言，故有剛柔之分也。瑚雖不敢言志，然豈無意之偶發可爲諸兄告者耶？曰意之偶發，則亦時有私淑先儒文公之意云耳。要之，豈敢遂以爲瑚之志乎哉！

附尊素答：

志之一字，未可以易言者也。今人浮心蕩氣，茫然錮溺物欲之中，便逞口亂談，謂願規矩至人，建立絕業，此還說不上是英雄欺人語，直是妄人醉夢耳。夫所謂志，必須先要平心靜氣，自問自思，細細密密詢訪向此心真實所在，覺得如饑之望食、渴之望飲、見於羹墻、形於夢寐，有不至如是不已者，然後方肯實實想著此處下手用力，庶幾後來或可實踐。故必如仲由之願共物，聖人之願大同，顏子之願克己，纔不是虛語。某有生來，尚無定

---

① 《論語·爲政》章四，朱子注。
② 問意志。曰："橫渠云：'以意志兩字言，則志公而意私，志剛而意柔，志陽而意陰。'"（《朱子語類》卷五，條九十，頁96）

見，少年志向頗好思欲讀書顯親，中間没志氣，覺得利欲熏心，恩仇念激，存著個駟馬高車、赫奕里門之志，何鄙俗也！此直不是志，直物欲之浮氣耳。今年幸交良朋，瞥見天理，覺得從前所作，種種皆非，深痛半生虛度。鐵石著志願，必要把後半世身子做個全人，淨掃物欲，得養此志此氣，直可與天地相通，方是快足。至於見諸事業，只是把世上饑寒煢獨的，措置他無不萬全，其奸邪桀黠者，感格他無不自服，使今日世界粗粗見一箇三代氣象，則生平之願畢矣。請得一言以蔽之曰：齋明以對天，至誠以遇物而已矣。志固如是，恐猶未易言也。

附蕃侯答：

以某之所志則大矣，但返之於躬，每每行不顧言，志爲欲奪，豈不哀哉！又何敢言志哉！雖然，願略陳其意。夫聖門有曾子者，"以魯得之"①，彼何人哉而能如是耶？素願以曾子爲鵠，但內志不正，外體不直，猶待於諸兄之入彀者引弓以示耳。至於功業，則又在可見可隱之間，半行半藏之內，尚未知其如何而可也。

附重威答：

士而不知聖人之道則已，士而苟知聖人之道，則又豈肯以小成自安哉！儀自丁丑歲來，已竊好大道，而妄意乎內聖外王之事。然三年以來，德隳業喪，其得罪於聖人，并得罪於己之始願者，蓋不可勝道也。聞尊素兄之言，赧乎其愧之。嗚呼！吾亦何以慰吾良友之望哉？惟有洗心滌慮，捨死向前，隨其力之所至而已。高自期待，吾不敢也。

附登善答：

先儒曰："君子志伊尹之所志，學顏子之所學。"② 吾黨非無"恥君不爲堯舜"之志，而動於禍福，則功衰於小喜；非無博文

---

① 二程曰："參也，竟以魯得之。"（《二程遺書》卷三，條四十二，頁62）

② 周濂溪語，見《通書·志學第十》。

約禮之條，而誘於習俗，則業或廢於半途。所賴良友之切磋與事變之閱歷，庶幾力大定而成己成物非虛語耳。故仁爲任而死后已者，爲學之的也；治則見而亂則隱者，用世之準也。奉此兩言以畢世耳，敢遂定所至與所致哉！

問答十一

問：學者主敬，原是徹頭徹尾工夫。自下學立心之始，以至聖神功化之極，總脱不得敬。《經》曰："篤恭而天下平。"夫恭者，敬之發於外者，以篤字之意詳之，則又説入內去了。故《章句》以"不顯其敬"① 釋之，則"篤恭"二字，似乎近敬字之義矣。若以爲篤恭即是敬，則《經》何不曰"君子敬而天下平"？敬與篤恭，畢竟有別否？

答曰：恭在外而敬在內。《四書》中言"敬"字，或有兼言外者；言"恭"字，則未有兼言內者也。如"溫良恭儉""恭而無禮""居處恭""恭己正南面"之類，皆言外也。獨此"篤恭"二字，則直當以敬字釋之，觀注云"不顯其敬"可見。若以爲言"篤恭而天下平"，何不"敬而天下平"，遂謂此恭字之意與敬有別，而或有深意存焉，則是求之於文字之末，而不通之於義理之大也。

問答十二

問：《中庸》二十章，前言"修身"，後言"誠身"，豈不相關？二者或同或異，或偏或全，厥有辨矣？小注以"明善即《大

---

① 朱子注曰："篤恭，言不顯其敬也。"（《四書章句集注》，頁40）

學》致知之事，誠身即《大學》誠意之功"，朱子是之①，則果是
耶？否耶？

答曰：修字指用功而言，誠字指用功得力而言，修身所以求
誠其身也。此章誠身、修身之分，如小注言"明善即《大學》致
知之事，誠身即《大學》誠意之功"，其說恐有未盡然也。夫
《大學》總結，蓋嘗明言之矣，曰"其第五章乃明善之要"，則致
知爲明善之事，而非明善爲致知之事也。又曰"第六章乃誠身之
本"，則誠身即誠意之功，尤說不去矣。夫身之誠也，必待意誠、
心正、身修而後謂之誠也，專誠意未可以言誠也，故曰"誠身之
本"也。而何反以誠身爲誠意之功也哉？則其說之非，有不辨而
可明者矣。則朱子是之之說，或殆有誤耶？

問答十三

問：費者道之用，隱者道之體，用殊而體則一。如天能覆而
不能載，地能載而不能覆，此用之殊也。天必不能載，地必不能
覆，何以又言體一歟？豈覆之理即載之理歟？此又於何見之歟？
先儒謂："凡事凡物，皆當見其所當然與其所以然。"② 所當然是
其用否？所以然是即其體否？彼聖人之於道，其所以然者有所未
盡乎？抑其所當然者未盡也？惟明辨之。

答詞亡。

---

① 周舜弼云："以是觀之，則《中庸》所謂明善，即《大學》致知之事；《中
庸》之所謂誠身，即《大學》意誠之功。要其指歸，其理則一而已，是否？"朱子批
云："得之。"（《答周舜弼》，《晦庵先生朱文公文集》卷五十，《朱子全書》第二十二
冊，頁 2339）

② 朱子曰："至於天下之物，則必各有所以然之故與其所當然之則，所謂理也。"
（《四書或問》，頁 512，《朱子全書》第六冊）又，朱子曰："自其一物之中，莫不有
以見其所當然而不容已與其所以然而不可易者。"（《四書或問》，頁 528，《朱子全書》
第六冊）又，朱子曰："有以窮之，則自君臣之大以至事物之微，莫不知其所以然與其
所當然，而亡纖芥之疑，善則從之，惡則去之，而無毫髮之累。"　（《行宫便殿奏劄
二》，《晦庵先生朱文公文集》卷十四，《朱子全書》第二十冊，頁 669）

附重威答：

費隱二字分體用，以道之可見、不可見而立名。理即在氣上，故曰費。然即氣求理，又不可見，故曰隱。體一用殊，所謂“理同而氣異”也。天能覆不能載，地能載不能覆，此氣之異，而天地皆本於太極，故曰理同。覆之理即載之理，於此可見也。所當然不可窮，所以然只是一。一者，源也；不可窮者，流也。所以然正是體，所當然正是用。聖人之體可盡，聖人之用不可盡，故謂聖人能盡其所以然而不能盡其所當然，能盡隱而不能盡費，其說非誣也，何也？孔子不得位，堯舜病博施。得位博施，事之所當然也，不能盡也，而所以得位、所以博施之理，則未嘗不能盡也。蓋當然之理隨時而見，弟子之時則有弟子之所當然，大人之時則有大人之所當然，堯舜之時則有堯舜之所當然，孔子之時則有孔子之所當然，欲舉而兼盡之，勢必不能。若夫所以然之理，則生天生地，生人生物，皆是道也，萬化之本，萬事之根也。不徹則已，一徹則無不徹，孔子語曾子以一貫，朱子收奇功於一原[1]，皆此也。故聖人能盡其所以然而不能盡其所當然，能盡隱而不能盡費，能盡體而不能盡用，其說非誣也。曰：以聖人而不能盡用，得無爲體病乎？曰：不足病也。體，在我者也；用，乘乎形勢時位者也。得其所以在我，乘乎形勢時位而時出之，所能盡者則盡，所不能盡者不必盡，不足爲聖人病也。[2]

問答十四

問：吾儒道兼體用，固與釋氏虛無相去遠甚。然初學所患者，

[1]　朱子詩云：“玄天幽且默，仲尼欲無言。動植各生遂，德容自温清。彼哉夸毗子，咕嗶徒啾喧。但逞言辭好，豈知神監昏？曰余昧前訓，坐此枝葉繁。發憤永刊落，奇功收一原。”（《齋居感興二十首》，《晦庵先生朱文公文集》卷四，《朱子全書》第二十册，頁363）

[2]　陸桴亭答語之全文，即《答盛聖傳費隱問即呈周儆文》，見《論學酬答》。

世緣牽引，檢制不嚴，知食色不可絕也，而或失則流矣；知善善惡惡當力也，而或失則忘矣。望道甚邈，實攻苦之力未加也。以孔子"天縱"[1]，猶嘗終日終夜不寢食，顏子三十，頭髮皓焉[2]，此與釋氏艱苦之修何異？程氏汎濫釋老甚久，退而求之六經。然則欲明正道，其必在先求異端之病歟？抑忍嗜慾者先思絕之，而後可節？簡念慮者先知其起滅，而後可察其邪正？則善用釋氏之說，亦可有一二當於吾道否？

答詞亡。

附蕃侯答：

吾儒之與釋氏異者，吾儒即在人倫中盡道，所以能盡人性、盡物性以至中和之理也。釋氏則離爾父子，棄爾君臣，不至夷人於禽獸不止。彼之所謂功苦，不惟害己，兼以惑世。吾儒所謂攻苦，既能治己，兼能淑人。孔子以天縱而得之，程朱以反求而得之，固異於釋者之爲矣。若夫善用釋氏之說，不若孟子"養心莫善於寡欲"，尤爲言近而旨約也。

附聖傳答：

釋氏之艱苦與吾儒之攻苦雖相似，然而不學者，以釋氏是求空的工夫，謂克得一分便空得一分以爲進步耳；吾儒是求實的工夫，一面克己即一面復禮，豈謂前段學釋氏之求空，後段學聖人之求實耶？程朱之汎濫於釋氏，固是少年誤走差了路頭耳，後乃得聞正道，原不謂汎濫於釋老多年，爲有補於進道之功也。

問答十五

問："大哉聖人之道"，與前"君子之道費而隱"，一言君子，

---

① 大宰問於子貢曰："夫子聖者與？何其多能也？"子貢曰："固天縱之將聖，又多能也。"（《論語·子罕》章六）朱子注曰："縱，猶肆也，言不爲限量也。"

② 皓，白也。鄭康成曰："頭髮皓落曰宣。"（《周禮·考工記》）宣髮，黑白雜也。方密之云："宣髮，蒜髮也。升菴曰：'宣轉第三聲爲蒜，今少年白髮，曰蒜髮。'徐文長則謂：'勞心計算則易白，曰算髮。'《易·巽》'寡髮'，古本作宣髮。仲師曰：'頭髮皓落曰宣。'宣其半白乎？"（《通雅》卷十八）

一言聖人，果有別歟？抑道一也，而君子、聖人倶在所略歟？“洋洋”“優優”，果可言費之大小歟？“發育”“峻極”“三百三千”，將言道之體歟？抑言道之用歟？或以“發育”爲用、“峻極”爲體，其說然歟？或以發育峻極爲體、三百三千爲用，然歟？君子尊德性、道問學，其可以盡洋洋優優之道歟？苟不能盡，則何以云“極乎道之大”“盡乎道之細”也？温故之新，與《論語》果有微別歟？願詳言之。

　　答曰：“人能宏道，非道宏人”，故道非人不凝，人非道不成。君子以道爲體，道以君子爲用。道者，非塊然一物，獨立於天地之間，亦非有聲色形象，可以夫人而見之也。原其初，生陰生陽，生人生物，氣而已矣。有君子出焉，以爲是氣也，必有所以然之故而確然不可易者立乎其先，凡天下萬事萬物必如是焉而始得其當，於是舉而名之曰道。是道之本體，自在天地間，而能知之、能見之、能名之，則非君子、聖人莫與也。故言道者，必舉而歸之君子、歸之聖人。道一也，君子、聖人豈可拘也？“洋洋”“優優”，一言費之大，一言費之小，然大者小者其用也，而所以發育峻極三百三千者，非禮乎？蓋兩節倶是用，而體在其中，豈用之外，更有所謂體也哉？豈費之外，又有所謂隱也哉？故以發育爲用、峻極爲體，固非也；以上節爲體、下節爲用，尤非也。即《大全》中，有以峻極爲“體段”，亦非體用之體。[①] 體段，猶云景象，規模之謂耳。道之大而無外、小而無内者，非德不凝，故下遂以修德言之。君子尊德性而道問學，固已“極乎道之大”

____

　　① 饒雙峰曰：“‘發育萬物’，以道之功用而言。萬物發生養育於陰陽五行之氣，道即陰陽五行之理，是氣之所流行即是理之所流行也。‘峻極于天’，以道之體段而言。天下之物，高大無過於天者。天之所以爲天，雖不過陰陽五行渾淪旁薄之氣，而有是氣必具是理，是氣之所充塞即此理之所充塞。此言道之大用全體，極於至大而無外有如此者，即前章‘語大，天下莫能載’之意也。”（《四書大全校注》，頁224，武漢大學出版社，2015）

而"盡乎道之細"，可謂能盡道矣。然而時勢分位之所不得爲，則亦但能盡其所以然，不能盡其所當然也，如孔子不能爲堯舜，堯舜不能如成周之制禮作樂，可見矣。"溫故""知新"，皆就一事而言。蓋於一事上，既貴尊德性，又必道問學，通節如此，若分作兩事，便失之矣！但《論語》之溫故則稍輕，此則必以溫故爲本，故并重也。

問答十六

問：鐘會、鄧艾既定三川，會有異志，據蜀謀叛，憚艾威名，乃備陳艾專制之事，誣以反狀，意欲請檻車徵之。兩人情形，當日朝中知之未深，使從會之說乎？是墮其計也。抑不從其說乎？倘艾果反，事所或有，其將何以應之？

答曰：會與艾，兩雄不竝立之勢也。會反則忌艾，艾反則忌會。會反則可以艾取之，艾反則可以艾取之。[①] 應之有三策。先下詔曰："兩卿平定西川，功莫大焉。望卿久矣，兩卿可速歸朝廷，同受封侯之賞。"詔下之日，其無反志者必從，有反志者必不從。當預授使者以密詔，詔還軍者急擊不從之人，此一策也。不然，或詔兩人各易其軍，有不從者誅之，此又一策也。不然，或別遣一將至軍，察其情形，陽爲解仇，而執異志者於樽俎之間，此又一策也。

問答十七

問：父有急難，爲子者當不遠千里赴之。或父命止其行，或單傳無繼嗣，奈何？

答曰：聞父之急而赴之，義也。親雖有命止之，然恐一去之外，更無他道也。蓋親聞子之欲往而止之者，爲父之慈；其子不

---

① "艾反則可以艾取之"，當作"艾反則可以會取之"。

從父命而赴之者，爲子之孝。以韓愈入庭湊軍中之事觀之，可推矣。① 萬一果無後嗣，則又當爲祖宗計，或從命以俟其後，可也。

庭湊之事，反當不往而從詔令，此亦不可不知。

_____

① 《韓文公墓銘》："王廷湊反，圍牛元翼於深。救兵十万，望不敢前。詔擇庭臣往諭，衆慄縮，先生勇行。元稹言於上曰：'韓愈可惜！'穆宗悔，馳詔無徑入，先生曰：'止，君之仁；死，臣之義。'遂至賊營，庵其衆責之，賊惶汗伏地，乃出元翼。《春秋》美臧孫辰告糴于齊，以爲急病，校其難易，孰爲宜褒？嗚呼！先生真古所謂大臣者雅！"（皇甫湜《皇甫持正文集》卷六，頁100，上海古籍出版社，2013）按："雅"，《全唐文》作"耶"。

朱陸太極論辯

——並述《性理學大義》之輯錄

吴 婕

導師推薦意見：

"易有太極"，"太極"二字，若以"予欲無言"論之，雖此二字亦多。可知所云"易有太極"者，聖人之不得已也，非必有此二字，有此二字不爲添，而亦非必限於此二字也。朱子曰："若有以灼然實見太極之真體，則知不言者不爲少，而言之者不爲多矣。"是也。惟聖人固不必有此、不必無此，有之不添、無之不減，他人豈必然哉？故一開"太極"之名，下而等之於兩儀、四象、八卦者多矣。老氏不此之以爲然，始曰"無極"，又謂"大道在太極之上而不以爲高"，是其以道（無極）與太極相高下而分有無，道與太極既相爲二，其置太極於等而下之之物間卻與彼失者一同其失也。故周子《太極圖說》首言"無極而太極"，無極此太極，太極此無極，雖沿用其言，而必改正其旨，蓋所以破虛無寂滅、體用割截之説，人乃以虛無疑之，不亦惑乎！"易有太極"之後，倘無兩儀等等以當太極之過乎下者，更無太極之上以爲復有大道無極之過乎高者，周子固必安於"太極"二字，添一字即是添；周子今既不得已而曰"無極而太極"，人不知之，欲減去"無極"二字，減一字即成紛紛之徒然矣。朱子辯之，既有以體會周子之心，發明聖賢立言之本意，更有以是正道體之識見使端的無偏，論學必須如此，衛道必須如此，此其意豈特於三五文字之間哉？

本文依唐文治先生《性理學大義》之所輯録，以述朱子、二陸關於無極太極往來辯答之旨，用心可謂平實，態度可謂本分，所述大體皆能貼合。在唐文治先生，以及在陸桴亭、陸稼書二先生等，如朱陸太極辯答之論題，蓋可視爲早有定案，固非爲後學所以"創新"、出奇者，惟取是以自加鍛煉，則可以端正其心地見識，此亦傳統學術之一大價值，故雖"述而不論"不妨，然尚期此體驗貼合之力可以發揮透徹於將來也。

然本文既依唐本展開，于唐先生之意之見，宜不僅限於緒論一節撮要論之，于正文所述朱陸兩邊之説，亦當隨時有以附論。又唐本于朱陸之後，亦節録桴亭、稼書二先生相關文字作爲結末，則本篇結尾處似亦當順而及之，以明夫諸賢用意之爲宜。

另，本文雖大體取平實轉述之用心，見解差失欠推敲處仍偶不免。如謂"此之謂'有'，非心（主體、我）所能觀感、識別之具象具形之'有'。此'有'之存，常於心之'能'者顯之"，置理於能與所、象與非象、感與非感之間，則亦未免亂之以此也。如謂"宇宙"之"宙（時）"者，乃"時有間、續，如人之念念遷革可見"，等時於念，亦爲此類。如曰"'此物之極'（理也），'當在此物之中'（理在氣中），'以其居中而能應四外，故指其處而以中言之'，理居於天地萬物之'中'，'指其處'乃謂以其居所言之，命名爲'中'"，朱子之言，蓋有虛實之道，虛言尋常之物，將以引發談理之實語也，豈必以爲句句説理哉？如謂理之"無方所"爲"自住自在"，不知如何是"自住自在"？又如《通書·理性命》"厥彰厥徵，非靈勿瑩"句，謂爲"蓋言太極之彰明神妙具于人心，故此心虛靈瑩澈也"，似説得"厥彰厥徵"專爲此心設，亦離其旨，而皆有賴見地之更進不已也。

丁　紀

一、緒　論

本文依唐文治先生所輯《性理學大義·周子大義》之所録，以論朱陸太極論辯之旨。

唐文治先生嘗於《性理救世書》中自述曰："十五歲時，先大夫授以《禦纂性理精義》，命先讀朱子《讀書法》與《總論爲學之方》，其時已微有會悟。逮年十七歲，受業於先師王文貞公之門，命專治性理學。"① 故其後作《性理學大義》一書，實有理學之淵源也。另一方面，亦因其視當時之世，西學浸進，學風日下，國勢日危，"正人心，救民命"不可須臾緩也；又居家講學，平生之志，"維持人道""挽救世風""務望諸生勉爲聖賢豪傑"，於是有《性理學大義》之輯述。②

《性理學大義》定《周子》二卷、《二程子》二卷，《張子》一卷，《洛學傳授》一卷，《朱子》八卷。"每卷各冠以叙文及傳狀，發明大義，篇中精要處，各加評語、圈點。學者得此講本，可窺性理學之門徑矣。"③《大義》又取朱子著述最多，蓋朱子爲性理學之集大成者，得伊洛道統之傳，故《朱子大義》之前《洛學傳授大義》亦僅録楊、呂、羅、李四先生之語要，以明朱子所受之淵源也。唐先生拳拳服膺於朱子學問，於此可見一斑。晚年之撰《朱子學術精神論》，乃曰："余治朱子學五十餘年。初輯《朱子大義》八卷，繼撰《紫陽學術發微》十二卷。覺其精神之高遠、識見之廣大、思慮之宏深、條理之精密，一時莫測其津涯。"④ 又謂："居今之世，欲復吾國重心，欲闡吾國文化，欲振吾國固有道德，必自尊孔讀經始。而尊孔讀經，

---

① 唐文治《紫陽學術發微》，頁 2，點校説明，華東師範大學出版社，2014。
② 唐文治《性理學大義》，頁 5，整理弁言，華東師範大學出版社，2016。
③ 唐文治《性理學大義》，頁 8。
④ 《紫陽學術發微》，頁 352，附録。

必自崇尚朱學始。"①

　　又，《朱子大義》八卷，卷一所輯書信多論政事，蓋仰朱子之
"浩然正大之氣"，謂其"一生出處精神，惟以氣節爲重"也，亦可
知唐先生"善國性、救人心"之用意。卷二以下，取《文集》書信，
多以年月先後編排。唐氏較推崇王白田，嘗曰："王氏《朱子論學切
要語》與《白田草堂雜著》提要鉤深，與《年譜》並行，江河不廢
矣。"② 若論《朱子》八卷輯述之要旨，又多言"仁"之精義（如
《答張欽夫》諸說、《又論仁說》《仁說》等）。至卷八諸書之序及諸
記，則言爲學之大端、義理之大要耳，由此亦可窺見朱子一生學問著
書之宏博。故《自敘》曰："朱子之書，猶夫子之宮牆也。其義理之
精博而純粹，猶宗廟之美、百官之富也。百世而下，儒林之士，講求
道學，誦習師法，莫之能違也。吾欲溯其源，而其源卒不可尋也。吾
欲比其類，而其類卒不可分也。蓋讀之數十年，覺其千門萬戶，曲折
紛綸，在前在後，而卒不得入也。"③ 若論爲朱子之學者，則"惟有
尚志、居敬以植其本，致知、格物以會其通，天德、王道以總其全，
盡性、至命以要其極，庶幾仁者見仁，智者見智，於先賢之道德文
章，或能見其涯涘乎？賢者識其大者，不賢者識其小者，道統之緒，
蓋必有傳矣。"④

　　以上蓋先就《性理學大義》之輯述思想作一簡略概觀。而本文
的論說主題，乃著眼於朱子與二陸之太極論辯。論辯資料詳載於
《大義・諸儒太極論辯》部分，唐先生於《太極圖說》（附集說）外，
僅録朱子與二陸之論辯始末及清代陸桴亭、陸稼書二先生之說，以見
關於《圖說》、太極等問題討論之意義，由此可見其學之宗主。而
《紫陽學術發微》卷八，則僅録與陸子靜往復書信二則，按曰："無
極之辨，朱子答陸子美、子靜，共書數通，茲特録一首，然其精義已

---

① 《紫陽學術發微》，頁358。
② 《紫陽學術發微》，頁1，自序。
③ 《性理學大義・朱子大義自敘》，頁175。
④ 《性理學大義・朱子大義自敘》，頁176。

具備於此。"① 愚按：《發微》所録者，即象山與朱子往復第一書。以下所論，亦以第一次之往復書信爲論述主幹，蓋論辯之精義俱已備於此矣。

二、與梭山辯答

　　朱子與象山關於無極太極之辯，發生於淳熙十五年。而兩家圍繞無極太極問題之爭論，實早於淳熙十二年，時象山弟子劉堯夫曾與朱子論辯；之後，於淳熙十二年初，梭山始與朱子論無極太極，至淳熙十四年止。② 作爲朱子與象山論辯二書的重要開端，本文故先就《大義》所輯與梭山之辯答作一細緻梳理。

　　先是丙午年（1186）梭山讀覽朱子《太極圖説》（即《太極解義》）後，來書曰："此圖本説（按：周子《太極圖》《太極圖説》，梭山俱疑之）自是非正，雖曲爲扶掖，恐終爲病根，貽憾後學。"③ 朱子答書曰："《太極》篇首一句，最是長者所深排。殊不知不言無極，則太極同於一物，而不足爲萬化之根；不言太極，則無極淪於空寂，而不能爲萬化之根。只此一句，便見其下語精密微妙。而向下所説許多道理，條貫脈絡，井井不亂，亙古亙今，顛撲不破。"④

　　由朱子之答書，可知二人論辯焦點，集中於周子"無極而太極"一句。朱子答語，實乃重申《解義》"無聲無臭""造化之樞紐，品匯之根柢"二義也。所謂"無極而太極"者，"非太極之外復有無極也"，"無極""太極"乃説"同一物事"（實理），所以取此二義，蓋指説不同故耳。

　　而梭山則以"太極"之上加一"無極"非是聖人之言，故第二

---

　　①　《紫陽學術發微》，頁 220。

　　②　參見顧春《朱陸無極太極之辯》，《中國文化研究》2002 年夏之卷。

　　③　梭山與朱子書，《宋元學案》已云不可得見，《大義》載有二條，亦非全録也。又象山書中有梭山兄謂云云，可參之。詳見《性理學大義·周子大義》，頁 15。

　　④　《性理學大義·周子大義》，頁 15。

書又云："'太極'二字，聖人發明道之本源微妙中正，豈有下同一物之理？左右之言過矣。今於上又加'無極'二字，是頭上安頭，過爲虛無好高之論也。"① 梭山於"無極"一義不親切，以其或非儒説，實際上也是在質疑朱子《解義》之論。

朱子乃答書云："太極之説，某謂周先生之意，恐學者錯認太極別爲一物，故著'無極'二字以明之。此是推原前賢立言之本意，所以不厭重複，蓋有深指。"② 此蓋釋周子加"無極"二字之用心。太極非是於陰陽五行外別有一物，太極不離於物也；然其又非爲陰陽五行之可形可象，實亦不雜於物，故説"無極"字。且後賢傳前聖前賢之學，豈敢旁生枝節？只意在提起、發明聖賢之意耳，此亦朱子反復論述之用心。

又云："而來諭便謂某以太極下同一物，是則非惟不盡周先生之妙旨，而於某之淺陋妄説亦未察其情矣。又謂著'無極'字便有虛無好高之弊，則未知尊兄所謂太極，是有形器之物耶？無形器之物耶？若果無形而但有理，則無極即是無形、太極即是有理明矣，又安得爲虛無而好高乎？"③ "周子之言有無，以有無爲一。"④ 所謂"有"者，"有理"也。然此之謂"有"，非心（主體、我）所能觀感、識別之具象具形之"有"。此"有"之存，常於心之"能"者顯之，如物我交接，此心所以知覺作用者，蓋有此理也。故我雖不能以感官及之，然此理又實賦於我（發見於良心萌蘗、心之能知能思），由格致（格物之理、致我之知）、踐形（皆有踐履之義、實踐義）而能上達也。聖人罕言性與天道，理學家則發明大《易》之精旨奧義（詳於周子《圖説》）以啟發後學。蓋此"理"之意義於聖學最重大，醒發此義，則天地、人物方於幽冥晦暗中提撕而起，精神亦由是而超拔挺立，故亦説爲天地間無端無始之"端始"者也。而所謂"無"者，"無形"也。朱子謂"無方所形狀"，蓋不落時、空（宇、宙）之維

---

①②③ 《性理學大義·周子大義》，頁16。
④ 《性理學大義·周子大義》，頁8。

度，不離亦不雜於其間。方所者，謂常居、定位、方向等，如四方上下（中之義，亦是借方所之名而指說至極之理，因曰"此物之極，當在此物之中"）。故所謂"無方所"者，不落一切居所，不指一切向位，惟自住自在也；而"無形狀"者，則幾之未動、發育流行前（無物之前），此理藏蓄而隱微，無聲臭影響、無名相情狀、無形無象也。以上乃從"位"之義方面切入。然若古往今來、流動不息者，或可謂之"時"（宙也），時有間、續，如人之念念遷革可見。不落時空，便是不著於此類居所、間隙也。故"無極"乃復述"太極"之義，"太極"謂"有至極之理"，"無極"則指說"無形體方所"，非是太極之外別加一物。由是，"無極而太極"者（亦謂"無體之體"），是乃無形象方所而有實理也。

然有無之論終不過勉強言，實無可名、無可說也。《太極》篇首語，"而"字爲"圓轉"意，太極、無極是說一體之兩面。朱子因云："太極本無極，則非無極之後別生太極，而太極之上先有無極也。"[1] 梭山謂"頭上安頭""虛無好高之弊"，果不察周、朱二子之意也。

三、與象山辯答

象山與朱子辯答，繼梭山之後，主要觀點亦承接其兄之論。前文既已稍述"無極而太極"之意，則以下論述，皆得以朱子之說爲准的。故以下引述象山二書，一方面仍列陳象山觀點，略按以己意，然皆並述朱子辯答於每書末，以爲正見也。

（一）往復第一書

象山第一書[2]，大意主要有二：

第一、疑《太極圖說》之作。象山亦如梭山一樣疑周子《太極

---

① 《周元公集·晦菴文集并語錄答問》，景印文淵閣四庫全書本。
② 《性理學大義·周子大義》，頁 16～18。以下引象山第一書者，皆同於此。

圖說》一篇，以其與《通書》不類，以爲或是"其學未成時所作"，
"或是傳他人之文"。凡引證者有二，皆取自《通书》：一取《理性
命》章所言，以"中焉止矣""二本則一"之論，曰"中"與"一"
者俱言太極也，而"未嘗於其上加'無極'字"；二取《動靜》章，
亦說無"無極"之文也。故言："假令《太極圖說》是其所傳，或是
少時所作，則作《通書》時，蓋已知其說之非矣。"此實以"無極"
之義爲非，故書下兩段詳辯此問。

　　第二、辯"無極"及"極"字之義。象山論"太極"，亦曰
"實有是理"；其所疑者，蓋太極者，"聖人從而發明之耳，非以空言
立論，使後人簸弄於煩舌紙筆之間也"，乃問曰："其爲萬化之根本
固是素定，其足不足、能不能，豈以人言不言之故耶？"象山認爲，
聖人說"太極"一義已將旨意道盡，而周子加"無極"二字，恐是
"簸弄於煩舌紙筆之間"。然周子之意，豈謂聖人之說不明哉？惟恐
後學錯認耳。若實見得此理，雖"言之者不爲多矣"。

　　此段象山又取《大傳》《洪範》二篇爲之證。若說象山前論尚未
顯見弊端，然既未察"無極"之義，至言"一陰一陽之謂道"一句
便有病。曰："《易大傳》曰：'形而上者謂之道。'又曰：'一陰一陽
之謂道。'一陰一陽，已是形而上者，況太極乎？曉文義者，舉知之
矣。"陰陽是乃形器也，形而下者也；"一陰一陽"雖非可直謂形而
下者，亦是所以見乎形而上者也，太極則不雜乎陰陽，是無形者也，
形而上者也，豈可相混而言之！又曰："且'極'字亦不可以'形'
字釋之。蓋極者中也，言'無極'，是猶言'無中'也，是奚可哉！
若懼學者泥於形器而申釋之，則宜如《詩》云'上天之載'而於下
贊之曰'無聲無臭'可也，豈宜以'無極'字加於'太極'之上？"
"極"字雖非"形"字義，然謂"無極"，亦是說此理至高至大、無
形無象，"無稱之稱，不可得而名"①。若謂"極"字可訓爲"中"，
則更不是。引《詩》"無聲無臭"之語，不亦"無形狀方所"之謂

---

① 《周易注疏·卷七系辭上》，景印文淵閣四庫全書本。

乎？且非是"無極"加於"太極"之上，"無極而太極"，"而"字
乃取圓轉義，如"上天之載，無聲無臭"，説作"無聲無臭，上天之
載"亦可矣，其義非有加於上、贊於下之別也。

以下，象山又引老氏之説，以濂溪《太極圖》出於老氏之學；
又引《通書》、二程之説以爲證，並言未見"無極"字也。

對於濂溪之於《太極圖》，朱子既已謂："夫以先生（周子）之
學之妙，不出此《圖》，以爲得之於人，則決非種、穆所及；以爲
'非其至者'（五峰語），則先生之學，又何以加於此圖哉？是以竊嘗
疑之。及得《誌》文考之，然後知其果先生所自作，而非有受於人
者。二公（指朱震、胡五峰）蓋未嘗見此《誌》而云云爾。"① 故朱
子之答象山亦基於此，② 其大意俱陳如下：

於象山之疑"無極"字及周子之作，朱子乃溯前聖後聖事，辯
曰："伏羲作《易》自一畫以下，文王演《易》自乾元以下，皆未嘗
言'太極'也，而孔子言之；孔子贊《易》自太極以下，未嘗言
'無極'也，而周子言之。夫先聖後聖，豈不同條而共貫哉？若於此
有以灼然實見太極之真體，則知不言者不爲少，而言之者不爲多矣，
何至若此之紛紛哉！"

又論《大傳》"易有太極"之語，以釋"太極"之義，曰："且
夫《大傳》之'太極'者何也？即兩儀、四象、八卦之理，具於三
者之先，而藴於三者之内者也。聖人之意，正以其究竟至極、無名可
名，故特謂之'太極'，猶舉天下之至極無以加此云爾，初不以其中
而命之也。"故所謂太極者，是乃陰陽象數之理也，在兩儀、四象、
八卦之先（理在氣先），又"藴於三者之内"（理在氣中）。以其
"究竟至極、無名可名"，特謂之"太極"（大也，至也，無限也），
初不以"中"者命名之。

以下則詳論"極"字與"中"字之別。曰："至如'北極'之

---

① 《性理學大義·周子大義》，頁6。
② 《性理學大義·周子大義》，頁18～21。以下引朱子第一書者，皆同於此。

'極'、'屋極'之'極'、'皇極'之'極'、'民極'之'極'，諸
儒雖有解爲'中'者，蓋以此物之極當在此物之中，非指'極'字
而訓之以'中'也。極者，至極而已。以有形言之，則其四方八面
合輳將來，到此築底，更無去處；從此推出，四方八面都無向背、一
切停匀，故謂之極耳。後人以其居中而能應四外，故指其處而以中言
之，非以其義爲可訓'中'也。""此物之極"（理也），"當在此物
之中"（理在氣中），"以其居中而能應四外，故指其處而以中言之"，
理居於天地萬物之"中"，"指其處"乃謂以其居所言之，命名爲
"中"（"以有形言之"與下引"至於太極"兩句對提）。然"中"者
究非"樞極""根柢"義："中"以體段言，"極"則直指本原、本
體。因曰："至於太極，則又初無形象方所之可言，但以此理至極，
而謂之極耳。今乃以'中'名之，則是所謂理有未明而不能盡乎人
言之意者。"

　　亦述《通書·理性命章》，繼辨"中"字與太極之別，曰："其
首句、二句言理，次三句言性，次八句言命，故其章内無此三字，而
特以三字名其章以表之，則章内之言，固已各有所屬矣。蓋其所謂
靈、所謂一者，乃爲太極；而所謂中者，乃氣禀之得中，與剛善、剛
惡、柔善、柔惡者爲五性而屬乎五行，初未嘗以是爲太極也。且曰
'中焉止矣'，而又下屬於二氣五行化生萬物之云，是亦復成何等文
字義理乎！今來論乃指其中者爲太極而屬之下文，則又理有未明而不
能盡乎人言之意者，二也。"《理性命章》曰："厥彰厥微，非靈勿
瑩。"蓋言太極之彰明神妙具於人心，故此心虛靈瑩澈也。若"剛善
剛惡，柔亦如之，中焉止矣"一句，剛柔以氣禀言，氣禀有偏故常
失，須以中正者定之，非便論太極也，只是説中正之氣禀。象山"曰
中，則太極也"一句説得不是。若謂"二本則一""一者，太極也"
則可，蓋二氣五行化生萬物，理亦賦焉，是乃"天之所以賦予萬物而
生者也"，謂"命"也。朱子曰："自其末以緣本，則五行之異本二
氣之實，二氣之實又本一理之極。"故即以《理性命章》言之，"中"
字亦非太極義。而所謂太極者，不亦無極乎？乃曰："若論'無極'

二字，乃是周子灼見道體、迥出常情，不顧旁人是非，不計自己得失，勇往直前，説出人不敢説底道理，令後之學者曉然見得太極之妙不屬有無、不落方體。若於此看得破，方見得此老真得千聖以來不傳之秘，非但架屋下之屋、疊床上之床而已也。"

　　又駁"一陰一陽，已是形而上者"之論，詳定陰陽、道體及"道"字之謂。曰："至於《大傳》既曰'形而上者謂之道'矣，而又曰'一陰一陽之謂道'，此豈真以陰陽爲形而上者哉！正所以見一陰一陽雖屬形器，然其所以一陰而一陽者，是乃道體之所爲也。故語道體之至極，則謂之太極；語太極之流行，則謂之道。雖有二名，初無兩體。"陰陽屬形器（形而下者），"所以一陰而一陽者，是乃道體之所爲"，陰陽闔辟、屈伸消長，蓋道體（太極）發育流行，乃謂之"道"也，故説"一陰一陽之謂道"，"之謂"非"謂之"義也。又，道體至極、無名可名，"不屬有無""不落方體"，故謂之"太極""無極"。

　　以下則重申周子"無極"之義。曰："周子所以謂之無極，正以其無方所、無形狀。以爲在無物之前，而未嘗不立於有物之後；以爲在陰陽之外，而未嘗不行乎陰陽之中；以爲通貫全體、無乎不在，則又初無聲臭影響之可言也。今乃深詆無極之不然，則是直以太極爲有形狀方所矣；直以陰陽爲形而上者，則又昧於道器之分矣。又於形而上者之上，復有況太極乎之語，則是又以道上別有一物爲太極矣。"象山在書信中雖嘗言太極者"實有是理"，只論"太極"一義，道理便盡；然至言一陰一陽爲形而上，"一阴一阳之谓道"者惟是不離，故亦不妨其爲道也，然究非形而上者。且其所謂太極，"是有形器之物耶？無形器之物耶？"竊以爲象山之病，朱子前此在與梭山之辯答中已有提醒，然象山仍未出梭山之論也。故朱子於此重申《解義》所釋"無極"之義，以其"無方所、無形狀"，非形而前、形而後者，非陰陽者，乃是"所以一陰一陽者"、形而上者也。其雖"通貫全體，無乎不在"（行乎陰陽之中），"初又無聲臭影響之可言"（無物之前、陰陽之外），故下"無極"二字，固是周子於道體真實有見也。

此書文末，朱子復辯：“不言無極，則太極同於一物，而不足爲萬化根本；不言太極，則無極淪於空寂，而不能爲萬化根本。”以爲周子意，恐“讀者錯認”，故“兩下説破”。“有”謂實有，“無”者卻非真無也，要在學者自察之。且如《大傳》所論，“有”者亦非“有定位、有常形”；而所謂“無”，亦非“虛空斷滅，都無生物之理”也。“老子之言有無，以有無爲二。”① 老、莊之意，非若周子之言也。

（二）往復第二書

象山第二書②，又重複前書之觀點。於朱子之語，俱未能察。一方面，象山仍以“無極”字爲非。謂：“上面加‘無極’字，正是疊床上之床；下面著‘真體’字，正是架屋下之屋。”以爲“無”字搭於上，是老氏之學也。乃曰：“此理乃宇宙之所固有，豈可言無？若以爲無，則君不君、臣不臣、父不父、子不子矣。”又認“極”字爲“中”字，舉《詩經》《中庸》等語説之，曰：“字義固有一字而數義者，用字則有專一義者。中即至理，何嘗不兼至義？”“蓋同指此理，則曰極、曰中、曰至，其實一也。”另一方面，象山也仍舊以陰陽非謂形器、一陰一陽是形而上者爲説，蓋其視先後始終、動靜晦明、往來闔辟者俱是一陰一陽之道。然動靜晦明、屈伸消長，不過氣之盈虛變化，而所以有先後始終、往來闔辟之理者，方是形而上者也。故於“無極”字、“極”與“中”之關繫、“陰陽”與“道體”等意涵，象山始終未分明，朱子亦不厭其煩，詳加辨説。

朱子答書第二③，即逐條回應象山議論，並陳述己見。

首先，朱子重申“太極之本無極而有其體”一意。此蓋朱子自

---

① 《性理學大義·周子大義》，頁8。
② 《性理學大義·周子大義》，頁22~24。
③ 《性理學大義·周子大義》，頁25~28。

《解義》以來反復言説之論也，可謂得周子之深旨。"無極"是無形象方所，"有其體"即説有實理，太極即此本體、道體也。

復論"極"與"中"字，曰："極是名此理之至極，中是狀理之不偏，雖然同是此理，然其名義各有攸當，雖聖賢言之，亦未嘗敢有所差互也。"又謂："'中者，天下之大本'，乃以喜怒哀樂之未發，此理渾然、無所偏倚而言。太極固無偏倚，而爲萬化之本，然其得名，自爲至極之極，而兼有標準之義，初不以中而得名也。""極"是直指之名，"中"則有摹狀之意，以其"無所偏倚"而言。而"皇極"之"極"、"民極"之"極"與夫《書》中所言"極"字，亦皆非"中"之義也。朱子以爲，先儒之書未嘗謂"極"爲"中"也，不過以"中"字釋之，蓋"以此極處常在物之中央，而爲四方之所面内而取正，故因以中釋之"。

至論"陰陽"，乃曰："凡有形有象者，皆器也；其所以爲是器之理者，則道也。如是，則來書所謂始終、晦明、奇偶之屬，皆陰陽所爲之器；獨其所以爲是器之理，如目之明、耳之聰、父之慈、子之孝，乃爲道耳。"此段辨析陰陽形器與道體之別又極明。"有形有象者"，皆形器之屬；而"所以爲是器之理者"，乃爲理也。

其後，此書文末又以復述周子"無極而太極"爲結。曰："'無極而太極'，猶曰'莫之爲而爲，莫之致而至'，又如曰'無爲之爲'，皆語勢之當然，非謂別有一物也。""'上天之載'，是就有中説無；'無極而太極'，是就無中説有。若實見得，即説有説無、或先或後都無妨礙。""非別有一物""有中説無""無中説有"諸意，要在後學識之。如當時之世，亦有認"昭昭靈靈能作用的"便謂之太極，然太極"乃天地萬物本然之理，亙古亙今、顛撲不破者也"，是謂道體也、實理也，其體則本無極（無體）也，豈可以它物混哉？故于朱陸太極之辯，孰是孰非，可不謹乎！

唐文治先生曰："無極之辨……其精義已具備於此。"讀此二書，可知其言果是也。

略論性、道、教之名義

——以《中庸》首三句為中心

陳　潔

導師推薦意見：

　　天、命、性、道、理、教等，儒家哲學的根本觀念，在《中庸》開篇三句"天命之謂性，率性之謂道，修道之謂教"中就幾乎全都展現了出來，因而，充分地理解與把握它們，是我們解讀《中庸》以至整個儒家哲學的關鍵，陳潔同學的文章便是這方面的初步嘗試，雖然短小，卻不乏哲學思考以至哲學思辨的意味，體現出作者受過良好的哲學訓練，以至具備相當的哲學素養。作者刪繁就簡，緊緊扣住"理之流行"來展開全部論述，於"天命之謂性，率性之謂道"，其理之流行乃自然而然與不得不然；然而至"修道之謂教"，則雖亦無所斷裂卻有所曲折，由此而方見出聖人設教之絕大事業，終究"致中和，天地位焉，萬物育焉"。整篇論述近乎融會貫通，一氣呵成，堪稱一篇論理之好文。不過，惟個別處略有論理不周之嫌，譬如說"言其理一，卻是從理之未落於萬物之前來看"云云，或許不無商榷之餘地。

高小強

一、天、命、性、道：理之流行也

（一）性即理也

"命，猶令也。性，即理也。天以陰陽五行化生萬物，氣以成形，而理亦賦焉，猶命令也。於是人物之生，因各得其所賦之理，以為健順五常之德，所謂性也。"①

則性者，理之一賦一受以成，而其賦其受又必搭於氣上爲之。朱子之明性，從天地生物說來。

天地生物之原，則太極是也，是"造化之樞紐，品彙之根柢"②。"造化"言其作用之迹，"品彙"言其生成之物，"樞紐"就其作用之源言，"根柢"就其成物之性言。則有太極，便要造化以生物，如門之開，此作用便沖決而出，攔它不住，而爲物存在之開端；至物之成，又是太極爲之柢定，使物成其爲物。是言太極爲天地萬物得以存在之前提，又是其最終生成之根據，所以爲至極之理也，其間只是一理之動靜。

蓋"生生之謂易"③，此理只是個生理，實在地要生發萬物。就其生生不已而言，謂之動也；就其必求一真實之實現、生成萬物而言，則其生是一有條理之生，能使物各正性命、各遂其性而生，故謂之靜也。此動是一有靜在其中之動，斯不爲妄動。然其動其靜只是就一理而言，非有所斷裂，故動極而靜，此生理必要求實現自己，方爲一真實無妄之理；靜極而動，此理只是生生不已、無有窮盡，故不斷

---

① 朱熹《四書章句集注》，頁17，中華書局，2012。
② 周敦頤《周敦頤集》，頁4，中華書局，1990。
③ 《周易·繫辭上》。

會有生氣繼之而起，皆理之必然也。

此理既是生理，則必要造作以生物，而理，形而上者也，無所造作，必得氣以造作，故有理必有氣。理而有氣，則可造作而使之成形，形化而爲物也。物既由氣之造作、凝聚而來，則似乎得了一種物質之自然演化的解釋。物之材質雖也不過是氣、只是氣之凝結有形者，然由氣而爲一有其獨立之形、鮮明之個性的物，其間總是有差別，材質之相同，猶能爲理之彰顯。故使物最終得以成其爲物的，實是理之賦。

究其實，氣化而有生物之具，只是因此生理必要造作以生物，其所以能氣化者，只是此理之動也；氣各以其類凝聚而生物，只是因此理必求一真實之實現，其所以能形化者，亦只是此理之靜也。理斯爲真正生成萬物者，故言"誠者物之終始"①。

理之動，是此理尚未落於此物，只是方作用以造化，故只是動；理之靜，是此理已落於此物之身，而爲此物之主，表現爲一定而不可易之性，故爲靜。則"天命之謂性"者，此生理生生不已，其必欲造化以生物有其不得不然者，故謂之"命"，是萬物所資以始者，是萬物起源共同的源頭；此源頭既是"命"、賦予萬物有其不得不然者，則必落於物之身，使物各正性命、自成一物，是篤定此物之根柢。是此理方使一物成其爲物，方爲物之所以爲物之性，性即此理也。其間固有氣化、形化，似有但有理而無物之時，然在道理上卻只是個動靜，動極而靜、靜極而動，只是理之必然，氣化、形化之說，正有以充實之，使理之動靜不僅爲一論理的，更是實然的、有一真實之時空間之實現，並不妨礙道理之必然性。

故天命而至於性，只是一理之動靜，不可以在天曰命者爲高於性理的存在，只是一個理，只有異時、異位之分。此理方流出而賦予物時，只在此氣，只是渾淪，因爲它包含了萬事萬物之理，而又不表現爲任何一具體之理；至於落於事事物物上時，就便是具物之理。在

———————————

① 《中庸》。

天、在物，異位也；一賦一受，異時也，只是一理之動靜，至於動極而靜，即是具物之理。具物之理只能寓於一個具體的物，渾淪之理則以整個天地爲其所寓，即以具物之理之所寓爲其所寓，而以具物之理表現其自己。故渾淪之理之存在，是以具物之理而存在，除具物之理所寓之物外，別無所寓而爲一渾淪之理，不可認爲在一個個具物之理之外、之上，還有一不表現爲具物之理的渾淪之理。

只是一理之動靜流行，故性由天命説來，只是自自然然，中間無絲毫阻滯勉强，非由一個物事説向另一個物事。則自然之理，流行不已，賦予萬物有其不得不然者，人物即稟之以爲性也，性即理也。

（二）理一分殊

“天命之謂性”，是一理之動靜流行。在天曰命者，理之動也，方流出以賦予萬物有其不得不然者，“繼之者善也”①；在人物爲性者，理之靜也，立於人物而各爲其主，一定而不可易，“成之者性也”②。

則就理之方流出以賦予物看，原來在天爲命者即是萬物之性，萬物只同這一個原頭。天命之謂性，即是宣告天下只是一個道理，是明其根源，故以此句爲首，而人之性、物之性未嘗不同；從萬物稟受此理、各正性命來看，天所賦者此理，人物所受者亦此理，而人稟得其全，則在人之性與在天之命未嘗不一，而無一理之不具，人能反身而誠，則萬事萬物之理備於我矣。

則此一句，實是有理一分殊兩個意思。須是知理一，以明根源，天地間只一個理，所賦、所受皆此理也，無所虧欠於人物；又須知分殊，人稟天地之正氣，獨得其全，此理只在性，不假外求，反身即在也。

萬物之性，各各不同，而言其理一，卻是從理之未落於萬物之前

---

①② 《周易·繫辭上》。

來看。蓋此理生生不已，是一個動態流行的實理，故其言物之生成，而以終始言之，物之成固是理爲之柢定，然未成之前，此理即在，物之理即包含在其中，物於此即有了生發之始，則物亦是個變化發展的物，而不是靜態羅列於眼前的，理亦是個動態流行的實理，成物之始終無所間斷，故有終始之言。前言太極是“造化之樞紐，品彙之根柢”，既言“樞紐”、又言“根柢”者，亦以明此理自開啟造化之端後，即無絲毫間斷，無不籠罩萬物，無所遺漏；而成物之前，亦是一理流行，無所間隙，則此理只是個流行不已，四方上下、亙古亙今，沒有絲毫斷裂與罅隙，動極而靜、靜極而動，無始無終，即以言其不已之極至也。

　　之所以要以理之動靜來言“天命之謂性”，就是欲明自天命至於性，只是一理之流行，天就其自然者言之，命就理之流行而賦予萬物有其不得不然者言之，性就萬物所稟以爲生者言之，只是有時、位之不同，非是從一個物事說向另一物事，“之謂”言者，只是理之不已，非前後爲兩物也。下二句亦放此。

（三）道即性也

　　天之所賦、人物之所受，皆此理也，人物稟之而各正性命，此理即爲人物之主，日用之間無不要本乎此理、順乎此性，就此理爲人物所當行者言之，謂之道也。道既是人物所當行者，雖亦是無形之理，行之則見於事，而各有當然之則，故道則有細目，此細目初則也只是從性中出來。故言“性是箇渾淪物，道是性中分派條理”①，此之謂也。

　　道固是就人所當行者爲言、就此理之著於事物之間者爲言，裏面卻沒有絲毫人爲之意，也非指事物出來之後才有這道。蓋有性便有道，天命予我這性，也便就是我所當行之道，性與道是天一時所命，

① 黎靖德編《朱子語類》，頁1492，中華書局，1986。

不管人循與不循都無所逃遁；性既無一理之不具，則亦無一物之不該，性便具萬事萬物之理，便爲應物之道，非待安排了事物，才有這道出來。性與道之間不待人爲、無所造作，故"率性之謂道"，"率"只是一呼喚字，言有此性則不可不有是道也，只是循此理去，便是道。

則性即道也，道即性也，皆指此理爲言，只是喚作不同；道雖是就人所當行者言之，然亦是天之所命，非人所造作。性與道又是一有俱有，其間略無停滯，非待人走然後有道。朱子多次强調"率"非人率之之謂，即爲此也。

合二句觀之，此二句實是"一滾出來。纔有天，便不得不生人物；纔生人物，便有此性；纔有此性，便有此當然之道，一有百有，中間更無停待安排處。故不但'命'字自然，'率'字亦自然，命與率皆天之不已，有不得不然之妙"①。

二、修道之教：理之體立也

（一）教出聖人

教，修道之謂。道爲天之所命，自然之理，修非有所修理也，只是品節之。"人喜則斯陶，陶斯咏，咏斯猶，猶斯舞，舞斯愠，愠斯戚，戚斯歎，歎斯辟，辟斯踊矣，品節斯，斯之謂禮。"②"品，階格也。節，制斷也。"③蓋人喜怒哀樂之發，自始之蘊蓄，至漸流露暢通，而達於極，自有其品階。故品者，因其固有之階格而爲之設禮，使其情能一步步順暢而發，如"不肖之屬，本無哀情，故爲衰絰，使其覩服思哀，起情企及也"④；節者，事物至於極則當斷制，不制則

①　呂留良《四書講義》，頁 520～521，中華書局，2017。
②　《禮記・檀弓下》。
③　孔穎達《禮記正義》，頁 332，北京大學出版社，2000。
④　孔穎達《禮記正義》，頁 332。

過矣，如爲哭踊之節，使孝子至痛之情得以抒發，則不至於過而傷身。若有不爲守孝之節者，則有刑政以責之。故禮樂刑政之屬，皆循乎此理，只就此道自身之品階以品節之，於道無所加損，是道的形下化而爲典章器物也。

人所稟得之理既無一物之不該，其應於事物之間而有尊卑禮讓之節、制度文爲之設亦屬自然，是此理流行之發用，故文制之屬固是道之形下化。然如此又何必有所品節，只是自然流出可矣；且教之爲言，是上所施、下所效，若自然能行，則何必施、何必效？

故言教不言文，正是因爲人有往往不能行乎此道者，須教之以有所持循據守也。而欲使此教爲擧天下之人皆可行者，固是要本乎此理、順乎此性，又須察乎民情、與時宜之，此則非在我之權度精切不差不能與於此也，故修道而設教非聖人不能。

故"修道之謂教"者，是聖人修之。

（二）理之流行無所斷裂

由上可見，理之流行至於教，似乎出現了一曲折。蓋人生氣稟，有昏明厚薄之不齊，稟之清明純粹者，固是天理渾然、無所欠闕，稟之昏濁駁雜者，則性不能不有所遮蔽而不明，道亦不能不有所乖戾舛逆，故不得不有聖人之出，爲之品節防範，而立斯教，使之有所持循據守以由乎此道、復其本性。

自天、性、道，理之流行皆自然而然、不待安排、無所窒礙，然至於教，似爲氣之遮蔽而有所阻滯，至於有一聖人之出，更是轉換了主角，而爲人爲，則第三句與前兩句之間似有間隔，而氣象不侔。

蓋氣對於理之遮蔽，固是爲一阻滯，而使之不得暢遂，然此氣非突兀出來，理之動靜流行皆是乘載於此氣上方得作用，無此氣，理即無處掛搭，都說這性、道不出來。故天、命、性、道，雖是指理，然皆是就著氣所搭好的舞臺專就理言，非氣搭好了臺，理亦不得出場。

若"天命之謂性"，人物皆稟天地之理以爲性、受天地之氣以爲形，人稟天地之正，固是能得理之全，物雖受偏塞之氣，此理亦使得它能各正性命，循其性之自然，其道亦無所不在，不至於使飛潛動植之類不得其飛、不得其躍，有不能遂其性、行其道者。故在生物之始，氣稟偏正之不齊就對理產生了堵塞作用，對理亦不可謂不有所阻滯，只是於理之流行間自然得正了，而後面氣之昏明厚薄對於理之遮蔽，卻是理著聖人設教來補。此三句，只是一理之流行、一氣之流行求個不滯而已，爲求這不滯，故不斷彌縫氣之裂縫，只是前者理自能正之，後者卻是聖人來救，非是至於教而突兀有一氣爲之間隔。而正是聖人之設教，使得一理之流行不至中斷、不爲氣之阻隔而已矣，則聖人之設教豈非即捲入此理之流行中而爲此理流行之一環？

故“修道之謂教”，雖有氣之阻滯，理上卻無間斷；雖是聖人之設，然在聖人又只是理之不已，又何嘗轉換了主角？自天命至於教，只是一理流行，必求其不滯而暢遂而已。

（三）理之流行有所曲折

此三句固是一理之流行，固是氣之裂縫於成人物之性時即出現，固是聖人設教也只是理之不容已、只是稟天之命，然至於教所出現之曲折畢竟與前不同，畢竟是要聖人出來以彌縫之，而有一客觀化之制度文爲之設，其間不得不思考此曲折之由來。

大概理流行至此而不得不有所曲折者，理是形而上者，“只是箇淨潔空闊底世界”[1]，一點點也不具備物質性；而氣既爲形而下之屬，流行間便不能不有相互作用，而有昏明厚薄之不齊。理之賦予萬物而能使稟之偏者各正性命者，是偏正如氣之屬性相似，而氣之昏明厚薄是就其質地言，是緣於氣之間物質性的作用，則一點點也不具物質性的理又如何管得了它，若管得了它，卻是物質性的造作矣。此正是理之所以爲弱、氣之所以爲強，即形下之屬的堅強力量之所在。

---

① 黎靖德編《朱子語類》，頁3。

形下之屬的堅强性，即表現爲有理所不能管乎者，也就是言具備一定的獨立性。固然我們强調形上者是形下者的根柢，是其主宰與決定力量，但同樣不能忽略形下之屬所具有的一定的堅强性與獨立性，使得它縱使不合於道亦得存在。這種特性固是會使理之流行出現曲折，但同樣地，亦是因得這一定的堅强性、獨立性，使得它成爲道理不明、不行之時，道理最後的棲身之所，此正是教之所由設也。

蓋性、道無形，只是一道理，若人理會不得，也就雖有亦無了；而教者，雖亦是循性、道而來，然卻是此道理的文制化的表現，文章典制即具備一定的堅强性與獨立性，又教得聖人裁制取中，是道理之澆鑄、是道理之完滿實現，則是此道理因得形下化、文制化而具備了一定的堅强性、獨立性，使其能免於人對道理在我之體會而得形下之存。在個人，縱使性道有所遮蔽，有此教之施，亦得有所持循據守，有以取中；在天下、在君王，縱使道學不明，亦有禮樂刑政常軌之設，紀綱亦不至紊亂。同時，理而爲文物度數，始由無形而爲一定之法，天下之衆言淆亂皆可折諸聖人之教而妍媸畢見，道理即粲然光明，再也不能爲異端之説亂其真矣。

則至教，真可謂天理流行之一大成功、一大事業，天理至此方是真有所建立。蓋"天命之謂性，率性之謂道，修道之謂教"，自天命以至於性，是理之静以體之；循性之自然而有道，道是性之發用；修道而有教，教之於道，又是理之體之立。各以一句言之，命之與性、性之與道、道之與教，固是各爲體用，然合三句觀之，天、命、性、道皆理也，理之至於教，方是理之静、體之立，方是理之一完成，"上兩箇'之謂'，正爲第三箇'之謂'而設"[1]。則聖人設教，不僅不是多餘，反所以成其理之立、還其天命之本來，是動極而静，理之不容已也。

① 呂留良《四書講義》，頁522。

三、小　結

教固然是天理流行之大成功、大事業，天理流行必至於教之立方爲一完成，然亦不可忘教由性、道而來，此理方是教之根本，是使教成其爲教者。則唯有合乎天理、本乎此性、順乎此道而於事事物物間皆有文章度數器物之詳者方爲教，教之所以爲教者，教之以成人也。不能使人返於人性者，與人無關，不得爲教；無文章度數器物之詳者，是不能順於此道，亦不得爲教矣。故上之所施，必須樣樣落實在生命上、人性上，才爲一教；而性既無一理之不具、道既無一物之不該，則除教之外，別無所施，施有無出於教者。前者言文制之教既爲形下之屬，具備一定之堅强性、獨立性，則不可不警惕其有隨時離於理而淪爲一無精神之繁文之危險。且其雖能免於道之不明不行而不存，然亦有爲其他形下之屬掃滅之可能，蓋畢竟爲末，不能如道理之不爲形下所拘而永存。則理始終爲根本，總是有根據此理來重建斯教之可能，但能抓住此根本，教亦不會失之太遠。

則"天命之謂性，率性之謂道，修道之謂教"三句，只是一理之流行，理之流行必求不滯而暢遂，則必有文物度數之表現，聖人即以之而爲天下一定之教，則自天命至於教，只是理之不已，只是這文制是由聖人宣佈爲教而已；其間亦見出形下之屬之堅强性、獨立性，教亦賴此而爲道理之堡壘，則理而有教不僅有其充分性，亦有其必要性，是自然而必然。讀此三句，固不能認爲中間有斷裂，而要讀出一個理之不已；亦不能不識其曲折，見出聖人設教之絶大事業。而三句中，首句所以明其根源，是其本領；末句爲其落腳，前兩句只是爲説出一"教"字；則"率性之謂道"一句所以承乎上下，爲其橋梁，性則爲其原，教則爲其事，性既不可言，教又爲其末，唯道爲可言而一定，故"一部《中庸》，只明一'道'字"①。

---

①　呂留良《四書講義》，頁 520。

戒慎恐懼
——在涵養、閑邪、克己之關繫中看其地位

羅慧琳

導師推薦意見：

《易》曰朝乾夕惕，曾子則謂臨深履薄"而今而後"乃得以免，此固見其不敢自比於乾德，然於"終日乾乾"之義亦終似未達一間，此所以夫子嘗以吾道一貫教之，一貫者，"終日乾乾"也。《庸》曰"戒慎乎其所不睹，恐懼乎其所不聞"，朱子以爲自有睹有聞迄於不睹不聞一是皆須從事於戒慎恐懼，此亦深恐其防範之有間而主張之以無時無地不然，然較以子思本義，似亦終不能無些微之出入。

本篇論題，由《理學通論》《中庸研讀》等課程引發，亦多有撮合課間印象而成者，其用心尚可謂專注。其論大體依于朱子而稍有異同，而以戒慎恐懼貫穿乎涵養、閑邪、克己三端，結構基本可以成立。若據其論，則固可曰：敬也有戒慎恐懼之義，閑邪也有戒慎恐懼之義，克己也有戒慎恐懼之義。而似亦得曰：未發時戒慎恐懼，只是"略省一省"、略戒一戒懼一懼，則敬也；將發時戒慎恐懼，乃是本門、十足之戒慎恐懼，則閑邪也；已發後，則不但戒慎恐懼而已，必有以勝其所戒慎、所恐懼者，乃所以爲克己也。始則欲以戒慎恐懼通貫乎三端，而經歷若此，卻似變而爲"三種"戒慎恐懼矣。由戒慎恐懼乎不睹不聞，以及于睹聞之所以爲睹聞、隱微之所以爲隱微，再及于睹聞隱微與未發已發之關繫等等，此皆由朱子開出之題目，而本

篇論説間皆能有所意識而各有涉及。

惟本篇乃作者平生第一次學術文成篇之結撰，故習作之氣不免。如所論究屬紙面文章，體驗感受尚欠；論説亦往往失于膚淺，尤於各家解説，或有遷就湊合之意，而不能深識其所以然之故。舉一例言之：篇中引程子一喻曰："昔人彈琴，見螳螂捕蟬，而聞者以爲有殺聲。殺在心，而人聞其琴而知之。"此非謂彈琴者也，謂聽琴者也。"殺在心"，彈琴者或不自知，此其爲莫見莫顯也；至於善聞者，其善見隱尤愈於見見，其善顯微尤愈於顯顯，故其聞殺聲之嘶嘶也，亦愈于聞琴聲之泠泠。而天下之人，其有善見聞乎隱微而愈於善見聞乎見顯者乎？然篇中乃謂"道使顯者顯""道使在中者形於外"，皆添一"道"字，而于意蓋不能不出於牽強也。

丁　紀

《中庸》首章乃全篇綱領，從中可窺探夫子"性與天道"之義以及隨之展現出來的一套工夫論。就工夫論而言，大多注家都將關注點集中在以"致中"爲代表的未發涵養工夫，與"致和"所代表的已發省察工夫，而較少關注"戒慎恐懼"和"慎獨"。"致中和"雖是大旨，然不對後二者做一定了解，則其在工夫論中所處地位便是模糊的，而四者的關繫亦無從説起。

通常的理解是習慣將後二者分別歸併到"致中"與"致和"之中，以保持首章結構的完整性。然詳味戒慎恐懼的工夫狀態，乃是一種時刻保持戰戰兢兢、讓人始終有如臨大敵之感的狀態，不似未發工夫的鏡明水止。程子在與蘇季明論中時說："若言存養於喜怒哀樂未發之前則可，若言求中於喜怒哀樂未發之前則不可。"[①] 常常保持戒備謹慎的狀態，與"求"字所表現出的著力性很相近，如此一來，便提醒我們再來思考，戒慎恐懼究竟是一種怎樣的工夫？以及，它與

---

① 《二程集》，《二程遺書》卷十五，頁200，中華書局，1981。

"致中"關繫到底如何？如果它屬於"致中"工夫，爲什麽又與其不相似？如果不將其歸入"致中"工夫，它是"致和"嗎？慎獨的位置又要置於何處？是否意味著，除了"致中"與"致和"，可能存在第三種乃至第四種工夫？這些問題的答案，也關乎著整個《中庸》所呈現的子思的工夫體系的面貌。如此一來，理解戒慎恐懼，就成爲理解《中庸》首章工夫的關節點之一。

一、戒慎恐懼與涵養致中

對戒慎恐懼的理解，仍要回到《中庸》原文中來看，其往前關乎道，往後關乎慎獨。雖願聚焦而论，也須放大視野，在上下文的整體脈絡中來看。雖願通向子思并最終通向孔子，仍可以借朱子所開闢之路，讓先賢帶著我們走一长段。

《中庸》曰：

> 道也者，不可須臾離也，可離非道也，是故君子戒慎乎其所不睹、恐懼乎其所不聞。①

朱子《章句》曰：

> 離，去聲。道者，日用事物當行之理，皆性之德而具於心，無物不有，無時不然，所以不可須臾離也；若其可離，則為外物，而非道矣。是以君子之心常存敬畏，雖不見聞，亦不敢忽，所以存天理之本然而不使離於須臾之頃也。

"日用事物當行之理"，此時還未真正地行出來，未行之前便有

---

① 以下子思《中庸》及朱子《章句》引文，皆出自朱子《四書章句集注》，頁17~18，中華書局，1983。

應當如何在先，行時乃有所准的。"性之德而具於心"，得之於己稱爲德，如此處説"性之德"乃是虚言，與"當行"在同一個層面上説；"具於心"乃指人將要面對事物，總是以心處物，德是落實到心中而言。"無物不有，無時不然"，前在空間上言其廣泛普遍性，後在時間上言其恒常性。"所以不可須臾離也"，此句之前都是不可離的原因，説"不可"，是從人做工夫的角度上而言；若説"必不離"，才指道理本然狀態，乃不可得而離。可與不可，皆在人是否將本然之道立起來。"若其可離，則爲外物，而非道矣"，仍是在人做工夫層面上言，如果人們認爲道是可以不去承擔的，那麼他們就把道當成了一個外來事物而並非道本身了。"是以君子之心常存敬畏"，"是以"表承接，以上都是説實理如此，此句以下則説人當如何做工夫。君子與小人相對，若人不甘於成爲小人，則做此工夫便得以成爲君子，此處並不極言成聖之事，"常存敬畏"之"常"表時間上無間斷，"存"則不失，用"敬畏"釋戒慎恐懼，則知工夫並不須大作手腳，然敬畏或有所敬畏之對象，戒慎恐懼則無對象。"雖不見聞，亦不敢忽"，這是對上句的補充，在平常要戒慎恐懼，當未與事物相接時也不敢忽視，仍須戒慎恐懼。"所以存天理之本然而不使離於須臾之頃也"，"所以"後表目的，"存天理之本然"則未發時鏡明水止，"不使離於須臾之頃"則在與事物打交道時亦不被事物所搖奪，此句與朱子解"惟一"爲"一，則守其本心之正而不離"的結構是一樣的。

《中庸》曰：

> 莫見乎隱、莫顯乎微，故君子慎其獨也。

《章句》曰：

> 見，音現。隱，暗處也。微，細事也。獨者，人所不知而己所獨知之地也。言幽暗之中、細微之事，迹雖未形而幾則已動，

人雖不知而己獨知之，則是天下之事無有著見明顯而過於此者。是以君子既常戒懼，而於此尤加謹焉，所以遏人欲於將萌，而不使其滋長於隱微之中，以至離道之遠也。

"隱，暗處也"，人我對言，"處"有處所、空間意味，僅在我處而人不可得見者爲隱。"微，細事也"，事之小者，從事情發展次序而言，端始則微。"天下之事無有著見明顯而過於此者"，"無有"表最高級，比較的範圍是天下之事。"是以君子既常戒懼，而於此尤加謹焉"，"既常戒懼"指上一段所言無時不戒慎恐懼，"於此"指隱微之處，"加謹"有兩層意味，以"謹"釋"慎"，而"加"表明"慎獨"之"慎"與"戒慎恐懼"之"慎"相類而只是同一工夫程度的增加，本質上並無差別。"所以遏人欲於將萌，而不使其滋長於隱微之中，以至離道之遠也"，與前文一樣，"所以"之後表目的，慎獨之事便是要遏人欲，人欲既起則須與之做大段的廝殺搏鬥，而最佳時機便是在"幾"處做工夫，將人欲扼殺於將要萌芽之時。

在朱子之前，學者並不對戒慎恐懼與慎獨二者做顯然的區分。到朱子，才明確地將二者拉開距離。打破傳統是需要被追問的，有學生也問朱子："諸家之說皆以戒慎不睹、恐懼不聞即爲謹獨之意，子乃分之以爲兩事，無乃破碎支離之甚焉？"

朱子回答說，這兩句本來就"語勢自相唱和、各有血脈，理甚分明"[1]，不能劃等號。首先，每一句前後自相唱和，一個"故"字將句子分爲兩段，前爲實理，後爲實功；其次，就做工夫的時節[2]而言，戒慎恐懼所包廣泛、普遍，慎獨則專門喚起，只在隱微處說；再次，前一段工夫是涵養未發，以存天理，後一段工夫是端正已發，以

---

[1]　朱子《四書或問》，《朱子全書》第六册，頁556，上海古籍出版社、安徽教育出版社，2003。

[2]　此處對"時節"一詞不做深究，僅取"在時間的層面上劃分段落節次"之意思。

遏人欲。

朱子不取前儒之説而有此轉換，乃特別在於其對"不睹不聞"與"隱微"做了不同的理解。"其所不睹不聞者，己之所不睹不聞也，故上言道不可離，而下言君子自其平常之處無所不用其戒懼，而極言之以至於此也。獨者，人之所不睹不聞也，故上言'莫見乎隱，莫顯乎微'，而下言君子之所謹者尤在於此幽隱之地也。"① 因道不可須臾離，所以人也須時時戒慎恐懼，而"不睹不聞"作爲盡頭語，是要從可睹可聞處極言至於此不睹不聞處。"隱微"乃人獨處之時，此處正人念慮萌發而天理人欲之幾，大爲緊切，於此尤不可不下工夫。就心上而言，己之所睹所聞，已發也，已發則衆目睽睽、"十目所視，十手所指"；己之不睹不聞，未發也；人之不睹不聞，幾也，不得謂之未發，亦不是發之顯然盛大處。②

朱子雖將二者拉開距離而有此分疏，但對二者在具體內涵上的理解，又表現出了某種程度的一致性。比如，同在《或問》中，可見如此表達：戒慎恐懼是"無處而不謹"，慎獨是"其所謹者尤在於獨"；而《章句》中，也只用了"加謹"來區分戒慎恐懼與慎獨。需要稍做説明的是，用"謹"來解釋"慎"，並没有任何轉義，只是爲避孝宗皇帝趙眘的諱。也就是説，"謹"與"慎"是可以劃等號的。如果朱子在此處保持戒慎恐懼與慎獨之一貫，我們似乎就只能做如下理解：這兩種工夫都屬於"謹"，只是由於做工夫的時節不同，工夫所收之效，也就有涵養未發與端正已發的區別。

但是這樣理解會帶出一個問題，爲什麼在工夫相同的前提下，在

---

① 朱子《四書或問》，頁556。
② 宋儒常做一種提醒，讓人於一陽來復之時觀天地生物之心。蓋天地之心雖然無時不在，但至靜之時心體雖在，道理卻並不表現自己，初學者不容易立馬見到它；大動之時，卻又因天地之心盡發見在品物上，叢雜難看。惟於動之端的"幾"處，最易見"天地之心"。如同一片平靜的水面，中間忽然起了一點動處，這一動在水面上層層撥開，而中間那一點最爲顯著。回到《中庸》本文，朱子認爲"莫見乎隱，莫顯乎微"之所以能在最極致的意味上説，原因即在此。

時節上前者能包後者，在效驗上卻有方向的不同呢？戒慎恐懼是要涵養大本，而大本無時不在，那麼就要求學者"無時不涵養"；已發時則在事情之中，所以要"無事不省察"。從而，使得戒慎恐懼與慎獨，能分別對應上致中與致和兩段工夫。在《中庸章句序》中，朱子引"十六字心訣"推子思作《中庸》之意，其中，"惟精惟一"作为工夫之所在，朱子解"精"爲"察夫二者之間而不雜"，解"一"爲"守其本心之正而不離"，可謂下字精切無餘。若推原朱子解經之意，其以"精"以"察"對"慎獨""致和"，以"一"以"守"對"戒慎恐懼""致中"之意可見。

二、戒慎恐懼與閑邪存誠

帶著前面所做的鋪墊與發出的問題，現在可以關注戒慎恐懼這一工夫本身了。

"戒慎恐懼"四個字拆開来單獨看，意味各有偏重："戒"爲警戒、"慎"爲謹慎、"恐"爲驚恐、"懼"爲畏懼。"戒慎"有自我警戒、謹慎之意，時刻提醒著自己不要逾矩，這也意味著在這一階段，人總要存規矩準繩於心，一劃界便是二分，對象化意味重，如顏子"非禮勿視，非禮勿聽，非禮勿言，非禮勿動"；"恐懼"雖也不是放鬆狀態，但卻好像有使人不得不恐懼者，看不見摸不著，只能在心裏感受到，對象化的意味弱，如"鬼神之爲德，其盛矣乎……洋洋乎！如在其上，如在其左右"。在讀朱子關於戒慎恐懼的説法時，也能感受到他兩邊的意思都有，一方面舉"慎"字涵括其他三者，另一方面又將四者往"存天理之本然"、涵養大本上靠。做這樣的理解，一来要求戒慎恐懼包已發、未發兩段，二来則要對從已發到未發這一方向做進一步的説明。

朱子晚年作《訓蒙絶句》，其中專門有《戒慎恐懼》一詩：

戒愼恐懼①

防欲當施禦寇功，及於未至立崇墉。
常求四者無他法，依舊同歸主敬中。

　　工夫的總目標，是要消滅人欲、復存天理。看整首詩的結構，第一句"禦寇"爲總綱，包後三句"戒愼恐懼"與"主敬"兩種工夫。

　　"**防欲當施禦寇功，及於未至立崇墉。**"詩的第一聯將人的私欲比作敵人，防止私欲在心中産生，要像抵禦敵寇一樣全力以赴，此乃天理人欲相勝之幾。當敵人未至、私欲未起時，需要立起高高的城牆，以防止他們入侵，而此立崇墉之功，即"戒愼恐懼"。

　　值得注意的是，此前圍繞朱子《中庸章句》的討論，都是在時節意味上做的分辨：無時而不戒愼恐懼，幾時則用愼獨。此處卻是以"欲"言：欲起則克治，上前與之廝殺一番；未至則關防之。"立崇墉"這一比喻，指向了閑邪的工夫。按《説文解字》："閑，闌也。從門，中有木。"在兩扇門中間插進去一根橫木，門便被鎖住，無法從外面打開，於是便有了抵禦之義。由此來看"閑邪"一詞，即抵禦邪惡的入侵，出自《易·乾·文言》，其曰："庸言之信，庸行之謹，閑邪存其誠。"程子説："庸信庸謹，造次必於是也，既處無過之地，則唯在閑邪，邪既閑，則誠存矣。"朱子則解爲："常言亦信，常行亦謹，盛德之至也，閑邪存其誠，不戢亦保之意。"程朱對這句話的理解雖有不同，然看"不戢亦保""處無過之地"之语，卻都在強調欲未起之時當做的工夫。

　　"**常求四者無他法，依舊同歸主敬中。**"第二聯前一句所説的"四者"，即"戒愼恐懼"。然四者雖或高築在前，使寇望而生畏，若是後繼無力，敵人仍可乘機而入，所以不能止於一時之求，乃須"常求"。以前文所引程子所謂"未發之前，更如何求"來看，則戒愼恐

---

　　①　朱子《訓蒙絶句》，《朱子全書》第二十六册，頁11。

懼不能與本體工夫直接劃等號，這只是一個人在半上不下時不得不做的工夫，而"防"欲總是對著一個欲來說的，欲未起又須防，猶與無物而戰，學者於此難以持久，所以仍然要歸於主敬之中。

程子曾詳細討論過從閑邪到主敬的脈絡及其背後的原因：

> "閑邪則誠自存"，不是外面捉一個誠將來存著。今人外面役役於不善，於不善中尋個善來存著，如此則豈有入善之理？只是閑邪則誠自存。故孟子言性善皆由内出，只為誠便存。閑邪更著甚工夫？但惟是"動容貌，整思慮"，則自然生敬。敬只是主一也。主一則既不之東，又不之西，如是則只是中；既不之此，又不之彼，如是則只是内。存此則自然天理明。①

朱子說："凡言邪，皆自外至者也。"仿此則可曰：凡言誠，皆自内生者也。"今人外面役役於不善"，學者初學入門時，還在半上不下之地，要讓他們"於不善中尋個善來存著，如此則豈有入善之理？"若在汲汲為不善之中來求一個誠，似落入湖湘學"以放心求心"② 之境，善不但危殆，而且外在，並不能由此建立真實工夫立足之地。"只是閑邪則誠自存"，由閑邪始，自然也能達於誠存之效。而閑邪工夫的內容，是"動容貌，整思慮"，這是閑邪的具體下手處，容貌乃人外在的儀態行為，思慮則指人心中所發所想，這都需要學者常常戒備提醒，惟内外皆謹，則"自然生敬"。前面說閑邪能收存誠之效，也即閑邪本身就能涵養未發，這裏說閑邪生敬，語義與上面稍有別：敬是工夫，一種功夫做得好，能幫助做好另一種工夫。那麼，閑邪自然生敬就如同說，戒慎恐懼自然生"致中"，結構是相同的。

---

① 《二程集》，《二程遺書》卷十五，頁149，中華書局，2004。
② 胡五峰《知言》曰："欲為仁，必先識仁之體。"他日，某問曰："人之所以不仁者，以放其良心也。以放心求心，可乎？"《胡宏集》，頁335，中華書局，1987。

　　上面討論了敬在閑邪之後的必要性。而閑邪在敬之先，亦是必要。"嚴威嚴恪，非敬之道。但致敬須自此入。"① 此語更簡潔明瞭地爲從可睹可聞到不睹不聞之間的工夫做了一個注腳。

　　私欲未起，時時小心謹慎，是學者入手的尋常工夫，然亦須有更上一層工夫底定，以見義理之無窮。前文將"戒慎"與"恐懼"二分，也是想指出一條由"閑邪"到"未發"的工夫脈絡。戒慎則自然生敬，而"敬則無己可克"；做好了主敬涵養的工夫，又能反過來推动閑邪工夫。戒慎時若有所對，常有戒律在心中；至於熟，則不得不恐懼、無時不恐懼，不待有所戒慎而恐懼；而這樣的恐懼不大段著力，乃主敬存誠。

　　對於戒慎恐懼的地位，朱子在《或問》中總結到："蓋體道之功，莫有先於此者，亦莫有切於此者，故子思於此首以爲言，以見君子之學必由此而入也。"② 曰"先"、曰"切"、曰"入"，也提示出戒慎恐懼親切的一面，乃"日用第一親切工夫，精粗顯隱一時穿透"③。戒懼爲粗、恐懼爲精，已發則顯、未發則隱，而"親切"則在於每個人時時刻刻都能由此入手，"動容貌，整思慮"，不待其他前提立馬就能做。但雖如此親切，初學者一戒慎，又有拘束小氣者；惟做到無有所恐懼者而時時恐懼，則無有不敬，然後心寬體胖，居天下之廣居，則又與瑣瑣屑屑之謹別矣。

三、戒慎恐懼與克己復禮

　　朱子對戒慎恐懼的理解大體論說完畢，這一節僅做一些補充。

　　在《語類》中，朱子有時將戒慎恐懼與克己復禮工夫關聯起來一併說。而前舉朱子《戒慎恐懼》詩，整首詩雖只顯然提及戒慎恐

---

　　① 《二程集》，《二程遺書》卷十五，頁170。
　　② 朱子《四書或問》，《朱子全書》第六冊，頁555。
　　③ 朱子《与刘子澄》，《朱子全書》第二十一冊，頁1553。

懼與主敬兩段工夫，然詳味"及於"二字，亦暗含了寇至的情形。
敵寇既來，則須做克治的工夫。那麼，實際上防欲便包含了三種工
夫：未發涵養、防閑與克治。而戒慎恐懼卻又不在克治上説。那麼，
如何理解這兩處看上去的不同呢？

　　　問："閑邪，莫是為防閑抵拒那外物，使不得侵近否？"曰：
　　"固是。凡言邪，皆自外至者也。然只視聽言動無非禮，便
　　是閑。"①

"只視聽言動無非禮，便是閑"，既無非禮，則不待邪起而克治，
當下所行便合當中理，如此便是閑邪。前文提到，閑邪可比喻爲立城
牆，而這個説法也不是朱子首創，如程子説："閑邪存誠，閑邪則誠
自存。如人有室，垣牆不修，不能防寇。寇從東來，逐之，則復有自
西入；逐得一人，一人復至。不如修其垣牆，則寇自不至，故欲閑邪
也。"② 家中入了賊寇，當然要驅逐，此爲克治之功。但這卻非解決
問題的根本之道。匆匆忙忙趕走一人又來一人，整日處於忙迫之中，
如何得所安樂？不如將自家垣牆修補完好，賊寇便進不來了。如顏子
三月不違，則已是大段無過，有過未嘗不知，則亦不遠復而已。便知
顏子之克己復禮，乃不同於人之克己：人常常有己可克，顏子大段無
己可克，惟在閑邪，縱然有過，亦"未嘗復行"③，驅逐得一賊寇，
同時也將此處垣牆修補妥當，此惟真好學者能如此也。
　　有非禮處便不和，則勿之，使其所發皆中節，此克己之功也；有
已發，皆能中節而處于無過之地，此閑邪之功，亦顏子所以克己復禮
者也；有未發，能常存天理之本然，使其中而無所偏倚，此涵養之功
也。三者皆稱之爲防閑亦可，然戒慎恐懼與克己復禮只是在第二點上

　　① 《朱子語類》卷六九，頁1711，中華書局，2005。
　　② 《二程集》，《二程遺書》卷十五，頁169。
　　③ 子曰："顏氏之子，其殆庶幾乎，有不善，未嘗不知，知之未嘗復行也。"《周
易折中》《易·繫辭下》，頁542，巴蜀書社，2014。

大段重合，二者在内容上有不同，在難易上亦有別。如顏子克己復禮難而易，初學戒慎恐懼則易而難。

在區分了常人之克己與顏子之克己復禮，以及討論了戒慎恐懼與克己復禮的關聯後，便能理解朱子何以要區分克己與戒慎恐懼。克己之時已是事情紛紛之多，私欲發爲顯者大者。"涵養須用敬，進學則在致知"，如在與人與物相接時，須以格致爲主，若此時仍主於戒慎恐懼，則似天地間只生我一個善類，其餘皆邪似的，終究還是擾了待人接物的公平坦然之意。

我們今日讀書，亦會受科學、邏輯等之影響，欲求其定質定量，造成一種定義語式之把握。不知古人之語雖亦清晰明朗，但尤靈動活潑、不可拘滯。比如，程子説敬是個徹上徹下的，則這個敬是無對、唯一的工夫；説"涵養須用敬，進學則在致知"，則敬是有對的，是二中之一；而當朱子説有涵養、有防閑、有克治，則敬不但是有對的，其對愈多，乃爲三中之一。敬只是一個敬，言之有不同，亦與其所以對言者尤其有關。不惟敬是如此，亦可以説有過克己、發皆中節、涵養致中皆是防閑。但就《中庸》一文而言，戒慎恐懼只是從無過防閑做至涵養致中，並不涉及已發之大者顯者。

四、再看鄭康成、程子

討論至此，對戒慎恐懼這一工夫論題目的研討大致完成。然亦須將其放回到《中庸》裏，看如此理解是否能與文本融洽。那麽，便涉及與之相關的不睹不聞與慎獨。

前面我們説，朱子解不睹不聞，是以耳目之不睹不聞來指心之未發，又以不睹不聞作爲盡頭語來包可睹可聞，但這麽説似乎有點繞。子思只説了一個不睹不聞而已，朱子之前的儒者也並不像朱子這樣理解，朱子却要特別將二者分開。那麽，朱子的二分是否真的有必要？前儒的理解就沒有成立的可能性嗎？程子曰：

人只以耳目所見聞者為顯見、所不見聞者為隱微，然不知理
卻甚顯也。且如昔人彈琴見螳螂捕蟬，而聞者以為有殺聲，殺在
心而人聞其琴而知之，豈非顯乎？人有不善，自謂人不知之，然
天地之理甚著，不可欺也。①

　　常人開眼所見無非物，便以為所見者無非顯，所不見之道乃為
隱，乃至以道為可離或竟不存，此其病也。"理卻甚顯"，其義乃曰，
道理總不斷彰顯其自身，如人彈琴見螳螂捕蟬，此心隨之微微一動，
而此一動，便經由琴聲透露出來，此所謂"誠於中，形於外"之必
然。人之不善之所以顯，乃在於道使顯者顯，道如此，乃為至顯。

　　然在《中庸》首章，尤其要注意兩"莫"字，乃説出極致之義，
則惟有道為至顯。朱子以"幽暗之中""細微之事"來説幾之時節，
蓋是根據動之端最易見善端；程子以道能使在中者形於外，能接上
《大學》誠意章"誠於中，形於外"的意思，卻與此處至顯的意味稍
有別。

　　朱子的理解在其體系中可成立，然求證於整篇《中庸》，如曰
"君子之道費而隱"，朱子將此處的"隱"解釋為"體之微"，而將前
處"隱"解釋為"人所不知而己所獨知"，何以前後兩處"隱"會不
同呢？再來看與戒慎恐懼關聯的不睹不聞。《中庸》第十六章説：
"視之而弗見，聽之而弗聞，體物而不可遺……洋洋乎！如在其上，
如在其左右……夫微之顯，誠之不可掩如此夫。"不見不聞的乃是
道，洋洋乎如在其上如在其左右的亦是道，道由不見不聞而將自身彰
顯為可睹可聞。若經由前後文對照來理解不睹不聞、見顯隱微，似乎
指向了讓人熟悉的——理作為形而上者無形象方所的思路上來。人們
平常開眼所見，都是可睹可聞之物，而不見其中不睹不聞之道，子思
便提醒人們對於不可離之道須戒慎恐懼。這就意味著，朱子給我們留
下一種兩難的處境："隱"究竟為"體之微"的道，還是"人所不知

　　① 《二程集》，《二程遺書》卷十八，頁224。

而已所獨知"的時節？在朱子似乎有答案，但經文中卻明明寫著"慎獨"，這不就是"人所不知而已所獨知"之處嗎？則此意亦不可廢。

就此一段，鄭康成亦是用《大學》誠意章來解《中庸》：

> "小人閒居為不善，無所不至也"。君子則不然，雖視之無人、聽之無聲，猶戒慎恐懼自修正，是其不須臾離道。

> 慎獨者，慎其閒居之所為。小人於隱者，動作言語自以為不見睹、不見聞，則必肆盡其情也；若有占聽之者，是為顯見，甚於衆人之中為之。①

"小人閒居"則視聽言動爲他人所不睹，一不見於人，則所爲無所不至矣。然君子卻不如此，當閒居之時，雖不見聞於人，仍戒慎恐懼不敢須臾離道。若從誠意之極上言，自是動靜語默内外皆無一之不實，而《大學》誠意章要專門說個閒居，亦是教人從"不欺其次矣"② 入手。人在衆目睽睽之中，總會傾向表現爲"見君子而後厭然，揜其不善，而著其善"，身當有人有物之域，雖未必中節合理，然總會多一分收斂。惟在稍有背人離物之時，則以爲道乃可離，於是人前作態，人後卻放縱，當此之時，最有可能發生自離於道的危險。君子乃用戒慎恐懼以自謹慎。詳味康成的説法，以《學》證《庸》，則亦有成立的餘地。然《大學》皆在已發上言，則於閒居之時用"誠意"，而在《中庸》，於此閒居時用"戒慎恐懼"。這也意味著，《中庸》此段並未提及"幾"時省察的工夫。

帶著朱子對戒慎恐懼工夫的細緻而又有其特殊性的討論，加上在鄭康成與程子處獲得的啟發，以及對《中庸》上下文的閱讀，我们

---

① 鄭康成《禮記正義》五十二卷，頁1422，北京大學出版社，1999。
② 程子曰："無妄之謂誠，不欺其次矣。"《二程集》，《二程遺書》卷六，頁92。

對《中庸》此段，似乎能得到一個與朱子頗有些不同的理解。

也分爲兩層："道也者，不可須臾離也，可離非道也"單獨成句。"是故君子戒慎乎其所不睹，恐懼乎其所不聞，莫見乎隱，莫顯乎微，故君子慎其獨也"另作一句，與人交際處事之間雖亦須戒須慎，然以格致爲主，惟當"人所不知而己獨知之"之慎獨時，則恐自離於不睹不聞之道，君子便主之以戒慎恐懼；然一戒慎恐懼，便使向之隱者見、向之微者顯，如本來"視之而弗見，聽之而弗聞"，卻因人"齋明盛服"，而"洋洋乎！如在其上，如在其左右"，而所見所顯亦過乎平常可睹可聞之物，成其爲至見至顯，亦是戒慎恐懼之熟而然。

就《中庸》首章而言，其結構大致亦可以分爲兩大部分。從"天命之謂性"至"故君子慎其獨也"爲第一部分，"天命之謂性，率性之謂道，修道之謂教"是說實理如此，"道也者不可離"至"慎其獨也"是說實功如何，由天說向人；從"喜怒哀樂之未發"至"天地位焉，萬物育焉"爲第二部分，"致中和"以前是往裏、在人心上指出中和之實理，"致中和"及至最後也是說實功，由人說向天。這兩部分首尾相連，原其始、反其終，內在結構又相對相當、極爲工整。從工夫體系來說，第一部分的戒慎恐懼與慎獨是從保持人不失其爲人的最低底綫開始，到第二部分致中和是人充盡其所以爲人的極致；以人小心謹慎收束其一身爲端始，最終充盡至極恢弘壯闊的"天地位，萬物育"。如此看來，工夫雖有頭尾輕重，更能連成一綫，貫穿起未發已發、初學與成德。

第八期儒家經典研習營總結發言稿

　　按：戊戌年六月廿九至七月十五（西元2018年8月10日至8月25日），第八期儒家經典研習營在山東省鄒城市開辦。有來自中山大學、中國人民大學、貴州大學、中國政法大學和四川大學等數所高校師生二十多人，圍繞著儒家經典篇目《甘誓》《湯誓》和《盤庚》（以《尚書正義》、皮錫瑞《今文尚書考證》、曹元弼《古文尚書鄭氏注箋釋》和蔡沈《書集傳》爲主要注本），進行了半個月的研習與討論。本期在《尚書》讀書會之外，增設《孟子》讀書會（集中在《孟子·梁惠王章句》，以《孟子正義》《四書章句集註》及《朱子語類》爲主要注本）。研習營結束之日即七月十五上午，就研習歷程做了一次總結性的心得交流。交流會由賴區平老師主持，參加交流會的二十餘位師生輪流發言，紛紛表達各自的感受和想法。研習營結束之後，大部分師生提交了發言稿，由此匯編成爲本篇文字。

　　饒珊珊： 先高能預警，因爲我這個人知識儲備還是比較少，所以説我接下來的想法就很可能是錯的，希望大家不吝賜教，批評指正。

　　對於這次讀書會，我想法最多的還是《盤庚》中間關於"盤庚爲什麼要從耿遷到殷"這一個問題，這在原文裏面是沒有闡述原因的。而各家給出的答案基本上都是"水泉瀉鹵""奢侈之俗盛"之類，大概可以分成自然環境原因和社會環境原因。

　　我想這兩個角度分別討論一下：

　　第一個是自然角度，可以分成兩種，一種是未遷之前耿本來就是一個環境比較惡劣的地方，水患常發，百姓扛了很久，終於打算遷走。還有一種很類似於遊牧民族一樣的習性，定期遷徙。在古代技術還不是特別發達的時候，非常容易只索取自然而不回報，於是導致自然環境惡劣，只能遷徙。祖乙遷到耿地，由於過分利用該地的環境，導致該地生產力下降，農業產出沒有辦法維持人民生計，於是只能遷都。我覺得後者說法更加合理，因爲如果只是前面這一種原因，那麼遷到耿這件事情就非常難以理解，爲什麼要遷往一個水災頻發的地方？而且商反復遷都多達十二次，總可以碰到一個比較不錯的地方，爲什麼還要繼續遷呢？從另一個方面來說，反復遷都十二次的行爲也可以佐證第二個觀點，因爲每次遷都，到了一個比較原始的地方，可以充分開發，開發過度再遷到另一個地方接著生存，是一件非常合理的事情。

　　第二個是社會角度，我覺得遷都可以轉變風俗，從奢侈之風變成簡樸風俗這一點看，是很有道理的。不知道爲什麼，我覺得這個非常像什麼南北關繫和東西關繫這類東西。我之前看《國史大綱》的時候，印象最深的就是它對政權在東方還是在西方、在南方還是在北方會產生怎樣效果的探討。

　　它裏面提到了商王朝的建立：夏商兩方根據地是東西對峙的，商在河南、山東、河北這一帶地區，黃河下游，氣候土壤佳，於是居民遇到的困難沒那麼大，很容易養成奢侈的習慣。夏則偏向西部，文化程度較低，但是更加注重武力和團結。由此夏逐步收服殷地人民，但是由於之後不再擴張最後又反而被殷地奢侈風俗給同化，這個時候下游民族，正好崛起，趁勢顛覆夏的勢力建立新的王朝。從中可以看出，征服者往往位於西部惡劣環境、具有強大武力，腐化總是在東部。在歷史早期，地理環境對於民族有一個很強的塑造作用。仿佛西部和北部往往是強悍的征服者，並且塑造了這個王朝的性格氣質。比如說起源於西方的周和秦，還有後世的隋、唐、元、清，都感覺氣質很像遊牧民族，非常的强悍。當然，這個觀點不能夠完全概括，有很多事例可以證僞，但我覺得還是有可信的地方。

但是，我感覺還有一個特別奇怪的地方。就是上文所説的自然原因和下文所説的社會原因，貌似不能共存。因爲原本在耿地的時候也是窮山惡水，按照之前那個思路就會使風俗變得淳厚而且養成一股韌性。那麼這兩個原因爲什麼會並存，我表示非常費解。

最後賴老師説可以講講自己在這裏的學習體會。因爲我比較菜，所以我很難跟上大家的思路，而且大家提及的一些背景知識我都比較懵。但是這也有一個好處，就是進步會比較大，我了解了一些讀書的方法，知道了一些如何對文本提出問題并利用資料佐證的手段。雖然還是很菜，但是也比之前厲害了一丢丢。而且法乎其上，得乎其中，讀了一些難的，看稍微容易一點的就有了一些自信。感覺讀書就和探索宇宙一樣，越讀越發現有更廣闊的世界，在這裏感謝大家讓我得以一窺這個宏大的知識世界。

古鳴熙：《尚書·多士》中説："惟爾知惟殷先人，有册有典，殷革夏命。"根據周初的記載，殷代典册繁多。但迄今這些典册也許已經散逸，只有大量甲骨、陶器、銅器等相對不易朽壞的資料保存下來。以這些材料來推敲《湯誓》中的問題，會有一定的風險（如卜辭、銘文一般有固定的文法和格式、現存材料多爲武丁以後等）。但作爲殷代的出土文獻，它們還是具有非常高的説服力。

一、《湯誓》中的歷代文法

《湯誓》中存在多代文法混合的狀況，如：

"我后不恤我衆"一句，劉起釪在《尚書校釋譯論》中注釋"古我先后"時説："甲骨文中殷人稱當時的王爲'王'，死去的王爲'后'（字作毓）。此處保存殷人原來的用法。"① 這就會産生兩個可能：一、此句出於殷人之手。按殷用法，"我后"即爲故去的先王，那麼在《湯誓》的語境中就既不可能是湯，也不可能是桀；二、按

---

① 顧頡剛、劉起釪《尚書校釋譯論》，頁 904～905，中華書局，2005。

邏輯和上下文推斷"我后"爲當時的某一王，那麼該句就不是殷人的用法，而是後人據殷人用法或遺留殘篇寫成的。

"予一人"的句式，雖然"予"多初見於西周銅器，而殷代卜辭用"余"，但這種單數主格＋"一人"表示自稱是商周兩代通用的。

"今朕必往"中"朕"作主格，則是東周晚期近秦的用法。甲骨卜辭和西周金文的"朕"只作領格，意爲"我的"，如"悉聽朕言""朕其弟小子封"的句式。《正義》認爲《湯誓》是當時的史官記錄寫成的顯然不對，但據文中最晚的文法來敲定作成時間也有問題。

《湯誓》裏成湯告訴衆人："有夏多罪，天命殛之。"也就是説，湯伐桀的正當理由來自天的授意。然而在殷虚出土的甲骨刻辭中，無論是祭祀還是占卜，"帝"的出現頻率很高，而"天"則寥寥無幾，即便出現也不是後人所用的"上天"之意。"天命殛之"一句以"天"爲"上天"，這是周時才開始有的用法。再看"予畏上帝，不敢不正"一句。殷人講"帝"，但"帝"並不能給予發起戰爭的最高理由，而周人的"天"可以。所以，這裏的"上帝"其實就等同於"天"。也就是説，這篇文章引入了"天"的觀念，來重新解釋殷的歷史。

雖然《湯誓》摻雜了歷代文法，但其歷史解釋的格局和立意則屬於周。這一解釋與戰國時期歷史詮釋的格局不同，更貼近於周初八誥。因此《湯誓》應當在周初以後至東周早期這段時間中寫定，同時不排除周人根據殷代殘簡編纂以及流傳過程中後人修改的可能。

二、關於"予則孥戮汝"的猜想

　　爾不從誓言，予則奴戮汝，罔有攸赦。（《湯誓》）

鄭司農注《周禮》引《尚書》作"奴戮"，以奴爲"罪隸之奴"，是從坐爲盜賊而没入官奴的人；鄭玄注本寫作"孥戮"，以之爲"大罪不止其身，又孥戮其子孫"，並引《周禮》爲證。孫星衍批評鄭玄以秦制（連坐）解商法，認爲"古無從坐之法"。此類解釋多從《正義》之説。僞孔説"古之用刑，父子兄弟罪不相及"，孔穎達引《左傳》"《康誥》曰'父子兄弟，罪不相及'"爲證。

《左傳》所引的句子在現傳《康誥》中找不到，可能是逸文也可能是名稱相同的另一篇《康誥》，但都是周書。無論是鄭玄的"從坐"説，還是《正義》的"罪不相及"説，其實都是認爲三代一脈相承，以周制來倒推殷制。並且根據《周禮》"其奴，男子入於罪隸，女子入於春稾"，將《湯誓》中的"奴戮"理解爲用於罰罪的刑罰。

也許《湯誓》在這裏確實是把"奴戮"解釋爲刑罰，但這不意味著在殷代的歷史中，軍事戰爭裏的"奴戮"就是或者只是一種刑罰。

陳夢家在《殷虚卜辭綜述》中載録了幾篇卜辭史料：

> 羌二方白其用於且丁、父甲　京津 4034（善 1443）
> 其報三邦白於父丁　明續 621　武乙卜辭
> …用於…義友　掇二 49　人頭骨刻辭
> …且乙伐…人方白　明氏人頭骨刻辭①

除此以外，陳夢家先生還列出了其他多篇人頭骨刻辭。"方白""邦白"即各外邦國的首領、君長；"且丁""父甲"等都是先王。他認爲，以上卜辭表明殷與這些邦國交戰，戰勝後殺死該邦的國君來祭祀殷的先王。而刻辭所用的人頭骨就是這些方白的頭蓋骨。卜辭中的"用"即殺之以祭。②

無論"予則奴戮汝"是殷代遺留下來的殘篇原句，還是周人對歷史的復述，這句話現在似乎可以得到史料的佐證——殷代至少在軍事上確實存在類似"奴戮"的殺人之法（而不是像僞孔説的"權以

---

① 陳夢家《殷虚卜辭綜述》，頁 326~327，中華書局，1988。
② 陳夢家《殷虚卜辭綜述》，頁 327。

脅之使勿犯"），並且主要作爲一種在戰爭勝利後"告於先祖"的祭祀。

現存的殷代甲骨中，甲少骨多。甲多爲龜甲、鱉甲，骨則以獸骨爲主。除了甲骨，殷代刻辭的載體還有玉器、石器、陶器等器物。在一衆獸骨與器物之中，人頭骨顯得尤爲突兀。它作爲刻辭載體，在某種意義上就意味著被當成物來使用。雖然這則材料不能證明在殷代"人"與"物"不同質，但"物"至少意味著它是一個具有某種功能的、在某種場合被使用的東西。在這一層面，殺人爲祭其實就是將人降格爲非人的東西，或者説物化。而把人身體的一部分當成器物使用，其物化的程度恐怕要更甚於人祭。

上述材料，無論是卜辭刻辭還是非卜辭刻辭，記錄的都是殷王室的事迹。也就是説在當時的殷王國内部，殺人以祭是一個合法的正規祭祀行爲。

在這裏爲何要"偏離"《尚書》文本和傳統經學的解釋來討論殷代的史實，是因爲只有在殷作爲"前車之鑒"的比較下，我們才能更清晰地理解周人所作的事情，以及整個殷周之際發生的變革。

再看東周時期對人祭的説法：

> 夏，宋公使邾文公用鄫子于次睢之社，欲以屬東夷。司馬子魚曰："古者六畜不相爲用，小事不用大牲，而況敢用人乎？祭祀以爲人也，民，神之主也，用人，其誰饗之？"（《左傳·僖公十九年》）
>
> 子亢曰："用殉葬，非禮也。"（《禮記·檀弓下》）
>
> 仲尼曰："始作俑者，其無後乎！"爲其象人而用之也。如之何使民饑而死也？（《孟子·梁惠王上》）
>
> 刻死而附生謂之墨，刻生而附死謂之惑，殺生而送死謂之賊。（《荀子·禮論》）

無論是《左傳》中記載的人牲，還是《禮記》裏反對的殉葬，其實都屬於荀子所謂"殺生而送死"的範圍。孟子認爲孔子反對俑殉的理由在於俑像人，俑殉與人殉無異，而子亢則明確地說人殉不符合周代的禮制。爲何人不能殺人祭祀和殉葬？《左傳》中給出了幾個理由：

一是同類不相祭。除了"六畜不相爲用"，還有"五牲不相爲用"的說法。《左傳正義》曰："謂若祭馬先，不用馬，略舉一隅，據有文者言之耳。"也就是說，不能將被祀者的同類作爲祭品。與其說是同類不相祭，不如說是同類不相殘。孟子說的"像人而用之"就是如此。

二是小事不用大牲。如果一定要把人放到"牲"的範圍中，那麼用人牲的祭祀一定高於其他任何等級的祭祀。《呂氏春秋·順民篇》引用過禱雨《湯誓》（現已亡逸）的語句，並且將成湯禱雨說成是"湯乃以身禱於桑林"，《尚書大傳》引《季秋紀》說"昔殷克夏而天下大旱……於是剪其髮，而麗（□）其手，自以爲牲用祈於帝，民悅，雨乃大至"。《大傳》本身也採用了此說："湯伐桀之後，大旱七年。史卜曰：'當以人爲禱。'湯乃剪髮斷爪，自以爲牲而禱於桑林之社，而雨大至，方數千里。"這一說法其實在某種程度上意味著在時人的想象中，什麼樣的條件下"人牲"可以存在：①該祭祀事關重大；②祭品自我犧牲。《尚書·金縢》中周公爲武王祈福的事也滿足這兩個條件，儘管並不是嚴格意義上的祭祀，但二者還是具有很大的相似性，並且都不屬於常規情況。《左傳》和《呂氏春秋》的說法包含了一個前提："人"作爲一類存在，在當時的禮制和禮制所代表的觀念中具有超然的地位。而"自以爲牲"所避開的還是"同類相殘"的狀況。

《禮記》則給出了最直接的理由：不合禮制。對比晚殷和晚周的祭祀，可以發現"殺人以祭"這件事從合法到不合法的轉變。二者在制度上的區別在於，"人"是否能夠被當成祭品殺掉。這一區別的產生其實意味著從殷到周，"人"的觀念發生了轉變。

三、殷代的"人"與西周的"人"

在判斷這一轉變的存在之前，還必須先回答另一個問題——殷代究竟有沒有"人"的觀念。從甲骨卜辭上看，這一觀念在殷代還是存在的。但它的含義和用法和周代並不相同。陳夢家在《殷虛卜辭綜述》歸納了幾種卜辭中"人"的用法，如用於單位詞的"羌五人"；表示王自稱的"余一人"；表示邦人的"戈人""雀人""長人"等①。除了"人"，還有"衆""衆人"用以指稱人群。陳夢家對此進行了總結：

　　"人"有王國之人，有邦族之人，"衆"亦是如此，"衆人"則僅僅是王國的。
　　"人"和"衆人"比較接近，但"衆"是王的，而"人"有邦族之人。邦族之人，如周公在《無逸》一篇追述殷王與"小人"的小人，乃是自由而從事稼穡之人。王人，或是"百姓王人"，《君奭》曰"殷禮陟配天……百姓王人罔不秉德明□"。②

材料表明，卜辭中存在用以指稱人或人群的詞語。也就是説至少在最粗淺的、簡單的歸納和同類認知中，對"人"的歸類是存在的。因此也就可以説，在殷代，關於"人"的觀念其實是存在的。如果沒有基本的同類認知，那麼人類群體就不可能形成。殷或許沒有後世意義上的"人"的觀念，但它作爲一個由王國統攝衆邦的王朝、一個複合組成的共同體，如果沒有基本的同類認知的存在，這會是難以想象的。

那麼，從殷到周，"人"的觀念究竟發生了什麼樣的改變？或許我們可以在"人"的用法上推測一二。在卜辭中，"人""衆""衆人"所指的對象範圍或有出入，但都是指稱一類人或某個人群。這

---

① 陳夢家《殷虛卜辭綜述》，頁 605。
② 陳夢家《殷虛卜辭綜述》，頁 610。

些詞在卜辭的語境中，主要作區別、標誌之用，表明所指稱的這個人
或這群人與其他人或人群不同的特殊身份。也就是說，與卜辭中的
"人"相對的主要對象是其他人或人群。進一步可以說，殷代的
"人"觀念，除了包含最基本的（也許僅僅是物種上的）同類認知以
外，還包含了對人的類和群體之不同的劃分與強調。

周代依然延續了劃分人群的用法，如《牧誓》"及庸、蜀、羌、
髳、微、盧、彭、濮人"。但也存在與殷不同的用法：

克曰：……諫辟王家，叀於萬民……肆克智於皇天，琮於上
下……不顯天子，天子其萬年無疆，保辟周邦，□尹四方。（大
克鼎銘文）

惟弔茲，不於我政人得罪，天惟與我民彝大泯亂，曰："乃
速由文王作罰，刑茲無赦。"

封，勿替敬典，聽朕告，汝乃以殷民世享。（《康誥》）

惟天降命，肇我民，惟元祀。（《酒誥》）

將上述材料與殷代卜辭對比可以發現，周代對人群的指稱多了一
個"民"。陳夢家認爲周的"民""大略相當於卜辭的'多生'與
'人'"①，但事實上這二者的區別並不只是換了個字這麼簡單。

大克鼎銘文說"肆克智於皇天，琮於上下"，在這句話中，"皇
天"與"上下"相對，"上下"指的就是上下之人，而這裏的上下之
人其實就是"諫辟王家，叀於萬民"中的"王家"與"萬民"。也就
是說銘文中，"萬民"是與"王家"相對的概念。《大誥》說"嗣無
疆大歷服，弗造哲迪民康，矧曰其有能格知天命"，《康誥》說"天
惟與我民彝大泯亂"，《酒誥》說"惟天降命，肇我民，惟元祀"，看
上去似乎都是在說"天"與"民"。但這幾句的"民"其實都有一個
潛在的主語，就是"王"。這裏的"王"不一定只是周天子，有時也

① 陳夢家《殷虛卜辭綜述》，頁613。

是諸侯邦君（如康叔）。《大誥》的開頭是罪己之說，指的是周王室沒有治理好民；《康誥》《酒誥》中的"我民"也可以理解爲周之民，但治理"民彝"的最主要責任人還是王。因此，周之"民"與殷之"人"最大的區別在於，"民"存在與"王"或"王室"相對的含義。也就是説，"民"尤指王者治下的人，即王之民。至於到底是平民還是王室以下的所有人，這就要視具體的語境來定。

大克鼎銘文的重要性在於，它向我們展示了當時的西周對一個完整秩序的想象和規劃，包括了時間（"萬年無疆"）、空間（上下四方）和時空中的所有人。在這個秩序中，人是皇天之下的人，而人所應有的存在狀態就是王室治理萬民。西周的"天"和"民"未必與後世所説的天人相同，"民"也只是人的指稱之一；但它在當時的歷史背景中，仍然意味著對殷代政治傳統的突破。其中一個重要的方面就是關於"人"，或者説"空間中的人"的觀念。殷代的"人"在很多情況下指一個有限空間中的（如邦國）或擁有特定身份的（如貞人）人群；而周代的"人"，在作爲"王室治下的人"和"皇天之下、四方之中的人"時，其實就突破了共同體內的空間和身份的界限，使所有人在某種程度上獲得了均一的共性。有這樣的空間想象和"人"觀念的轉變作爲基礎，後世對於"天下觀"、對人的均一本質的討論才成爲可能。

四、小結

有感於劉偉老師、朱雷老師和陳夢家先生的《殷虛卜辭綜述》帶來的啟發，我抛棄了原來的講稿另起了一篇報告。雖然這篇極其不成熟的報告暫告一段落，但還有很多涉及的問題有待思考，包括殷周之際"帝"的消失和"天"的興起、兩代戰爭定位的變化、人祭與刑殺的辨析等等。在寫的過程中，我發現尋找和處理所引材料，其棘手程度遠超我的想象。最後也處理得亂七八糟，很多解釋也沒有到位，寫到最後已經心有餘而力不足了。不過雖然很糟糕，但這也算是我階段性學習的一次總結，希望以後能夠克服現在的缺點，在學業上更進一步。

林雅琴： 各位師友大家好，借總結的機會，我嘗試對"殷人尚質"的問題進行了一些思考。這一問題的提出背後常隱藏著一組對比關繫，即"殷人尚質、周人尚文"。《尚書正義》文本中所載的孔安國傳在釋《盤庚》篇名時說："盤庚，殷王名。殷質，以名篇。"孔疏的解釋是："周人以諱事鬼神（《左傳》），殷時質，未諱君名，故以王名名篇也。"按孔疏的理解，不避諱君名是殷人之質的一大體現，這也可以從一個側面反映出殷代還沒有一套比較成型的禮法制度，與周代以後塑造的社會有著明顯不同。順著這個問題繼續思考，殷人之質還會有什麼表現呢？《盤庚》文本中的一些綫索，恰能與殷人尚質之問題起呼應。

首先我們會發現，盤庚在勸說不願搬遷的臣子時屢次提到自己的先祖和臣子們的先祖，也就是經文中的"古我先后"和"乃祖乃父"。盤庚會有這樣一個邏輯：我們的先祖處於一種互幫互助的良性關繫當中，因此我們也應該延續先人之志，互敬互愛。從中可以看出，臣子先祖的選擇對於臣子的影響力非常大，從勸說的效力來看，盤庚提到臣子的先祖也不是僅僅作爲一種助力，而是一種臣子無法反駁的壓倒性力量。因此我們不妨有以下推斷，在殷代，臣子是作爲家族共同體中的一員參與政治決策的，在面臨政治選擇的時候，臣子和自己的血緣上的親人有一種緊密的關繫，而盤庚作爲王，仿佛需要借助臣子的先祖的力量才能對臣子產生主導作用。臣子對王的服從，有著他們的先祖作爲紐帶，並且這種紐帶關繫是不可或缺的，對君主的尊敬需要這種紐帶關繫作爲支撐。而在後世尤其是殷周轉型之後的君主制當中，臣子和君主是直接的關繫，不需要以自己的祖先作爲媒介，臣民是單向性的完全尊奉君主的，這種尊奉與自己的家族無關。

由此我們可以看出，在盤庚時期，臣民更傾向於以一種家族共同體的方式依附在君王之下。上述的這種現象就是殷人"尚質"特徵在政治架構當中的突出表現，並且殷人留給後世的"質"的印象也與後世對於"文"與"質"的具體定義息息相關。如，按照公羊傳的說法，周人尚文，即以尊尊原則爲主導；而殷人尚質，則崇尚親親的原則。《史記》中也有殷道質、周道文的説法，並且還在解釋這種殷周之別時明確提出了"殷道親親，周道尊尊"（"殷道親親者，立弟。周道尊尊者，立子。殷道質，質者法天，親其所親，故立弟。周道文，文者法地，尊者敬也，敬其本始，故立長子。"《史記·梁孝王世家》）。被親親原則主導，就會更重視家族血緣；被尊尊原則主導，就會越過血緣關繫更注重對君王的尊奉。前者直接出於血緣親情，因此爲質；後者背後蘊藏了一整套較爲成型的禮法制度，是一種經過設計並且人去維持的共同體關繫，因此稱爲文。

盤庚時期的臣子就近效法於先祖和家族，和家族的聯繫與單獨的和王的聯繫相比是平分秋色甚至是更勝一籌的。這種現象就是一種親親原則高於尊尊原則的體現，甚至可以説，在殷代，完全獨立的尊尊原則還没有成型，尊尊要以親親爲基礎，這同時也就是在後世眼中殷代質勝於文的一種體現。

這一點在經文中還有兩處可能的例證。一是，據皮錫瑞的説法，在今文尚書裏，"古我先后既勞乃祖乃父，汝共作我畜民，汝有戕，則在乃心"這一句，"汝有戕"是作"汝有近"，意思就是，盤庚認爲臣子在判斷是否該遷都時應當就近效法他們的父祖。另一處涉及對經文"汝克黜乃心，施實德于民，至于婚友"這一句的理解，這裏婚和友的具體所指是什麽呢？我們小組討論的時候也提到，此處的婚友關繫不太可能是指民的婚和友，因爲民的婚和友本就屬於民的大範圍，兩者不構成一種推擴關繫。我們當時猜想，此處的婚友可能是指和一個家族有婚姻關繫的另外的家族共同體，因此經文的意思是，不但要施德於自己這個家族（或者説部落）管轄下的民衆，還需要影響到和自己關繫緊密的其他部落。如果猜想成立，也可以看出盤庚時期的政治組織形式還留有一些以家族爲中心的部落聯盟的色彩，與周代以後確立的以天子爲中心的宗法制是迥然不同的。前者必須以"親親"原則聯結家族內部成員，而後者則更適用於以天子爲主導中心的"尊尊"原則。

周代確立宗法制後，對王的尊崇度越來越高，在後世君臣關繫的具體情況中，受實際境遇所迫，甚至衍生出"忠孝不能兩全"的喟歎。同時我們也很難想象後世的君子在規勸臣子時，會把臣子的祖先會聽命於自己當成一個十分有力度的理由。我們會發現，在文質之辨的大議題下潛藏了這樣一條脈絡：殷代的對君主的忠以對家族的孝爲依託，忠孝呈一種捆綁關繫緊密結合在一起；到周代以後忠與孝的概念漸漸分離，在儒家的一般觀點中，忠雖由孝推擴而出，但忠已經獲得了完全獨立於孝的地位，甚至在某些境遇下與孝處於針鋒相對的對立面。

我們在會讀時曾著重提到孔傳孔疏裏面點出的忠孝問題，孔傳認爲盤庚在勸臣子遷都時是"陳忠孝之義以督之"，可以見到孔傳將忠孝並提，認爲從忠和孝兩個角度來說，臣子都應該贊成盤庚的決定。但竊以爲孔傳的說法比較模糊，有將後世對忠孝之理解直加於經文之嫌，根據上面的分析，我認爲在盤庚的時代，忠可能還不具有脫離孝的獨立意義。

在上述內容中我選取了臣子與君和家族的關繫這一角度來體會殷周的文質之別，這個問題還有不少表現，文本中呈現出的盤庚時期對天命、對德刑賞罰的理解與後世也有不同，其中所體現的文質之別還有待繼續思考。所見粗疏，請師友們批評指正。

周川雄：曹元弼對盤庚的總體把握是值得注意的。他在《盤庚上》專門說到，盤庚在上篇的第一段發言，就已經基本奠定了《尚書·盤庚》三篇的規模或格局，即從"盤庚遷於殷，民不適有居"到"若顛木之有由櫱，天其永我命於茲新邑，紹復先王之大業，厎綏四方"。他說"此章大意，言遷都以救民生，祈天永命，紹復祖業，爲三篇提綱"，則以《盤庚上》首章涵括上、中、下三篇大旨，後文不出乎此章之意也。

曹元弼其實認爲這已經給出盤庚遷殷的三點理由（能不能成立當然是另一個問題）。我們不妨從時間這個角度來切入曹氏的意思。一，救民生。具體地言，是拯救當下現實的民生。不考慮水泉鹹鹵的地理因素或者奢侈成俗的社會經濟因素，從總體上言，是爲了改變民

衆當下的生存困境。二，祈天永命。延續天命，如何把天命延續下去
這是關乎現在尤其是未來的事情。三，光復祖業。既要繼承老祖宗所
留下的東西，又同時需要發揚光大，而不是坐吃山空立地吃陷，這是
如何處理過去延伸至今的遺産問題。

　　可以說，《盤庚》三篇都是在時空不斷的輾轉中生成。時間的流
淌同時伴隨著空間的流轉。這裏仍包含著空間的變化。《上》有"王
命衆，悉至于庭"；《中》有"盤庚作，惟涉河以民遷。乃話民之弗
率，誕告用亶。其有衆咸造，勿褻在王庭，盤庚乃登進厥民"；《下》
有"盤庚既遷，奠厥攸居，乃正厥位，綏爰有衆"。最顯白的，當然
是盤庚每次發言的場地有所變化，更爲重要的是，這裏的空間不僅是
地理空間，還有心理空間或心理距離的變化。這裏面顯然可以考慮盤
庚爲臣和爲君後的語氣不同，盤庚的身份角色也從一個調度員變成了
一個總工程師。《盤庚》三篇的辭氣其實有相當大的起落，而不是像
孔疏所說依次遞減、越來越弱。我的看法是，辭氣從上篇起尚平心静
氣，中篇最激動，憤懑之氣層層疊加，完全可以想象盤庚對臣民恨鐵
不成鋼之情態，到了下篇再回落到相對平和的狀態。中篇到最後
"威脅"臣民到斬草除根、斷子絶孫的地步，鼻子都要割下來，而孔
穎達還說"老百姓稍微開悟了，盤庚就變得溫和了"，這顯然不合常
理。盤庚爲臣時與民衆之間的關繫距離、盤庚爲君時與群臣和民衆之
間的關繫距離，不會是能夠忽略的因素。

　　《盤庚》三篇似乎顯得像是一個連鎖反應，一環扣一環，但不是
綫性的。在這其中，頻繁出現的"古我先王"與"今日臣民"的對
比在《盤庚》三篇中不斷跌宕，强化了"昨日之我們"和"今日之
我們"的潛在聯繫。不管先王特不特指成湯或陽甲，我們可以發現
的是，遲任是盤庚發言中唯一一位有名之輩，既有名字也有名聲。要
知道，盤庚引用遲任是說給臣民聽的，盤庚不是在說悄悄話式的閨房
密語，因此，引用遲任不僅是加强自己發言的說服力，同時也是與臣
民之間建立心意的熟悉感，爲詢萬民打造可溝通的橋梁。我們可以對
比伯利克里最著名的《在陣亡戰士葬禮前的演說》。同樣都是領導人

講話，當然大的背景有不同，伯利克里是爲了悼念亡靈，盤庚是爲了搬家。但同樣的是，他們都首先談到從祖先，然後談從祖先那裏繼承下來的精神和生活方式，展望城邦的未來，告訴人民什麼是愛國。他們都在努力創造與人民對話的可能性，對話之後是爲了教化。民之視聽也是天之視聽，當然也是盤庚之視聽。臣民口耳相傳的遷任也正是盤庚所需要借助的遷任，是同一個而不是兩個，但正因如此，瑪律庫塞那種否定性的抗議邏輯在這裏仍然存在，盤庚隨時隨地都在處理異謀或者異見的問題。這裏對盤庚而言存在著解釋的空間。所以在這裏應尤其注意遷任的問題。

"人惟求舊；器非求舊，惟新"，需要指出的是，孔傳說"你們不遷徙是不貴舊"，舊和人是綁在一起的。延續孔傳的推導，不遷徙是不貴舊人，遷徙就變成了貴舊人，而對群臣說不貴舊人只是指他們不念懷自己的先人而已，但是這樣如何能成爲鼓動遷徙的部分原因呢？孔傳誤以爲遷新都著落在了舊的因循上。關鍵在於，遷任也是舊人，本身就屬於先王與乃祖乃父的一部分。對人而言的原則是，寧願新的不來，也不要舊的去。但是對器物而言，舊的若不去，新的則不來。盤庚借遷任的話想表達的是：舊的沒有過去，新的亦可到來，二者不悖。《盤庚》後文緊接著說明的就是，先王與乃祖乃父之間不可分割的聯繫，以及這種聯繫也延續到盤庚與臣民，換句話說，盤庚唯恐割裂了新與舊的關繫，新的未來當中仍然庫存著舊的遺產，盤庚說出遷任時就已經同時承載了新與舊的重量。先王與乃祖乃父既是舊的榜樣，又是新的道路。這是另一種形式的前車之鑒，後事之師。因此，作福作災，全在於看待時間的眼光。不管是強調舊人任用的重要性，還是新都遷徙的必要性，新和舊首先就牽扯著時間的流逝以及對立。對於時間的把握上，盤庚顯然較臣民高出一等，而並不只是在地位上。

遷徙對古人而言，無論如何都是一件長途跋涉的事情——遷徙既然不可能是一個瞬間完成的動作，那麼這本身是一件"耗時"的事情。我們可以這麼說，盤庚在遷殷的陳說中不斷強調天命以及先王的敬畏，重新引入一個時段，從而創造並開啟出新的時空序列。當然，時間本身不可能重新開始，而是盤庚以及盤庚所率領的臣民在另一個時間點上開啟新的生活秩序。一般説來，從舊的秩序中破殼出新的秩序，確確實實比另起爐灶更勞心費力，尤其是當舊等同於一種固化的秩序時。不過，鼎新的最佳方案前提是否一定是革故，至少這對盤庚來説不是一個問題，盤庚不會把新與舊之間的關繫看成經濟學中的替代品，而是互補品。盤庚遷都就變得不只是爲新作論證，其實也是爲舊作論證。

而盤庚的發言中並没有從現實當中找理由，而是不斷從超越於當下時空的比如天命、乃祖乃父那裏尋求根據。我們在《盤庚》三篇中幾乎找不到盤庚當時的現實描述（即便有都是現實人的描述，而不是現實物的描述，人雖然是主角但不可能是没有實在内容的填充），唯一能看到的就是“蕩析離居”，而且還是《下》才出現。也就是，到了新都以後，盤庚才説“今我民用蕩析離居，罔有定極”。這不奇怪嗎？盤庚明明已經遷到新都了，蕩析離居應該是“往”，而不應該是“今”。我姑且推斷：這裏的“今”根本不是指當下具體的描述，蕩析離居只是盤庚對民衆生活狀況的假設而已。這裏的用法和《孟子·梁惠王下》中孟子講“今王鼓樂於此、今王田獵於此、今王與百姓同樂，則王矣”是一致的。有趣的是，孟子那裏也充滿了和《盤庚》類似的古今之變。至於當時真實的蕩析離居到達了一個什麽程度，這顯然是歷史學的問題了。

李銘：讀《盤庚》，我最大的困惑在於，關於遷都的細節，部分史實已不可考，面對種種爭議和不確定，我所能把握的是什麽？《盤庚》篇作爲一篇君王的誥命，不僅篇幅長，而且由於盤庚本人的反復勸説告誡，反而使得他言辭的主旨難以爲人所把握。看起來，他是在反復陳述遷都的理由和對衆人的勸告乃至警告，然細細分析文脈，也可能從晦澀難懂的言辭和紛繁複雜的事實之上，窺見一些可爲後世法的典範意義。

主旨梳理。

我個人覺得蔡本的解釋對於理解本篇主旨沒有大的妨礙，因此以下理解多就蔡本的說法而有所闡發。《盤庚》三篇，上篇告群臣，中篇告庶民，下篇告百官族姓（當然其中偶有兼對臣民說的，卻不妨礙大意）。其中有比較清晰的邏輯脈絡。遷都之事遇到了重重阻礙，原因一是有大家世族出於利益或怠惰不願遷徙，二是有小民惑於利害浮言不適有居。盤庚對他們的勸說，表面上看起來是曉之以利害之實，使他們看到遷都之利和不遷之害，實際上並非只以利害說服人心，而是在對利害的說明中，蘊涵了爲君、爲臣、爲民的應然之則，一種關於君德、臣德、民德的典範，在處理利害現實的時候被凸顯出來。並且，從處理的結果上，又可見德與利的一致性。

上篇，盤庚直接給出了遷都的兩條理由：民不能胥匡以生和卜稽的結果。前者是不得不顧的事實，後者是不得違抗的命令。遷都的目的，是保民永命、紹復大業。這是盤庚自陳其志，也是他作爲受命於天之人不可推卸的責任。

接下來告群臣。盤庚告群臣，先正其臣之位："盤庚效於民，由乃在位以常舊服，正法度。"小民不能盡知道理，故民情之變動常只在一念之間，故爲臣者更當謹言慎行、"言寡尤，行寡悔"，此所謂"教民必自在位始"。同時，對於民情民意，不能有所隱瞞，應當上達天聽。古之先王所任用的賢人，便是"王播告之修，不匿厥指""罔有逸言"之人，這些賢臣的行爲，樹立了爲臣的典範，這樣的典範便是臣德的含義。相比之下，盤庚之時大臣"起信險膚""不和吉言於百姓"則是失德。接著，盤庚說"汝無侮老成人，無弱孤有幼""恭爾事，齊乃位，度乃口"，不僅是針對遷都之事提出告誡，同時也是正臣之位分。另外，從勸告言辭中"克從先王之烈""邦之臧，惟汝衆"可見臣子與君王共同負有安邦定國之責任，亦是臣德的內涵之一。

中篇的告誡對象主要是民衆。盤庚對民衆做出的直接解釋是"視民利用遷"，但是他並沒有詳細或者反復地講這是一種怎樣的民利，澄清浮言，而是不斷強調"保后胥戚""憂朕心之困"。說服民

衆遷都的根本在於，君民一心，有此才能以人力勝天災。從我個人讀
的體會而言，當盤庚對民衆説“遷都是爲了你們好”之時，意並非
只在讓民衆相信遷都是可以保全自己的利益的，更在於希望民衆能體
察我心、信任我心。在對在位者之用心有所信任之後，民衆應一心以
聽上，憂君之憂，這是“民德”之内涵。

　　下篇，遷都之事既成，在王朝更始的重要時刻，盤庚的訓話則有
更强的典範意味。首先，“奠厥攸居，乃正厥位，綏爰有衆”，三件
大事中包含著對君臣民三者的安頓：定臣民之居，正君臣之位，安有
衆之情。在這裏我對《盤庚》三篇的辭氣反而有不同的看法，臣之
位不可不正，而民不可不安。盤庚自述其志：承天之命、復湯之德、
保殷之民，不肩好貨、敢恭生生、任人唯賢。從中可集中地看到盤庚
作爲王的職分，君是天命和民衆之間的溝通者，是國族大業的承擔
者，是選賢用能的裁決者。這是君德的内涵。

　　在周之前，“德”字還没有收束到後來“德性”的意義，更多指
向一種行爲，從《盤庚》這篇中也能看出這一點。君德、臣德、民
德，都具體表現爲許多應當的行爲。另外，從《盤庚》中我們已經
可以看到，就每種德行自身而言，只包含一個向度：民聽於上，臣忠
於君，君敬於下，然三者結合起來，便是君臣民互信互敬、同憂同樂
的互動結構。盤庚遷都之所以能光復先王大業，也可以歸因於盤庚借
此遷都之機，正君臣民之位，使各安其分，方得欣欣向榮。

　　以上的説法，其實是很單薄的一點想法，並且由於我刻意忽視了
一些史實層面的問題，又没有顧及《尚書》的其他文本，可能使很
多説法不夠準確。有俟大家指正。

　　蔣范：《尚書·盤庚》篇以商代的“盤庚遷殷”爲主題，主要内
容是盤庚引導、説服當時的群臣和民衆從當時的都城耿地遷往新都殷
地。全篇盤庚不斷引用殷商歷史上的遷徙，提及古我先王、爾祖爾父
與當下的“我自己（今予）”和臣民（今汝）進行對比。例如盤庚的
誥辭一開頭便是：

　　　我王來，即爰宅於茲，重我民，無盡劉。

　　僞孔傳解"我王"爲"祖乙"。祖乙是商代第十三任君主，他在位期間，將商代的國都從相地遷徙到耿地，也就是現在盤庚和當時民衆所在的地方。這句話講的是，祖乙當時遷徙到這裏，從舊都來，宅居在這裏。所以遷徙到這裏，是因爲重我民，不想他們都死亡。這句話之後，盤庚詳細展開了一段祖乙遷耿的故事。

　　仔細推敲該段文字，可能會發現"我王"之"我"和"我"民之"我"所指不太相同。這是誰的王，是盤庚的，還是盤庚和盤庚時所有民的？而民又是誰的民，是祖乙的還是盤庚的？當經文的讀者自擬盤庚之誥的當時聽衆時，便會追問"我王"於"我自己""我民"於"我"到底是一種怎樣的關繫；而盤庚作爲君主説服遷都，對於一個聽衆而言，他引用故王、故事的論證邏輯和論證意義又到底在哪裏。這些追問都會導向同一個問題：古典時代的個人在社會中扮演了怎樣的社會角色，他們怎樣認識社會自我和社會倫理。本文將分爲三個部分討論這個話題。

　　一、社會身份的界定

　　個人往往到了一定的年齡才擁有正式的職業／位，無論是通過科舉考試、鄉間推舉或者世襲等。所以中國古代，"位"作爲社會身份最重要的因素，必然得與其他因素相聯繫。《尚書·盤庚》篇將"位"的獲得直接聯繫到一個人的宗族屬性上。

　　　《盤庚中》：古我先后既勞乃祖乃父，汝共作我畜民。
　　　僞孔傳：勞之共治人。汝共我治民……
　　　《盤庚中》：茲予有亂政同位。
　　　僞孔傳：亂，治也。此我有治政之臣同位於父祖……

　　盤庚所言的亂政、畜民之臣的位不僅僅是後世的爵位之位，在亂、畜的敘述中，這種位也包括了職位之位。當盤庚對不願意遷徙的群臣進行遷徙的時候，這些群臣各自的職能之位能夠還原到商初他們的先人那裏，他們的"位"相同。

在乃祖乃父子孫不斷的理想情況下，盤庚在任人的過程中，能夠爲相同的職位需要到故位元的繼承者——乃祖乃父在當時的子孫。在這段内容的前段，盤庚給出了這樣任人的内在邏輯，其云：

> 遲任有言曰："人惟求舊，器非求舊，惟新。"古我先王暨乃祖乃父胥及逸勤，予敢動用非罰？世選爾勞，予不掩爾善。

盤庚這段話提到自己"不敢"，僞孔傳在理解這種情感時云："古之君臣相與同勞逸，子孫所宜法之。"僞孔的這段解釋固然包括了君和臣兩方便，但就盤庚而言，不掩蓋臣的善、不用非常之罰施加於臣正是來自對祖宗之法的捍衛。以這種理解回到古賢遲任之言，其云"人惟求舊"，這種"舊"正是祖宗之"法"，或者説祖宗之行。在盤庚遷殷的歷史語境中，此處的"舊"指的就是先王的遷徙、先臣的支持。而放在盤庚所説的這一小段文字中，"世選爾勞""亂政同位"也是"求舊"的踐行。

二、互通今古的秩序規範

爲了理解《盤庚》篇古今對比中展現出來的秩序規範，我們仍然圍繞"盤庚遷都"一事，剖析盤庚在説服民衆遷都/民衆接受這種説服背後的邏輯。第一個是盤庚愛臣的邏輯：

大前提：人應當效法自己的祖先/人惟求舊（①）

小前提：先王愛勞其臣（因而遷徙）（②）

結論：盤庚應當（效法先王）愛勞當下之臣（因而遷徙）（③）

第二個是民衆敬君的邏輯：

大前提：人應當效法自己的祖先/人惟求舊（①）

小前提：乃祖乃父忠敬其君（因而聽從遷徙）（④）

結論：民衆（先王的子孫）應當（效法其祖其父）忠敬當下之君（因而聽從遷徙）（⑤）

關繫網絡中的①也就是我們的大前提，是盤庚引用的古賢的一句話，講的是一個抽象的道理，而②、④都是已經發生的事實，③是盤庚不斷論證自己的表現，⑤是當下的臣民應該做出的決定，也是他們應該擁有的社會姿態。

"人惟求舊"在此處，抽象爲具有道德意義的"孝"的倫理，而通過盤庚對先王之"孝"，臣民對乃祖乃父之"孝"，介於先王與乃祖乃父、君與臣民之間的"忠"得以互通。在"我自己"繼承"我祖先"的"位"而成爲一個"社會我"的同時，同時繼承和延續了作爲"理想我"的秩序規範——"忠"。在這個理想秩序中，每一個社會我都能夠訴諸其先祖、先祖與先王／先臣之間的關繫，建立起當下的自己與君／民之間的穩定關繫。

三、超越的自我

當以上討論嘗試使用"我自己"去理解我的社會角色、我與身邊人的關繫、我的倫理道德規範的時候，進而需要考慮"我自己"在一個理想社會中只是諸多類別群體中的一份子，以及個體怎樣被融入群體的概念之中。仍然回到《盤庚》篇中的君民關繫網絡中。第一條材料是關於"先王"與今之"民"：

> 失於政，陳於茲，高后丕乃崇降罪疾，曰"曷虐朕民？"

在這段誥命之中，成湯自謂"朕"，而"朕民"指代的對象卻是盤庚時的民眾，而作爲物主代詞的"朕"，指出的正是先王成湯與當時的民之間的直接關繫。

另一條材料是關於今之君（盤庚）和先臣（乃祖乃父）：

> 茲予大享於先王，爾祖其從與享之。

這句話也是盤庚之辭。在盤庚的祭祀儀式中，他提到了先臣，是因爲他認可了先臣的功績。盤庚跟已故先臣之間發生了直接的聯繫，在祭祀先王的時候，對先臣同樣保有了一定層面的尊敬。

個人超越了古今的時間、所居不同的空間，以及自我本身，進入一個神聖性的群體之中，當下的行爲是對模範者行爲的模擬，當代是對古代的模擬。當“孝”塑造出群體的内部形態時，“忠”塑造了這個群體的外部形態，規範了這個群體的共同的社會屬性，其中包括了象徵社會地位的“位”、對於君主/臣民的狹義的“忠”。

蔣鑫：參加此次讀書會，我個人最大的收穫在於通過文本細讀，有了很多前此未有的新體會。具體而言，分爲理解文本的字詞、篇章、義理三個層次，以及能入而無疑、能出而有疑、復能入而無疑的三個階段。

字詞層面的體會，可以説是“盡信書不如無書”，一方面是主讀的注疏不可盡信，一方面是參閲的材料（特別是字典）不可盡信。舉例而言，注疏不可盡信者，譬如《盤庚中》“汝萬民乃不生生”，孔傳訓爲“不進進”，孔疏解爲“物之生長，則必漸進，故以‘生生’爲進進。王肅亦然。進進，是同心願樂之意”。又經文“往哉生生”，孔傳亦訓爲“進進於善”。考其如此訓之故，大概源於《説文》云：“生，進也。象艸木生出土上。”然而訓詁學講義訓分三類，一是同義詞相訓的直訓，如《碩鼠》鄭箋“碩，大也”；二是非同義詞展轉相通的轉訓，如《周禮》“體國經野”鄭注“體猶分也”，即二字的某一義項在某一語境中相通；三則是以一段語句加以解釋的陳説，如“象艸木生出土上”便是陳説，而以“進”訓“生”便是轉訓，非謂“生”在任何語境下皆可訓“進”，更不是説“進”的任何義項“生”都具備。《説文》云：“進，登也。”本義是向上或向前移動。以“進”訓“生”，只是説生的本義是草木冒進出土貌。然而孔傳不顧語境，犯了誤“轉訓”爲“直訓”的錯誤，强行把本來甚是明顯的“生息、生養”之義的“生生”照抄字典訓爲“進進”，而又語不成辭，復犯了“增字强釋”的毛病而訓出“進進於善”，孔疏更是杜撰出“同心願樂之意”。“天”字《段注》亦云：“凡言元始也、天顚也、丕大也、吏治人者也，皆於六書爲轉注而微有差別。元始可互言之，天顚不可倒言之。"也是直訓與轉訓有別。正如朱雷師兄所言，孔傳之偏於訓詁層面既已可見，一方面是照抄字典，一方面是一個釋義不顧語境貫通全書。

　　注疏不可盡信的例子，再比如"羞"與"式"。《盤庚中》"予丕克羞爾"，孔傳訓"進"，孔疏訓"進用"。《說文》："羞，進獻也。"本義是進獻食物。檢查注家字書，雖有直接說"羞，進也"者，然察其語境，無不是用在進獻食物的。譬如《左傳·文十六》"時加羞珍異"，杜注"羞，進也"；《史記·禮書》"爲之庶羞酸鹹以致其美"，《集解》引鄭衆曰"羞者，進也"，顯然也是知道此"進"不是泛指，而是特指進食。故《周禮》鄭注云："薦、羞皆進也。未食未飲曰薦，既食既飲曰羞。"進字自有提拔（進用）的義項，但卻非羞字所具有。以進訓羞，以用訓進，是遞訓過度，引申過遠。相比之下，蔡傳訓"羞"爲"養"則合理得多，"羞爾"即"進食于爾"，即以食物蓄養爾。同樣的，《盤庚下》"今我既羞告爾于朕志"，孔傳、蔡傳皆訓爲"進"，便不如劉起釪解爲通"猷"意爲"告"來得符合文字原義。

　　《盤庚下》"式敷民德"，蔡傳曰："式，敬也。敬布爲民之德。"犯了和孔傳一樣的毛病。"式"是"軾"的古字，指車廂前的扶手橫木，又做動詞，指立乘車上俯身撫軾以致敬。注家訓"式，敬也"的，都是在撫軾致敬的語境中。蔡九峰脫離語境，把狹義的"式敬"引申爲廣義的"敬"，可謂自我作古，前此絕無用例。相比之下，《正義》、曹叔彥、孫伯淵訓爲"用"都要好些，其實直作無義的發語詞最明白。

　　參閱材料（特別是字典）不可盡信者，有兩個層面。一個是表面的不可信，一個是實際的不可信。表面的不可信，是指讀者的誤解。譬如《廣韻·尤韻》"羞，進也"，《職韻》"式，敬也"，如果單看沒有上下語境的字書，遇到義項較多的訓釋詞，讀者將無所適從。進有冒進義、前行義、提拔義，單說"羞，進也"，是取哪個義項呢？無從判斷。另外，字書的解釋還會誤導讀者對釋義作泛泛的理解，因爲缺乏具體語境。譬如看到"式，敬也"，自然會誤以爲廣義的恭敬，而忽視了"撫軾致敬"的特殊義項。實際的不可信，則是指字書的誤釋。譬如《盤庚上》"率籲衆慼"，孔傳訓"籲，和也"，孔疏訓"和諧"，使動用法，使衆人和諧。《盤庚中》"予若籲懷茲新邑"，孔傳"和"，孔疏"和協"，仍作動詞。蔡傳皆訓"呼"，今人劉起釪亦以爲"呼"，遠較二孔通順。然考諸字典，從《小爾雅》一直到《漢語大字典》，皆收錄了"和"的釋義，其源頭則皆來自孔傳。《漢語大字典》甚至舉了梅聖俞《采杞》"我飲我助，以養我籲"的用例。然而以"和"訓"籲"分明是孔傳杜撰，字典誤信，梅聖俞更是將錯就錯。若非詳考謬源，泛觀字典則鮮能察其誤。故知讀任何書皆須謹慎。

篇章層面的體會，是說要理順文章大意。《正義》就著《盤庚》三篇的次序，强解"中、上二篇，未遷時事；下篇，既遷後事"，處處扦格。俞曲園云："以當時事實而言，《盤庚中》宜爲上篇，《盤庚下》宜爲中篇，《盤庚上》宜爲下篇。曰'盤庚作，惟涉河以民遷'者，未遷時也。曰'盤庚既遷，奠厥攸居'者，始遷時也。曰'盤庚遷于殷，民不適有居'者，則又在後矣。"一通百通。又如《湯誓》"汝曰我后不恤我衆"，《正義》以爲夏民之言，蔡傳以爲商民，顯較《正義》爲通。凡此，皆是章、句層面上的清理。若不釐清，大旨都誤。

義理層面的體會，可說是要切身涵咏，"人書合一"。這在讀蔡傳時格外明顯。《湯誓》末蔡傳云："禹之征苗止曰：'爾尚一乃心力，其克有勛。'至啟則曰：'用命，賞于祖；不用命，戮于社，予則孥戮汝。'此又益以'朕不食言''罔有攸赦'，亦可以觀世變矣。"禹僅言德，啟則德、刑兼言，湯更須於君德之誠、君政之信加以申說，可見政教之益衰，道德之日薄。又如《甘誓》《湯誓》是《尚書》記戰之始，然啟是上克下，湯是下克上。故《甘誓》"大戰"，蔡傳以爲"《書》曰'大戰'，蓋所以深著有扈不臣之罪而爲天下後世諸侯之戒也"；《湯誓》"非台小子，敢行稱亂"，蔡傳則曰"以人事言之，則臣伐君可謂亂矣；以天命言之，則所謂天吏，非稱亂也"。詳其諄諄所在，則理學家之心意可知矣。又朱子以來諸儒分析辭氣，發揮義理，言成湯惟有慚德，放桀而止；武王則極數紂罪，白旗梟首，其間自有高下。然則同是戰也，克下則禹勵德而啟威刑，克上則成湯畏而武王壯，孟子所謂"堯舜，性者也；湯武，反之也"，同是聖王，而復性工夫仍有疏密。此理學家讀書心意之微與宏也。其迹非細讀不能察，故微；其事關乎世道人心之隆替，故宏。不語乎義理之宏，涵咏以惕己心，而止步於字詞篇章之研究，終是爲人之學，而此書與我身家性命終不相干。一念悟及，凜凜何言。

　　讀書體會，字詞、篇章、義理是靜態的、結構的講，能入、能出、復入則是動態的、過程的講。始讀蔡傳時，因爲參考了劉起釪的書，每覺其有理，而以駁蔡傳。朱雷師兄提醒我當順蔡傳解之，不可先存意見。余乃惕然悟之。蓋處處擿錯，則一書好處終不可得，此非讀書之法也。故讀蔡傳則信蔡傳，解蔡傳；讀《正義》則信《正義》，解《正義》，不旁涉雜引，此之謂能入而無疑，初步也。初步既畢，然後取觀他說，度絜其高下，擇善而從之，不囿於一家，此之謂能出而有疑。然既出矣，是否諸書皆僅正誤參半、供我揀擇之素材、"國故"，待我熔鑄己說而捐焉？若此，則非古人讀書之心也。古人之心，惟以紹繼前賢爲重；一書之精神，亦非可挦撦任裁選者。惟有深擇一家而入之，以爲途徑，以至深入經典之內在理路。此乃《尚書》注本會讀活動之後之事也。

　　王琦：商湯伐桀在任何意義上看都是一件充滿魅力和研討價值的事件，這不僅是中國歷史記載中的第一場革命之戰，也是中國歷史記載中第一場地方諸侯成功奪取天下共主之位的戰爭。關於這場戰爭，《尚書》收有商王成湯所作的誓師辭一篇，即《湯誓》，在這篇演說中，成湯爲自己的戰爭正義性作了辯解，而這段辯辭，除去喚起聽衆注意的一句，起首便是：

　　　　非台小子，敢行稱亂。有夏多罪，天命殛之。

這段話透露出很多耐人尋味的資訊：首先，成湯承認，他所作之事，在當時人的常識來看，是作亂；其次，成湯一口咬定，他自己是不敢滅夏的，也就是說滅夏不是出於他的心意；最後，成湯認爲自己是承受了天帝的命令，因此自己所行是正義的。

由此可以看出，在上古時代，戰爭正義性的最高標準就是天命，一旦承受天命，就算是在常識上看起來非正義之事，也合乎正義。這一點其實不難理解，因爲我們很清楚，在上古時期，中國就存在著上帝崇拜。但是，即使如此，我們依然不清楚，成湯到底憑什麼說他知道天帝的命令？

關於這個問題，在後周傳統中，一種常見的說辭是根據"皇天無親，惟德是輔"的原則反推，只要君王嚴重失德，那麼就可以合理推定此君將失去天命。然而，這種觀念是否合乎更古老的時代？

事實上，顯然並非如此。比如深受殷宋文化影響的墨子就給出了另一種答案。眾所周知，墨子非攻，但是在《墨子·非攻下》中，他卻嚴肅地討論了一種應該被擁護的"正義戰爭"，其中一個典型例子就是商湯伐桀。墨子繪聲繪色地爲我們描繪了戰爭的起源：

> 逮至乎夏王桀，天有誥命，日月不時，寒暑雜至，五穀焦死，鬼呼國，鶴鳴十夕餘。天乃命湯於鑣宮：用受夏之大命："夏德大亂，予既卒其命於天矣，往而誅之，必使汝堪之。"湯焉敢奉率其衆。

在《墨子》的記載中，成湯之受命就相當具體了，其領悟天命又包含有兩個階段。第一階段是自然的災異，第二階段則是直接拜領天命。這第二階段相當神秘，但卻是重中之重，因爲第一階段只是促使成湯啟動第二階段的條件，第二階段才是促使成湯由不敢作亂到敢"作亂"的原因。

但這第二階段，到底是什麼呢？且繼續看《非攻下》的其他記載。

首先是禹之受命。

　　高陽乃命玄宮，禹親把天之瑞令，以征有苗。

　　這段大概是說，神官①在神宮中直接領悟天命，因此禹把握"天之瑞令"，獲得了征伐三苗的正義性。

　　其次是文王之受命。

　　赤鳥銜珪，降周之岐社，曰："天命周文王伐殷有國。"泰顛來賓，河出綠圖，地出乘黃。

　　這段是說，天降之符命直接呈現天命，因此周文王獲得了伐殷的正義性。

　　由此可見第二階段是一種相當明確的宗教行為。

　　事實上，雖然古事之細節大概不和墨子所傳承的記憶完全吻合，但基本輪廓應當不會有差。因為從現在擁有的甲骨材料來看，商王征戰，必要占卜以定吉凶。因此，我們完全可以合理推斷，成湯既然敢說天命，首先必然會有一個占卜的依據。

　　但至於神官預言或是天降符命之類的，是否是當時所有的呢？這點不好證明，但是筆者覺得應該是可能的，因為這些在同時期的其他地區，比如希臘之類，都是很常見的。既然是普世的現象，那麼沒理由中國就特別與衆不同。

　　所以最後筆者據此引申一點餘論。在漢代讖緯裏面，有非常多的災異、祥瑞、預言、符命的記載，這些記載我們過去往往以怪力亂神之名直接拒斥，但其實在《墨子》中，也有這些說法。因此筆者認

────────────────

　　① 《墨子》所云"高陽"甚為神秘，因為顓頊與禹年代相差甚遠，不可能與禹有關聯。此處"高陽"，筆者疑為古時神官名，蓋帝高陽氏絕地天通，或後世即以其號名神官。

爲，雖然讖緯應該有添油加醋的作爲，但其記載，恐怕是有傳承的，而這條傳承可以追溯到戰國乃至更早，因而不是純粹的胡編亂造。

　　秦東京：《甘誓》《湯誓》兩篇均涉及戰爭問題，《甘誓》爲天子討伐不服諸侯，而《湯誓》則爲諸侯革天子之命。然而讀《史記》，我們會發現兩個有趣的問題，對於史遷而言，夏后啟雖以天子伐諸侯，然而在甘之戰之前，啟作爲天子的身份是要打折扣的，《夏本紀》云“（啟）遂滅有扈氏，天下咸朝”。嚴格意義上説，甘之戰之後，天下咸朝之時，啟才成爲真正意義上的天子。因而甘之戰不能僅僅視爲天子對不服諸侯的征伐，其同時也是啟確立天子之位的關鍵一戰。而對於《湯誓》所言鳴條之戰而言，湯伐桀似乎也不能僅僅認爲是諸侯對天子的征伐，因爲此時的湯已非一般諸侯，在鳴條之戰之前，《殷本紀》云“湯征諸侯。葛伯不祀，湯始伐之”（此又見於《書序》）。湯能征伐諸侯，則湯此時已相當於後世的伯，僞《孔》云“爲夏方伯，得專征伐”，此雖不盡合史遷之意，然指出湯爲方伯則大體不錯。而湯征伐昆吾、夏桀之時《殷本紀》則云“湯乃興師率諸侯”，而湯能“率諸侯”以興師，則此時諸侯已歸順於湯，而此時湯的身份更值得推敲。

　　在《五帝本紀》中，黃帝通過一次次征伐，最終取代炎帝成爲天子，史遷將黃帝的戰爭分爲四個階段，而其中任何一個階段都同時代表了黃帝地位的變化。分析這四個階段，對於我們理解甘之戰以及鳴條之戰的意義，可以提供一個可資比較的框架：

　　第一階段，軒轅由平凡諸侯成爲具有征伐權力的諸侯，也就是後世的伯。據《五帝本紀》，由於（1）諸侯相侵犯，暴掠百姓；（2）作爲天下共主的神農氏無力征伐諸侯（按：史遷於此用“神農氏”而不用“炎帝”，可見此時“神農氏”已失去作爲“帝”的地位）。軒轅乃慣用干戈，以征不朝享天子者。需要注意的是，在《五帝本紀》的敘述中，軒轅征伐權力的獲取並不需要得到當時名義上的天子的認可或封賜。作爲此階段戰爭的結果，（1）軒轅具有了征伐諸侯的權力，（2）諸侯咸來賓從軒轅以朝享天子。

　　第二階段，經過阪泉之戰，史遷變"軒轅"而言"黃帝"。由於（1）炎帝侵陵諸侯（非暴掠百姓）；（2）諸侯咸歸軒轅，軒轅與炎帝戰於阪泉之野，三戰得志。作爲此戰的結果，史遷變"軒轅"言"黃帝"，而黃帝此時已經可以"征師諸侯"，則此時軒轅已然成爲天子。史遷於此處不言"神農氏"而言"炎帝"，則爲突出阪泉之戰乃軒轅爭奪天子之位的戰爭。當然，作爲戰爭一方的軒轅已擁有爭奪天子的資格，而這一資格的獲取則在於"諸侯咸歸軒轅"。

　　第三階段，經過涿鹿之戰，諸侯咸尊軒轅爲天子。經過阪泉之戰，黃帝已可以向諸侯征師，然此時蚩尤不用帝命，《史記正義》云"言蚩尤不用黃帝之命也"，黃帝與蚩尤戰於涿鹿之野，而擒殺蚩尤。作爲此戰的結果"諸侯咸尊軒轅爲天子"，也就是經過涿鹿之戰之後，作爲天子的黃帝才得以最終確認。對於史遷而言，天子並不是一步完成的，儘管阪泉之戰之後，"軒轅"已成爲"黃帝"，然而軒轅作爲天子的最終確認則在於涿鹿之戰。

　　第四階段，黃帝征伐天下不順者，披山開路，劃定天下疆域。在此一階段，黃帝主要做了兩件事情，一是征伐不順諸侯，這一征伐才是真正意義上天子對於一般諸侯的征伐；二是披山開道，使天下不再爲山阻隔，而得以溝通。經過這兩件事情，黃帝劃定了天下範圍，東至於海，西至於空桐，南至於江，北逐葷粥。黃帝之後，顓頊之時天下疆域有所擴大，南至交趾，然終五帝之世，再未出現大的戰爭。

　　然黃帝的四階段戰爭，則爲我們理解《史記》中的其他戰爭提供了一個框架，對於甘之戰而言，其相當於黃帝與蚩尤的涿鹿之戰，經過甘之戰，啟最終確立了天子之位。而鳴條之戰則相當於軒轅與炎帝的阪泉之戰，在此戰之前，湯已獲得爭奪天子之位的資格，而這一資格的獲取與受命相關。

　　賴區平：《盤庚》三篇，圍繞"盤庚遷于殷"這個遷都事件而展開。解經的重點也放在遷都事件及其原因、對象等方面。當然，就其實而言，三篇講的是盤庚如何勸說臣和民遷都，主要展現的是盤庚勸說的技藝。故這三篇又被稱爲"盤庚之誥"，也就是領導講話，這是一種政治言説。這爲我們理解《盤庚》提供了一個不無意義的視角。盤庚通過這種不厭其煩的"誥（言）"誘導，來達到轉化人民的心理，使其齊心協力遷於殷。在這整個過程中，遷都行動的進展、勸責言説的演變、聽衆心理的轉化，具有某種結構上的對應。而其中的關鍵和核心，乃是作爲賢能有德之君的盤庚。政治生活關聯到德行、事件、語言、心靈等幾個結構性因素。

《盘庚》三篇可谓是一个系统的文本，或者说，构成系统性的系列讲话。根據注疏家的解釋，盤庚主張遷都的原因有二：遇上天災，風俗奢侈。而臣民中有不少不願遷都者。對此，盤庚是通過領導講話來解決問題的，包括在講話中動之以情、曉之以理、訴諸歷史和天命鬼神、喻小民以生生之利、作威福賞罰之令以聳動之等等。總結來看，則其講話有兩大綫索，即上篇前面講的"常舊服"（故事，傳統經驗）、"正法度"（制度，賞罰之法）。具體分析文本內容，可見上篇反復強調這兩點，中篇則稍減，下篇則最簡單，尤其值得注意的是不再強調嚴厲處罰的法令：

（一）上篇：1 常舊服（"我王來……厎綏四方"）；2 常舊服（"古我先王……予弗知乃所訟"）；3 正法度（"若火之燎于原……非予有咎"）；4 常舊服、正法度（"遲任有言……予亦不敢動用非德"）；5 正法度（"無有遠邇用罪伐厥死……罰及爾身弗可悔"）。

（二）中篇：1 常舊服（"嗚呼古我前后……以丕從厥志"）；2 常舊服、正法度（"予念我先神后之勞爾先……迪高后丕乃崇降弗祥"）；3 正法度（"乃有不吉不迪……無俾易種于茲新邑"）

（三）下篇：2 常舊服（"古我先王將多于前功……用永地于新邑"）

三篇誥辭訴諸這兩點的頻率依次遞減，而這與遷都事件的不斷順利推進、人民排斥遷都的心理越來越弱，應該是相應的（這也为這三篇的次序是按時間先後順序排列的看法，提供了一个证据）。這是一種刑罰前的勸説行動，也可謂政治的修辭術。但應該點出，盤庚作爲賢德之主，他的修辭是出於爲人民的幸福和"生生"著想，爲了安民。因而，這種修辭也可稱爲"有德之言"。

三篇誥辭是當場的演講，後來被記錄下來書於簡册。因此，"誥"首先是一種"言體"，其次才可謂一種"文體"（從語言到文字有重要差别）。誥作爲"言"有多個面向：首先是講道理以教誨、說服人民，但又顧及聽者的心情。說理（知）、動情，是使得"言"和"心"相關聯起來的共同面向。而講道理、動人情也要講究方法，故"言"也有修辭的一面，例如"興"作用於心情感受，"比"有助於明理。言和心的諸多面向相互配合，推動遷都之事順利進展，獲得成功。而其中的關鍵，還是盤庚之德能。

考察政治生活的這幾個方面及其結構性關聯，應可豐富《尚書·盤庚》這一經部文本的理解。進一步來看，它似乎也爲思考知識世界的不同知識類型和結構關繫、經史子集四部之學的關繫，提供了某種可資參考的視角。這個問題希望以後有機會可以充分加以展開。

附:《孟子》研習心得交流發言稿

陳關負: 這幾天對《孟子·梁惠王》篇的閱讀過程中使我印象深刻的是對"以羊易牛"章的"仁術"一處的理解。在這章的討論中，將術理解爲一種發生機制，這對我啟發很大。

首先對於這個問題大家都知道齊宣王先問齊桓晉文之事，而孟子以齊宣王以羊易牛的事情去啟發他有行王政之心，以此而去用力推擴。王見觳觫之牛有所不忍，而以羊易之，孟子説齊宣王此舉無傷，是乃仁術也。而到底該如何對以羊易牛這個事情作一怎樣的理解。筆者對"仁術"處有很大的興趣。就以羊易牛一事看，首先一點在於"見"和"未見"的理解上，"見"字中包含著這樣一種意味，就是看見牛的觳觫之貌，會有感受，心中生出一種不忍，於羊而言，未見羊的驚嚇之貌，心中就不能生起不忍，則可以以羊易之。所以"見"與"未見"，實際上是惻隱之心是否發出的一個關鍵結點。

其次，於術的理解也是一個大分別，按朱子解"術，法之巧也",《語類》中說:"當齊宣王見牛之時,惻隱之心已發乎中,又見釁鐘大似住不得,只得以所不見者而易之,乃是他既用旋得那事,又不抑遏了這不忍人之心,此心乃得流行。若當時無個措置,便抑遏了這不忍人之心遂不得而流行。此乃所謂術也。"王見牛而發惻隱,未見羊而惻隱還沒發出,所以齊宣王用羊易牛來成全不忍的發出,換句話說,惻隱之心已發出來,又不能去實施下來。然而看見了牛,這種不忍心已經發出來而不可遏止,那麼沒有看見羊而這種理還沒有表現出來的也就不會妨碍這種已發的惻隱之心的流行。所以用羊來易牛,則殺牛之所不忍和釁鐘之所不廢這兩者可以兩全,不失爲一種巧妙的辦法,以此術來成全仁心。孟子的"無傷也,是乃仁術"也就可以這樣去解了,也就是這種解釋是將術作方法解,以術去全仁心。

而在此次讀書會關於這一章的討論中,我對於解術爲一種發生機制有很大的感觸。後面關負結合起來想這種理解,想到因爲不忍之心,隨時而在,一定會因爲應事接物時有所觸發才顯現出來的,當惻隱時自然就發出惻隱之端,這種發生機制是人性的自然靈動,而當齊宣王見牛自然生出不忍,此種仁之端是人人都有的,自然而然要發的。

所以,總的來看,就關負自己對仁術一詞的理解,就我現在所想,如果解術爲方法的話,則仁術就要一分爲二來理解,這時候,仁爲術的大標準,仁會爲術提供一個正確的方式,而對於術來說,術一定是要去成全仁的,也就是説所行之術皆要去成全仁心所發出的情,成全所發出的情,也就成全了仁心。《朱子語類》解術說,"尤方便也",又說"術字,本非不好的事,只緣後來把做變詐看了,便道是不好。卻不知天下事有難處,須有個巧的道理始得",所以關負會認爲朱子在此處所要強調的一點還是在肯認這個術爲方法的意思。

如果將術解爲發生解爲發生機制,則仁術二字就要合看,仁術就是人性所具有的自然靈動的東西,就要從根本上去說,當惻隱就發出惻隱,當喜則發出喜悅之情,如此,這裏的仁術就可以解爲人之所本具的能力。所以對於仁術二者的理解,綜合來看的話,解術爲方法,更有一種工夫的意味在其中，以術去固根本，可能説工夫也不太妥，但暫時沒有找到合適的詞來強調這種工夫的意味。而解術爲機制，更偏向就人而言的一種所發之情的内在能力，其隨時而在，就其本然，則當惻隱則惻隱，但也會有可遏的東西阻擋住其所發。

現在我總是感覺這兩種理解之間有聯繫，但卻會有這樣一種感覺，因爲朱子對仁術一詞的理解，只是在對術字的訓釋上，所以關負在想，朱子解仁術，是否就已經不只是在就術的一個標準上來説，而是也涵涉仁心能發惻隱上。要是這樣的話，是否就會將仁術的機制亦理解於其中。當然，這也只是關負現在想到的地方，而非一個定論，可能不太浹洽，這也是我接下來要去想的地方。

這裏，就關負自己的感受而言，因爲我有這種爲善的可能，所以在日常生活中也是要去察識這種東西，該喜則喜，該怒則怒，不能取巧去做戕害自己根本的事。

曹小園：梁惠王篇主要涉及人與禽獸的兩種關繫：恩及禽獸與率獸食人。前者是説，禽獸作爲生命體，和人同樣是不忍之心的物件，但所處的先後次第不同；後者是説，禽獸作爲可以增殖的私人財産，被允許侵占本屬於人的生存資料。

前者與後者的區別主要在於，前者遵循一套總的原則：1. 生命因其自身而有價值；2. 關於生命的價值，一個人應有的立場是，同類意識獨立於並且優先於自身的親疏感受，即人無條件地優先於禽獸。這不是一組事實，而是一套信念，下文的討論以接受這套信念爲前提。

在齊宣王以羊易牛的案例中，他的動機不是愛財，這決定了我們討論的是前一種關繫。不忍之心的物件，也就是牛那方面的情況是"無罪而就死地"，所謂無罪，與其説是沒有罪，不如説是根本談不上罪，因爲牛不具備對自身行爲負責的能力；所謂就死地，就是生命遭到了威脅。

齊宣王方面的情況是"夫我乃行之，反而求之，不得吾心"，近似不思的狀態，對自己爲什麼以羊易牛缺乏自覺。因爲，只要經過最低程度的反思，都不難發現，羊和牛的情況一樣，也是無罪而就死地。差別不在牛羊之間，也不在齊宣王個人，僅在於他是否被放置在容易受觸發的場合。也就是說，這種不忍之心是個別現象，有賴於偶然。

這偶然的不忍之心在孟子看來無傷大雅，君子遠庖廚不論是這種不忍之心的原則還是結果，用在禽獸身上，都已經達標了。這或許說明，當不忍之心的物件是禽獸，他允許這種不忍停留在缺乏自覺的水準。畢竟君子遠庖廚的重點不是改變禽獸的命運，而是呵護君子感到疼痛的體驗，避免它在重複的直面當中消磨。也就是，只要求保有這種情感，而不要求自覺和反思，因爲禽獸的生命遠沒有觸及他的底綫，人的生命才會。

於是，如果不忍之心換了物件，從禽獸到人，卻仍停留在不自覺的水準上，就意味著，絕大多數人由於無法和王發生當面接觸，實際上被排除在推恩的範圍之外。這對孟子來說自然是不能接受的。見牛未見羊式的不忍之心只能作爲進一步擴充的起點，當物件是人，不忍之心必須脫離特例，能夠穩定、持續、獨立地發揮作用，甚至成爲一種德行。因此，從恩足以及禽獸到功足以至百姓，這種推恩的內容或許不是物件增多，而是形式升級，也就是通過舉斯心加諸彼，讓不忍成爲自覺的不忍，得以超越特定場合，覆蓋一般的情況。這要求反思能力，最明顯的說法是孟子請齊宣王權度自己的心（或者心爲，不管句讀在哪吧），權度不是情感活動，而是認知活動；更進一步，此處不是向外求於物，而是向內求於我，因此只取決於意願，不受制於外在條件，所以只有“不爲”，沒有“不能”。

稍微梳理一下，以是否自覺爲區分標誌，兩種不忍之心在層次上是錯開的。兩者各自能以人和禽獸爲物件，在每一形式內部，由人而及禽獸的先後次序不受影響。比如，同樣不自覺的不忍，在見人且見牛的情況下，人固然優先於牛；同樣自覺的不忍，即便見牛不見人，對人的關切和同情仍然優先於牛。只不過，同樣從不自覺的起點出發，對人運用的不忍之心有更高的標準，不能止步於起點，必須走向自覺；針對禽獸的不忍之心則不做要求。

之所以說齊宣王恩足以及禽獸、功不至於百姓，或許是，在不自覺的層次，齊宣王起步很高，對禽獸都有不忍之心，何況對人，所以孟子相信他有由不自覺到自覺的條件；但他現在畢竟沒達到，這種基於環境刺激的不忍之心，無法轉化成實際效果施加於百姓。

龔嘉雯：

一、兩種君臣關繫

本文將關注孟子與齊宣王的兩段對話中所體現的君臣關繫。

首先是在《孟子·梁惠王下》之中，孟子提出的"世臣"與"親臣"：

> 孟子見齊宣王曰："所謂故國者，非謂有喬木之謂也，有世臣之謂也。王無親臣矣！昔者所進，今日不知其亡也。"
>
> 王曰："吾何以識其不才而舍之？"
>
> 曰："國君進賢，如不得已，將使卑踰尊，疏踰戚，可不慎與！左右皆曰賢，未可也；諸大夫皆曰賢，未可也；國人皆曰賢，然後察之；見賢焉，然後用之。左右皆曰不可，勿聽；諸大夫皆曰不可，勿聽；國人皆曰不可，然後察之；見不可焉，然後去之。左右皆曰可殺，勿聽；諸大夫皆曰可殺，勿聽；國人皆曰可殺，然後察之；見可殺焉，然後殺之。故曰國人殺之也。如此，然後可以為民父母。"　　（《孟子·梁惠王下》）

孟子認爲故國之所以爲故國，在於其中存在"世臣"，而並非存在"喬木"。趙岐認爲："人所謂是舊國也者，非但見其有高大樹木也，當有累世修德之臣，常能輔其君以道，乃爲舊國可法則也。"舊國，即是故國，趙岐認爲舊國是可以作爲其他國家所效仿的標準，《章指》中"有世賢臣，稱曰舊國，則四方瞻仰之，以爲則矣"，就是說，舊國之所以能夠爲他國效法在於其擁有世臣。

至於下文的"親臣"，趙岐認爲是王的"親任之臣"，即是國君根據其"才"選拔出來的親自任用的臣子，而此段中孟子認爲這類的臣子的選拔是需要通過聽取"國人"的意見，國君再加以審察任用。而對於"世臣"，我們可以注意到，孟子認爲故國不在於有喬木，而在於有世臣，可以說，喬木與世臣有著相似之處，二者都是有著長久的歷史，經歷十分長的時間而形成的高大挺拔的樹木，形成的龐大的有傳承的世官大族。朱熹認爲世臣當是"累世勳舊之臣"，他們是"與國同休戚"，而親臣，"君所親信之臣"，他們是"與君同休戚"，就是說世臣所代表的整個家族的傳承，不同於由君主所親任的與君主利益密切相關的臣子，前者的地位是君主一人難以撼動的，他們與國家休戚相關，或者我們可以進一步猜想他們能夠對君主構成制約。而此處，"君"則與"國"有一定程度的對立。再看這段對話，孟子認爲親臣的任用是有可能導致"卑踰尊，疏踰戚"的後果，破壞原有的社會等級秩序，故而君主必須謹慎。可以看到，"親臣"來源的階層不僅在於貴族階層，平民階層的也在其中。而對於"進賢"的標準當是"才"，有才能的人便有可能成爲"親臣"。那麼，對於"世臣""親臣"，或者我們可以看作基於血緣繼承以及尚賢原則而產生的兩種臣子，他們與君主的關繫並不一樣。

　　而另一段對話在《萬章下》中，孟子區分了"貴戚之卿"與"異姓之卿"：

　　　　齊宣王問卿。孟子曰："王何卿之問也?"

　　　　王曰："卿不同乎?"曰："不同。有貴戚之卿，有異姓之卿。"

　　　　王曰："請問貴戚之卿。"

　　　　曰："君有大過則諫，反覆之而不聽則易位。"

　　　　王勃然變乎色。

　　　　曰："王勿異也!王問臣，臣不敢不以正對。"

　　　　王色定，然後請問異姓之卿。

　　　　曰："君有過則諫，反覆之而不聽則去。"(《孟子·萬章下》)

　　齊宣王向孟子詢問卿，孟子指出了兩種臣卿與君主不同的關繫。在面對不稱職的君主，"貴戚之卿"跟"異姓之卿"都應當勸諫君主，但若是反復勸諫而不聽，後者可以離開這個國家，另覓明主，而前者則更換君主。齊宣王的"勃然變乎色"值得玩味，田氏代齊，宣王的變臉可能是因爲孟子的話帶有譏諷意味，而且處於君主的地位，他也恐懼自己的臣子篡位。而孟子所述的兩種臣卿的行爲，在君主勸而不改的情況下，二者都能夠解除君臣關繫——對於"異姓之卿"，他所需要負責的只是國君一人，也只是與之有關繫，那麼在君主不接受其勸諫，他離開這個國家便可以解除君臣關繫；而對於"貴戚之卿"，他所需要負責的似乎並不只是君主個人，上文所引朱熹對世臣的"與國休戚"或許能作爲一個解釋，他所面對的是整個國家的利害關繫，那麼在君主不稱職且不改過的情況下，他解除君臣關繫的方式便是更換君主，而非離開此國。可以説臣子是有選擇君主的權力，而孟子對這個權力應是給予肯定的。但是他對"貴戚之卿"的"易位"加以限制，必須是君主有大過，並且反復勸諫仍然不改的情況下，"易位"才有其正當性。

　　至此，我們似乎能看到，君主在其位，是有其職責的，若是沒有能夠完成其職責，那麼就會面臨臣子離去，甚至是被剝奪君位的後果。

　　　　孟子謂齊宣王曰："王之臣，有託其妻子於其友而之楚遊者，比其反也，則凍餒其妻子，則如之何？"
　　　　王曰："棄之。"
　　　　曰："士師不能治士，則如之何？"
　　　　王曰："已之。"
　　　　曰："四境之内不治，則如之何？"
　　　　王顧左右而言他。（《孟子·梁惠王下》）

對於沒有完成囑託的朋友我們會拋棄他，不能治士的士師我們則會革除他，而對於不能使國家治的君主，也同樣會被放棄。而這種放棄，不同的臣子，有不同的完成方式。如上文所說，我們區分兩種君臣關繫，第一種是基於尚賢原則建立起來的君臣關繫，第二種則是由於血緣繼承的世卿世祿的君臣關繫。

對於第一種，君主選賢舉能的方式組建自己的臣子，而這樣的臣子所表現出來的是"有限度的忠誠"，即君臣關繫並非固定不變的，而是可以解除的。對此，增淵龍夫認爲在氏族共同體關繫解體之後，社會中出現了一種新型人際關繫，它源於任俠習俗，是一種建立在"感情上的凝聚"的極其私人化的關繫，① 而孟子所認爲"異姓之卿""親臣"，都可以被認爲是這樣一種關繫。而在這種君臣關繫之下，臣子對君主的效忠建立在"道"之上，《論語》中有"以道事君，不可則止"，《荀子》中有"從道不從君"。如果君主不能認可臣子的"道"，他便會離開。

> 孟子見齊宣王曰："爲巨室，則必使工師求大木，工師得大木，則王喜，以爲能勝其任也。匠人斲而小之，則王怒，以爲不勝其任矣。夫人幼而學之，壯而欲行之。王曰'姑舍女所學而從我'，則何如？今有璞玉於此，雖萬鎰必使玉人彫琢之。至於治國家，則曰'姑舍女所學而從我'，則何以異於教玉人彫琢玉哉？"（《孟子·梁惠王下》）

對於孟子來說，治理國家需要一定的專業技能，如玉人有專業技能來治玉，工匠有專業技能來處理木材製造宮室。而對這些專門技能沒有深刻了解的君主，如果只是出於個人喜好來判斷，隨意指揮接受專業訓練的臣子，就如同出於個人判斷，認爲建造宮室不能裁割木塊，宮室無法建造，國家無法治理好。而此處的專業技能則可以認爲

---

① 增淵龍夫《中國古代的社會與國家》，上海古籍出版社，2017。

是臣子所學習、所認可的"道"。而在用"道"治國的層面上，君主不應過多干預其臣屬。

而且，這種君臣關繫某種程度上可以説是平等的，"君之視臣如手足，則臣視君如腹心；君之視臣如犬馬，則臣視君如國人；君之視臣如土芥，則臣視君如寇讎"（《孟子·离娄下》），臣子對君主並非絶對的人身依附關繫，而更像某種交換關繫，君主想要獲得臣子的忠誠同樣也需要付出真誠。這也体現在为旧君服丧问题上，古礼有为旧君服丧的要求，"疏衰裳齊，牡麻絰，無受者……丈夫、婦人……爲舊君"（《儀禮·喪服》），而孟子則指出爲舊君服喪是有條件的，只有在舊君對臣子做到"三有禮"才爲舊君服喪，若是君對待臣如仇敵，那就毋需爲他服喪：

> 諫行言聽，膏澤下於民，有故而去，則君使人導之出疆，又先於其所往，去三年不反，然後收其田里，此之謂三有禮焉。如此則為之服矣。今也為臣，諫則不行，言則不聽，膏澤不下於民，有故而去，則君搏執之，又極之於其所往，去之日遂收其田里，此之謂寇讎。寇讎何服之有？（《孟子·離婁下》）

而對於第二種君臣關繫，在君主犯大過，多次勸諫不聽，此時臣子並不會離開國家重新尋找明主，而是換掉君主。那麼，或許可以這樣説，在重視尚賢原則之下，孟子重視世臣，肯定血緣繼承原則，認爲世臣是一個國家得以成爲被他國效法準則的原因，緣由或許就在此——他們能夠對君主的行爲進行強有力的限制。貴戚之卿易換君主的行爲在孟子看來是有其合法性的，因爲他們是出於國家利益的考慮。

二、禪讓與世襲

繼續對尚賢原則與血緣繼承的討論。《墨子》中以尚賢原則構建國家，那麼對於君主似乎也應通過尚賢原則選出。但是同樣認可尚賢，孟子卻認可血緣繼承的世襲。尚賢與血緣繼承原則，一種表現形式便是禪讓與世襲兩種政治形式。

　　稱頌上古聖王禪讓，那就有可能導致對世襲的合理性的動搖，可以說二者之間是存在矛盾的，這體現在萬章對孟子的詢問：“人有言：‘至於禹而德衰，不傳於賢而傳於子。’有諸?”（《孟子·萬章上》）在古史中，堯舜禪讓，而禹處於禪讓與世襲之間的節點，對禹的評價則十分值得關注，萬章的問題中的觀點認爲世襲是一種墮落，而孟子的回答則是肯定禪讓的同時也肯定了世襲的正當性，認爲禪讓與世襲同樣具有合法性，堯舜禪讓與禹傳啟及後世的父傳子世襲傳統“其義一也”。

　　首先，孟子否認禹傳子是墮落的，在君位繼承上他提出“天”的重要性，“天與賢，則與賢；天與子，則與子”（《孟子·萬章上》），即是說禪讓還是世襲是“天”決定，它們不過是“天”的意志的不同表現形式。

　　　　昔者舜薦禹於天，十有七年，舜崩。三年之喪畢，禹避舜之子於陽城。天下之民從之，若堯崩之後，不從堯之子而從舜也。禹薦益於天，七年，禹崩。三年之喪畢，益避禹之子於箕山之陰。朝覲訟獄者不之益而之啟，曰：“吾君之子也。”謳歌者不謳歌益而謳歌啟，曰：“吾君之子也。”丹朱之不肖，舜之子亦不肖。舜之相堯，禹之相舜也，歷年多，施澤於民久。啟賢，能敬承繼禹之道。益之相禹也，歷年少，施澤於民未久。（《孟子·萬章上》）

　　首先，在孟子看來，君位過渡並非只是君位在兩個人之間傳遞，而是需要“薦於天”，並且需要得到天下之民的認可。而在萬章問堯舜禪讓時，孟子引《太誓》“天視自我民視，天聽自我民聽”，可說明天的認可通過民來體現。而在孟子看來禹得到天下之民的服從，而益卻沒有，有兩個原因，首先，益輔佐禹的時間不及禹輔佐舜長，“施澤於民未久”，第二則是禹的兒子啟有賢才，能繼承禹之道，而舜之子不肖。此處或許有個問題，啟並沒有被禹“薦於天”，但是其作爲禹之子，"敬承繼禹之道"，是否意味著他已能承繼"薦於天"。而下文認爲"匹夫而有天下者，德必若舜禹，而又有天子薦之者，故仲尼不有天下。繼世以有天下，天之所廢，必若桀紂者也，故益、伊尹、周公不有天下"，認爲匹夫有天下需要滿足有賢德以及"薦於天"兩個條件，而繼承先祖有天下的君主，只有品行惡劣如桀紂，才會爲天所廢，失去天下，似乎也説明了血緣繼承在孟子看來也繼承了有天下的正當性。而"天"的引入來解釋禪讓與世襲的正當性，使得孟子能夠得出"唐虞禪，夏后、殷、周繼，其義一也"的結論。

三、伊尹的形象

在上文所引文段中，孟子認爲繼承王位的君主只有在品行惡劣的情況下，才會爲天所廢，失去天下，所使用的例子是周公與伊尹。如果説上文孟子所説的"貴戚之卿"更換君主的行爲會令君主變色，"伊尹放太甲"同樣也是，比如公孫丑問孟子，"賢者之爲人臣也，其君不賢，則固可放與？"伊尹作爲太甲的臣子卻流放自己的君主，他是否能被稱讚。

對於伊尹的身份，不同的文獻有不同的説法，《史記·殷本紀》中録了二説，一是認爲伊尹是庖宰，一是認爲是處士。但是後一種説法在先秦文獻中只有《孟子》持有①。孟子拒絶"伊尹以割烹要湯"的説法，認爲伊尹應當是"耕於有莘之野，而樂堯舜之道"的處士，並且是"以堯舜之道要湯"。

值得思考的是爲什麽孟子拒絶伊尹的身份是"庖宰"的説法，因爲孟子也認可"舜發於畎畝之中，傅説舉於版築之閒，膠鬲舉於魚鹽之中，管夷吾舉於士，孫叔敖舉於海，百里奚舉於市"（《孟子·告子下》），承認聖賢可能出身低賤。或許可以從《韓非子·難言》中對伊尹的論述看出原因，《難言》中認爲伊尹"身執鼎俎爲庖宰，昵近習親"，在這種論述之中伊尹作爲"庖宰"是一種"所以干其

---

① 陳奇猷《伊尹的出身及其姓名》，《中華文史論叢》1981 年第三輯。

上”（《説難》）的手段，與孟子認爲的聖賢形象矛盾。①

　　孟子多次把伊尹與伯夷、柳下惠等人並列，以談論仕與不仕的問題，認爲伊尹是“聖之任者”（《孟子·萬章下》），“五就湯，五就桀者”（《孟子·告子下》），“何事非君，何使非民；治亦進，亂亦進”（《孟子·公孫丑上》）。不同於可以説是兩個端點的“居下位，不以賢事不肖者”（《孟子·告子下》）的伯夷與“不羞汙君，不辭小官”（《孟子·萬章下》）的柳下惠，伊尹有志於出仕，有著作爲“先知覺後知，先覺覺後覺”的責任意識，“思天下之民匹夫匹婦有不與被堯舜之澤者，若己推而内之溝中，其自任以天下之重也”，“自任以天下之重”，而伊尹這樣一種形象正是在上文所述的尚賢原則下的君臣關繫中建立起來，臣子的行爲準則是“道”，“非其義也，非其道也，禄之以天下，弗顧也。繫馬千駟，弗視也”，體現了“從道不從君”的原則。

　　而回到伊尹放太甲的問題上來，如上文，伊尹一開始是湯的臣子，“以堯舜之道要湯”，而在太甲時，由於太甲不賢，將之流放到桐。後來太甲悔過，最終得以回到亳。

　　　　伊尹相湯以王於天下。湯崩，太丁未立，外丙二年，仲壬四年。太甲顛覆湯之典刑，伊尹放之於桐。三年，太甲悔過，自怨自艾，於桐處仁遷義；三年，以聽伊尹之訓己也，復歸于亳。（《孟子·萬章上》）

　　而在另一個描述中，則爲伊尹的行爲增加了民的認可作爲行爲依據——“放太甲于桐，民大悦。太甲賢。又反之，民大悦”。而孟子對於伊尹的行爲依然是肯定的，他認爲伊尹的行爲之所以不是篡位，

──────────

　　① 而對伊尹身份的變化，或許與時代變化、君權的強化有關。參見杜正勝《戰國時代伊尹身份的三種形態》，《古代社會與國家》，頁897～901，允晨文化實業股份有限公司，1992。

在於他的"志"，也就是說孟子用"伊尹之志"來限制臣的行爲，所謂"伊尹之志"也與上述的臣所持有的"道"有關。

本文根據孟子對兩種臣子的區分及其所表達的不同的君臣關繫，認爲其中存在兩種不同的選官原則，尚賢與血緣繼承，而二者體現在君位繼承就是禪讓與世襲。對這兩種存在矛盾的政治形式，孟子進行調和，引入"天"作爲正當性依據，認爲二者"其義一也"。而在談論君臣關繫時，提到"異姓之卿""貴戚之卿"時，面對不賢的君主，前者是離開這個君主，後者則是"易位"，而在伊尹的例子中，伊尹作爲尚賢原則下的臣子，"從道不從君"，孟子對其流放不賢的君主的行爲也予以肯定，如果說"異姓之卿"在面對君主時只能離開，臣在君面前是弱勢的，那麼在伊尹的例子之中，由於"志"，或者說"道"，最起碼在孟子的構想中，臣子對君主的約束是強的。但君主集權在後世逐漸加強，漢代的趙岐以及清代的焦循在面對孟子所說貴戚之卿"易位"時，認爲國君應該任賢，以避免"貴戚之卿"造成君主權力的傾覆。

楊佳秀：以下是我對齊宣王見孟子於雪宮一章文意的細節理解。此章中，首先是齊宣王問孟子："賢者亦有此樂乎？"這是問孟子賢者也有游於雪宮的快樂嗎？這裏，"樂"是具體的樂，指孟子游於雪宮的快樂。孟子回答："有。人不得，則非其上矣。不得而非其上者，非也；爲民上而不與民同樂者，亦非也。"孟子回答說，賢者有這種快樂。由賢者而擴大到百姓，如果百姓得不到這種快樂的話，就會非其君上。樂仍然是具體的樂。"爲民上而不與民同樂者"，"爲民上"不僅僅指君王，凡治民者都是民之長上，所以此句中"樂"更傾向於廣泛意義的樂，不是具體所指。"人不得而非其上者"與此句對應，也傾向於說廣泛意義的樂。那麼從"人不得，則非其上矣"到"不得而非其上者，非也"，孟子從具體意義的樂上升到廣泛意義的樂，從對具體事件的陳述進入"與民同樂"的理論說明。緊接著孟子引了齊景公和晏子的對話。齊景公問晏子如何做才能做到像先王一樣遊觀自己的國土？琅邪是齊國東南境一地名，可以看出齊景公是要遊觀齊國而非天下。晏子的回答可以分爲兩部分，第一部分是先王時的情形，天子諸侯的遊觀是體察政治、民情，皆非無事空行，天子的所做所爲爲諸侯效法。這部分中天子、諸侯和百姓的關繫非常清晰，天子作爲、諸侯取法、百姓歡樂之，君臣民的關繫和諧。第二部分是當今諸侯的荒亡行爲。在這部分中，趙岐注和朱子注在細節上有細微的差別。"方命虐民"的"方命"，趙岐注爲"放棄不用先王之命"；朱子注爲"方，逆也。命，王命也"，違背的是天子的命令，不是先王之命。"爲諸侯憂"的"諸侯"，趙岐注爲"衆多諸侯中的其他諸侯"，朱子注爲"附庸之國，縣邑之長"。按照趙岐的注解，諸侯之上無天子，諸侯的荒亡行爲引起其他諸侯憂慮，展現的是諸侯和百姓、諸侯和諸侯之間的關繫。而按照朱子的注解，諸侯的荒亡行爲引起百姓不滿，諸侯和百姓的關繫不好讓諸侯的臣子憂慮，展現的是諸侯、諸侯臣子和百姓之間的關繫。趙岐注似乎把諸侯的政權地位抬高了，而朱子注則將天子、諸侯、諸侯之臣和百姓的地位落在了實處，就齊景公所處的時代，周天子尚在，天下尚知尊周之爲義，故朱子的注解更符合文意。由於齊景公時爲諸侯，因此在齊景公和晏子的對話中，主要涉及諸侯取法先王的意思。孟子引用這段話，在於勸說齊宣王取法先王、與民同樂之意，若他能做到取法先王、與民同樂，則與王天下不遠了。

羅慧琳：《孟子》一書，開篇便提"義利之辨"，朱子與趙岐都認爲這有建篇立始的重大意義。而《梁惠王上下》除此處便不再顯然提義利之辨，後文大段說"與民同樂"，之前大致以爲"與民同樂"是行仁政的措施，但是對二者具體如何結合起來卻沒有更深入的認識。這次報告主要將"義利之辨"與"與民同樂"對看，在互釋對看中澄清二者的區別，發現二者的關聯。

最開始的疑惑來自幾處看似矛盾的對話。在第一章中，孟子見到梁惠王，王曰："叟不遠千里而來，亦將有以利吾國乎？"孟子立馬掐斷了王求利的苗頭，說："王何必曰利？亦有仁義而已矣。"但是，在《梁惠王下》篇中，當齊宣王說到寡人好樂、寡人好貨、寡人好色時，孟子卻並沒有如我們想象般説"王何必曰樂""何必曰貨""何必曰色"，而是順著王的喜好説："王之好樂甚，則齊國其庶幾乎！""王如好貨，與百姓同之，於王何有？"云云。

首先，我們要確定，聲色貨利其實並沒有什麼不同。那麼孟子就似乎在這兩處表現出了雙重人格，而讀者常以爲後面一種表現，是孟子在具體情景下做出的一種方便權説，從而誘導君王能順著各自的喜好行仁義之事。如果做這樣一種理解，孟子便與曲學阿世的謀士沒有本質上的區別。不惟如此，《梁惠王上下》篇不斷提到的"與民同樂"都是基於王對於聲色貨利以及臺池園囿麋鹿的喜好，那麼"與民同樂"與"何必曰利"在原則上也是打架的。如何去解決這個問題呢？

如果回到各自的語境中來看，可以發現，實際上孟子回答的是兩個不同的問題。孟子見梁惠王，梁惠王一上來就問"將有以利吾國"，可見他將"利"看作最重要的東西，所以孟子對他説，不對，仁義是最重要的。而當齊宣王説"寡人有疾，寡人好貨"，隱含著兩個預設，第一，齊宣王已經知道作爲一個君王應當行仁政；第二，他認爲仁政與好貨好色是相悖的。那麼此時孟子就不適合再重複地説出，在第一個預設裏展現出來的、王已經知道的答案，而需要指出齊宣王的後一個預設是不對的，也即好貨好色並不與仁政相悖，與民同之便是行仁政。

在澄清了各自的語境之後，下面便可以來分析這兩組問答分別要側重説明什麼。第一組與梁惠王的問答爭的是本體地位，天理人欲不共戴天，將利作爲第一義與將仁義作爲第一義是完全相反的兩種心態。在此需要注意的是利與利心的差別，《孟子集注》中引程子的話説："君子未嘗不欲利，但專以利爲心則有害。"利不是不好的東西，利心則是將利置於第一義。還引司馬遷的話："利誠亂之始也。夫子罕言利，常防其源也。"利不是亂本身，卻是一切禍亂的開始。夫子很少説利，是要在源頭上立住大本，從而防止禍亂的發生。所以，與其説第一章強調義利之辨，不若説強調的是仁義之心與利心之辨更爲清楚。第二組與齊宣王的對話是在雙方認同義心本體地位的基礎上，對工夫的說明。前面已經提過，利不是一個壞的東西，利心才是壞的。所以當齊宣王説自己好聲色貨利，並且誤認爲這會妨礙自己行仁政時，孟子卻要糾正説，不，利不是不好的東西，每個人都要吃飯喝水、對美女美食有天生的判斷力，而君王恰恰有了這些人人皆有的本能，所以才能在此基礎上做工夫，將這種本能導向合情合理而不是任其墮落爲利心。

由此再來看"與民同樂"與"何必曰利？亦有仁義而已矣"的關繫，仁義在第一義的、根本上保證"與民同樂"是不偏倚的，"與民同樂"得到了仁義的保證，就不是所有的樂都可以與民共，比如變態好殺人這種就不行。而"仁義"不能空行，"與民同樂"是其下手處。從君王的角度而言，共利同樂是對其利心的消融，讓他從對私人化的樂的關注上轉向對民衆皆有的本能欲求的關注，進而指向對具有最大普遍性的天下之樂即仁義的達成；在政治舉措上則會表現爲從制民之產到培養民衆孝悌之心。可見，"與民同樂"並不只從古之聖王的角度上，説一個已經獲得仁義德行的人應當做的舉措。而也同時適用於德行不好的君王，在與民同的過程中，向外推及百姓與向内推本是同時進行的。

從"何必曰利"章到"好貨好色"章，朱子以爲"此篇自首章至此，大意皆同。蓋鐘鼓、苑囿、遊觀之樂，與夫好勇、好貨、好色之心，皆天理之所有，而人情之所不能無者。然天理人欲，同行異情。循理而公於天下者，聖賢之所以盡其性也；縱欲而私於一己者，衆人之所以滅其天也。二者之間，不能以髮，而其是非得失之歸，相去遠矣。故孟子因時君之問，而剖析於幾微之際，皆所以遏人欲而存天理。其法似疏而實密，其事似易而實難。學者以身體之，則有以識其非曲學阿世之言，而知所以克己復禮之端矣。"

楊基煒：設計對話和故事來敷陳其論述，是古典哲人常用的做法。《梁惠王上》正是孟子有意編排的篇目，其中"齊宣王"一章更是如此。

在這一章中，孟子鋪設了兩條綫索。一、孟子如何一步步遊說齊王？齊王的不同反應是這條綫索推進的標誌；二、孟子如何論證仁政的可能及其要素？兩條綫索相互交叉，其遊說技巧在其論述中發揮著重要的作用。

雖然整個對話始於宣王的發問，但它的主導權始終掌握在孟子手上。宣王的發問，並不僅是展開故事的開端，而是爲後文孟子說出宣王的大欲埋下伏筆。宣王問孟子齊桓晉文之事，正是後文孟子所說的"欲辟土地，朝秦楚，莅中國而撫四夷也"。之所以最初不駁斥宣王，指出齊桓晉文之事是"後必有殃"，是因爲孟子一方面並未掌握駁斥霸道的有效論據，即對不忍之心和推恩的揭示；另一方面，也並未打開君臣間平等交流的話匣、將論理的主導權掌握在自己手上。

孟子在知曉宣王的用意後，話頭一轉，把話題引向王道。"德何如則可以王矣"，可能說明以德稱王的觀念是當時的常識，也可能說明孟子借助宣王之口來連接德與王的關繫。隨之，孟子旋即指出"德"的内涵：保民。宣王的問題卻耐人尋味：像我這樣的君主，能保民嗎？根據孟子後文的回應，大略可知，孟子的回答是：宣王能保民，只是不去做而已。但在孟子引導前，宣王應該是不覺得自己能保民的，或許是因爲在宣王看來，人民並不是政治抱負中的關鍵要素；或許是因爲宣王觀念裏，君主很難影響到民衆。後者作爲常識，存在於黃老道家中。司馬談說"勞而無功"，大略如此。孟子正是回應了這二者：一、人民，是實現宣王真正志向的關鍵性要素；二、宣王具有影響民衆的特性和能力。

爲了說明上述兩點，孟子先援引了一個聽說而來的案例，即宣王以羊易牛的事情。在宣王看來，他以羊易牛，是因爲牛沒有犯罪卻要被殺，在那哆嗦恐懼，宣王於心不忍，才讓人換了羊。孟子並未直接說宣王爲何如此，而是先說"百姓皆以王爲愛"，以此爲後面成爲宣王的"知心人"埋好伏筆。百姓認爲宣王是吝惜羊，孟子推波助瀾，說明宣王以羊易牛在"無罪而就死地"上是沒有意義的，這個理由不充分。以羊易牛，正是以小易大，這個現象只能說明宣王吝惜財富資源而已。宣王無言以對而疑惑的時候，孟子抓準時機，指出以羊易牛中的另一個現象：不忍其觳觫，以此說明宣王有不忍的心理感受，也說明這種不忍之心是推動宣王做出行爲的重要動力。

　　先是引起宣王對自己心理的疑惑，而後通過揭示宣王的心理狀態來釋疑，宣王立馬把孟子當作知心人，既認可孟子對自己心理的解讀，即不忍之心的存在；又希望孟子解釋自己身上所擁有的這種心理狀態，和保民、和王道有什麼關繫。"今恩足以及禽獸，而功不至於百姓者"，是理解"推恩"的要素之一。"推恩"，並非將自己對某人某物的行爲，推到其他人物身上。而是自己的内心會因某個陌生人物而產生觸動，並且將之實現於行動之中。理由在於，"以羊易牛"的案例，說明"恩及禽獸"，即推恩於禽獸。但羊並未幸免於難，在其中，僅有宣王因牛恐懼哆嗦而產生的心理狀態和牛被救的現象。

　　"推恩"，僅在孟子語境下成立。"老吾老，以及人之老；幼吾幼，以及人之幼"是推恩的例子之一。但並不是把自己對待自己親人的行爲，推導到別的老人身上，這顯然不符合以羊易牛的案例；而是在仁内義内的前提下，人們會自然而然產生親親尊尊的心理狀態，正如不忍其觳觫的狀態一樣，宣王見老，正如其見牛，因"見"而產生心理狀態，又將之付諸實踐，推到人事物之上。

　　"推恩"的第二點，在於尺、度問題。尺度象徵著長短，孟子以此來說明宣王能救助禽獸，爲何就不能救助人呢？在族群的差序秩序上看，人民顯然比禽獸更近於宣王。簡言之，"推恩"有兩部分，一是"見"而產生不忍之心，二是救助對方，改變對方的狀態。前者是一種仁術，是仁心產生的機緣，是自然的；後者是將仁心付諸行動，是需要一些動力來推動的。因此，"王請度之"，請王理性思考、對比一下。

　　在列舉宣王可能的所欲後，孟子將"欲"作了個顛覆性的改變：最大的欲，不是你去欲求某個事物，而是天下人都欲求你、欲求你的事物。"天下仕者皆欲立於王之朝，耕者皆欲耕於王之野，商賈皆欲藏於王之市，行旅皆欲出於王之塗，天下之欲疾其君者皆欲赴愬於王"，孟子所述仁政的效果，使得宣王不解其中的緣由，爲何發政施仁就能達到這樣的效果呢？

孟子先是一嘴帶過"士"的恒心問題，而恒心正是論證君主所以能推恩的重要條件，也是君主能夠行仁政的關鍵。倘若沒有恒心，那麼君主就必須依賴於"見"才能短暫地推恩於人，必須依賴於短暫的心理狀態來謀劃整個政治設計。恒志於善的心靈，使得君子能夠穩定地維護社會秩序、"四海治"得以可能。

對於民衆，孟子也有其獨到的預設。民衆，並不是荀子、韓非子所謂的"饑而欲食，寒而欲暖"的自然人，而是有其倫理屬性的。爲仁政所囊括的民衆，他們天然地希望家庭中的其他人生活得安定，老人能被養好，黎民能夠滿足其基本的生存需求和倫理需求，如事父母、畜妻子等。

最後，做一個假設。倘若孟子的設想實現了，同時有秦政和孟子的王政存在，那麼天下之人是去哪邊呢？秦政預設了民衆好利惡害，追求榮譽，恐懼懲罰；王政預設了民衆好善惡惡，追求家庭的穩定和安寧。我會覺得，很可能是有一部分人去了孟子那裏養老養身，有一部分人去了秦政那裏獲得上升機會。或許，人性論並不是普遍的，而是以普遍的形式來描述其政制能容納的人群。

張傳海：這是我第二次參加暑期讀書班，也是第一次全程參加，心境和前一次頗有不同。劉老師說，暑期讀書班除了讀書以外，更加重要的是構建一種共同之生活感受。我今天的發言即是想要圍繞讀書與生活發表一下個人的看法。首先，說到生活，我們每個人都會有自己的生活，也都會有自己的生活感受。在我的理解中，劉老師所說的共同生活之感受，大概是在說，我們這一群有志於儒家學問或儒家學術的人，不僅需要有學術上的交流乃至爭鳴，更需要有生活上的互動、情感上的交流，讓彼此之間相互熟稔乃至懷抱相通。某次晚飯時，劉老師談到這個問題。飯後回擇鄰山莊的路上，又向劉老師請教。印象中，我們一路上談到兩個方面的問題：一是，在這樣一個儒門淡泊的時代，這份彼此之熟稔、懷抱之相通，不但可以使得我們日

後哪怕各散四方，仍舊不終陷於孤苦之感，亦因而可以成爲我們堅守
理想之助力。二是，留下讀書之種子，讓我們每個人成爲一點光，或
微小，或明亮，但皆足以劃破一方黑暗，照亮一片天地。當然，劉老
師所言共同體之生活，乃是特指我們這群對儒家、儒學抱有心意者的
共同生活。然而，儒家學者之使命恐怕是不止於彼此抱團、相互取
暖。劉老師所謂照亮一片天地，其最終意義恐怕也是要指向照亮整個
天地的。的確，做儒家學問不僅關乎學術之成就，更加關乎生活之意
義。每個人可以有自己與衆不同的生活，也大可以有自己與衆不同的
生活感受，但生活之意義絕不可被理解爲一種千人千面的東西。意義
而可千人千面，則生活也不過是毫無意義而已。因此，一種共同體之
生活，乃是對一種私我之破除，因而是通向生活意義的一次嘗試。然
而，只要這個共同體有其不可逾越之邊界，或者説哪怕是有一人一物
對其來説具有一種絕對可外性，則生活意義終究無以達成。在這個意
義上，我們前幾日所讀《想象的共同體》一書對民族主義之辯護仍
然是失敗的。民族主義所達成的共同體之意義，或許可以構成對現代
自由主義的批評，但絕構不成對古典馬克思主義的批評。古典馬克思
主義意在展現人的自由自覺的創造性，這種創造性歸根結底來自人的
類本質。馬克思主義所謂無產階級的自我解放，乃是以包括資本家在
內的每個個體的人的解放爲前提的，這固然不是在爲一個階級、一個
民族而謀劃，而是爲天下謀。因此，意義乃是全人類的、乃是天下
的，從而才可能是個人的，而在每個個體那裏生發出來，才能在每個
有限共同體那裏展現出來。在這個意義上，馬克思主義是對生活意義
之闡揚，而不僅爲未來社會之理想。同時也是在這個意義上，儒家學
問所指向的也絕非僅僅只是一種理論與學術，也絕非僅僅是一種思想
或理論形態，而是對生命意義本身之揭示。因而，我們首先作爲人、
作爲生活者，其次才是作爲儒家學者、作爲四川大學或中山大學的學
者而對儒家——本質上是對生命意義本身而負有一種責任。我這次參
加的是《孟子》讀書組，和大家一起讀其中的《梁惠王》這一篇。
在這一篇中，孟子反覆談到與民同樂、與民同好這樣的問題，其最終

則可導向王天下之意義。如果我們也將孟子這裏與民同樂視作對共同生活之理解，那麼，我們也就可以說，這種共同體乃是一種天下共同體。稱之爲天下共同體，倒不僅是其包括所有人在内這麼簡單，更加是指其所謂同，乃是天下之同乃至天地之同。這種同絶不僅僅是一種想象。一種排他的民族意識，其作爲共同體之同當然可以説是一種想象，因此，每個民族才會有不同的民族神話與民族意識。但所謂與民同樂之同，絶不僅僅是一種想象，而是關乎人的現實性與當然性的。比如，齊王有好惡之心、有欲樂之心，人亦莫不有此心，這種與民之同當然不是一種想象，而是關乎每個人的生命之實情。又如，好貨、好色、樂樂乃至園囿之樂皆可説與民同之，而好利之心與"辟土地，朝秦楚"之類絶不可説與民同之。因此，與民同之就一定涉及一個正當性在先之問題。文王之囿可與民共之，但"斧斤以時入山林"則便同時昭示著當然性之不可逾越。這種當然性之不可逾越，當然並非只爲人君而發，而是對天下有心者而發。同好、同惡、同欲、同樂而不失其當然，是乃所謂天下之同。因此，朱子才説："蓋鐘鼓、苑囿、遊觀之樂，與夫好勇、好貨、好色之心，皆天理之所有，而人情之所不能無者。然天理人欲，同行異情。循理而公於天下者，聖賢之所以盡其性也；縱欲而私於一己者，衆人之所以滅其天也。二者之間，不能以髮，而其是非得失之歸，相去遠矣。故孟子因時君之問，而剖析於幾微之際，皆所以遏人欲而存天理。其法似疏而實密，其事似易而實難。學者以身體之，則有以識其非曲學阿世之言，而知所以克己復禮之端矣。"天下之同，就其現實性與當然性而言，有賴於每個有心者在自身那裏生發出來、證成出來，這是無待於外在的位與勢的。我們若以爲"與民同樂""樂以天下"之論遠大迁闊或者至少是一種心理想象，乃至僅僅理解爲有位者之責，那麼，作爲天下之同的當然性便終究無以現身，而生命之意義亦終不能充沛生發。孟子曰："親親，仁也；敬長，義也。無他，達之天下也。""達之天下"者，亦只是"仁義而已矣"。"古之人所以大過人者，善推其所爲而已"，此亦不過是"老吾老以及人之老，幼吾幼以及人之幼"，使天下之人各親其親，從而使仁義達之天下，生命意義由此而開顯，而天下秩序由此而確立。在這樣一個儒學式微、儒門淡泊的時代，學問存續尚成問題，遑論達之天下。然而，只要人心尚在，那同好、同惡而同其當然者便在。因此，我在，天下之同然者便在。知天下意義之在我，則亦不須別尋一分安慰，但守此意義而不失，便知那彼此之熟稔、懷抱之相通可不求而得，而一種共同生活之意義亦足以真實不虛。

李秋莎：我這裏可能真的要發生"追尾事故"了，因爲想討論一下"仁術"。選擇這個話題也是受劉老師啟發。劉老師提到，仁術是否可以不往"法巧"一方面理解，而理解成仁的一種"發生機制"。我去查對了一下《故訓匯纂》中"術"字的訓釋演變（這有些取巧），以及朱子在《語類》《文集》中對"仁術"的討論，大概理了一條綫索。

從《說文》將"術"解釋成"邑中道"開始，衍及先秦兩漢，大概是順著這個思路，把"術"解釋爲"道路""道"，以至於"道徑"，也就是通達天下的道流行出來的路徑。如我們舉《樂記》一段話來說："夫民有血氣心知之性，而無哀樂喜怒之常，應感起物而動，然後心術行焉。"性是常，情非常，性感物而動，"心術"，鄭注會認爲，這是"道徑"，是"心之所由"，是心裏面的東西（道）出來所經由的通路。在兩漢時期，"術"解作"道藝"，解作"法"的情形非常少。如果是"技術"這樣的理解，其實要到《廣韻》《集韻》之後，才開始出現。

梳理字義，並不是想證成趙注說"仁術"是"仁道"，更契合當時人的理解；而朱注"法之巧者"可能受後來的"技術"理解影響，離先秦原意更遠。如果我補上一個意思，比如賈誼《新書·道術》認爲"道者，所道接物也，其本者謂之虛，其末者謂之術"，當我們因爲"術"是流行出來的通路，而向著本末中的末去理解，那麼從"道徑"到"技術"的解釋，其實是一個逐漸失去了"末"中之"本"的過程。一旦"術"中之本（道）失去，被僅僅當作流出來的東西，當作"末"，它就變成了機巧變詐之術。這是我的發言的第一部分。

剛才説到，我還查對了朱子《語類》《文集》中對於"仁術"的討論。朱子如果除了"齊王愛牛"章，要在其他章節討論"仁術"，會在"絜矩"那個地方討論，會在"擴充"那個地方討論。聽起來可能覺得，這怎麼説過去的呢？我嘗試理一條思路。朱子在"齊王愛牛"章《語類》中，解釋"仁術"用了五個字，"行其仁之術"。"行仁"中間，朱子加了一個"其"，"行其仁"，行他自己的仁。那麼，有"行"字，有"其"字，我們可以首先把"仁術"考慮成朝向自己的個人工夫。"行其仁之術"，是在保護齊宣王的惻隱之心。惻隱之心如果發動，而我們没有辦法讓它實現出來的話，朱子會説，它就空了。這個地方發出惻隱，做不出來，空了；那個地方發出惻隱，做不出來，又空了……這就"只是間"。我們發現，末失去了本，會流於機巧變詐；本失去了末，本也會"間"，會空置，而不復其爲本。在這個意義上，如果"仁"不是石頭，而始終像《樂記》説的那樣會動出來，形成通路的話，那麼"仁"就一定要求了自身的實現，流行發生，是其本身所趨向的。如果把它比喻成水，我們可以設想：水直接流出是最自然最充沛的，如果用石頭擋一下，它就會自己往旁邊找別的通路，"尋隙迸出"，這是生生不息者的固有能力。如齊王愛牛之心發出來，就算我們用一件事情，比如釁鐘擋一下，它一定會去找一個縫隙讓自己出來，比如以羊易之。這大概就是常人平時也總是想要既做到事情，又不違背道理的原因。朱子認爲"絜矩"興起百姓的善端，還要使善端實現，孝父母的心、愛妻子的心不能讓它們空了，一定得有措施去保護它們。如果我們把"仁術"在絜矩上討論，把絜矩看作個人工夫，也可以説，一旦心中起了惻隱，我們就需要去保護它。一旦仁最直接、最充沛的發見被事情擋了，我們就需要找到路讓它出來，這便是仁術。

那爲什麼在"擴充"上也説"仁術"呢？考慮一種最糟糕的情形：一旦我們的惻隱在這件事情上，就像石頭把水源全堵住了、堵死了，確實出不來了，那怎麼辦？我們終究要識得，在這件事情上被堵住的恻隱之心，可以且應當在其他的事情上被擴充出來。朱子説，天地之間陰陽無窮，如果仁義居然會在全部的用上被堵住出不來，那就是仁義有窮，就是天地有窮。正因爲“仁義無終窮”，所以我們的恻隱推擴，“以其所愛及其所不愛”，是必定可行而應當的。

　　從這裏我們可以看出“仁道”和“仁術”的區別。朱子明確、清楚地知道齊王愛牛之心是從仁那裏流出的，他爲什麽不接著“仁道”這個解釋，而要冒著可能的誤會，注成“法之巧”呢？就是因爲“仁道”“仁術”終究是有區別的。我們可以把“仁道”理解成水没有阻礙地直接流出來的最理想、最自然的情形，但有限的、個體的人，終究要去面對很多艱難複雜的局面，比如所謂“道德困境”，也始終能感受到恻隱之心被阻遏，甚至被完全阻絶。這個時候，我們要怎樣去保護我們的恻隱，讓它“無終窮”，讓它落實下來，不至於一次一次地被消磨，被阻斷呢？這便需要用“仁術”，用“法之巧者”，以一種委曲聯通的方式，仍舊保證仁心即便不在此處充沛流出，終究能在彼處，在越來越多的事情中充分、周到地表現出來。所以，“仁術”一方面表明了仁自身有生發的全部當然，一方面則顯明了人可以有辦法幫助其發見爲實然。“仁”與“人”在“仁術”中，各自承擔了不同的“職責”。“仁”生生不息，體無窮，用本當無窮；而人則以有限之身，在有限的事上極盡委曲地去保護它，終究讓它充分、順當地在天地間實現出來。

　　　　　　（本文由中山大學哲學系碩士生古鳴熙編輯校對）

图书在版编目（CIP）数据

切磋八集：四川大学哲学系儒家哲学合集/ 曾海军主编. —北京：华夏出版社，2019.6

ISBN 978-7-5080-9753-4

Ⅰ.①切⋯ Ⅱ.①曾⋯ Ⅲ.①儒家—文集 Ⅳ.①B222.05-53

中国版本图书馆 CIP 数据核字 (2019) 第 077535 号

切磋八集：四川大学哲学系儒家哲学合集

主　　编	曾海军	
责任编辑	马涛红	
责任印制	刘　洋	

出版发行	华夏出版社	
经　　销	新华书店	
印　　刷	北京九州迅驰传媒文化有限公司	
装　　订	北京九州迅驰传媒文化有限公司	
版　　次	2019 年 6 月北京第 1 版　　2019 年 6 月北京第 1 次印刷	
开　　本	880×1230　　1/32	
印　　张	12.5	
字　　数	350 千字	
定　　价	75.00 元	

华夏出版社　　地址：北京市东直门外香河园北里 4 号　　邮编：100028
网址：www.hxph.com.cn　　电话：(010)64663331(转)
若发现本版图书有印装质量问题，请与我社营销中心联系调换。

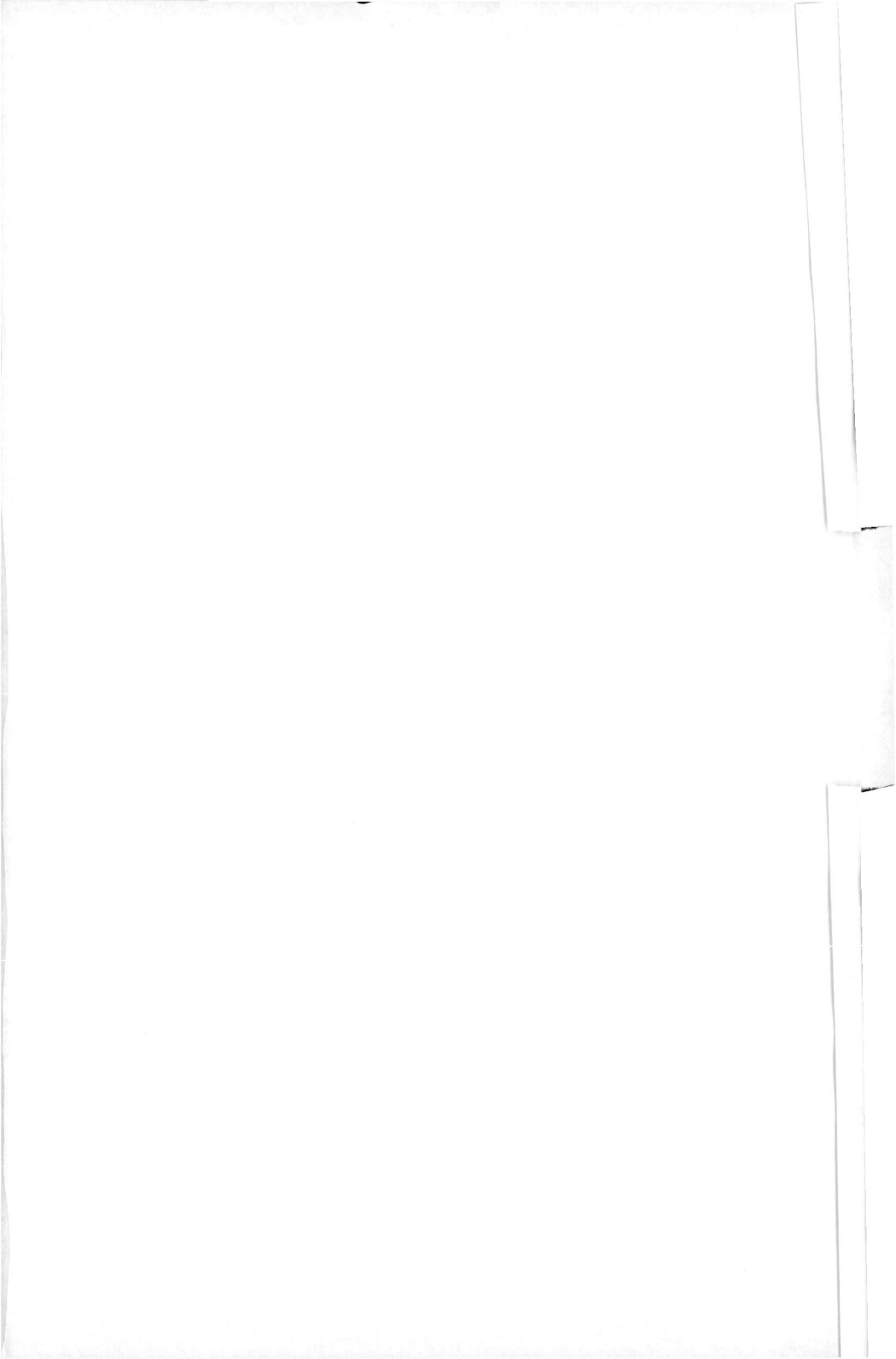